6. Jede nothwendige Treppe ist bis in das Dachgeschoß zu führen oder muß im obersten Geschosse entweder unmittelbar oder in einem in der Nähe gelegenen, leicht auffindbaren Raume durch eine feuersicher abgeschlossene Nebentreppe ihre Fortsetzung bis ins Dachgeschoß erhalten. Für diese Nebentreppe genügt eine gerade oder gewendelte Treppe mit freier Laufbreite von 0,75 m und einem derartigen Auftritte und Steigungsverhältnisse, daß überall eine Kopfhöhe von mindestens 1,80 m verbleibt.

7. Bei freitragenden Granittreppen sind die Podeste, wenn diese gleichfalls aus Granit hergestellt werden, durch Eisenträger, Mauerbögen oder Gewölbe zu unterstützen.

8. Die Stufen unverbrennlicher Treppen dürfen mit Holz belegt werden.

9. Nothwendige hölzerne Treppen sind unterhalb entweder zu rohren und zu putzen oder mit einer gleich feuersicheren Verkleidung zu versehen.

10. Bei nothwendigen Treppen sind die Treppenpodeste in der Regel rechteckig in der Weise anzulegen, daß die Länge wie die Breite der Podeste — in der Mitte gemessen — mindestens gleich der Laufbreite der Treppen ist. Dasselbe gilt für die Breite der Treppenzugänge. Eine Abschrägung der Ecken der Podeste bis zur kreisförmigen Abrundung ist nur bei Treppen von mehr als 1,25 m Breite zulässig. Wenn die Laufbreite der Treppe mehr als 1,75 m beträgt, darf die Breite der Podeste bis auf dieses Maß eingeschränkt werden.

Bauordnung für die Stadt Dresden vom 17. März 1906

...

§ 109.

1) Zum dauernden Aufenthalte von Menschen bestimmte Räume, deren Fußboden höher als 1,5 m über der umgebenden Hof- oder Verkehrsraumfläche liegt, dürfen, horizontal gemessen, in der Regel nicht weiter als 30 m von einer Treppe entfernt sein.

2) Die hiernach erforderlichen Treppen müssen unmittelbaren Ausgang nach dem Verkehrsraum oder dem Hof haben, leicht und sicher begehbar sein und feuerbeständig hergestellt werden. Als feuerbeständig sind insbesondere anzusehen:
a) Treppen aus natürlichem Stein oder vom Rate zugelassenen Ersatzstoffen,
b) Treppen aus Beton mit oder ohne Eiseneinlagen,
c) Treppen aus Eisen mit Stufenbelag von hartem Holz.

Die Herstellung von Treppen aus Holz kann in nur zwei Geschoß hohen Gebäuden zugelassen werden, wenn die Unterseite der Treppen mit Kalkputz oder anderer feuerbeständiger Verkleidung versehen wird.

3) Die Treppenhausumfassungen sind aus feuerbeständigen Stoffen und, insoweit sie gleichzeitig Gebäudeumfassung bilden, 38 cm, im Innern des Gebäudes mindestens 25 cm und im Dachgeschosse mindestens 12 cm stark herzustellen. Durch Oberlicht erhellte Treppenhäuser ohne nach dem Freien gehende Fenster sind mit Einrichtung gegen das Verqualmen zu versehen. Nach Treppenhäusern, in denen sich nicht feuerbeständige Treppen befinden, sollen nur die notwendigen Zugangstüren ausmünden.
...

4) Die lichte Breite der Treppen (einschließlich der Podeste) soll bei Gebäuden, die nicht mehr als ein Obergeschoß ohne Wohnungen im Dachgeschoße erhalten, mindestens 1,15 m, bei höheren Gebäuden mindestens 1,40 m betragen. Bei Treppen, die als Trägertreppen hergestellt werden, kann die Breite dergestalt bemessen werden, daß sie sich allmählich nach oben geschoßweise von 1,40 m bis 1,15 m verringert. In Fabrikgebäuden und, wo die Größe des Gebäudes und dessen Bestimmung eine größere Breite geboten erscheinen läßt, kann eine solche vorgeschrieben werden.

5) Die Treppenstufen sollen in der Regel nicht über 18 cm Steigung und nicht unter 28 cm Auftritt haben.
Haupttreppen sollen in der Regel nicht als Wendeltreppen hergestellt werden. Wenn sie ausnahmsweise zugelassen werden, haben sie eine entsprechend größere Breite zu erhalten.
Wendelstufen sollen das erforderliche Auftrittsmaß in Zweidrittel der Treppenbreite (von innen gemessen) haben und nicht spitzer zusammenlaufen, als bis zu 10 cm Breite.

6) Die Treppen sind mindestens an einer Seite mit Handgleitstangen zu versehen.

7) Bei Neben- oder Bodentreppen kann von den vorstehenden Anforderungen abgesehen werden. Die Breite der Neben- und Bodentreppen bestimmt sich nach deren Zweck und Bedürfnis.
Als Mindestmaß gilt 60 cm.

§ 110.

1) Die Zugänge zu den Treppen vom Hofe und vom Verkehrsraume (Hausfluren) haben mindestens dieselbe Breite wie die Treppen und eine lichte Höhe von mindestens 2,25 m zu erhalten. Ihre Umfassungswände sind in der Regel in einer Stärke von 25 cm massiv herzustellen.
...

4) Die Treppenzugänge sind so anzulegen, daß die Treppen leicht und sicher erreichbar sind. Unterbrechungen durch Stufen sollen darin möglichst vermieden werden und, wo dies nicht angängig ist, aus mindestens drei zusammenhängenden Stufen bestehen.
...

R. Ahnert/K. H. Krause

Typische Baukonstruktionen von 1860 bis 1960
Band II

R. Ahnert / K. H. Krause

Typische Baukonstruktionen von 1860 bis 1960

Band II

zur Beurteilung der
vorhandenen Bausubstanz

Stützen, Treppen, Balkone und Erker,
Bogen, Fußböden, Dachdeckungen

mit 114 ganzseitigen Bildtafeln,
33 Textzeichnungen und 38 Tabellen

VEB Verlag für Bauwesen, Berlin

Die einzelnen Abschnitte verfaßten

1. Stützen: 1.0.; 1.1.; 1.2.; 1.3.; 1.5. Dr. Krause
   1.4. Dr. Ahnert
2. Treppen: 2.0.; 2.3.; 2.4.; 2.5.; 2.6. Dr. Krause
   2.1.; 2.2.; 2.7.; 2.8. Dr. Ahnert
3. Balkone und Erker: 3.0.; 3.1.; 3.2.; 3.3.; 3.4. Dr. Krause, Dr. Ahnert
4. Gemauerte Bogen: 4.1.; 4.2.; 4.3.; 4.4. Dr. Ahnert
5. Fußböden: 5.0.; 5.1.; 5.2.; 5.3.; 5.4.; 5.5. Dr. Krause
6. Dachdeckungen: 6.0; 6.1.; 6.2.; 6.3. Dr. Ahnert

ISBN 3-345-00135-7

1. Auflage 1988
© VEB Verlag für Bauwesen, Berlin 1988
VLN 152 · 905/19/88
Printed in the German Democratic Republic
Gesetzt aus: Times 9/10' gew.
Druckerei: Druckhaus Freiheit Halle
Lektor: Dipl.-Ing. Gertraude Pfütze
Hersteller: Detlef Pilz
Zeichnungen: Klaus und Ingeborg Riegel
DK 69.02   LSV 3747
Bestellnummer: 562 418 3
04300

Vorwort

Eine große Anzahl von bestehenden Gebäuden wurde vor 1960 erbaut, viele sogar vor der Jahrhundertwende.

In den letzten Jahren hat die Einsicht, daß es sich lohnt, diese Gebäude so weit wie möglich zu erhalten, immer mehr Anhänger gefunden.

Die Gebäude sind instand zu setzen und die Grundrisse, die baulichen Maßnahmen zur Wärme- und Schalldämmung und die sanitären Anlagen sind den Anforderungen der heutigen Zeit anzupassen.

Sie wurden nach den Vorschriften, Normen und Bauordnungen der vergangenen Jahrzehnte und unter Verwendung der damaligen Baustoffe errichtet.

In vielen im 19. Jahrhundert gebauten Häusern sind Säulen aus Gußeisen anzutreffen. Es gibt Treppen, die sich als Gewölbe von I-Profil zu I-Profil spannen. An den Fassaden befinden sich Balkone, die in einigen Fällen an der innenliegenden Holzbalkendecke verankert, in anderen Fällen jedoch lediglich im Mauerwerk der Außenwand eingespannt sind.

Ein falsch angeordneter Durchbruch in der Wand eines Treppenhauses kann eine Treppe aus einseitig eingespannten Stufen zum Einsturz bringen. Die teilweise Abtragung des Mauerwerks des obersten Geschosses einer Fassadenwand kann die Standsicherheit der Balkone in den darunterliegenden Geschossen gefährden. Für alle Veränderungen an den vorhandenen Gebäuden sind Kenntnisse von den damaligen Konstruktionen erforderlich.

Im Band I der Reihe *Typische Baukonstruktionen von 1860 bis 1960* wurden Gründungen, Wand- und Deckenkonstruktionen und Dachtragwerke dargestellt.

Der Band I war schnell vergriffen, es erfolgte inzwischen die Herausgabe einer 2. Auflage.

Im Band II werden weitere typische Konstruktionen aus der Zeit von 1860 bis 1960 vorgestellt: Stützen, Treppen, Erker und Balkone aus Stahl, Gußeisen, Stein, Beton oder Holz und Bogen aus Mauerwerk. Diese Angaben werden durch ausgewählte Beispiele von Fußböden und Dachdeckungen ergänzt.

Zu den tragenden Konstruktionen werden damals übliche Bemessungsansätze und zulässige Spannungen aufgeführt, so wie sie von den Bauaufsichtsbehörden in dieser Zeit vorgeschrieben oder in Standardwerken empfohlen worden sind.

Im Verlauf der Jahrzehnte hat sich der Zustand der Gebäude verändert. Die Kriegseinwirkungen haben ihre Spuren hinterlassen, und häufig wurde wenig fachgerecht an- oder umgebaut. Bei der Einschätzung des Tragverhaltens einer vorhandenen Konstruktion ist immer vom jetzigen baulichen Zustand und von den heute verbindlichen Vorschriften und Normen auszugehen.

In diesem Buch werden viele Vorschriften der Baupolizei, Auszüge aus Bauordnungen usw. aufgeführt, die einmal verbindlich waren, heute aber ihre Verbindlichkeit verloren haben. Kenntnisse von den damaligen Vorschriften erleichtern die Bewertung der vorhandenen Bausubstanz.

Die Autoren haben sich bemüht, vielfältige Konstruktionsbeispiele aus der Zeit von 1860 bis 1960 auszuwählen. Herr Prof. Dr. Ing. HEINICKE, Dresden, hat durch zahlreiche kritische Hinweise die Arbeit an diesem Buch gefördert, und die Autoren möchten an dieser Stelle für diese wertvollen Ratschläge danken. Des weiteren danken wir Prof. Dr. sc. BUCHBERGER, Dresden, für seine Gutachtertätigkeit.

Anerkennung muß auch die Arbeit von Herrn und Frau RIEGEL finden, die die vielen Zeichnungen nach Entwürfen der Autoren in der gewünschten Form mit großer Genauigkeit anfertigten.

Im betrachteten Zeitraum von 100 Jahren haben sich grundlegende Veränderungen im Bauwesen vollzogen. Von den vielfältigen in dieser Zeit ausgeführten Konstruktionen kann hier nur eine Auswahl vorgestellt werden.

Autoren und Verlag nehmen kritische Anregungen und Hinweise gern entgegen.

R. Ahnert, K. H. Krause

Alle Zahlenwerte werden in SI-Einheiten angegeben. Nur im wörtlichen Zitat bleibt die ursprüngliche Einheit, zum Beispiel kg/qcm, erhalten.

Aus dem Inhalt von
R. Ahnert, K. H. Krause
Typische Baukonstruktionen von 1860 bis 1960,
Band I:

1. Gründungen
   Zulässige Bodenpressung / Streifenfundamente / Holzgründungen / Tiefgründungen

2. Wände
   Mindestwanddicken / Zulässige Beanspruchung von Mauerwerk / Außenwände aus Ziegelmauerwerk, Betonsteinen, Naturstein, Lehm / Fachwerkwände / Brandwände / Leichte Trennwände / Fassadenbauteile / Hausschornsteine

3. Decken
   Holzbalkendecken : Balkenlage / Balkenauflager / Verankerungen / Zwischendecken / Holzsparende Decken / Stahl-Holz-Decken
   Massivdecken : Gewölbte Massivdecken aus Stein und Beton / Stahlsteindecken / Bewehrte Vollplatten / Stahlbetonrippendecken / Balkendecken / Stahlmarken und Stahlprofile

4. Dachtragwerke
   Bemessung von Dachverbandshölzern / Satteldächer : Sparrendächer / Kehlbalkendächer / Pfettendächer / Drempeldächer / Dächer mit liegendem Stuhl
   Pultdachkonstruktionen / Mansarddachkonstruktionen / Tragwerke für Walmdächer, Zelt- und Turmdächer / Hänge- und Sprengwerkskonstruktionen

Inhaltsverzeichnis

1. Stützen	9
1.0. Anforderungen	9
1.1. Gußeiserne Stützen	9
1.1.1. Formen	9
1.1.2. Bemessungsansätze	12
1.1.3. Konstruktionsbeispiele	14
1.2. Stahlstützen	18
1.2.1. Formen	18
1.2.2. Bemessungsansätze	18
1.2.3. Konstruktionsbeispiele	25
1.3. Stahlbetonstützen	30
1.3.1. Formen	30
1.3.2. Bemessungsansätze	30
1.3.3. Konstruktionsbeispiele	36
1.4. Pfeiler aus Mauerwerk	39
1.4.1. Formen	39
1.4.2. Bemessungsansätze	39
1.4.3. Konstruktionsbeispiele	43
1.5. Feuerbeständigkeit	48
1.5.1. Schutz von Stützen aus Gußeisen oder Stahl	48
1.5.2. Schutz von Stützen aus Mauerwerk und Beton	50
2. Treppen	51
2.0. Anforderungen	51
Architektonische Anforderungen / Baustoffe und Feuerwiderstand / Technologische Anforderungen / Steigungsverhältnis / Bauordnungen / Lastannahmen	51
2.1. Natursteintreppen	54
2.1.1. Formen und Anwendung Baustoffe und Stufenquerschnitte / Formen / Anwendung	54
2.1.2. Lastableitung Tragende Teile / Bemessung beiderseitig unterstützter Treppen / Bemessung freitragender Werksteintreppen / Podeste	56
2.1.3. Konstruktionsbeispiele Treppen mit voller Zungenmauer / Treppen mit aufgelöster Zungenmauer / Treppen auf Stahlträgern und Werksteinwangen / Beiderseitig unterstützte Wendeltreppen / Freitragende Werksteintreppen	57
2.2. Treppen aus Mauerwerk	63
2.2.1. Formen und Anwendung	63
2.2.2. Lastableitung Treppen auf scheitrechten Bogen / Treppen auf Unterwölbungen	63
2.2.3. Konstruktionsbeispiele Treppen auf scheitrechten Bogen / Treppen auf gemauerten Kappen / Treppen auf Gewölben	64
2.3. Holztreppen	69
2.3.1. Formen und Anwendung Verwendete Holzarten / Formen / Anwendung	69
2.3.2. Lastableitung Tragende Bestandteile / Verbindung : Trittstufe – Setzstufe / Verbindung : Stufen – Wange / Wangenauflager / Querverbindungen / Bemessung / Podeste	69
2.3.3. Konstruktionsbeispiele Eingeschobene Treppen / Eingestemmte Treppen / Wangenstoß / Aufgesattelte Treppen	75
2.4. Treppen aus Gußeisen und Stahl	86
2.4.1. Formen Baustoffe / Formen / Schmuckformen	86
2.4.2. Lastableitung Tragende Bestandteile / Bemessung / Podeste	88
2.4.3. Konstruktionsbeispiele Aufgesattelte Treppen / Treppen mit Stufen zwischen den Wangen / Fachwerk-Wangen / Betontreppen mit Stahlwangen	90
2.5. Treppen aus Beton und Stahlbeton	97
2.5.1. Formen und Anwendung Entwicklung / Formen / Baustoffe	97
2.5.2. Lastableitung Auflagerausbildung / Anordnung der Auflager	98
2.5.3. Konstruktionsbeispiele Einseitig eingespannte Stufen / Treppen mit monolithischen Wangen / Moniergewölbe / Koenensche Voutenplatte / Treppen mit Podestplatten ohne Randbalken / Podestplatten mit Randbalken / Fertigteiltreppen / Verkleidung der Betonstufen	99
2.6. Stahlsteintreppen	115
2.6.1. Formen	115
2.6.2. Lastableitung	115
2.6.3. Konstruktionsbeispiele	115
2.7. Freitreppen	118
2.7.1. Formen und Anwendung	118
2.7.2. Lastableitung	118
2.7.3. Konstruktionsbeispiele	123
2.8. Feuerbeständigkeit	123
2.8.1. Bestimmungen zur Feuerbeständigkeit	123
2.8.2. Besonderheiten der Baustoffe Holztreppen / Treppen aus Natur- und Kunststeinen / Stahltreppen	124
3. Balkone und Erker	125
3.0. Anforderungen Bezeichnungen / Bauordnungen / Lastannahmen / Lastableitung / Wasserableitung	125
3.1. Balkone und Erker aus Naturstein	129
3.1.1. Formen und Baustoffe	129
3.1.2. Lastableitung	129
3.1.3. Konstruktionsbeispiele	133
3.2. Balkone und Galerien aus Holz	133
3.2.1. Formen	133
3.2.2. Lastableitung	133
3.2.3. Konstruktionsbeispiele	137

3.3. Balkone und Erker aus Stahl oder Gußeisen ... 137
   3.3.1. Formen und Baustoffe
       Baustoffe / Formen ... 137
   3.3.2. Lastableitung
       Bemessung bei Biegebeanspruchung / Bemessung der Einspannung im Mauerwerk / Lasten von Erkern ... 137
   3.3.3. Konstruktionsbeispiele
       Konsolen aus Gußeisen oder Stahl / Träger mit Streben / Träger mit Zugstangen / Eingespannte Kragträger / Trägerlagen ... 142
3.4. Balkone und Erker aus Stahlbeton ... 151
   3.4.1. Formen und Baustoffe ... 151
   3.4.2. Lastableitung
       Eingespannte Platten / Eingespannte Balken ... 151
   3.4.3. Konstruktionsbeispiele
       Eingespannte Platten / Auskragende Platten / Auskragende Balken / Sonderformen ... 152

4. Gemauerte Bogen ... 157
  4.1. Formen und Anwendung
      Anwendung / Formen ... 157
  4.2. Bogenmauerwerk
      Verbände / Widerlager ... 157
  4.3. Bemessungsansätze
      Erfahrungswerte / Berechnungen ... 159
  4.4. Konstruktionsbeispiele
      Scheitrechte Bogen / Bogen mit kleinen Radien oder großen Dicken / Sicherung von Bogen / Spitzbogen / Gurt- und Gratbogen ... 161

5. Fußböden ... 171
  5.0. Anforderungen ... 171
  5.1. Holzfußböden ... 172
    5.1.1. Dielenfußböden
       Rauhe Dielenfußböden / Gehobelte Dielenfußböden ... 172
    5.1.2. Stabfußböden
       Stabformen / Langriemen im Schiffverband / Friesboden (Leiterboden) / Stabfußboden auf Blindboden / Hamburger Verlegung / Stabfußboden in Asphalt ... 173
    5.1.3. Tafelparkett ... 177
  5.2. Estriche ... 178
    5.2.0. Formen ... 178
    5.2.1. Lehmestrich ... 178
    5.2.2. Gipsestrich ... 178
    5.2.3. Anhydritestrich ... 179
    5.2.4. Magnesiaestrich ... 179
    5.2.5. Zementestrich und Terrazzo ... 179
    5.2.6. Asphaltestrich ... 180
  5.3. Plattenförmige Beläge ... 180
  5.4. Bahnenförmige Beläge ... 180
  5.5. Konstruktionsbeispiele ... 180
    5.5.1. Fußböden in nicht unterkellerten Räumen ... 180
    5.5.2. Fußböden auf Holzbalkendecken ... 180
    5.5.3. Fußböden auf Stahlträgerdecken ... 185
    5.5.4. Fußböden auf Massivdecken ... 185

6. Dachdeckungen ... 188
  6.0. Anforderungen
      Bauordnungen / Lastannahmen / Dachneigung / Nutzungsdauer ... 188
  6.1. Kies-, lehm- oder asphaltbeschichtete Flachdächer ... 189
  6.2. Schindeldeckung ... 192
  6.3. Schieferdeckung
      Altdeutsche Deckung / Schablonendeckung / Eindeckungen mit Metallplatten und »Kunstschiefer« ... 193
  6.4. Ziegeldeckung
      Deckung mit Flachziegeln / Hohlziegeldeckung / Pfannendeckung / Falzziegeldeckung / Betondachsteine ... 199
  6.5. Wetterfahnen ... 204

7. Quellenverzeichnis ... 207

8. Sachwörterverzeichnis ... 215

1. Stützen

1.0. Anforderungen

Der tragende Teil der Stützen (Pfeiler, Säulen) besteht aus
- Gußeisen
- Stahl
- Stahlbeton
- Mauerwerk aus künstlichen oder natürlichen Steinen.

In Wohngebäuden stehen Stützen häufig nur im Erdgeschoß. Dieser Teil des Gebäudes wurde als Verkaufsfläche genutzt. Die Stützen haben nur geringe Querschnittsabmessungen und behindern weniger als tragende Wände die Nutzung des umbauten Raumes. Besonders schlank mußten die Frontstützen (Tafel 4) sein, die seitlich von Schaufenstern und Eingängen die Außenwand tragen. Damit sie optisch möglichst wenig in Erscheinung treten, zeigt ihre Schmalseite zur Straße. In Bürogebäuden, Warenhäusern u. ä. Gebäuden finden sich Stützen in allen Geschossen vom Keller bis zum Dach (Tafel 11).

An die Konstruktion der Stützen wurden folgende Anforderungen gestellt:

– Die Stützen sollten mit möglichst kleinen Querschnittsabmessungen die erforderliche Tragfähigkeit haben, damit die Nutzung des umbauten Raumes nur wenig beeinträchtigt wurde.

– Die Stützen in Wohnhäusern und Geschäftshäusern, aber auch von Bahnhöfen und Brücken sollten dekorativ wirken.

In den letzten Jahrzehnten des 19. Jahrhunderts trat nach und nach ein Wandel in der Gestaltung der Stützen ein. In der Baukunst der ersten Hälfte des 19. Jahrhunderts bestimmten oft noch Säulen in klassischen Formen das Aussehen der Gebäude. In der Mitte des 19. Jahrhunderts wurde es technisch möglich, gußeiserne Stützen in großen Stückzahlen herzustellen. Die Stützen wurden gegossen und konnten daher mit Schmuckformen ausgestattet werden. Die Formen der klassischen Architektur wurden auf den Baustoff Gußeisen übertragen.

Im Jahre 1880 wurden die »Deutschen Normalprofile« festgelegt [30], [37]. In den folgenden Jahren verdrängte der Stahl (»Schweißeisen«, »Schmiedeeisen«) das Gußeisen, und die Stützen wurden aus Normalprofilen zusammengesetzt. Auch an diesen Stützen wurden dekorative Details befestigt.

Gußeisen oder Stahl haben eine wesentlich höhere Tragfähigkeit als Mauerwerk aus künstlichen oder natürlichen Steinen. Bei der Übertragung der klassischen Schmuckformen auf schlanke Eisen- oder Stahlstützen gingen daher die Proportionen verloren.

So führte LUCAE 1870 in einer Diskussion des Architektenvereins zu Berlin aus [19]:

»Der zweite Grund, der die ästhetische Ausbildung der Eisenkonstruktionen schwierig macht, ist die geringe Körperlichkeit des Eisens an sich. Das Eisen entzieht uns gewissermaßen die Materie, an der wir die Schönheit zeigen können, und wenn wir ihm eine größere Körperlichkeit geben, als es haben muß, um seine Funktionen zu erfüllen, so dürfen wir das freilich nicht nur, ohne den Prinzipien der Kunst untreu zu werden oder eine Unwahrheit zu begehen, sondern wir werden es, analog der Steinarchitektur, um zu einer Kunstform zu gelangen, am rechten Ort sogar müssen.«

Diese Diskussion wurde in den folgenden Jahrzehnten fortgesetzt, und noch um 1910 wurde an der »Akademie des Bauwesens zu Berlin« das Für und Wider von Schmuckformen an Eisenbauwerken erwogen [2] 1913.

Mit der Entwicklung des Stahlbetons – etwa ab 1900 – ging die Anwendung von Gußeisen weiter zurück. Auch Stahlbetonstützen erhielten anfangs eine profilierte, dekorativ gestaltete Oberfläche. Dann setzte sich allmählich die Auffassung durch, den Stützen eine ebene Oberfläche zu geben, sie zu verkleiden oder sie in der Form zu zeigen, die von ihrer statischen Funktion bestimmt wird.

Stützen mußten nicht nur tragen und teilweise auch eine dekorative Funktion übernehmen, sie mußten auch feuerbeständig sein.

– Die Stützen dürfen bei einem Brand nicht ihre Tragfähigkeit verlieren oder beim Auftreffen von Löschwasser zerspringen.

Die Auswertung von Großbränden (z. B. [23] 1887) zeigte, daß entgegen den ursprünglichen Annahmen gußeiserne Stützen und »schmiedeeiserne Träger« den Brandeinwirkungen nicht widerstanden hatten und das tragende Gerüst von Stützen und Unterzügen beim Brand zusammengebrochen war.

Die Feuerbeständigkeit der Stützen fand in den folgenden Jahren besondere Beachtung. Viele Stützen und Unterzüge wurden mit nicht brennbaren Baustoffen ummantelt, um eine direkte Einwirkung der Flammen und des Löschwassers zu verhindern (Tafel 18), siehe auch Abschnitt 1.5. Feuerbeständigkeit.

1.1. Gußeiserne Stützen

1.1.1. Formen

BARKHAUSEN bewertete den Einsatz von Gußeisen 1886 im »Handbuch für Architektur« wie folgt [1]:

»Freistützen in Eisen werden, da sie in der Regel Druckspannungen ausgesetzt sind, sowohl in Gußeisen wie in Schmiedeeisen ausgeführt.
Die in Gußeisen ausgeführte Freistütze hat in vielen Fällen dadurch Unglücksfälle verursacht, daß sie bei Feuersbrünsten stark erhitzt, dann vom kalten Strahl des Spritzschlauches getroffen, sprang und plötzlich zusammenbrach.«

Trotzdem:

»In Europa überwiegt die Verwendung des Gußeisens für diese Constructionstheile wegen der bequemen Formengebung und des meist geringeren Preises gegenüber dem des Schmiedeeisens noch erheblich.«

Gußeiserne Stützen wurden liegend oder stehend gegossen. Die Stützen haben sehr verschiedenartige Querschnitte:
– Stützen mit kreuzförmigem Querschnitt (Tafel 1; [4], nach [1] 1886)
– Hohlstützen mit rundem oder rechteckigem Querschnitt (Tafel 1; [1] bis [3])
– Doppelpfeiler, sog. gußeiserne Wände (Tafel 1; [5] bis [8])

BREYMANN stellte 1890 fest:

»An Stelle der Hohlsäulen waren früher mehrfach sogenannte Flügelsäulen bei untergeordneten Räumen beliebt. Dieselben zeigten einen kreuzförmigen Querschnitt und gewährten den Vorteil, daß alle Teile der Oberfläche nach außen sichtbar waren, demnach ein Gußfehler leichter entdeckt und der Anstrich an jeder Stelle der Außenfläche bequem aufgebracht und erneuert werden konnte. Heutzutage ist die Verwendung solcher Säulen nicht mehr zweckmäßig, da ... ein kreuzförmiger Querschnitt aus Schmiedeeisen in jeder Hinsicht vorzuziehen ist.« [4, S. 80]

Durch den Guß war es möglich, Hohlprofile mit verschiedenen Wandstärken herzustellen und die Oberfläche zu profilieren. In Anlehnung an klassische Formen wurde der Stützenfuß verbreitert (Tafel 1), und am Stützenkopf wurden Kapitäle angebracht (Tafel 2). Auf der Oberfläche befinden sich oft senkrecht verlaufende Hohlkehlen (Kanneluren). Ringförmige Verstärkungen gliedern optisch den Schaft der Stütze.

Die Querschnittsvergrößerungen am Kopf und Fuß der Stütze

10

1. **Stützen**

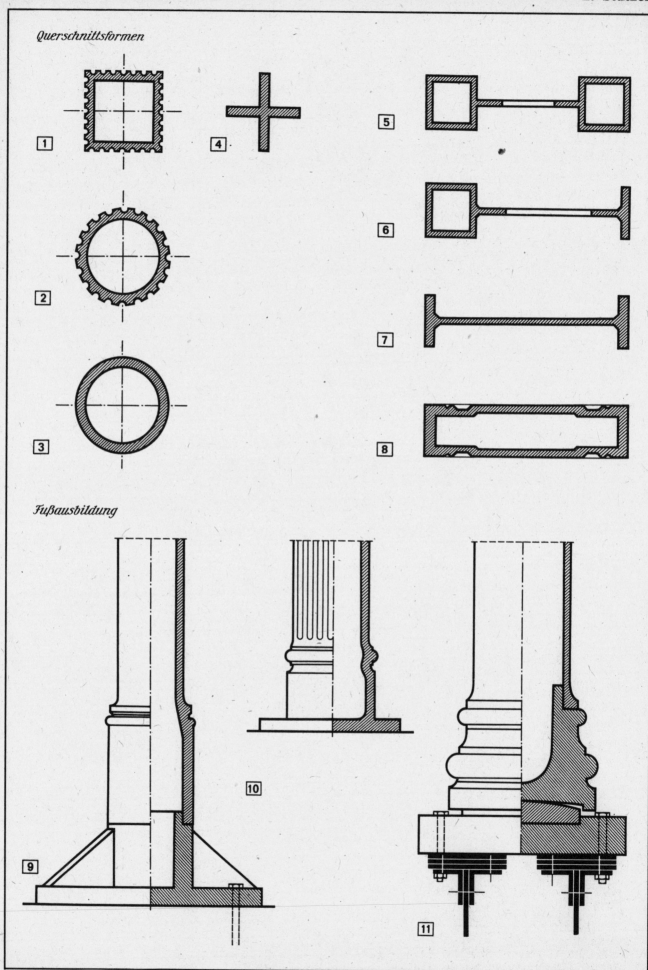

Querschnittsformen

1, 2, 3, 4, 5, 6, 7, 8

Fußausbildung

9, 10, 11

Tafel 1 Gußeiserne Stützen – Querschnitte und Fußausbildung

1.1. Gußeiserne Stützen

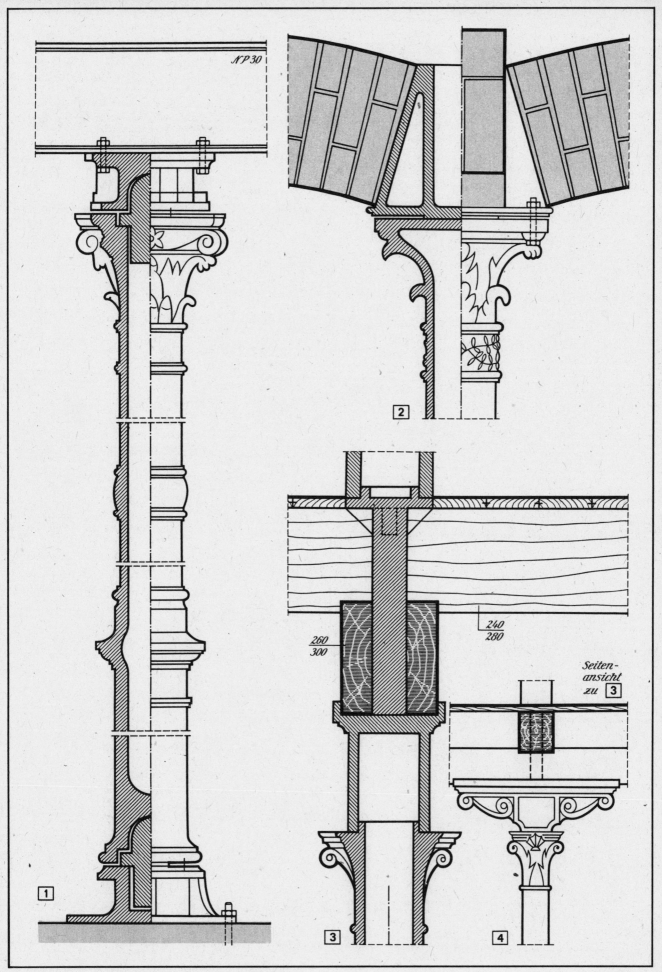

Gußeiserne Stützen – Kopfausbildung

Tafel 2

(Tafel 2; [2]) haben oft keine statische Funktion und rufen sogar ungünstige Wirkungen hervor.

»Bezüglich der Höhenentwicklung der Stützen ist zu beachten, daß plötzliche Ausladungen in Kopf- und Fußprofilen, welche den Querschnitt plötzlich, ohne Verstärkung, auf einen größeren Umfang bringen, bereits Grund zu Zusammenbrüchen geworden sind, indem der schräge Teil der Ausweitung ringsum abgeschert wurde und der engere Teil sich in den weiteren hineinschob.« [1, S. 185] 1886

Um diese Gefahr zu vermeiden wurden folgende Konstruktionen ausgeführt:

– Die Stützen wurden im gefährdeten Bereich durch innen liegende Rippen verstärkt.

– Die Stützen wurden aus mehreren Teilen zusammengesetzt (Tafel 1; [9], [11]).

– Die eigentliche Stütze besteht aus einem Profil mit konstantem Querschnitt. Die Schmuckelemente aus Gußeisen oder anderen Metallen wurden gesondert angefertigt und dann mit Schrauben am Stützenschaft befestigt.

Frei stehende Stützen im Gebäudeinnern haben häufig einen runden Querschnitt (Tafel 2 und 3).

Das Handbuch »Eisen im Hochbau« schätzte 1911 ein:

»Am häufigsten kommen runde Hohlstützen zur Verwendung, deren äußerer Durchmesser 100 bis 400 mm beträgt und deren Wandstärke zwischen 10 und 40 mm schwankt. Praktisch verwendbar ist d = 0,1 · D« [5, S. 105] 1911; d = Wanddicke, D = Außendurchmesser.

Und FOERSTER, 1902:

»Die gewöhnlichen vorkommenden Wandstärken liegen beim Ringquerschnitt zwischen 1,2 und 3 cm, beim quadratischen Profil zwischen 1 und 3 cm.« [27, S. 59]

Wenn es notwendig war, Fenster und Türen an den gußeisernen Stützen zu befestigen, mußten Hohlsäulen mit quadratischem oder rechteckigem Querschnitt gewählt werden.

In der Flucht von Außenwänden stehen häufig gußeiserne Stützen mit langgestrecktem Querschnitt (Tafel 4). Sie wurden neben den Schaufenstern oder den Eingangstüren eingebaut. Sie wurden als Doppelstütze oder als Rechteckstütze ausgebildet. Doppelstützen wurden durch einen Steg miteinander verbunden (Tafel 1; [5] und [6]).

Diese Stützen müssen so breit sein, daß sie eine ausreichende Auflagerfläche für die I-Träger bieten, auf denen die Außenwand steht. Die Dicke des Mauerwerks der Außenwand bestimmt die Maße der Stütze.

Für hohe Belastungen wurden auch gußeiserne Stützen mit I-Querschnitt eingebaut (Tafel 1; [7]) [6] 1908.

1.1.2. Bemessungsansätze

Gußeisen hat eine ausreichende Druckfestigkeit, aber eine geringere Zug- und Scherfestigkeit.

Die Bauordnung der Stadt Berlin von 1871 [16] enthielt die Forderung, daß bei Belastung von Gußeisen in der Regel folgende Belastungsgrenzen nicht zu überschreiten sind:
– Beanspruchung auf Druck 500 kg/qcm ($\triangleq 50$ N/mm^2)
– Beanspruchung auf Zug 250 kg/qcm ($\triangleq 25$ N/mm^2)
Diese Werte wurden nach und nach erhöht (Tabelle 1).
DIN 1051: »Berechnungsgrundlagen für Gußeisen im Hochbau« [8] 1934 bestimmte schließlich für Stützen aus Gußeisen als zulässige Spannungen:
– Beanspruchung auf Druck 900 kg/cm^2 ($\triangleq 90$ N/mm^2)
– Beanspruchung auf Zug 450 kg/cm^2 ($\triangleq 45$ N/mm^2)
Um Zugbeanspruchungen zu vermeiden, wurde angestrebt, die Stützen möglichst mittig zu belasten. Das war nicht immer zu erreichen.

SCHAROWSKY und KOHNKE forderten 1888 und 1908 in dem »Musterbuch für Eisenkonstruktionen«, das im »Auftrage des Vereins deutscher Eisen- und Stahlindustrieller« herausgegeben wurde [20, S. 6] und [6, S. 1]:

»Bei der Konstruktion der Säulenköpfe ist besonders darauf zu achten, daß die von den Säulen zu tragende Last möglichst nahe der Säulenachse zugeführt werde. Nicht selten werden hierin sehr nachteilige Konstruktionsfehler gemacht; sehr häufig werden die Säulenköpfe als weit ausladende Konsolen ausgebildet, auf denen die von der Säule zu tragenden Träger ruhen. Eine derartige Lastübertragung erzeugt in letzterem Biegungsmomente, die aber nach Möglichkeit zu vermeiden sind. Diese Biegungsmomente werden namentlich dann sehr groß, wenn infolge Durchbiegung der Träger die vorderen Konsolkanten die Last aufzunehmen haben. Verlangt die architektonische Ausbildung die Anbringung von Konsolen, so sind sie mit Spielraum unter die Träger zu legen, damit ihre Außenkanten stets unbelastet bleiben.«

Zur besseren Lasteinleitung wurden einzelne gußeiserne Stützen auch gelenkig gelagert. Die Gelenke sind häufig von außen nicht zu erkennen (Tafel 1; [11] und Tafel 2; [1]).

Die Bemessung auf mittigem Druck

$$\sigma = \frac{F}{A} \qquad \begin{array}{l} F \text{ Kraft} \\ A \text{ Fläche} \end{array}$$

erfaßte nicht die Knickbeanspruchung. Dieser Ansatz ist nur für Stützen mit geringer Schlankheit λ bestimmend:

$$\lambda = \frac{l}{i} \qquad \begin{array}{l} l \text{ Knicklänge} \\ i \text{ Trägheitsradius} \end{array}$$

Zur Berücksichtigung der Knickbeanspruchung wurden die Euler-Gleichungen verwendet (Tabelle 1). Dabei wurde der Eulerfall II – beidseitig gelenkig gelagerter, mittig beanspruchter Druckstab – als Normalfall betrachtet. So wurde z. B. 1925 bestimmt:

»Stehen Stützen in mehreren Stockwerken übereinander und werden sie durch anschließende Deckenträger unverrückbar gehalten, so ist die Geschoßhöhe als Knicklänge anzunehmen.« [9]

Und VIANELLO führte 1908 aus: Der Eulerfall II kann auch dann angenommen werden, »wenn die Säule auf einem breiten Fuß ruht« [11, S. 32].

Für die Bemessung der Stützen bei mittiger Belastung nach der Euler-Gleichung

$$F_k = \frac{\Pi^2 \cdot E \cdot I}{l^2} \qquad \begin{array}{l} F_k \text{ Knicklast} \\ E \text{ Elastizitätsfaktor} \\ I \text{ kleinstes Flächenträgheitsmoment} \end{array}$$

wurden verschiedene Sicherheiten angenommen:

$n = 6$ von BREYMANN [4, S. 89] 1890 und in den Bestimmungen von 1925 [9]

$n = 8$ von SCHAROWSKY [6] 1908 und in den Bestimmungen von 1910 [12]

$n = 7$ bis 9 FOERSTER [27, S. 13] 1902

Die zulässige Tragfähigkeit wurde bestimmt nach

$$\text{zul. } F = \frac{\Pi^2 \cdot E \cdot I}{n \cdot l^2}$$

Das erforderliche Trägheitsmoment beträgt dann

$$\text{erf. } I = \frac{n \cdot F \cdot l^2}{E \cdot \Pi^2} \qquad \begin{array}{l} F \text{ mittig angreifende} \\ \quad \text{Druckkraft} \\ l \text{ Knicklänge} \\ E \text{ Elastizitätsfaktor} \\ I \text{ Flächenträgheits-} \\ \quad \text{moment} \\ n \text{ Sicherheitsfaktor} \end{array}$$

1.1. Gußeiserne Stützen

Tabelle 1. Ansätze zur Bemessung von Stützen aus Gußeisen (Auswahl)
Die Formelzeichen wurden weitgehend vereinheitlicht. Bei der Angabe zur Belastung gilt: $1\,t \triangleq 10\,kN$.

Quelle	Zulässige Spannung σ	Bemessungsvorschrift	Bemerkungen
Bauordnung der Stadt Berlin von 1871, nach [16, S. 311] 1871	Druck: 500 kg/cm² ($\triangleq$ 50 N/mm²) Zug: 250 kg/cm² ($\triangleq$ 25 N/mm²)		
Berliner Polizeipräsident: Bestimmungen über... Beanspruchungen von Baustoffen... von 1887, nach [7] 1887	Druck: 500 kg/cm² ($\triangleq$ 50 N/mm²) Zug: 250 kg/cm² ($\triangleq$ 25 N/mm²) Abscherung: 200 kg/cm² ($\triangleq$ 20 N/mm²)		
SCHAROWSKY: Musterbuch für Eisenkonstruktionen, [20] 1888	Druck: 500 kg/cm² ($\triangleq$ 50 N/mm²) Zug: 250 kg/cm² ($\triangleq$ 25 N/mm²)	$F = \dfrac{A \cdot zul.\,\sigma}{1 + \dfrac{\alpha \cdot A \cdot l^2}{I}}$ mit $\alpha = 0{,}0002$ und für $\dfrac{\alpha \cdot A \cdot l^2}{I} > 3$ $F = \dfrac{A \cdot zul.\,\sigma}{-1 + \dfrac{\alpha \cdot A \cdot l^2}{I}}$ mit zul. σ = 250 kg/cm²	F zul. Belastung A Querschnittsfläche I kleinstes Flächenträgheitsmoment l »freie Länge« zul. σ »zul. Inanspruchnahme des Materials«
BREYMANN: Baukonstruktionslehre – Konstruktionen in Eisen, [4] 1890	Druck: 500...800 kg/cm² ($\triangleq$ 50...80 N/mm²) Zug: 250 kg/cm² ($\triangleq$ 25 N/mm²)	erf. $A = \dfrac{F}{zul.\,\sigma}$ und außerdem erf. $I = 6 \cdot F \cdot l^2$ I in cm⁴ l in m F in t	A Querschnittsfläche F »axiale Belastung« l Länge der Stütze »Die angegebenen Spannungen sind Mittelwerte der zul. Inanspruchnahme bei Entwürfen von Hochbauten.«
SCHAROWSKY/KOHNKE: Musterbuch für Eisenkonstruktionen, [6] 1908	Druck: 500 kg/cm² ($\triangleq$ 50 N/mm²) Zug: 250 kg/cm² ($\triangleq$ 25 N/mm²)	$\lambda \leq 35$: zul. $F = 0{,}5 \cdot A$ F in t A in cm² $\lambda \geq 70$: zul. $F = \dfrac{I}{8 \cdot l^2}$ I in cm⁴ l in m F in t $35 < \lambda < 70$: geradlinige Interpolation	F mittige Belastung A Querschnittsfläche I kleinstes Flächenträgheitsmoment l Länge $\lambda = \dfrac{l}{\sqrt{\dfrac{I}{A}}}$ λ Schlankheit
Preußischer Minister für öffentliche Arbeiten: Bestimmungen über... Beanspruchungen der Baustoffe von 1910, nach [12] 1910	Druck: 500 kg/cm² ($\triangleq$ 50 N/mm²) Biegung: 250 kg/cm² ($\triangleq$ 25 N/mm²) Abscherung: 200 kg/cm² ($\triangleq$ 20 N/mm²)	$\sigma = \dfrac{F}{A}$ und außerdem erf. $I = 8 \cdot F \cdot l^2$ I in cm⁴ l in m F in t	F mittige Belastung A Querschnittsfläche l Länge I kleinstes Flächenträgheitsmoment
Preußischer Minister für öffentliche Arbeiten: Bestimmungen über... Beanspruchungen der Baustoffe... von 1919, nach [25] 1920	Druck: 500 kg/cm² ($\triangleq$ 50 N/mm²) Biegung: 250 kg/cm² ($\triangleq$ 25 N/mm²) Abscherung: 200 kg/cm² ($\triangleq$ 20 N/mm²)	erf. $I = 6 \cdot F \cdot l^2$ bis erf. $I = 8 \cdot F \cdot l^2$ F in t l in m I in cm⁴	»Gußeiserne Säulen sind nach der Eulerschen Formel mit 6 bis 8 facher Sicherheit auf Knicken zu berechnen.«
Minister für Volkswohlfahrt: Bestimmungen über... Beanspruchung und Berechnung von Konstruktionsteilen von 1925, nach [9] 1925	»Achsrechter Druck«: 600 kg/cm² ($\triangleq$ 60 N/mm²) »Zug bei Biegung«: 300 kg/cm² ($\triangleq$ 30 N/mm²) »Druck«: 600 kg/cm² ($\triangleq$ 60 N/mm²) »Zug und Schub«: 250 kg/cm² ($\triangleq$ 25 N/mm²)	$\sigma = \dfrac{F}{A}$ und außerdem erf. $I = 6 \cdot F \cdot s_k^2$ F in t s_k in m I in cm⁴	F mittige Last A Querschnittsfläche I kleinstes Flächenträgheitsmoment s_k Knicklänge

1. Fortsetzung Tabelle 1

Quelle	Zulässige Spannung σ	Bemessungsvorschrift	Bemerkungen
DIN 1051: Berechnungsgrundlagen für Gußeisen im Hochbau, 1934, nach [35] 1947, [8] 1948, [14] 1953	»Druck bei Säulen«: 900 kg/cm² ($\triangleq$ 90 N/mm²) »Biegung bei Säulen«: Druck 900 kg/cm² ($\triangleq$ 90 N/mm²) Zug 450 kg/cm² ($\triangleq$ 45 N/mm²)	Forderung: $\lambda \leq 100$ $\sigma = \dfrac{\omega \cdot F}{A} \leq$ zul. σ λ | 0 | 10 | 20 | 30 | 40 ω | 1,00 | 1,01 | 1,05 | 1,11 | 1,22 λ | 50 | 60 | 70 | 80 | 90 | 100 ω | 1,39 | 1,67 | 2,21 | 3,50 | 4,43 | 5,45	F mittige Druckkraft A Querschnittsfläche s_k Knicklänge λ Schlankheit ω Knickzahl s_k Abstand der Berührungspunkte der Gelenke oder »Stockwerkshöhe« $$\lambda = \frac{s_k}{\sqrt{\dfrac{min\ I}{A}}}$$

Aus diesem Ansatz wurden sogenannte »Gebrauchsformeln« gebildet:

$$\text{erf. } I = \frac{8 \cdot F \cdot l^2}{E \cdot \Pi^2}$$

Mit E = 1 000 000 kg/cm² und $\Pi^2 \approx 10$ entstand die »Gebrauchsformel«

$$\text{erf. } I = 8 \cdot F \cdot l^2$$
$$\text{zul. } F = \frac{min.\ I}{8 \cdot l^2}$$

F in t
l in m
I in cm⁴

Die Bestimmungen von 1910 [12] enthalten die Festlegung:

»Die Berechnung der gußeisernen Säulen auf Knickung hat nach der Formel

$$min.\ I = 8 \cdot F \cdot l^2 \text{ zu geschehen.«}$$

In den zuvor aufgeführten Gleichungen wurden die damaligen Bezeichnungen durch die heute üblichen ersetzt: statt P also F usw.

LÖSER führt an, daß die Dresdener Bauaufsichtsbehörden 1907 den Ansatz min. $I = 5{,}71 \cdot F \cdot l^2$ zugelassen haben [24, S. 158] 1910. Die Euler-Gleichung gilt bei Gußeisen nur für Stützen mit einer Schlankheit $\lambda \geq 80$. Für kleinere Schlankheiten wurden auf der Grundlage der Versuche von TETMAJER Bemessungsformeln aufgestellt, sehr übersichtlich in [13, S. 241] 1914. Obwohl die Tetmajer-Gleichungen bekannt waren, wurde die Euler-Gleichung häufig auch für Stützen mit $\lambda < 80$ angesetzt. VIANELLO schrieb dazu [11, S. 31] 1912:

»Wenn man aber, wie üblich, nur ¼ bis ⅕ der Knicklast zuläßt, so ist allerdings ein Stab auch bei einer ganz allgemeinen Verwendung der Eulerschen Formel gegen Ausknicken sicher; allein der Sicherheitsgrad ist kleiner als der gerechnete.«

Bevor TETMAJER seine Gleichungen veröffentlicht hat, verwendete SCHAROWSKY 1888 [20] noch die Formeln von RANKINE-SCHWARZ, die teilweise stark abweichende Werte ergeben (Tabelle 1 und 2). Der gewählte Sicherheitsgrad wird nicht deutlich.

Um 1908 haben SCHAROWSKY und KOHNKE [6] bis zu einer Schlankheit $\lambda \leq 35$ mit $F = A \cdot$ zul. σ oder als »Gebrauchsformel« mit

$$\text{zul. } F = 0{,}5 \cdot A$$

F in t
A in cm²

und bei $\lambda \geq 70$ mit

$$\text{erf. } I = 8 \cdot F \cdot l^2$$

gerechnet. Die Tragfähigkeit der Stützen mit Schlankheiten zwischen 35 und 70 wurde von ihnen durch lineare Interpolation gewonnen.

Mit DIN 1051 wurde dann das ω-Verfahren auch für Gußeisen eingeführt, das die Knickeinflüsse durch eine Vergrößerung der einwirkenden Last berücksichtigt.

$$\sigma_\omega = \frac{\omega \cdot F}{A} \leq \text{zul. } \sigma$$

Die Tragfähigkeit ausgewählter Querschnitte wurde nach den genannten Ansätzen berechnet und in Handbüchern zusammengestellt: [20] 1888; [6] 1908; [5] 1911; [10] 1928; [14] 1953. In Tabelle 2 wurden einige Angaben zur Tragfähigkeit von ausgewählten Hohlstützen mit Kreisquerschnitt einander gegenübergestellt. Obwohl die zulässigen Spannungen im Verlauf der Jahrzehnte immer größer wurden (Tabelle 1), stiegen die als zulässig bezeichneten Belastungen nicht im gleichen Maße an. Das hat seine Ursache in den verschiedenen Ansätzen zur Erfassung des Knickeinflusses und in unterschiedlich großen Sicherheitsfaktoren.

1.1.3. Konstruktionsbeispiele

Der Stützenfuß besteht entweder aus einer angegossenen Bodenplatte (Tafel 1; [10] nach [20] 1888; [6] 1908), einem besonderen Säulenfuß, der häufig mit Rippen verstärkt wurde (Tafel 1; [9] nach [15] 1853), oder aus besonderen Gelenken (Tafel 1; [11] und Tafel 2; [1] nach [20] 1888; [6] 1908).
Die Konstruktion des Säulenkopfes wird durch die Art der Lasteintragung bestimmt.
Es können u. a. unterschieden werden:
– Konsolen, die durch Holzbalken (Unterzüge) belastet werden (Tafel 2; [4] nach [15] 1853)
– seitliche Konsolen, auf denen I-Träger stehen (Tafel 3; [4] 1890)
– I-Träger, die unmittelbar auf einer Kopfplatte der Stütze lagern (Tafel 4; [1] und [2] nach [20] 1888; [6] 1908)
– I-Träger, die mit Hilfe einer Gelenkkonstruktion mit der Stütze verbunden sind (Tafel 2; [1] nach [20] 1888; [6] 1908).
Die Ausbildung des Stützenkopfes als Widerlager für Gurtbogen ist sicherlich als Sonderfall zu werten (Tafel 2; [2] nach [20] 1888; [6] 1908).
Die Säulen bestehen entweder aus einem Stück oder aus mehreren Einzelteilen. Die Teile wurden stumpf aufeinander gesetzt. Die Stoßflächen wurden zuvor so bearbeitet, daß eine gleichmäßige Druckübertragung möglich wurde. In einigen Fällen wurde ein Bleiring in die Stoßfuge gelegt. Die muffenartige Steckverbindung verhindert, daß die Teile verrutschen.
In Tafel 1; [9] ist die Fußausbildung und in Tafel 2; [3] und [4] ist die Kopfausbildung von gußeisernen Stützen dargestellt, die in einem dreigeschossigen Gebäude enthalten waren, das 1853 für die Berliner Charité gebaut worden ist, nach [15, Bl. 48].
Die Stützen bestehen aus mehreren Teilen: dem Stützenfuß, dem Stützenschaft, einer weit ausladenden Konsole und einem Verbindungsstück, das in den Holzbalken liegt und die Lasten

1.1. Gußeiserne Stützen

Tabelle 2. Tragfähigkeit gußeiserner Hohlstützen mit kreisförmigem Querschnitt
Die Umrechnung erfolgte mit 10 kN ≙ 1 t.

Äußerer Durchmesser mm	Wanddicke mm	Quelle		Tragfähigkeit in kN bei einer Stützenlänge in m								
				2,5	3,0	3,5	4,0	4,5	5,0	5,5	6,0	6,5	7,0
100	14	[20]	1888	82	65	53	40	29	22	18	14	12	10
		[6]	1908	72	50	37	28	22	18	15	12	11	9
		[5]	1911	×[1]	49,9	36,8	28,1	22,1	18,0	14,8	×	×	×
		[10]	1928	×	66,5	48,8	37,4	29,5	23,7	19,8	16,6	×	×
		[14]	1953	94,3	65,5	–[2]	–	–	–	–	–	–	–
140	16	[20]	1888	190	163	138	118	102	88	75	59	47	39
		[6]	1908	217	168	124	95	75	61	50	42	36	31
		[5]	1911	×	162	123	94,5	74,7	60,5	50,0	×	×	×
		[10]	1928	×	226	166	127	100	81,3	67,2	56,5	×	×
		[14]	1953	360	272	168	125	–	–	–	–	–	–
160	16	[20]	1888	245	215	188	164	143	125	110	97	82	67
		[6]	1908	292	243	193	148	117	95	78	66	56	48
		[5]	1911	×	253	194	148	117	94,9	78,4	×	×	×
		[10]	1928	×	352	259	198	156	127	105	88	×	×
		[14]	1953	478	402	311	208	154	125	–	–	–	–
180	18	[20]	1888	333	298	264	234	207	183	163	145	129	116
		[6]	1908	404	348	293	237	188	152	126	106	90	78
		[5]	1911	×	406	310	238	188	152	126	×	×	×
		[10]	1928	×	550	414	317	250	203	167	141	×	×
		[14]	1953	651	575	484	381	263	200	165	–	–	–
200	20	[20]	1888	435	395	356	320	287	257	231	207	187	169
		[6]	1908	534	472	409	347	286	232	192	161	137	118
		[5]	1911	×	565	473	362	286	232	191	×	×	×
		[10]	1928	×	678	630	482	381	309	255	214	×	×
		[14]	1953	843	767	677	573	456	324	252	211	–	–
220	22	[20]	1888	547	503	460	417	378	342	309	280	254	231
		[6]	1908	679	611	543	475	408	339	281	236	201	173
		[5]	1911	×	685	685	533	421	342	282	×	×	×
		[10]	1928	×	822	822	707	559	453	374	314	×	×
		[14]	1953	1060	983	893	789	671	539	393	310	265	228
240	24	[20]	1888	671	624	575	528	482	440	401	367	334	306
		[6]	1908	815	769	694	619	546	471	397	334	284	245
		[5]	1911	×	815	815	746	590	478	395	×	×	×
		[10]	1928	×	978	978	978	791	641	529	445	×	×
		[14]	1953	1290	1220	1130	1020	906	775	630	470	376	324
260	26	[20]	1888	814	762	711	659	610	562	518	476	438	403
		[6]	1908	×	942	862	780	699	619	539	460	392	338
		[5]	1911	×	955	955	955	819	663	548	×	×	×
		[10]	1928	×	1150	1150	1150	1090	882	729	613	×	×
		[14]	1953	1550	1470	1380	1280	1160	1030	880	721	548	444
280	30	[20]	1888	1013	954	893	832	770	714	660	608	561	518
		[6]	1908	×	1178	1107	1013	921	829	735	643	552	476
		[5]	1911	×	1180	1180	1180	1150	934	772	×	×	×
		[10]	1928	×	1420	1420	1420	1420	1240	1030	864	×	×
		[14]	1953	1940	1850	1760	1650	1520	1370	1220	1050	860	655
300	30	[5]	1911	×	1270	1270	1270	1270	1170	970	×	×	×
		[10]	1928	×	1520	1520	1520	1520	1520	1290	1090	×	×
		[14]	1953	2110	2040	1950	1840	1720	1590	1450	1290	1120	955
400	40	[20]	1888	2104	2040	1972	1896	1819	1742	1660	1579	1502	×
		[6]	1908	×	×	×	2262	2257	2135	2009	1887	1764	1638
		[5]	1911	×	2260	2260	2260	2260	2260	2260	×	×	×
		[10]	1928	×	2710	2710	2710	2710	2710	2710	2710	×	×

[1]) Wert in der angegebenen Quelle nicht vorhanden.
[2]) Stütze nach der damaligen Vorschrift nicht zulässig, $\lambda > 100$.

Die angegebenen statischen Werte dienen nur einem Vergleich. Bei erneutem Tragfähigkeitsnachweis ist von dem gegenwärtigen Bauzustand und den zur Zeit verbindlichen Vorschriften auszugehen.

16   1. **Stützen**

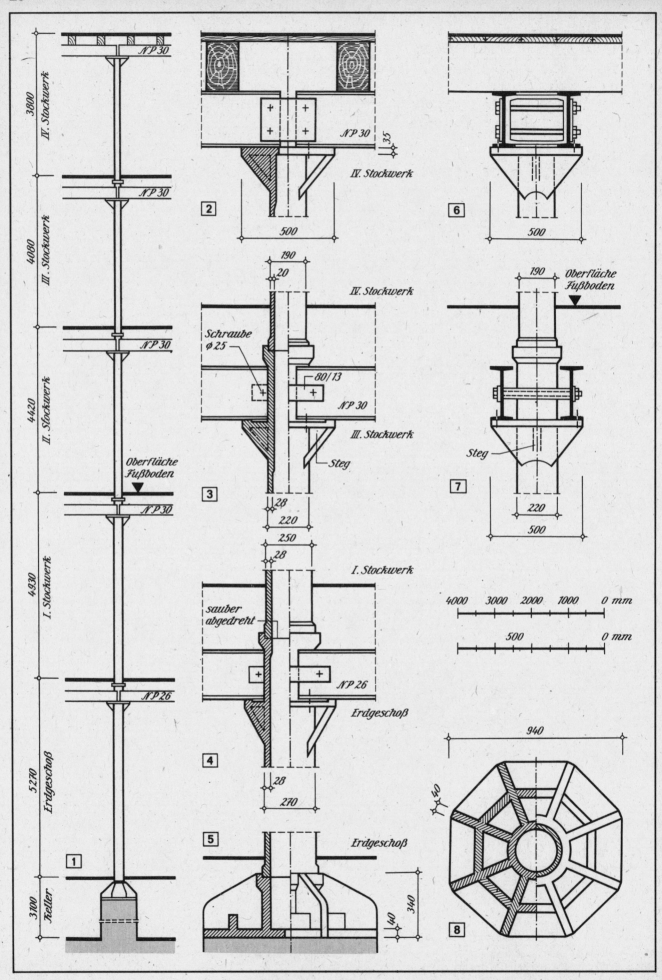

Tafel 3   **Gußeiserne Stützen in einem Geschäftshaus vor 1890**

1.1. Gußeiserne Stützen

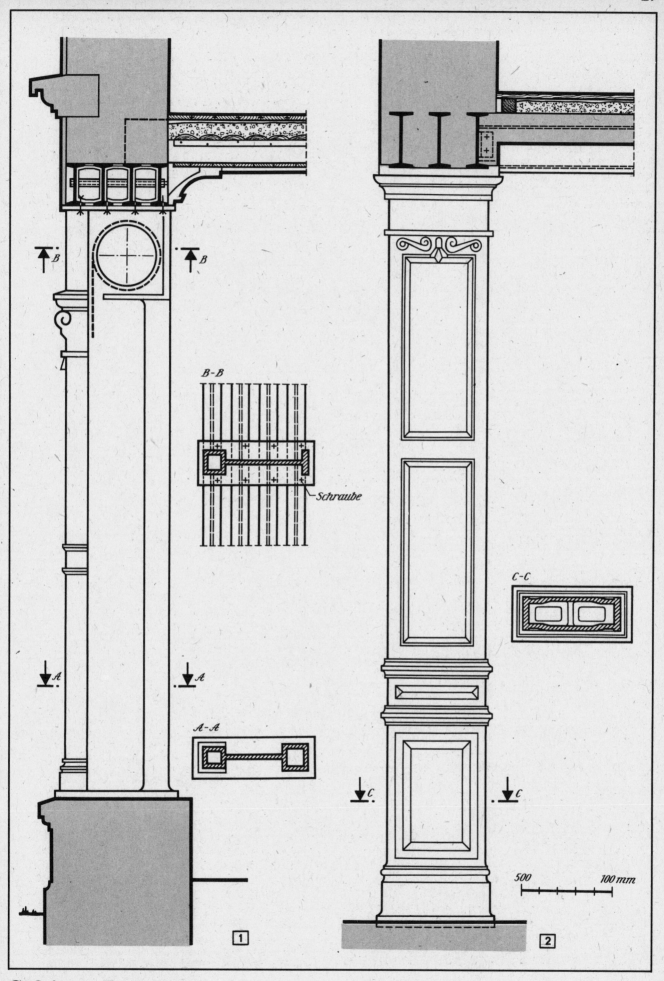

Gußeiserne Frontstützen — Tafel 4

der Stütze des darüberliegenden Geschosses trägt. Es handelt sich um eine frühe Konstruktionsform. Die Konstruktion hat zwei Schwachstellen. Der Unterzug aus Holz biegt sich durch und belastet die Vorderkante der Konsole. Außerdem ist der Wechsel des Stützenquerschnitts im Bereich der Balken nicht günstig.

In dem in Tafel 3 dargestellten Beispiel stehen die gußeisernen Stützen in 5 Geschossen übereinander, nach [4] 1890. Die Stützen im Erdgeschoß haben einen Außendurchmesser von 270 mm. Er verringert sich auf 190 mm im »IV. Stockwerk«. Die Holzbalken der Decke liegen auf Unterzügen aus I-Profilen, und diese ruhen auf den seitlichen Konsolen der Stützen. Als Fuß der hochbelasteten Stützen wurde eine große, durch Rippen verstärkte Fußplatte eingebaut. Alle Teile wurden ineinander gesteckt, wobei das untere Teil das obere jeweils muffenartig umfaßt.

Tafel 4 stellt zwei schmale Frontstützen dar. Mit der komplizierten Formgebung der Stützen wurden die Möglichkeiten der Gußtechnik voll ausgenutzt, nach [6] 1908; [20] 1888.

Die Stütze [1] steht rechts und links vom Schaufenster auf einem Natursteinsockel. Die Straßenseite trägt Schmuckformen, und der obere Teil der Stütze wurde so ausgebildet, daß Rolladen angebracht werden konnten. Die I-Träger sind miteinander verschraubt. Zur Lagesicherung der Träger wurden gußeiserne Abstandhalter eingebaut. Auf den I-Trägern steht die Außenwand. Außerdem liegen die Holzbalken der Erdgeschoßdecke auf den I-Trägern.

Die Stütze [2] hat angegossene Fuß- und Kopfplatten, die jeweils durch eine Mittelrippe verstärkt sind. Da es eine frei stehende Stütze ist, wurden auch die Seitenflächen dekorativ gestaltet.

1.2. Stahlstützen

1.2.1. Formen

Die Stahlstützen oder die Stützen aus Flußeisen oder Schweißeisen bestehen zumeist aus mehreren Walzprofilen, die miteinander vernietet oder seltener verschraubt sind. Etwa ab 1930 wurden Stahlstützen auch aus miteinander verschweißten Einzelprofilen zusammengesetzt [39].

Die Walzprofile fanden in der 2. Hälfte des 19. Jahrhunderts eine immer größere Anwendung. Der gewalzte I-Träger wurde 1849 von dem französischen Ingenieur ZORÉS entwickelt [26, S. 211].

1831 wurde in Deutschland das erste »Winkeleisen« und 1857 das erste »I-Eisen« gewalzt [28, S. 10].

Eine Vereinheitlichung der gewalzten Profile trat mit der Festlegung von »Normalprofilen (NP)« in den Jahren 1880 und 1881 ein (Bild 1) [37]; [30]. Die Reihe der Normalprofile wurde dann erweitert. So wurde in den folgenden Jahren das »Quadranteisen« (Tabelle 3) den Normalprofilen zugeordnet. Ein Teil der Normalprofile hat bis heute seine Abmessungen beibehalten, so gibt es eine Übereinstimmung mit den I-Profilen nach DIN 1025 bzw. nach TGL 0-1025. Zum anderen gab es aber auch Normalprofile, die heute nicht mehr gewalzt werden, so I-Profile mit den Höhen 190 mm, 210 mm, 230 mm usw. und die »Quadranteisen«.

Außerdem wurden aber auch Profile gewalzt, sogenannte Hüttenprofile, die nicht als Normalprofil eingestuft wurden, z.B. das »Trapezeisen« oder »Rinneneisen« der Burbacher Hütte (Tabelle 3), nach [20, S. 26] 1888; [28, S. 24] 1909 und die breitflanschigen »Differdinger Träger«, nach [13, S. 544] 1914.

Als Einzelprofile wurden Rohre (Tafel 5; [8]), I-Träger und breitflanschige Träger zum Bau von Stützen verwendet. Der I-Träger hat in einer Richtung nur ein geringes Flächenträgheitsmoment und somit in dieser Richtung nur eine geringe Knicksteifigkeit. Die Breitflanschträger vermeiden diesen Nachteil. Sie wurden mit geneigten Flanschinnenseiten, z.B. als »Differdinger Träger«, und als parallelflanschige Träger hergestellt.

Die Walzprofile wurden in verschiedenen Kombinationen zu Stützen zusammengesetzt, indem die einzelnen Walzprofile unmittelbar oder durch Gurtbleche, Bindebleche oder Vergitterungen miteinander verbunden wurden.

Von den vielen möglichen Zusammenstellungen der I-, L- und C-Profile stellen die Tafeln 5 und 6 eine Auswahl vor.

Die Verbreiterung der Querschnitte wurde in bekannten Standardwerken wie folgt eingeschätzt. Als »gebräuchliche Querschnittsform« bezeichnete:

FOERSTER [27] 1902: Tafel 5; [2] bis [4], [6], [8] bis [10], [15], [16]

SCHAROWSKY [6] 1908: Tafel 5; [4] bis [8], [11], [12], [14] bis [17]; Tafel 6; [1], [3], [10], [16]

Stahl im Hochbau [14] 1953: Tafel 5; [16]
Tafel 6; [1], [2], [3], [4], [6] bis [11], [13] bis [16]

Das Aussehen der Stützen wurde durch die Walzprofile und durch die Verbindungsmittel bestimmt.

Im 19. Jahrhundert wurden auch Schmuckelemente an den Walzprofilen befestigt (Tafel 7).

Walzstahlstützen in Wohnhäusern, Geschäftshäusern usw. wurden fast immer verkleidet (Tafeln 9 und 18).

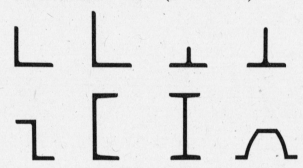

Bild 1. Deutsche Normalprofile von 1880 [37]: »Gleichschenklige Winkeleisen, ungleichschenklige Winkeleisen, breitfüßige ⊥-Eisen, hochstegige ⊥-Eisen, Z-Eisen, C-Eisen, I-Eisen, Ω-Eisen (Belageisen)«

Bild 2. »Quadranteisen« (Normalprofil), »Trapezeisen« (sog. Hüttenprofil) und breitflanschiger I-Träger (sog. Differdinger Träger)

1.2.2. Bemessungsansätze

Die zulässigen Spannungen haben sich im Verlauf der Jahrzehnte fast verdoppelt (Tabelle 4).

Die als zulässig bezeichneten Belastungen der Stützen aus Walzstahl nahmen jedoch nicht in gleichem Maße zu (Tabelle 5). Für einige Querschnitte wurden im Jahr 1911 sogar höhere Belastungen als im Jahr 1953 als zulässig bezeichnet! Dieser Widerspruch hat seine Ursache vor allem in den verschiedenen Berechnungsansätzen, mit denen eine mögliche Knickung des Stabes erfaßt werden sollte.

SCHAROWSKY verwendete in seinem viel benutzten »Musterbuch für Eisenkonstruktionen« [20] von 1888 die Berechnungsformeln nach SCHWARZ-RANKINE (Tabelle 4). Und VIANELLO

1.2. Stahlstützen

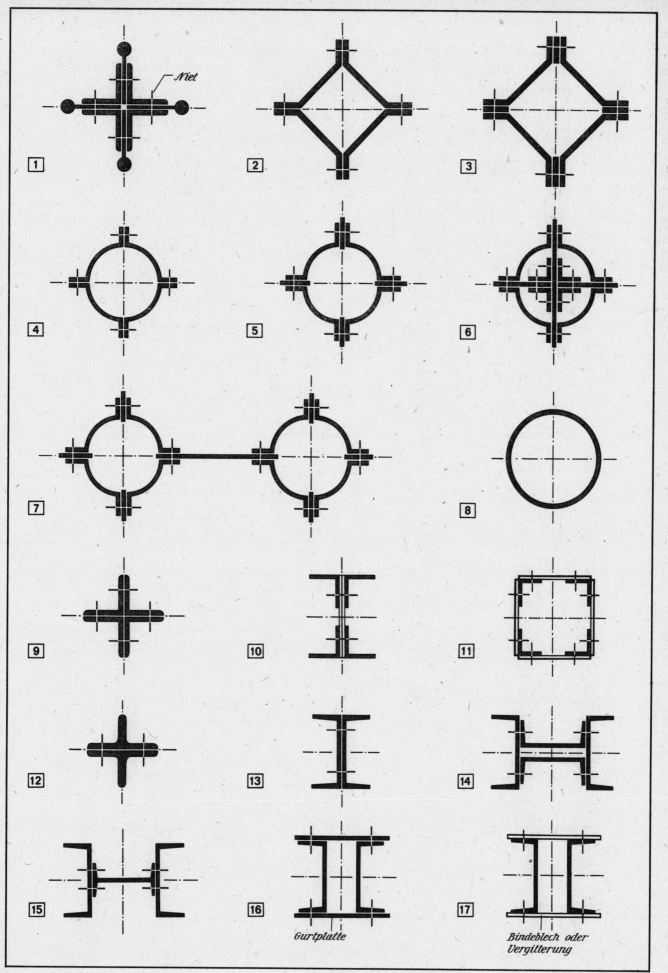

Querschnitte von Stützen aus »Schmiedeeisen« oder Stahl I — Tafel 5

20   *1. Stützen*

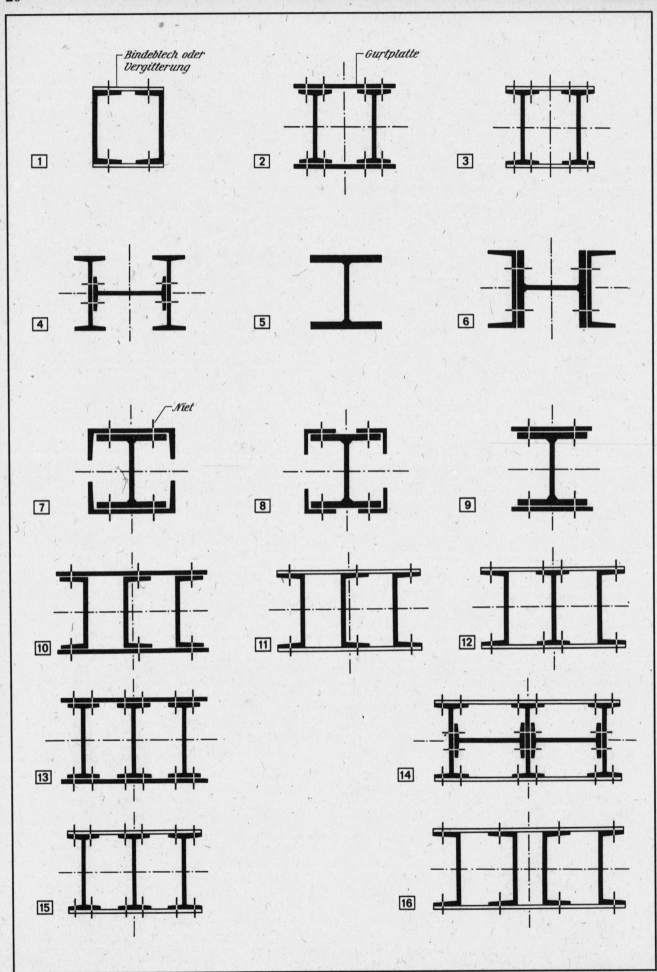

Tafel 6   **Querschnitte von Stützen aus »Schmiedeeisen«**

1.2. Stahlstützen

Tabelle 3. Statische Werte von Quadranteisen und Trapezeisen nach [28] 1909, ähnlich in [20] 1888

Quadranteisen (Normalprofil)

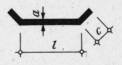
Trapezeisen, Rinneneisen, Quadratsäuleneisen

Einzelprofil — *Aus 4 Profilen zusammengesetzter Querschnitt* — *Einzelprofil* — *Aus 4 Profilen zusammengesetzter Querschnitt*

Quadranteisen Profil-Nr.	R mm	b mm	d mm	t mm	I für 4 Profile cm⁴	Trapezeisen Profil-Nr.	l mm	c	a mm	I für 4 Profile cm⁴
5	50	35	4	6	576	6	163,5	70	13	11747
5	50	35	8	8	906	6a	163,5	70	15	13814
7½	75	40	6	8	2068	6b	163,5	73	17	15880
7½	75	40	10	10	2982	7	280	83,5	18	73957
10	100	45	8	10	5511	7a	280	85	20	81602
10	100	45	12	12	7478	7b	280	86,3	22	89217
12½	125	50	10	12	12161	7c	280	87,7	24	96892
12½	125	50	14	14	15788	7d	280	89	26	104537
15	150	55	12	14	23637	7e	280	90,5	28	112182
15	150	55	18	17	32738	7f	280	92	30	119827
						7g	280	93,3	32	127472
						7h	280	95	34	135117
						7i	280	96	36	142760

hielt noch 1912 die Anwendung dieser Formeln für möglich [11, S. 36]. Er schränkte jedoch in Hinblick auf die von TETMAJER 1896 veröffentlichten Versuchsergebnisse ein:

»Zu bemerken ist, daß die nach dieser Formel ermittelten Werte mit den Ergebnissen der Versuche nicht übereinstimmen.«

Sehr häufig wurden die Berechnungsansätze nach EULER verwendet. Für Geschoßstützen wurde der Eulerfall II mit Knicklänge = Geschoßhöhe angesetzt. Die Euler-Gleichung wurde angewendet, obwohl sie nur für schlanke Stützen mit $\lambda \geq 105$ (»Flußeisen«) und $\lambda \geq 112$ (»Schweißeisen«) gelten.
Aus dem Ansatz nach EULER wurden unter Berücksichtigung einer »fünf- bis achtfachen Sicherheit Gebrauchsformeln« entwickelt, siehe auch Abschnitt 1.1.2., und viel angewendet.
Die Bestimmungen von 1910 [12] und von 1919 [25] schreiben direkt die Bemessung »mit fünffacher Sicherheit« nach der »Gebrauchsformel«

$$\text{erf. } I = 2{,}38 \cdot F \cdot l^2 \qquad F \text{ in t}$$
$$\text{erf. } I \approx 2{,}5 \cdot F \cdot l^2 \qquad l \text{ in m}$$
$$\qquad\qquad I \text{ in cm}^4$$

für alle Schlankheitsgrade vor. Außerdem durfte die »zulässige« Inanspruchnahme des Materials« nicht überschritten werden:

$$\sigma = \frac{F}{A} \leq 1200 \text{ kg/cm}^2 \quad (\triangleq 120 \text{ N/mm}^2)$$

Die Formeln nach TETMAJER [13], [11]

$$F_k = a \cdot A \cdot \left(1 - b\frac{l}{i}\right)$$

F_k Knicklast
A Querschnittsfläche
$$i = \sqrt{\frac{\min I}{A}}$$

mit
»Schweißeisen«: $a = 3{,}03$; $b = 0{,}00426$
»Flußeisen«: $a = 3{,}10$; $b = 0{,}00368$
wurden in keiner Bestimmung oder Norm ausdrücklich genannt. Die Bestimmung von 1925 [9], die die Bestimmungen von 1919 [25] ablösten, enthielten die Festlegung:

»Die Druckstäbe sind fortan nach dem ω-Verfahren gegen Knicken zu berechnen.«

Das ω-Verfahren faßte die einzelnen Ansätze zusammen und schrieb die Bemessung nach

$$\frac{F \cdot \omega}{A} \leq \text{zul. } \sigma$$

vor.
Die ω-Werte in den Bestimmungen von 1925 [9] und in DIN 1050, Ausgabe 1934 [34], waren gleich. Diese Werte wurden dann mit DIN 4114, Ausgabe 1952 [38] teilweise vergrößert und teilweise erheblich verringert.

Bei außermittiger Belastung wurde die Knickung unterschiedlich in Rechnung gestellt. FOERSTER [27] berechnete noch 1902 bei außermittiger Längskraft die Stütze zuerst nach der Eulergleichung für mittige Belastung und führte dann den Spannungsnachweis

$$\sigma = \frac{F}{A} + \frac{F \cdot e}{W} \leq \text{zul. } \sigma$$

F Last in Achsrichtung
A Querschnittsfläche
e Außermittigkeit
W Widerstandsmoment

Tabelle 4. Ansätze zur Bemessung von Stützen aus Walzstahl (Auswahl)
(Die Formelzeichen wurden weitgehend vereinheitlicht. Bei der Angabe der Belastung gilt: $1\,t \triangleq 10\,kN$.)

Quelle	Zulässige Spannung σ	Bemessungsvorschrift	Bemerkungen
Bauordnung der Stadt Berlin von 1871, nach [16, S. 311] 1871	»Schmiedeeisen«: Druck 750 kg/cm² ($\triangleq 75\,N/mm^2$) Zug 750 kg/cm² ($\triangleq 75\,N/mm^2$)		
Berliner Polizeipräsident: Bestimmungen über ... Beanspruchungen von Baustoffen ... von 1887, nach [7] 1887	»Schmiedeeisen«: Druck 750 kg/cm² ($\triangleq 75\,N/mm^2$) Zug 750 kg/cm² ($\triangleq 75\,N/mm^2$) Abscherung 600 kg/cm² ($\triangleq 60\,N/mm^2$)		
SCHAROWSKY: Musterbuch für Eisenkonstruktionen, [20] 1888	»Schmiedeeisen«: Zug 1000 kg/cm² ($\triangleq 100\,N/mm^2$) Druck 1000 kg/cm² ($\triangleq 100\,N/mm^2$)	$$F = \frac{A \cdot zul.\,\sigma}{1 + \frac{\alpha \cdot A \cdot l^2}{I}}$$ mit $\alpha = 0{,}0001$	A Querschnittsfläche I kleinstes Flächenträgheitsmoment l »freie Länge« zul. σ »zul. Inanspruchnahme des Materials«
BREYMANN: Baukonstruktionslehre – Konstruktionen in Eisen, [4] 1890	»Stabeisen und Bleche«: Zug 800...900 kg/cm² ($\triangleq 80...90\,N/mm^2$) Druck 800...900 kg/cm² ($\triangleq 80...90\,N/mm^2$)	»Schmiedeeisen«: erf. $I = 2{,}5 \cdot F \cdot l^2$ F in t l in m I in cm^4	I kleinstes Flächenträgheitsmoment l Länge der Stütze F »axiale Belastung« »Die angegebenen Spannungen sind Mittelwerte der zul. Inanspruchnahme bei Entwürfen von Hochbauten.«
SCHAROWSKY und KOHNKE: Musterbuch für Eisenkonstruktionen, [6] 1908	»Schmiedbares Eisen in Säulen«: Zug 875 kg/cm² ($\triangleq 87{,}5\,N/mm^2$) Druck 875 kg/cm² ($\triangleq 87{,}5\,N/mm^2$)	$\lambda \leq 20$: zul. $F = 0{,}875 \cdot A$ F in t A in cm^2 $\lambda \geq 105$: zul. $F = 0{,}4 \cdot \frac{I}{l^2}$ oder erf. $I = 2{,}5 \cdot F \cdot l^2$ F in t I in cm^4 l in m $20 < \lambda < 105$ geradlinig interpolieren	$\lambda = \frac{l}{\sqrt{\frac{I}{A}}}$ λ Schlankheit I kleinstes Flächenträgheitsmoment A Querschnittsfläche F mittige Belastung l Länge
Preußischer Minister für öffentliche Arbeiten: Bestimmungen über ... Beanspruchungen der Baustoffe von 1910, nach [12] 1910	»Schmiedeeisen in Stützen«: Druck und Zug 1200 kg/cm² ($\triangleq 120\,N/mm^2$) bei genauer Berechnung der unter ungünstigsten Umständen auftretenden Kantenpressung: 1400 kg/cm² ($\triangleq 140\,N/mm^2$)	$I = 2{,}33 \cdot F \cdot l^2$ F in t l in m I in cm^4	I kleinstes Flächenträgheitsmoment F mittige Belastung l Länge
Preußischer Minister für öffentliche Arbeiten: Bestimmungen über ... Beanspruchungen der Baustoffe ... von 1919, nach [25] 1920	»Eisen«: 1200 kg/cm² ($\triangleq 120\,N/mm^2$) bei genauer Berechnung der unter ungünstigsten Umständen auftretenden Kantenpressung: 1400 kg/cm² ($\triangleq 140\,N/mm^2$)	$I = 2{,}38 \cdot F \cdot l^2$ bzw. $I = 2{,}5 \cdot F \cdot l^2$ F in t l in m I in cm^4	wie zuvor

Die angegebenen statischen Werte dienen nur einem Vergleich. Bei erneutem Tragfähigkeitsnachweis ist von dem gegenwärtigen Bauzustand und den zur Zeit verbindlichen Vorschriften auszugehen.

1.2. Stahlstützen

1. Fortsetzung Tabelle 4

Quelle	Zulässige Spannung σ	Bemessungsvorschrift	Bemerkungen
Minister für Volkswohlfahrt: Bestimmungen über ... Beanspruchung und Berechnung von Konstruktionsteilen von 1925, nach [9] 1925	»Flußstahl, früher Flußeisen, St 37«: Biegung, Zug 1200 kg/cm² ($\triangleq$ 120 N/mm²) Schub 1000 kg/cm² ($\triangleq$ 100 N/mm²) »Hochwertiger Baustahl St 48«: Biegung und Zug 1560 kg/cm² ($\triangleq$ 156 N/mm²) Schub 1300 kg/cm² ($\triangleq$ 130 N/mm²)	Forderung $\lambda \leqq 150$ $\dfrac{F \cdot \omega}{A} \leqq$ zul. σ | λ | »Flußstahl« ω | »Hochwertiger Baustahl« ω | | 0 | 1,00 | 1,00 | | 20 | 1,02 | 1,03 | | 40 | 1,10 | 1,12 | | 60 | 1,26 | 1,32 | | 80 | 1,59 | 1,76 | | 100 | 2,36 | 3,07 | | 120 | 3,41 | 4,43 | | 140 | 4,64 | 6,03 | | 150 | 5,32 | 6,92 |	Bei Verwendung von Schweißeisen sind die zul. Spannungen um 10 % abzumindern. $\lambda = \dfrac{s_k}{\sqrt{\dfrac{I}{A}}}$ λ Schlankheit I kleinstes Flächenträgheitsmoment A Querschnittsfläche s_k Knicklänge ω Knickzahl
DIN 1050: Berechnungsgrundlagen für Stahl im Hochbau Stand 1934, nach [34] 1936 Stand 1937, nach [35] 1947	mittiger Druck »St 00.12«: 1200 kg/cm² ($\triangleq$ 120 N/mm²) »Handelsbaustahl«: 1400 kg/cm² ($\triangleq$ 140 N/mm²) »St 37.12«: 1400 kg/cm² ($\triangleq$ 140 N/mm²) »St 52«: 2100 kg/cm² ($\triangleq$ 210 N/mm²)	Forderung $\lambda \leqq 250$ $\sigma_\omega = \dfrac{\omega \cdot F}{A} \leqq$ zul. σ | λ | »Handelsbaustahl St 00.12 St 37.12« ω | »St 52« ω | | 0 | 1,00 | 1,00 | | 20 | 1,02 | 1,03 | | 40 | 1,10 | 1,13 | | 60 | 1,26 | 1,35 | | 80 | 1,59 | 1,85 | | 100 | 2,36 | 3,55 | | 120 | 3,40 | 5,11 | | 140 | 4,63 | 6,95 | | 160 | 6,05 | 9,08 | | 180 | 7,66 | 11,49 | | 200 | 9,46 | 14,18 | | 220 | 11,44 | 17,16 | | 240 | 13,62 | 20,43 | | 250 | 14,78 | 22,16 |	$\lambda = \dfrac{s_k}{\sqrt{\dfrac{I}{A}}}$ I kleinstes Flächenträgheitsmoment A Querschnittsfläche s_k Knicklänge ω Knickzahl
DIN 4114: Stahlbau: Stabilitätsfälle (Knickung, Kippung, Beulung) Stand 1952, nach [14] 1953	nach DIN 1050, wie zuvor	Forderung $\lambda \leqq 250$ $\dfrac{\omega \cdot S}{A} \leqq$ zul. σ | λ | »Handelsbaustahl St 00.12 St 37.12« ω | »St 52« ω | | 20 | 1,04 | 1,06 | | 40 | 1,14 | 1,19 | | 60 | 1,30 | 1,41 | | 80 | 1,55 | 1,79 | | 100 | 1,90 | 2,53 | | 120 | 2,43 | 3,65 | | 140 | 3,31 | 4,96 | | 160 | 4,32 | 6,48 | | 180 | 5,47 | 8,21 | | 200 | 6,75 | 10,13 | | 220 | 8,17 | 12,26 | | 240 | 9,73 | 14,59 | | 250 | 10,55 | 15,83 |	$\lambda = \dfrac{s_k}{\sqrt{\dfrac{I}{A}}}$ I kleinstes Flächenträgheitsmoment A »ungeschwächte Querschnittsfläche« s_k Knicklänge ω Knickzahl S Absolutwert der größten im Stab auftretenden Druckkraft

Tabelle 5. Vergleich der zulässigen Tragfähigkeit von Stützen aus Walzstahl (Die Umrechnung erfolgte mit 10 kg/cm² ≙ 1 N/mm² und 1 t ≙ 10 kN.)

Stützenquerschnitt:

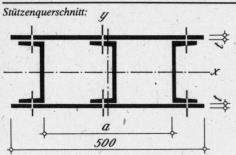

Die Tragfähigkeiten gelten für das Knicken um die x-Achse.

Abmessungen [-Profile	b	t	a	Quelle		zulässige Spannung		zulässige Tragfähigkeit in kN bei einer Stützenlänge in m						
	mm	mm	mm			kg/cm²	N/mm²	3,00	3,50	4,00	4,50	5,00	5,50	6,00
3[100	500	10	–	[20]	1888	1000	100	1046	958	873	793	720	653	592
			–	[6]	1908	875	87,5	902	819	736	655	572	483	406
			390	[10]	1928	1200	120	1350	1230	1080	929	747	613	–[1]
			390	[10]	1928	1400	140	1580	1440	1260	1080	872	715	–
			390	[14]	1953	1400	140	1520	1410	1290	1170	1060	950	837
3[120	500	10	–	[20]	1888	1000	100	1207	1126	1044	964	888	817	752
			–	[6]	1908	875	87,5	1045	968	892	815	740	663	587
			–	[5]	1911	1200	120	1812	–	1428	–	914	–	–
			380	[10]	1928	1200	120	1540	1450	1340	1200	1060	900	–
			380	[10]	1928	1400	140	1790	1690	1560	1400	1240	1050	–
			380	[14]	1953	1400	140	1730	1640	1540	1420	1310	1200	1100
3[140	500	10	–	[20]	1888	1000	100	1346	1269	1193	1116	1040	967	899
			–	[6]	1908	875	87,5	1177	1106	1035	964	893	822	751
			–	[5]	1911	1200	120	1934	–	1934	–	1278	–	–
			370	[10]	1928	1200	120	1710	1640	1540	1440	1310	1190	–
			370	[10]	1928	1400	140	2000	1910	1800	1680	1530	1390	–
			370	[14]	1953	1400	140	1950	1850	1750	1660	1550	1450	1340
3[160	500	10	–	[20]	1888	1000	100	1493	1426	1353	1281	1209	1138	1068
			–	[6]	1908	875	87,5	1305	1238	1170	1103	1035	967	900
			–	[5]	1911	1200	120	2064	–	2064	–	1718	–	–
			360	[10]	1928	1200	120	1880	1810	1740	1650	1540	1440	–
			360	[10]	1928	1400	140	2200	2110	2030	1920	1800	1680	–
			360	[14]	1953	1400	140	2130	2040	1960	1870	1770	1670	1570
3[180	500	10	–	[20]	1888	1000	100	1635	1570	1504	1434	1364	1292	1224
			–	[6]	1908	875	87,5	1439	1373	1308	1242	1178	1111	1045
			–	[5]	1911	1200	120	2208	–	2208	–	2208	–	–
			350	[10]	1928	1200	120	–	1980	1920	1840	1760	1670	1570
			350	[10]	1928	1400	140	–	2310	2240	2150	2060	1940	1830
			350	[14]	1953	1400	140	2320	2240	2160	2090	2000	1910	1810
3[200	500	10	–	[20]	1888	1000	100	1778	1717	1652	1582	1514	1445	1374
			–	[6]	1908	875	87,5	1573	1508	1445	1380	1317	1252	1189
			–	[5]	1911	1200	120	2359	–	2359	–	2359	–	–
			340	[10]	1928	1200	120	–	2160	2110	2030	1960	1880	1780
			340	[10]	1928	1400	140	–	2530	2460	2370	2290	2190	2080
			340	[14]	1953	1400	140	2500	2440	2370	2290	2220	2120	2040
3[220	600	12	–	[20]	1888	1000	100	2374	2313	2244	2172	2095	2018	1938
			–	[6]	1908	875	87,5	2103	2029	1955	1881	1806	1732	1658
			430	[10]	1928	1200	120	–	2860	2800	2720	2640	2570	2470
			430	[10]	1928	1400	140	–	3330	3270	3180	3080	2990	2890
			430	[14]	1953	1400	140	3320	3260	3170	3090	2990	2920	2800
3[260	600	12	–	[20]	1888	1000	100	2721	2664	2600	2533	2461	2386	2311
			–	[6]	1908	875	87,5	2438	2366	2294	2222	2149	2074	2002
			410	[10]	1928	1200	120	–	–	3220	3180	3110	3040	2960
			410	[10]	1928	1400	140	–	–	3760	3710	3630	3540	3460
			410	[14]	1953	1400	140	–	3740	3680	3580	3520	3430	3340
3[300	600	12	–	[20]	1888	1000	100	3066	3021	2967	2909	2848	2784	2714
			–	[6]	1908	875	87,5	2765	2691	2621	2550	2480	2409	2339
			390	[10]	1928	1200	120	–	–	3640	3580	3530	3490	3400
			390	[10]	1928	1400	140	–	–	4240	4180	4120	4070	3970
			390	[14]	1953	1400	140	–	4230	4150	4080	4000	3930	3870

[1]) Kein Wert in der Quelle vorhanden

1.2. Stahlstützen

Mit der Einführung des ω-Verfahrens wurde dann festgelegt [9] 1925:

$$\frac{F \cdot \omega}{A} + \frac{F \cdot e}{W} \leqq \text{zul. } \sigma$$

Zur Berechnung der Stützen mit Bindeblechen oder Vergitterungen siehe z. B. FOERSTER [28] 1909; DIN 1050 [35] 1937; DIN 4114 [14] 1952.

1.2.3. Konstruktionsbeispiele

»Säulen aus geschweißten Rohren« [20] 1888 oder »runde Hohlsäulen aus schmiedbarem Eisen« [6] 1908 wurden mit einem längs der Stabachse gleichbleibenden oder auch mit veränderlichem Durchmesser hergestellt.

»Runde Hohlsäulen ... ermöglichen sehr leicht das Anbringen von architektonischen Verzierungen; dagegen ist meist der Anschluß von Trägern und anderen Konstruktionen schwieriger als bei den übrigen Säulenquerschnitten« [6, S.2] 1908.

Bei der in Tafel 7; [1] bis [4] dargestellten Stütze wurden Gußformteile angeschraubt, die z. B. eine »Verstärkung« des Säulenfußes zeigen, obwohl der eigentliche Stützenfuß tiefer liegt, nach [20] 1888 und [6] 1908, ähnlich in [4] 1890.
Die Unterzüge, die die Stütze belasten, liegen auf einer Kopfplatte. Das Rohr wurde durch einen angenieteten Rohrabschnitt und angenietete Winkelprofile verstärkt. Die Stütze des folgenden Geschosses steht auf dem Trägerkreuz. Die eigentliche runde Stütze geht also nicht durch, sondern wird im Bereich der Trägerlage unterbrochen. Die Bilder [5] bis [8] der Tafel 7 zeigen weitere Formen des Trägeranschlusses und des Stützenstoßes, nach [20] 1888; [6] 1908, ähnlich in [4] 1890. Der Anschluß durch abgebogene Laschenbleche (Tafel 7; [6], [7]) oder durch abgebogene L-Profile (Tafel 7; [5], [8]) waren sicher nicht einfach auszuführen.
Nach FOERSTER [29, S.177] 1924 wurden diese Säulen mit einem äußeren Durchmesser bis zu 500 mm und bis zu 20 mm Wanddicke geliefert, aber zu dieser Zeit – also 1924 – nur noch wenig verwendet.
Die Stützen aus Quadranteisen wurden aus 4 Einzelprofilen zusammengesetzt. Gegebenenfalls wurden an den Stößen zweier Profile zusätzliche Bleche eingelegt.
Tafel 8, nach [20] 1888, [6] 1908 zeigt, wie die Stützen aus Quadranteisen mit anderen Bauteilen verbunden sind.
Die in Tafel 8; [1] bis [5] dargestellte Stütze steht auf einem gußeisernen Fuß, und ein gußeisernes Kopfstück bildet das Auflager für 2 I-Träger. Auffällig an dieser Konstruktion ist, daß die Teile durch einen in der Stabachse verlaufenden langen Bolzen zusammengehalten werden.
Zum Anschluß der Träger (Decken, Unterzüge) wurden auch die Trägerstege eingeschoben und angenietet (Tafel 8; [10]). Mit gebogenen Winkellaschen konnten schiefwinklige Anschlüsse hergestellt werden (Tafel 8, [6]). Eine Verringerung des Profils am Stoß zweier Stützen wurde nach Tafel 8; [7] und [8] ausgeführt. Anschlußbleche, die im Innern der Stütze liegen, stellen die Verbindung im Stützenstoß her.
Sehr häufig wurden I-, [- und L-Profile zum Bau von Stützen verwendet, siehe auch Abschnitt 1.2.1.
Tafel 9 zeigt die Ausführung einer Stütze beim Bau eines Geschäftshauses, Bauzeit um 1928 [22, S. 66]. Die eigentliche Stütze besteht aus zwei I-Normal-Profilen und aus einem I-Breitflansch-Profil, einem »Differdinger Träger«. Die drei Profile sind durch Bindebleche miteinander verbunden. Die Unterzüge aus I-Normal-Profil 45 ruhen auf angenieteten Konsolen. Einige Deckenträger sind mit L-Flanschen an der Stütze befestigt. Zwischen den Deckenträgern liegt eine Kleinesche Decke. Unterzüge und Stütze wurden verkleidet (Tafel 9; [3] und [5]).

1930 wurden Richtlinien zur Ausführung geschweißter Hochbauten zur Diskussion gestellt und im gleichen Jahr für verbindlich erklärt [39], [40].
Tafel 10, nach HENKEL [31, S.97 und S.246] 1933 enthält eine eingeschossige geschweißte Stütze ([1] bis [3]) und eine geschweißte Front- oder Wandstütze ([4] und [5]). Beide Stützen wurden unter Verwendung von Breitflanschträgern mit parallelgurtigen Flanschen oder solchen mit geneigten Flanschinnenseiten hergestellt. Die drei I-Profile der Frontstütze werden durch aufgeschweißte Bindebleche zusammengehalten.
Zur Vermeidung der Kantenpressung am Kopf der Stütze und der damit verbundenen außermittigen Lasteinleitung wurde die Kopfplatte der linken Stütze abgeschrägt. Die I-P-Träger, die auf der Frontstütze liegen, sind über der Stütze nicht gestoßen. Es sind Durchlaufträger. Eine Zentrierleiste zwischen Träger und Kopfplatte soll eine mittige Lasteinleitung gewährleisten.

Die angegebenen statischen Werte dienen nur einem Vergleich. Bei erneutem Tragfähigkeitsnachweis ist von dem gegenwärtigen Bauzustand und den zur Zeit verbindlichen Vorschriften auszugehen.

26 1. Stützen

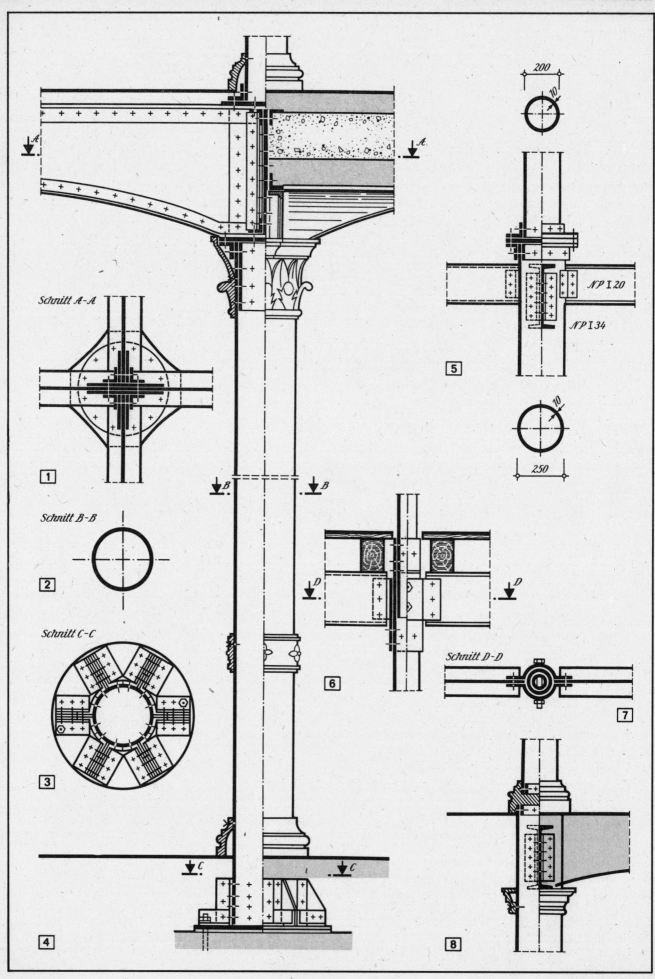

Tafel 7 Stützen aus Stahlrohren

1.2. Stahlstützen

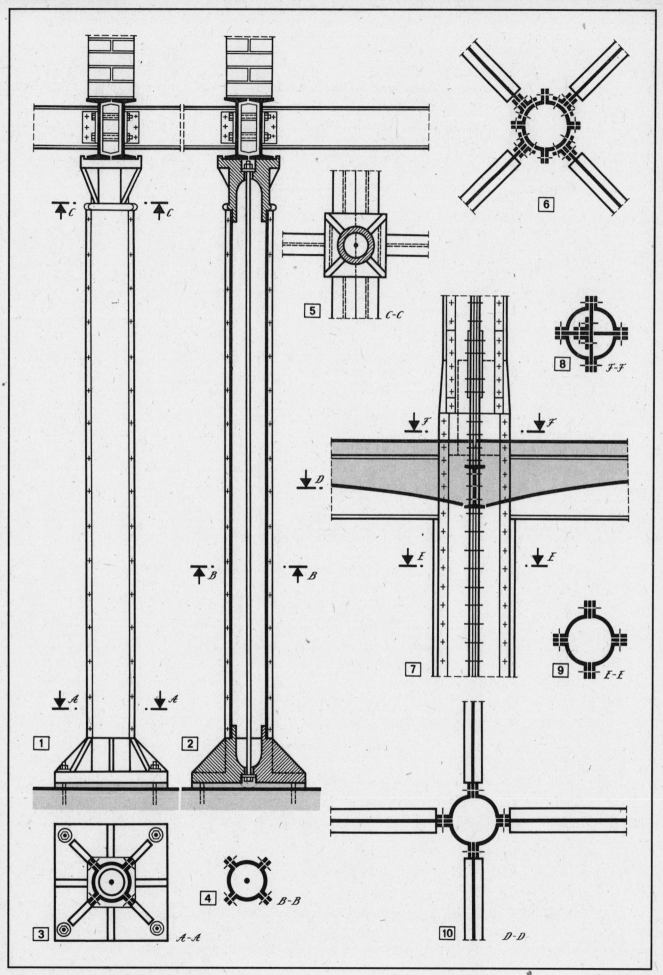

Stützen aus Quadranteisen — Tafel 8

1. Stützen

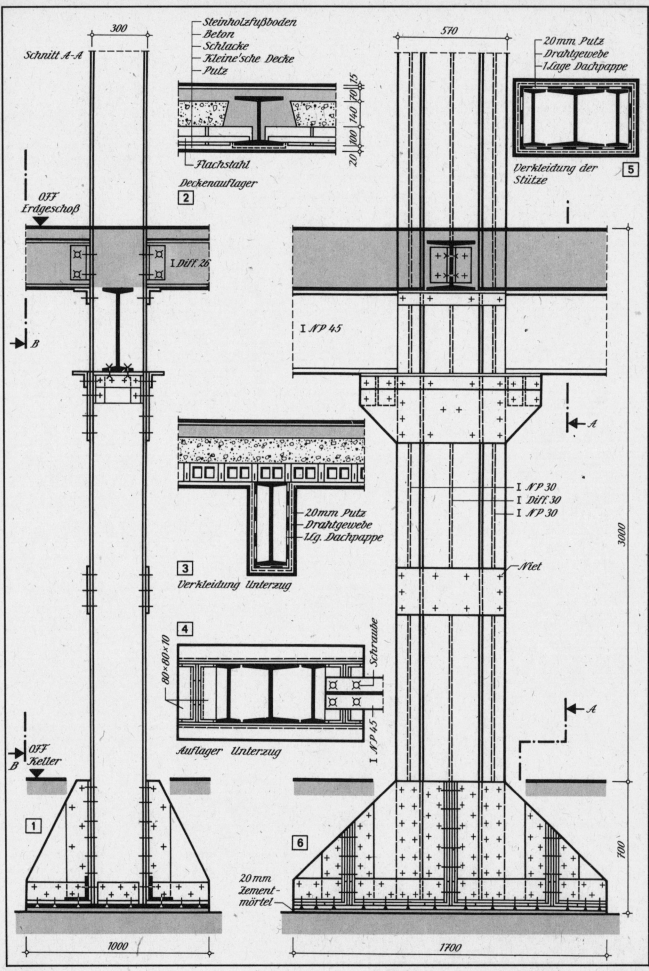

Tafel 9 — Stützen aus Walzprofilen, vor 1928

1.2. Stahlstützen

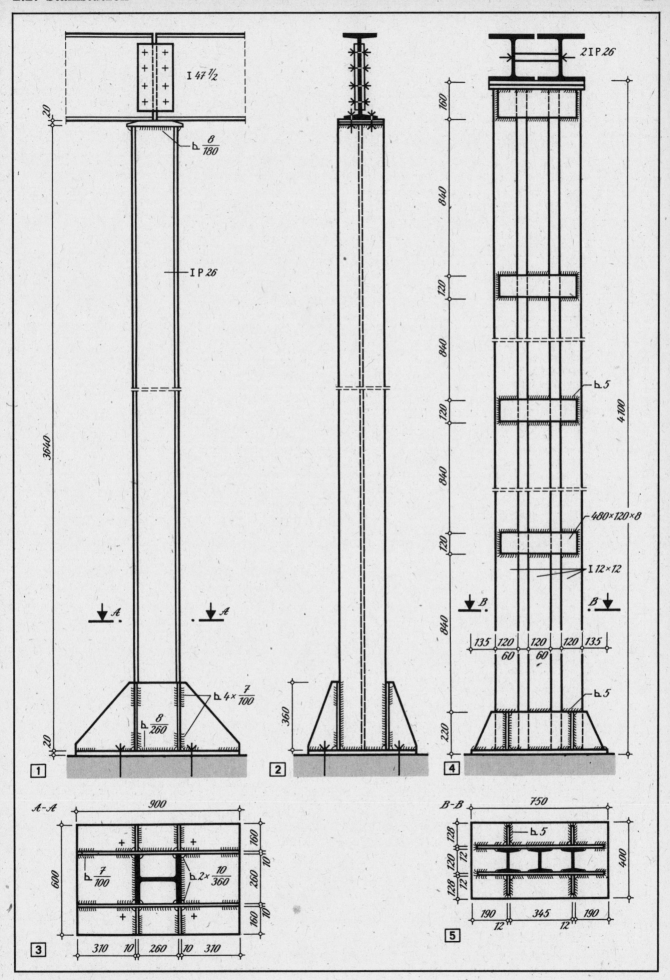

Geschweißte Stützen, um 1931

1.3. Stahlbetonstützen

1.3.1. Formen

Stützen aus Beton wurden vor allem als Ortbetonstützen eingebaut. Sie sind häufig Bestandteil monolithischer Stahlbetonbauwerke und biegesteif mit den Balken verbunden. Die Form der Stützen wurde durch die statischen Erfordernisse und durch die Möglichkeiten der Schaltechnik bestimmt. Der rechteckige Querschnitt hat die größte Verbreitung gefunden (Tafel 12). Es wurden aber auch Stützen hergestellt, deren Querschnittsfläche ein Kreis oder ein regelmäßiges Vieleck ist. In Fassaden finden sich auch Stützen mit zusammengesetzten Querschnitten (Tafel 12; [10]). Sie enthalten häufig Anschläge für Fenster o.ä., nach [62] 1917. 1911 schrieb MECENSEFFY zum Zusammenhang von Formgebung, Herstellung und statischen Anforderungen [55, S. 14]:

»Alle Gestaltungen des Beton- und Eisenbetonbaus sind ausnahmslos einer Beschränkung unterworfen, die in der unabänderlichen Herstellungsweise ihren Grund hat: Sie werden in Formen gestampft, und die Rücksicht auf die Herstellung der Form legt dem entwerfenden Baumeister zunächst eine weitgehende Entsagung auf. Denn entweder müssen jene Formen an Ort und Stelle aus Brettern gezimmert werden, die, spröde, wie sie sind, nur ziemlich schlichte geometrische Flächen und Körper zu bilden gestatten. Oder es handelt sich um Bauteile, die fertig geformt an die Baustelle gebracht werden und bei denen daher auf die wiederholte Verwendung der nämlichen Form Bedacht zu nehmen ist. In beiden Fällen dürfen Unterschneidungen nur mit größter Vorsicht angewendet werden, weil sie das gute Einstampfen des Grobmörtels stets erschweren, in manchen Fällen sogar unmöglich machen können. Bei Holzschalungen lassen sich ohne große Mühe Einsprünge von geringer Tiefe erzielen, wie Rillen, Kerben, Kassetten oder Fasen, man braucht nur entsprechende Einlagen in die Schalung zu machen. Eisenbetonkörper verlangen aber dabei sorgfältigste Rücksicht auf die Lage der Bewehrung, woraus folgt, daß das Entwerfen der Konstruktion und das der Zierformen Hand in Hand gehen müssen.«

Indem besonders geformte Leisten oder Bretter an der Innenseite der Schalung befestigt wurden, konnten z.B. die in Bild 3 dargestellten Querschnittsformen erreicht werden.

Die Stützenfüße wurden in einigen Fällen verstärkt, um eine bessere Lasteinleitung in das Fundament zu erreichen (Tafel 13). Neben den üblichen Vouten wurden auch Stahlbetonstützen mit einfach geformten Kapitellen hergestellt. Die Oberflächen der Stahlbetonstützen wurden wie folgt ausgebildet:
- sichtbarer Abdruck der Schalung (sägerauhe Bretter, gehobelte Bretter, profilierte Leisten und Bretter)
- sichtbarer Vorsatzbeton (gebürstet, gewaschen)
- steinmetzmäßig bearbeiteter Beton oder Vorsatzbeton
- gespachtelte und eingefärbte Oberflächen [50, S. 545] 1909
- geputzte Oberflächen
- mit Natur- oder Kunststein verkleidete Oberflächen.

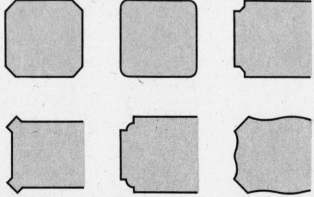

Bild 3. Querschnitte von Stahlbetonstützen nach [50] 1909

1.3.2. Bemessungsansätze

Bei der Ermittlung der Tragfähigkeit von Stützen (Säulen, Pfeilern, Druckgliedern) aus Beton wurden unterschieden:
- bügelbewehrte Stützen
- umschnürte Säulen
- unbewehrte Stützen
- Stützen mit einbetonierten Profilstählen (L- und C-Profile).

Zur Bemessung von *bügelbewehrten Stützen* wurde bis 1932 der Ansatz

$$\text{zul. } F = \text{zul. } \sigma_b \cdot (A_b + 15 A_s)$$

verwendet (Tabelle 6). Die Tragfähigkeit ergab sich also aus dem vollen Betonquerschnitt, der Querschnittsfläche der Längsbewehrung und der zulässigen Druckfestigkeit des Betons. Eine Knickbeanspruchung mußte erst dann in Rechnung gestellt werden, wenn die Schlankheit h/d größer als 18 (1904; 1907) oder größer als 15 (1925; 1932) war. Während die Bestimmungen von 1904 [45], 1907 [46] und von 1915 [47] zur Berechnung der Knickbeanspruchung ähnlich wie bei den Stützen aus Stahl die Verwendung von Euler-Gleichungen vorschrieben, mußte ab 1925 der Knickbeiwert ω in Rechnung gestellt werden. Dabei ist zu beachten, daß die ω-Werte sich von Vorschrift zu Vorschrift änderten und 1943 die kleinsten ω-Werte genannt wurden.

Zur Bestimmung der zulässigen Betonspannung wurde zuerst die Würfelfestigkeit herangezogen: z.B. zul. $\sigma = 0,1 \cdot$ Würfelfestigkeit. Seit 1932 konnte in besonderen Fällen und seit 1943 mußte im Regelfall die Prismenfestigkeit beachtet werden. Dabei wurde 1/3 der Prismenfestigkeit als zulässige Druckspannung angesehen. Die zulässigen Spannungen erhöhten sich von Vorschrift zu Vorschrift.

Eine Besonderheit enthielten die Bestimmungen von 1915 und 1932. Sie gestatteten es, zur Bemessung von Stützen in den unteren Stockwerken eine höhere zulässige Spannung in Ansatz zu bringen:

»*Bei der Berechnung von Säulen in Hochbauten, die die Lasten mehrerer Geschosse aufzunehmen haben, können, soweit nicht nach den jeweils gültigen amtlichen Belastungsvorschriften die Nutzlasten in den unteren Stockwerken abgemindert werden dürfen, mit Rücksicht auf die in den Säulen der unteren Stockwerke herrschenden günstigeren statischen Verhältnisse die ... zulässigen Spannungen ... bzw. der Wert $K_b/3$, wie folgt erhöht werden:*

im 1. bis 3. Stockwerk von oben um 0 kg/cm²
im 4. Stockwerk von oben um 5 kg/cm²
im 5. und in den folgenden Stockwerken von
oben um 10 kg/cm².«
[53] 1932

Die konstruktiven Anforderungen an die Bewehrung schwankten. Die Bestimmungen von 1904 [45] und 1907 [46] forderten noch den Nachweis, daß der einzelne Bewehrungsstab infolge der Druckbeanspruchung zwischen zwei Bügeln nicht ausknicken kann (Tabelle 6). Später wurden nur noch Maximalwerte für den Bügelabstand genannt. Die maximalen Bügelabstände verringerten sich von $30 d_s$ (1904; 1907) auf $12 d_s$ (1915 und später).

Für den Anteil der Längsbewehrung wurden erst seit 1915 Grenzwerte angegeben. Die Längsbewehrung konnte bis zu 6%, mußte aber mindestens 0,5% bis 0,8% der Betonquerschnittsfläche betragen.

»*Wird die Säule mit einem größeren Betonquerschnitt ausgeführt, als statisch erforderlich ist, so braucht das Bewehrungsverhältnis nur auf den statisch erforderlichen Betonquerschnitt bezogen werden,*« [53] 1932, ähnlich [51] 1943.

1.3. Stahlbetonstützen

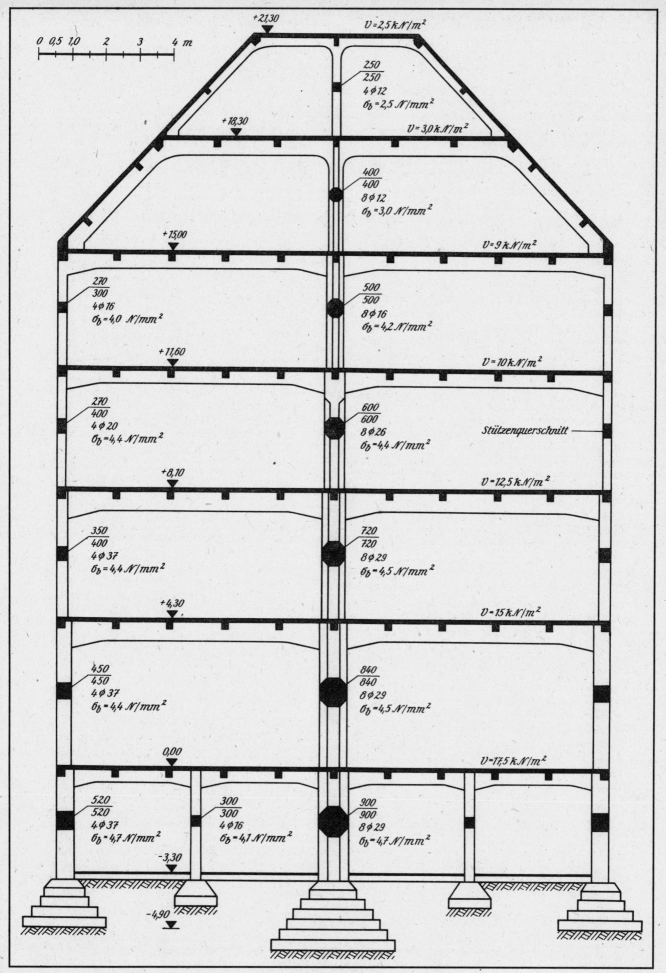

Stützen aus Stahlbeton in einem Geschäftshaus, vor 1908

Tabelle 6. Ansätze zur Bemessung von Stahlbetonstützen (Auswahl)
Die Formelzeichen wurden weitgehend vereinheitlicht.
Bei den Angaben zur Belastung gilt: $1\,t \triangleq 10\,kN$.

Bezeichnungen:
Bügelbewehrte Stützen   Umschnürte Säulen

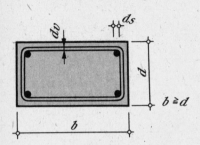
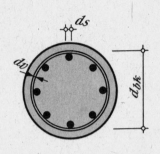

- d kleinste Querschnittsseite
- A_b Betonfläche; $A_b = b \cdot d$
- d_v Bügeldurchmesser
- s_v Bügelabstand
- d_s Längsstabdurchmesser
- h Knicklänge; bei Geschoßstützen: h = Geschoßhöhe
- A_s Querschnittsfläche der Längsbewehrung

- d_{bk} Kerndurchmesser
- A_{bk} Querschnittsfläche des Kerns
- s_v Abstand der Umschnürungsbewehrung
- d_s Längsstabdurchmesser
- A_s Querschnittsfläche der Längsbewehrung
- A_{s1} Querschnittsfläche der Umschnürungsbewehrung
- h Knicklänge; bei Geschoßstützen: h = Geschoßhöhe

Quelle	Zulässige Spannung	Bemessungsvorschrift	Konstruktive Forderungen	Bemerkungen
Bestimmungen für die Ausführung von Konstruktionen aus Eisenbeton ... [45] 1904	zul. $\sigma_b = 0{,}1 \cdot \sigma_{b\,Bruch}$	zul. F = zul. $\sigma_b (A_b + n \cdot A_s)$ mit $\sigma_s = n \cdot \sigma_b$; $n = 15$ bei Knickbeanspruchung, Gesamtstütze, wenn $h \geq 18\,d$: zul. $F = \dfrac{\pi^2 \cdot E_b \cdot I}{s \cdot l^2}$ mit $I = \dfrac{b \cdot d^3}{12} + n \cdot A_s \cdot a^2$ $s = 10$ $E_b = \dfrac{2100000}{15} = 140000\,\dfrac{kg}{cm^2}$ Knickbeanspruchung des einzelnen Bewehrungsstabes: zul. $l_s = d_s \cdot \sqrt{\dfrac{\pi^2 \cdot E_s}{80 \cdot \text{vorh.}\,\sigma_s}}$ zul. $l_s = d_s \cdot \sqrt{\dfrac{10 \cdot 2100000}{80 \cdot \text{vorh.}\,\sigma_s}}$	$s_v \leq 30 \cdot d_s$	$\sigma_{b\,Bruch}$ wurde am Würfel mit 200 mm oder 300 mm Kantenlänge ermittelt. a Abstand des Bewehrungsstabs zur Schwerachse s Sicherheit $10\,\dfrac{kg}{cm^2} \triangleq 1\,\dfrac{N}{mm^2}$ l_s »Knicklänge des Einzelstabs« $l_s \geq s_v$
Bestimmungen für die Ausführung von Konstruktionen aus Eisenbeton ... [46] 1907	wie 1904	wie 1904	$s_v \begin{cases} \leq 30\,d_s \\ \leq d \end{cases}$	$\sigma_{b\,Bruch}$ wurde am Würfel mit 300 mm Kantenlänge ermittelt.
»Runderlaß, betreffend Bewehrung von Säulen aus eisenumschnürtem Beton...« [84] 1909	wie 1904	zul. F = zul. $\sigma_b \cdot A_i$ $A_i = A_b + 15\,A_s$ $\quad\quad + 30\,A_s' \leq 2\,A_b$	keine	A_b voller Betonquerschnitt A_s Querschnittsfläche der Längsbewehrung A_s' »der Querschnitt einer gedachten, ebenfalls senkrechten Eiseneinlage, der entsteht, wenn die in der steigenden Einheit der Säule vorhandene Eisenmenge der Umschnürung in eine auf die gleiche Länge mit gleicher Menge angenommene Längseinlage umgewandelt ist«

1.3. Stahlbetonstützen

1. Fortsetzung Tabelle 6

Quelle	Zulässige Spannung	Bemessungsvorschrift	Konstruktive Forderungen	Bemerkungen
Bestimmungen für die Ausführung von Bauwerken aus Eisenbeton [47] 1915	bei $W_{b28} \geq 180$ kg/cm² ($\triangleq 18$ N/mm²) für Hochbauten, allgemein: zul. $\sigma_b = 35$ kg/cm² ($\triangleq 3{,}5$ N/mm²) für Säulen mehrgeschossiger Gebäude im Dachgeschoß: zul. $\sigma_b = 25$ kg/cm² ($\triangleq 2{,}5$ N/mm²) im darunter liegenden Geschoß: zul. $\sigma_b = 30$ kg/cm² ($\triangleq 3$ N/mm²) in den folgenden Geschossen: zul. $\sigma_b = 35$ kg/cm² ($\triangleq 3{,}5$ N/mm²) bei Würfelfestigkeiten nach 45 Tagen von $W_{b45} = 245$ kg/cm² ($\triangleq 24{,}5$ N/mm²) zul. $\sigma_b = \frac{1}{7} \sigma_{b\,Bruch}$ ≤ 50 kg/cm² ($\triangleq 5$ N/mm²)	bügelbewehrte Stützen zul. $F = $ zul. $\sigma_b (A_b + 15 A_s)$ bei Knickbeanspruchung, wenn $h/d \geq 15$ mit einer »Gebrauchsformel« nach EULER: erf. $I = 70 \cdot F \cdot l^2$ I in cm⁴ F in t l in m umschnürte Säulen zul. $F = $ zul. $\sigma_b (A_{bk} + 15 A_s + 45 A_{sl})$	$A_s \begin{cases} \geq \frac{0{,}8}{100} A_b \\ \leq \frac{3}{100} A_b \end{cases}$ $s_v \begin{cases} \leq 12\, d_s \\ \leq d \end{cases}$ $\left.\begin{array}{l} b \\ d \end{array}\right\} \geq 250$ mm $A_s \geq \frac{1}{3} A_{sl}$ $s_v \begin{cases} \leq 0{,}2\, d_{bk} \\ \leq 80\,mm \end{cases}$	$\sigma_{b\,Bruch}$ wurde am Würfel mit 200 mm Kantenlänge ermittelt. $A_{sl} = \frac{d_{bk} \cdot A_{sl\varnothing} \cdot \pi}{s_v}$ $A_{sl\varnothing}$ Querschnittsfläche des Umschnürungsstabes
Bestimmungen für die Ausführung von Bauwerken aus Eisenbeton [48] 1925	bei Verwendung von »Handelszement« bei $W_{e28} \geq 200$ kg/cm² ($\triangleq 20$ N/mm²) und $W_{b28} \geq 100$ kg/cm² ($\triangleq 10$ N/mm²) zul. $\sigma_b = 35$ kg/cm² ($\triangleq 3{,}5$ N/mm²) bei Verwendung von »hochwertigem Zement« bei $W_{e28} \geq 275$ kg/cm² ($\triangleq 27{,}5$ N/mm²) $W_{b28} \geq 130$ kg/cm² ($\triangleq 13$ N/mm²) zul. $\sigma_b = 45$ kg/cm² ($\triangleq 4{,}5$ N/mm²)	bügelbewehrte Stützen zul. $F = $ zul. $\sigma_b (A_b + 15 A_s)$ bei Knickbeanspruchung, wenn $h \geq 15\,d$: zul. $F = \frac{\text{zul. } \sigma_b}{\omega}(A_b + 15 A_s)$ mit $\begin{array}{c|c} h/d & \omega \\ \hline 15 & 1{,}0 \\ 20 & 1{,}25 \\ 25 & 1{,}75 \end{array}$ umschnürte Säulen zul. $F = $ zul. $\sigma_b (A_{bk} + 15 A_s + 45 A_{sl})$ mit $(A_{bk} + 15 A_s + 45 A_{sl}) \leq 2 A_b$ bei Knickbeanspruchung, wenn $h \geq 13\,d$: zul. $F = \frac{\text{zul. } \sigma_b}{\omega}(A_{bk} + 15 A_s + 45 A_{sl})$ mit $\begin{array}{c|c} h/d & \omega \\ \hline 13 & 1{,}0 \\ 20 & 1{,}7 \\ 25 & 2{,}7 \end{array}$	$A_s \leq \frac{3}{100} A_b$ wenn $h/d \geq 10$ $A_s \geq \frac{0{,}8}{100} A_b$ wenn $h/d \leq 5$ $A_s \geq \frac{0{,}5}{100} A_b$ $s_v \begin{cases} \leq d \\ \leq 12\, d_s \end{cases}$ $\left.\begin{array}{l} b \\ d \end{array}\right\} \geq 250$ mm $A_s \geq \frac{1}{3} A_{sl}$ $A_s \begin{cases} \geq \frac{0{,}8}{100} A_b \\ \leq \frac{3{,}0}{100} A_b \end{cases}$ $s_v \begin{cases} \leq 0{,}2\, d_{bk} \\ \leq 80\,mm \end{cases}$	W_{e28} Würfelfestigkeit von erdfeuchtem Beton nach 28 Tagen W_{b28} Würfelfestigkeit des im Bauwerk verarbeiteten Betons nach 28 Tagen in besonderen Fällen zul. $\sigma_b = \frac{W_{b28}}{3} \leq 60$ kg/cm² ($\triangleq 6$ N/mm²)

1. Stützen

2. Fortsetzung Tabelle 6

Quelle	Zulässige Spannung	Bemessungsvorschrift	Konstruktive Forderungen	Bemerkungen
Bestimmungen für die Ausführung von Bauwerken aus Eisenbeton [53] 1932	bei Verwendung von »Handelszement« bei $W_{b28} \geqq 120$ kg/cm² ($\triangleq 12$ N/mm²) zul. $\sigma_b = 35$ kg/cm² ($\triangleq 3,5$ N/mm²) bei Verwendung von »hochwertigem Zement« bei $W_{b28} \geqq 160$ kg/cm² ($\triangleq 16$ N/mm²) zul. $\sigma_b = 45$ kg/cm² ($\triangleq 4,5$ N/mm²) in besonderen Fällen und wenn $h/d \leqq 20$ und $W_{b28} \geqq 160$ kg/cm² ($\triangleq 16$ N/mm²) zul. $\sigma_b = W_{b28}/3$ jedoch, wenn $d \leqq 400$ mm: zul. $\sigma_b = 60$ kg/cm² ($\triangleq 6$ N/mm²) oder, wenn $d > 400$ mm: zul. $\sigma_b = 70$ kg/cm² ($\triangleq 7$ N/mm²)	bügelbewehrte Stützen Normalfall: zul. $F =$ zul. $\sigma_b (A_b + 15 A_s)$ bei Knickbeanspruchung, wenn $h/d \geqq 15$: zul. $F = \dfrac{\text{zul. } \sigma_b}{\omega}(A_b + 15 A_s)$ in besonderen Fällen: zul. $F = \dfrac{1}{3}(K_b \cdot A_b + \sigma_s \cdot A_s)$ bzw. bei Knickbeanspruchung, wenn $h/d \geqq 15$: zul. $F = \dfrac{1}{3 \cdot \omega}(K_b \cdot A_b + \sigma_s \cdot A_s)$ mit | h/d | ω | | 15 | 1,0 | | 20 | 1,25 | | 25 | 1,70 | | 30 | 2,45 | | 35 | 3,40 | | 40 | 4,40 |	$A_s \leqq \dfrac{6}{100} A_b$ wenn $h/d \geqq 10$ $A_s \geqq \dfrac{0,8}{100} A_b$ wenn $h/d \leqq 5$ $A_s \geqq \dfrac{0,5}{100} A_b$ $s_v \begin{cases} \leqq d \\ \leqq 12 d_s \end{cases}$ $s_v \begin{cases} \geqq 200 \text{ mm} \\ \geqq \dfrac{h}{20} \end{cases}$	K_b Prismenfestigkeit des Betons nach 90 Tagen, wurde ersetzt durch die Würfelfestigkeit nach 28 Tagen, aber höchstens 180 kg/cm² ($\triangleq 18$ N/mm²), wenn $d < 400$ mm, oder höchstens 210 kg/cm² ($\triangleq 21$ N/mm²), wenn $d \geqq 400$ mm
	»Handelseisen«: zul. $\sigma_s = 2400$ kg/cm² ($\triangleq 240$ N/mm²) zul. $\sigma_s' = 3300$ kg/cm² ($\triangleq 330$ N/mm²) »Hochwertiger Stahl St 52«: zul. $\sigma_s = 3600$ kg/cm² ($\triangleq 360$ N/mm²) zul. $\sigma_s' = 4500$ kg/cm² ($\triangleq 450$ N/mm²)	Umschnürte Säulen Normalfall zul. $F =$ zul. $\sigma_b(A_{bk} + 15 A_s + 45 A_{sl})$ bei Knickbeanspruchung, wenn $h/d \geqq 13$: zul. $F = \dfrac{\text{zul. } \sigma_b}{\omega}(A_{bk} + 15 A_s + 45 A_{sl})$ in besonderen Fällen: zul. $F = \dfrac{1}{3}(K_b A_{bk} + \sigma_s \cdot A_s + 2,5 \sigma_s' \cdot A_{sl})$ bei Knickbeanspruchung, wenn $h/d \geqq 13$: zul. $F = \dfrac{1}{3 \cdot \omega}(K_b A_{bk} + \sigma_s \cdot A_s + 2,5 \cdot \sigma_s' \cdot A_{sl})$ | h/d_{bk} | ω | | 13 | 1,0 | | 20 | 1,7 | | 25 | 2,7 |	$A_s \leqq \dfrac{8}{100} A_{bk}$ $A_s \geqq \dfrac{0,8}{100} A_{bk}$ $A_s \geqq \dfrac{1}{3} A_{sl}$ $s_v \begin{cases} \leqq 80 \text{ mm} \\ \leqq 0,2 d_{bk} \end{cases}$	

Die angegebenen statischen Werte dienen nur einem Vergleich. Bei erneutem Tragfähigkeitsnachweis ist von dem gegenwärtigen Bauzustand und den zur Zeit verbindlichen Vorschriften auszugehen.

1.3. Stahlbetonstützen

3. Fortsetzung Tabelle 6

Quelle	Zulässige Spannung				Bemessungsvorschrift	Konstruktive Forderungen	Bemerkungen
DIN 1045: Bestimmungen für Ausführung von Bauwerken aus Stahlbeton [51] 1943	K_b in kg/cm²				bügelbewehrte Stützen zul. $F = \frac{1}{3}(K_b \cdot A_b + \sigma_s \cdot A_s)$ bei Knickbeanspruchung, wenn $h/d \geqq 15$: zul. $F = \frac{1}{3 \cdot \omega}(K_b \cdot A_b + \sigma_s \cdot A_s)$	für B120 und B160 $A_s \leqq \frac{3}{100} A_b$ für B225 und B300: $A_s \leqq \frac{6}{100} A_b$ für $h/d \geqq 10$: $A_s \geqq \frac{0{,}8}{100} A_b$ für $h/d \leqq 5$ $A_s \geqq \frac{0{,}5}{100} A_b$ $s_v \begin{cases} \leqq d \\ \leqq 12\, d_s \end{cases}$	K_b Prismenfestigkeit 10 kg/cm² ≙ 1 N/mm² σ_s Quetschgrenze $d \geqq 200$ mm $d_s \geqq 14$ mm
	B120	108					
	B160	144					
	B225	195					
	B300	240					
	σ_s in kg/cm² bei Stahl				h/d	ω	
		I	II	III;IV	15	1,00	
					20	1,08	
	B120	2400	–	–	25	1,32	
	B160	2400	3600	–	30	1,72	
	B225	2400	3600	4200	35	2,28	
	B300	2400	3600	4200	40	3,00	
	σ_s' in kg/cm² bei Stahl				umschnürte Säulen $W_{b28} \geqq 225$ kg/cm² zul. $F = \frac{1}{3}(K_b \cdot A_{bk} + \sigma_s \cdot A_s + 2{,}5\,\sigma_s' \cdot A_{sl})$ bei Knickbeanspruchung, wenn $h/d_{bk} \geqq 10$: zul. $F = \frac{1}{3 \cdot \omega}(K_b \cdot A_{bk} + \sigma_s \cdot A_s + 2{,}5\,\sigma_2' \cdot A_{sl})$	$A_s \leqq \frac{6}{100} A_{bk}$ $A_s \geqq \frac{1}{100} A_{bk}$ $A_s \geqq \frac{1}{3} A_{sl}$ $s_v \begin{cases} \leqq 80\text{ mm} \\ \leqq 0{,}2 \cdot d_{bk} \end{cases}$	σ_s' Streckgrenze $A_{sl} = \dfrac{d_{bk} \cdot A_{sl\varnothing} \cdot \pi}{s_v}$
		I	II	III;IV			
	B120	–	–	–			
	B160	–	–	–			
	B225	2400	3600	4200			
	B300	2400	3600	4200			
					h/d_{bk}	ω	
					10	1,00	
					15	1,17	
					20	1,50	
					25	2,00	

Für die *umschnürten Säulen* wurde außer der Betonfläche des umschnürten Kerns und der Längsbewehrung zusätzlich auch die Umschnürungsbewehrung in Rechnung gestellt. Nicht jede Säule mit kreisförmigem oder vieleckigem Querschnitt durfte als umschnürte Säule bemessen werden (Tafel 12; [8], [9]). 1915 [47] wurde die umschnürte Säule wie folgt beschrieben:

»Als umschnürte Säulen sind solche mit Querbewehrung nach der Schraubenlinie (Spiralbewehrung) und gleichwertige Wicklungen oder mit Ringbewehrung versehene Säulen mit kreisförmigem Kernquerschnitt anzusehen, bei denen das Verhältnis der Ganghöhe der Schraubenlinie oder des Abstandes der Ringe zum Durchmesser kleiner als ⅕ ist. Der Abstand der Schraubenwindungen oder der Ringe soll nicht über 8 cm hinausgehen. Die Längsbewehrung ... soll mindestens ⅓ der Querbewehrung ... sein.«

DIN 1045, Ausgabe 1943, [51] schränkte dann weiter ein:

»Als umschnürt gelten Säulen mit kreisförmigem Kernquerschnitt, der durch eine Querbewehrung nach der Schraubenlinie umschlossen wird. ... Die Umschnürung darf nur dann in Rechnung gestellt werden, wenn $W_{b28} \geqq 225$ kg/cm² ist« (≙ 22,5 N/mm²).

Die in Tabelle 6 aufgeführten Bemessungsansätze gelten nur für mittig beanspruchte Stützen. Die genannten Vorschriften, Bestimmungen und Normen enthalten alle auch Ansätze zur Bemessung bei außermittigem Druck.
Es war auch zulässig, Stützen aus *unbewehrtem Beton* herzustellen [83] 1915; [77] 1925; [58] 1932 und [59] 1943.

1925 legte der Ausschuß für Eisenbeton in den »Bestimmungen zur Ausführung von Bauwerken aus Beton« [77] fest:

*»Bei Stützen und Pfeilern ist die Druckbeanspruchung (bei außermittiger Belastung die Kantenpressung) mit zunehmendem Verhältnis von Höhe (Länge) zur kleinsten Dicke abzumindern und höchstens anzunehmen:
für das Verhältnis 1:1 zu 1/1
5:1 zu ½
10:1 zu ¼
der sonst zulässigen Beanspruchung.
Zwischenwerte sind geradlinig einzuschalten.
Stützen und Pfeiler mit einem Verhältnis von Höhe zur kleinsten Dicke größer 10 sind nur in besonderen Fällen zulässig...
Bei Biegung mit Druck ist eine Zugspannung von 1/20 der zulässigen Druckbeanspruchung gestattet.«*

Es wurde

$$\text{zul. } \sigma_b = \frac{1}{5} W_{e28} \leqq \frac{1}{3} W_{b28} \leqq 50 \text{ kg/cm}^2$$
$$(\triangleq 5\,\text{N/mm}^2)$$

gesetzt.
W_{e28} Würfelfestigkeit des erdfeuchten Betons nach 28 Tagen
W_{b28} Würfelfestigkeit des am Bauwerk verarbeiteten Betons nach 28 Tagen
In den folgenden Normen und Bestimmungen wurden die zulässigen Spannungen etwas verändert (Tabelle 7).

Tabelle 7. Zulässige Druckspannung σ_b' in Stützen aus unbewehrtem Beton nach DIN 1047 [59] 1943

	zul. σ_b
B 50	$10\, kg/cm^2 \triangleq 1\, N/mm^2$
B 80	$20\, kg/cm^2 \triangleq 2\, N/mm^2$
B 120	$30\, kg/cm^2 \triangleq 3\, N/mm^2$
B 160	$40\, kg/cm^2 \triangleq 4\, N/mm^2$
B 225	$55\, kg/cm^2 \triangleq 5{,}5\, N/mm^2$
B 300	$70\, kg/cm^2 \triangleq 7\, N/mm^2$

$$\text{zul. } \sigma_b' = \frac{\text{zul. } \sigma_b}{\alpha}$$

h/d	α
1	1,0
5	1,4
10	2,0

Es wurden aber auch Stützen ausgeführt, die mit L-, [- oder anderen Walzprofilen bewehrt sind: *Stützen mit Profilstahlbewehrung*. BASTINE schätzte 1913 im »Handbuch für Eisenbetonbau« ein, daß die Theorie zum Tragverhalten dieser Stützen »aber noch nicht umfassend genug behandelt worden« ist [57, S. 263].

Die Bemessung dieser Stützen wurde in den Bestimmungen nicht besonders erwähnt (1904; 1907; 1915; 1925). Noch 1932 [48] wird die Anwendung der in Tafel 6 dargestellten Bemessungsansätze für diese Stützen zwar nicht ausgeschlossen, jedoch in einer Fußnote einschränkend festgestellt:

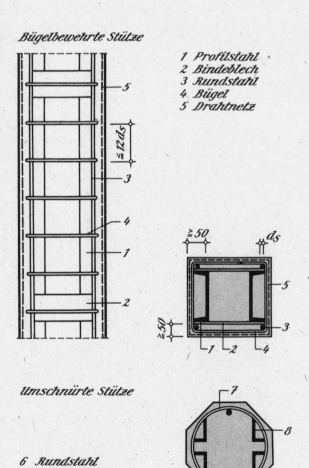

Bild 4. Stützen mit »Formstahlbewehrung« nach DIN 1045; 1943 [51]

»Über die Tragfähigkeit von Säulen mit Profileisenbewehrung sind Versuche eingeleitet. Etwaige abweichende Festsetzungen über die Berechnung und Ausbildung solcher Säulen müssen bis zum Abschluß dieser Versuche vorbehalten bleiben.«

Erst DIN 1045, Ausgabe 1943, [51] enthält gesonderte Angaben zur Bemessung und Konstruktion von »Säulen mit Formstahlbewehrung« (Bild 4).

»*Formstähle des Stahlbaus und ähnliche Walzprofile sind als Längsbewehrung bügelbewehrter und umschnürter Säulen zulässig, wenn die Würfelfestigkeit des Betons W_{28} 225 kg/cm² ist...*
Die Längsbewehrung... darf einschließlich der Rundstahleinlagen nicht mehr als 8 % des Betonquerschnitts ... bzw. des Kernquerschnitts ... ausmachen.
Die Formstähle sind spiegelgleich zu den Hauptachsen des Querschnitts und so anzuordnen, daß sie die Bügel oder die Umschnürung höchstens in einzelnen Punkten berühren, jedoch nicht mit ihren Flanschen oder Stegen daran anliegen. Die Betondeckung der Flächen der Flansche, Stege und Bindebleche muß mindestens 5 cm dick sein. Form und Lage der Bügel und der Umschnürung sind durch Rundstahleinlagen zu sichern, deren Dicke für den Abstand der Bügel ... maßgebend ist. In bügelbewehrten Säulen ist zur Verhinderung von sichtbaren Schwindrissen in der Betondeckung außerhalb der Bügel ein Drahtnetz von 15 bis 20 mm Maschenweite anzuordnen, das die Säule umschließt...
In bügelbewehrten Säulen sind die Formstähle an den Säulenenden und mindestens in den Drittelpunkten der Säulenhöhe durch Bindebleche zu verbinden.«

Zur Längsbewehrung wurden die Profilstäbe und die Rundstähle in den Bügelecken gerechnet.

1.3.3. Konstruktionsbeispiele

Bereits um die Jahrhundertwende wurden Stahlbetonsäulen zum Bau von Geschäftshäusern u. ä. und im Industrie- und Verkehrsbau eingesetzt.

Tafel 11 zeigt ein Geschäftshaus, das 1907 in Leipzig errichtet worden ist. Die Fundamente, Stützen, Balken, Decken und sogar das Dachtragwerk bestehen aus monolithischem Beton [56, S. 376] 1909 und [50, S. 283] 1909.

Die Konstruktion läßt erkennen, welch großer Aufwand zum Bau der Schalung erforderlich war. So haben die achteckigen Stützen in jedem Geschoß andere Abmessungen.

Die Frontsäulen wurden mit Naturstein oder mit »½ Stein starkem Ziegelmauerwerk« verkleidet.

Obwohl die »Bestimmungen zur Ausführung von Bauwerken aus Eisenbeton« von 1904 und 1907 forderten:

»*In Stützen darf der Beton mit nicht mehr als einem Zehntel seiner Druckfestigkeit beansprucht werden*«,

wurde bei der Bemessung der Mittelstützen des Erdgeschosses eine Betonspannung von 47 kg/cm² ($\triangleq$ 4,7 N/mm²) in Rechnung gestellt. Demnach müßte der Beton eine Würfeldruckfestigkeit von 470 kg/cm² ($\triangleq$ 47 N/mm²) erreicht haben. Wahrscheinlicher ist die Annahme, daß von den geltenden Vorschriften abgewichen worden ist.

Zur Anordnung der Bewehrung schreibt BASTINE 1913 [57, S. 223]:

»*Die Eisenstäbe sollen gleichmäßig am Umfang des Querschnitts verteilt werden, weil die ungleichmäßige Verteilung eine sonst knicksichere Säule in Knickgefahr bringen könnte.*
Um das seitliche Ausknicken der Eiseneinlagen zu verhüten, werden Querbügel in den verschiedensten Formen eingebracht.«

Tafel 12 zeigt einige Bügelformen. Die Anordnung von Flachstahlstreifen geht auf HENNEBIQUE zurück. Neben den heute noch üblichen Umschließungsbügeln gab es Bügelformen, die nur von einigen Firmen zu Beginn des Jahrhunderts verwendet worden sind, so setzte z. B. ZÜBLIN »zusammengedrehtes Rundeisen« ein (Tafel 12; [4]), nach [57, S. 227] 1913.

1.3. Stahlbetonstützen

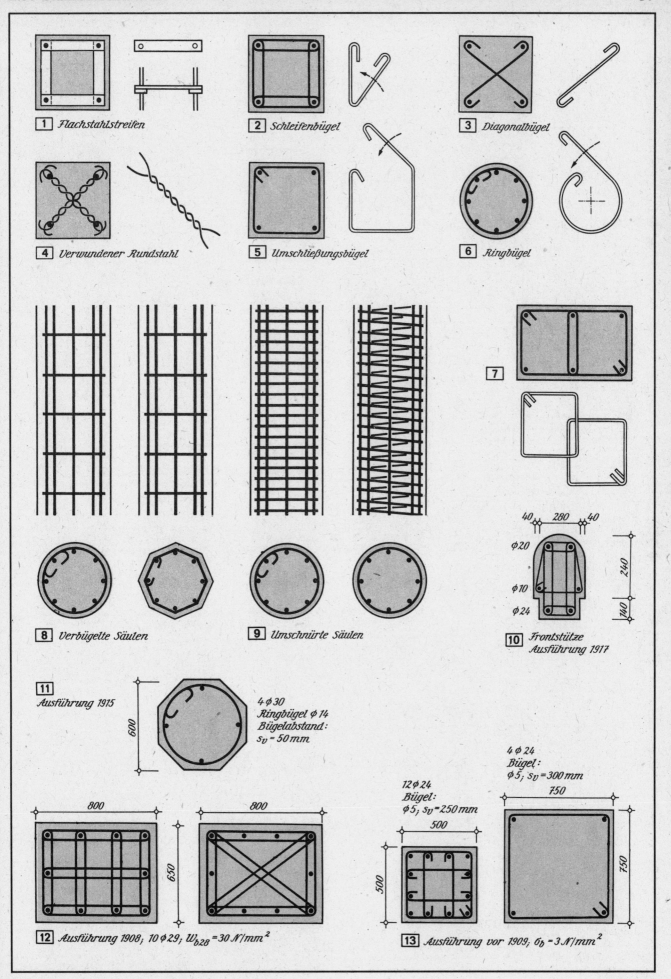

Bewehrung von Stahlbetonstützen — Tafel 12

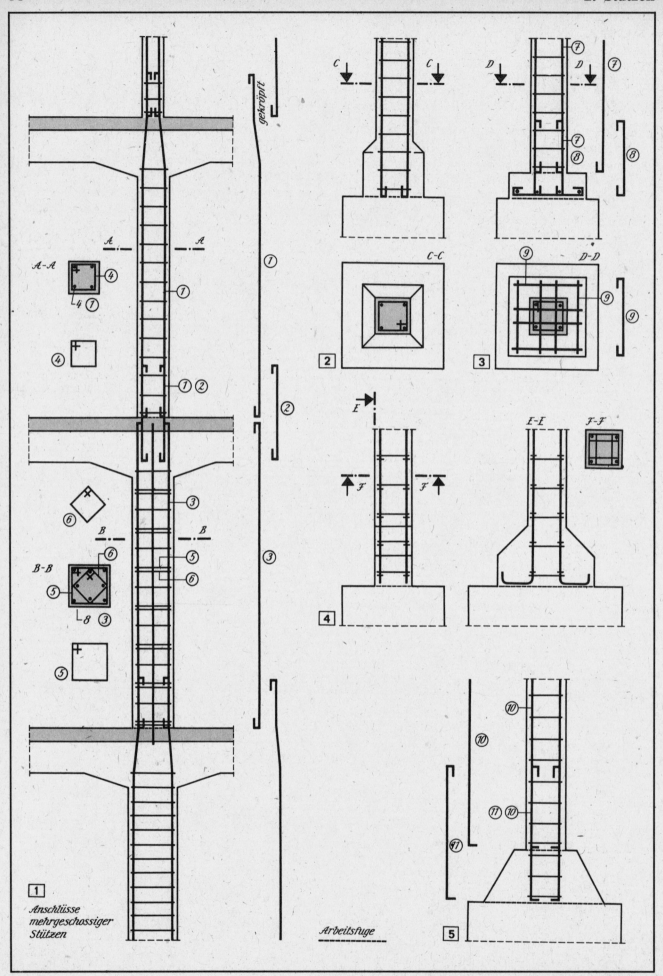

Tafel 13 — Anschlüsse von Stahlbetonstützen

1.4. Pfeiler aus Mauerwerk

Eine weite Verbreitung haben die Schleifenbügel gefunden (Tafel 12; [2] und [12]), nach [64] 1905; [57] 1913 und [60] 1927. Die Schleifenbügel liegen nicht nur am Rand der Stütze (Tafel 12; [12]), nach [50] 1909.

Die innen liegenden Bügel, wie die Diagonalbügel (Tafel 12; [3]) und ähnliche Formen, wie z. B. das in Tafel 12; [13] dargestellte Ausführungsbeispiel, haben sicherlich die Verdichtungsarbeiten deutlich erschwert.

Eine besondere Form stellten die Ringbügel dar, z. B. wurde die Bewehrung nach Tafel 12; [11] 1915 in Dresden ausgeführt [63].

RÜTH bewertete 1925 die in Tafel 12; [8] dargestellte Bewehrung als bügelbewehrte Stütze und die Bewehrung nach Tafel 12; [9] als Bewehrung einer umschnürten Säule [49, S. 390]. Das stimmt auch mit den damaligen Bemessungsvorschriften überein.

Noch 1932 [53] wird die »Ringbewehrung« für umschnürte Säulen zugelassen, und erst ab 1943 [51] wird für diese Säulen ausschließlich eine »Bewehrung nach der Schraubenlinie« gefordert.

Der Stützenfuß wurde unterschiedlich ausgebildet. Häufig wurde er verbreitert, um eine sichere Lasteinleitung in das Fundament zu gewährleisten. Das war besonders dann notwendig, wenn das Fundament aus einem Beton geringerer Festigkeit bestand.

Tafel 13; [2] und [3] Ausführung nach RÜTH [49, S. 394] 1925
Tafel 13; [4]   Ausführung nach LÖSER [61, S. 13] 1926
Tafel 13; [5]   Ausführung nach LUPESCU [60, S. 92] 1927

Im Stoß zweier übereinander stehender Stützen konnten folgende Ausführungen unterschieden werden:
– Die Bewehrung der unteren Stütze wird gerade oder gekröpft in die Stütze des folgenden Geschosses hineingeführt (Tafel 13; [1]), nach RÜTH [49] 1925
– Im Stoßbereich werden besondere Zulagen eingelegt (Tafel 13; [1]), nach RÜTH [49] 1925
– Die Längsstäbe werden miteinander verschweißt. So forderte DIN 1045, Ausgabe 1943, [51]:

»Die Längsbewehrung ist mit den Bügeln oder der Umschnürung zu einem steifen Gerippe zu verbinden. Ist bei Säulen mit Bügelbewehrung die Längsbewehrung aus Rundstahl A_s größer als 3% von A_b, bei umschnürten Säulen größer als 3% von A_{bk}, so muß entweder die Längsbewehrung zweier aufeinander folgender Geschosse an der Stoßstelle stumpf verschweißt werden, oder es muß die Hälfte der Längseinlagen ungestoßen durch je 2 Geschosse hindurchgehen.«

Eine ähnliche Forderung enthält auch die Vorschrift von 1932 [53], nur daß sie die erforderliche Schweißung »stumpf oder überlappt« zuläßt.

1.4. Pfeiler aus Mauerwerk

1.4.1. Formen

Aus künstlichen oder natürlichen Steinen aufgemauerte Stützen aller Querschnittsformen werden als Pfeiler bezeichnet. Der Begriff »Säule« ist bautechnisch nicht genau definiert. Häufig werden solche Stützen aus Natursteinen oder künstlichen Steinen Säulen genannt, die am Säulenkopf (Kapitell), am Säulenschaft und am Säulenfuß (Basis) Formen historischer Stilvorbilder zeigen. Die klassisch-griechischen Säulenformen, als ionische, dorische oder korinthische Säulenordnungen bekannt (Tafel 16; [5]), fanden an den Fassaden von SCHINKEL und seinen Schülern und später an denen der Neorenaissance häufig Anwendung.

In Abgrenzung gegenüber Wänden gelten alle Mauerwerkskörper mit bestimmter Schlankheit, nach [65] beispielsweise mit einer solchen >4, als Pfeiler.

Nach BREYMANN [66] können einfache Pfeiler mit quadratischem, rechteckigem, polygonalem oder rundem Querschnitt (Tafel 14; [2], [3] und Tafel 15; [2], [3], [6], [7]) von zusammengesetzten Pfeilern (Tafel 14; [4] und Tafel 15; [1], [3], [4], [8], [9], [10]), deren Grundkörper mit Vorlagen versehen ist, unterschieden werden. Pfeiler aus Ziegeln wurden nach den Verbandsregeln für Wandenden angelegt (Tafel 14; [2]).

Für runde und zusammengesetzte Pfeiler wurden oft Formsteine eingesetzt. Dies gilt besonders für die zweite Hälfte des 19. Jahrhunderts, als viele Gebäude in Sichtmauerwerk ausgeführt wurden. Die Steine von verputzten gemauerten Pfeilern konnten »zugerichtet« werden, indem sie gehackt oder mit Feilen profiliert wurden. Sogar eine nachträgliche Behandlung der aufgemauerten Pfeiler mit Steinmetzwerkzeugen kam vor.

Eine pfeilerartige Konstruktion stellen die Vorlagen (Tafel 14; [6]) dar. Sie dienen zur Aussteifung von Wänden oder als Auflager für Träger. Sollten größere Kräfte aufgenommen werden, besonders solche, die aus dem Kern des Mauerwerks heraustraten, wurden Strebepfeiler (Tafel 14; [5]) angebaut.

Vorlagen, die als vertikale Gliederungselemente an Fassaden angeordnet sind, werden als *Lisenen* bezeichnet. Sind derartige Vorlagen säulenartig mit Basis und Kapitell versehen, so werden sie *Pilaster* genannt.

1.4.2. Bemessungsansätze

Gemauerte Pfeiler und Säulen wurden im 19. Jahrhundert vor allem nach Erfahrungswerten dimensioniert. Eine statische Berechnung erfolgte meist nur in besonderen Fällen.

So lautet eine ministerielle preußische Bestimmung von 1890 [67]:

»Statische Berechnungen sind aufzustellen:
... für alle Säulen, Pfeiler, frei stehenden Schornsteine usw., welche so geringe Abmessungen aufweisen, daß unter Berücksichtigung der in Frage kommenden Verhältnisse eine statische Untersuchung auf eine besonders hohe Beanspruchung durch aufruhende Lasten oder Winddruck und auf den Verlauf der daraus resultierenden Spannung nicht ohne weiteres für entbehrlich erachtet werden kann; ...«

Die statische Berechnung hatte dann die Belastung, das System und die Form der Pfeiler und Säulen, die inneren Kräfte, die Stärke der Konstruktionsteile und die Art ihrer Verbindung darzulegen. Die zulässigen Druckspannungen für Mauerwerk waren in den Bauordnungen vorgegeben, eine Zusammenstellung dieser Werte ist im Band I enthalten.

Zulässige Druckspannungen für *Pfeilermauerwerk aus künstlichen Steinen* wurden 1919 amtlich vorgegeben (Tabelle 8) [25]. Diese wurden durch einen Runderlaß des preußischen Finanzministers vom 12. März 1937, der dem Normblatt DIN 1053 [65] entsprach, abgelöst.

In dieser grundlegenden Mauerwerksnorm wurde in »§ 4b: Pfeiler« folgendes festgelegt:

»Für Mauerwerkskörper, bei denen die Schlankheit h/d in jeder Richtung größer als 4 ist, sogenannte Pfeiler, sind die Werte der ›Tabelle 9‹ anzuwenden. Hierbei bedeutet h die Pfeilerhöhe zwischen den in gleicher Richtung wirksamen Versteifungen, die in dieser Höhe zugeordnete Pfeilerdicke. Ist die Schlankheit h/d nach verschiedenen Richtungen verschieden groß, so ist der größte Wert h/d der Ermittlung der zulässigen Spannung zugrunde zu legen.«

In Tabelle 9 sind die damals zulässigen Druckspannungen für Pfeilermauerwerk zusammengestellt. Bei außermittiger Belastung entsprechen sie den größten zulässigen Kantenpressungen. Alle in Tabelle 9 nicht enthaltenen Vollsteine wurden unter Zugrundelegung ihrer zulässigen Druckspannung, alle Steine mit Hohlräumen nach ihrer Zulassung eingeordnet.

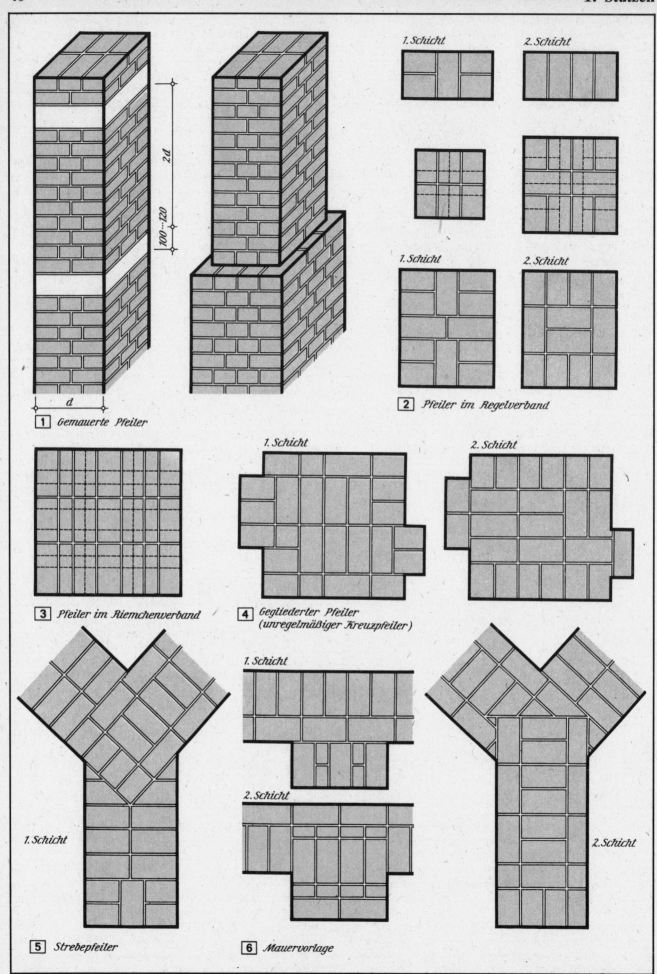

Tafel 14 — Pfeiler, Vorlagen und Strebepfeiler aus Ziegelmauerwerk

1.4. Pfeiler aus Mauerwerk

Für Fenster- und Türpfeiler durfte als Schlankheit das Verhältnis lichte Fenster- bzw. Türhöhe zur Pfeilerdicke angenommen werden, wenn Brüstungs- und Sturzmauerwerk in voller Wanddicke durchgeführt wurden und die Fenster- und Türwand ausgesteift war. In der Ausgabe der DIN 1053 von 1952 [70] wurden die bis dahin getroffenen Aussagen zu Pfeilern dahingehend ergänzt, daß die doppelte Höhe h in Rechnung zu stellen ist, wenn die Pfeiler an einem Ende nicht gegen seitliches Ausweichen gesichert sind. Weiterhin wurde festgelegt, daß bei Schlankheiten > 14 nur mittige Belastungen zulässig sind. Die zulässigen Druckspannungen wurden gegenüber 1937, wie aus Tabelle 10 zu ersehen ist, ebenfalls verändert.
Die rechnerisch ermittelte Tragfähigkeit erhöhte sich, gleichzeitig wurde die Ausführung schlanker Pfeiler eingeschränkt (Bild 5).
Für *Pfeiler und Säulen aus Natursteinmauerwerk* gab MARX [71] 1900 zulässige Druckspannungen an, die bei Pfeilern aus Quadermauerwerk bis zu einem kleinsten Querschnitt von ⅛ der Pfeilerhöhe für Granit »50 kg/cm² « ($\triangleq 5$ N/mm²), für weiche Steine »7,5 kg/cm² « ($\triangleq 0,75$ N/mm²) betrugen. Für Pfeiler aus Bruchsteinmauerwerk bis zu einer kleinsten Querschnittsbreite von ⅙ der Höhe waren bei Verwendung von Weißkalkmörtel »4 kg/cm² « ($\triangleq 0,4$ N/mm²) und bei Zementmörtel »5 kg/cm² « ($\triangleq 0,5$ N/mm²) zulässig. Etwas genauer geht ein Runderlaß des Ministers für öffentliche Arbeiten im Jahre 1910 [12] auf Pfeiler und Säulen ein. Dort wird zu natürlichen Bausteinen festgestellt, daß bestimmte Mittelwerte wegen der Unterschiedlichkeit der Gesteine nicht angebbar sind. Für Pfeiler und Gewölbe soll eine 15- bis 20fache Sicherheit angenommen werden, für sehr schlanke Pfeiler und Säulen eine 20- bis 30fache Sicherheit. Wenn für das verwendete Gestein keine Festigkeitsnachweise erbracht werden konnten, wurde empfohlen, die in Tabelle 11 angegebenen Werte nicht zu überschreiten. Die in der Tabelle 11 angegebenen höheren Werte sollten nur dann gewählt werden, wenn eine statische Untersuchung unter Annahme der größten Belastung bei Berücksichtigung der ungünstigsten Umstände durchgeführt wurde.
Die Bestimmungen von 1919 [25] sahen die gleichen Sicherheiten für Pfeiler und Säulen wie 1910 [12] vor. Als schlanke Pfeiler und Säulen wurden solche ausgewiesen, deren geringste »Stärke« kleiner als 1/10 der Höhe ist. Wurde kein besonderer Festigkeitsnachweis erbracht, dann durften die Werte der Tabelle 12 nicht überschritten werden.
In der DIN 1053, Ausgabe 1937, [65] wurde für Pfeiler und Säulen aus Naturstein festgelegt (Tafel 16; [1]):

»1. Gedrungene Pfeiler und Säulen, d.h. Pfeiler und Säulen, deren Schlankheit h/d kleiner als 8 ist, sollen im allgemeinen als Quadermauerwerk ausgebildet werden.
2. Schlanke Pfeiler und Säulen – besonders frei stehende –, also Pfeiler und Säulen, deren Schlankheit h/d größer als 8, aber kleiner als 15 ist, müssen als Quadermauerwerk ausgebildet werden.
3. Pfeiler und Säulen mit einer Schlankheit h/d größer als 15 sollen als tragende Bauteile im allgemeinen nicht verwendet werden. Ist ihre Verwendung nicht zu umgehen, so sind stets durchgehende Quader ohne Stoßfugen oder Einstein-Quader (Monolithen) zu verwenden. Ihre Tragfähigkeit ist durch amtliche Versuche nachzuweisen.«

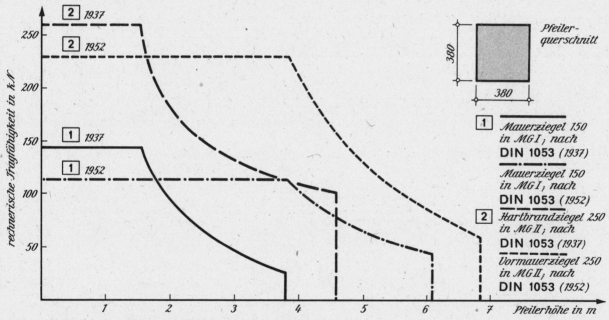

Bild 5. Vergleich der Tragfähigkeit von Pfeilern aus Ziegelmauerwerk

Tabelle 8. Zulässige Druckspannungen in N/mm² für Pfeiler aus künstlichen Steinen nach [25] 1919

	»Verhältnis der geringsten Stärke s zur Höhe h«					
	0,30	0,25	0,20	0,15	0,10	<0,10
»Hartbrandziegel und Kalksandhartsteine, Mindestdruckfestigkeit 250 kg/cm², in Mörtel mit mit 1 Rt Zement: 2 Rt Kalk: 3 Rt Sand«	1,8	1,4	1,2	1,0	0,8	<0,8[2])
»Klinker, Mindestdruckfestigkeit 350 kg/cm², in Mörtel mit 1 Rt Zement[1]) und 3 Rt Sand«	3,5	2,5	2,0	1,5	1,0	<1,0[2])

[1]) mit Zusatz von etwas Kalkmilch
[2]) nur in besonderen Fällen zulässig.
   »Mauerziegel 2. und 1. Klasse, Kalksandsteine u. dgl. mit einer Mindestdruckfestigkeit 100 kg/cm² dürfen nur zu Pfeilern mit einem Verhältnis s/h < 0,25 verwendet werden.«

Tabelle 9. Zulässige Druckspannungen in N/mm² für Pfeiler aus künstlichen Steinen nach Tafel 2 der DIN 1053, Ausgabe 1937 [65]

	Mindestdruckfestigkeit der Steine in kg/cm²	N/mm²	Schlankheit h/d 4	5	6	8	10	12	Mörtel
»Zementschwemmsteine aus Bimskies, Hüttenschwemmsteine«	20	2	0,4	0,2	0,1	–[2])	–	–	K–Z[1])
»Sonderschwemmsteine aus Bimskies, Sonderhüttenschwemmsteine, Sonderschlackensteine«	30 50	3 5	0,6	0,4	0,2	–	–	–	K–Z
»Porige Vollsteine im Reichsformat«	30 50	3 5	0,5	0,3	0,1	–	–	–	K–Z
»Mauerziegel 2. Klasse, Hüttensteine 2. Klasse«	100	10	0,7	0,5	0,3	0,1	–	–	K
»Mauerziegel 1. Klasse, Hüttensteine 1. Klasse, Kalksandsteine«	150	15	1,0 1,6 1,4	0,7 1,1 1,0	0,5 0,9 0,8	0,3 0,7 0,6	0,2 0,6 0,5	– 0,5 0,4	K Z K–Z
»Hartbrandziegel, Hüttenhartsteine«	250	25	1,8 2,2	1,3 1,4	1,1 1,2	0,9 1,0	0,8 0,9	0,7 0,8	K–Z Z
»Klinker«	350	35	3,5	2,0	1,7	1,3	1,1	1,0	Z

[1]) K Kalkmörtel; K–Z Kalkzementmörtel; Z Zementmörtel 1:4
[2]) nicht zulässig

Tabelle 10. Zulässige Druckspannungen in N/mm² für Pfeiler aus künstlichen Steinen nach DIN 1053, Ausgabe 1952 [70]

	Schlankheit h/d	Mörtelgruppe I	II	III
»Vollziegel Mz 100; Porenziegel PMz 1,4/100; Langlochziegel LLz 1,4/100; Hochlochziegel HLz 1,2/100 und HLz 1,4/100; Hüttensteine HS 100; Vollsteine aus Leichtbeton V 75«	10 12 14 16 18	0,6 0,4 0,3 –[1]) –	0,9 0,6 0,4 0,3 –	1,2 0,8 0,6 0,4 0,3
»Vollziegel Mz 150; Vormauerziegel VMz 150; Hochlochziegel HLz 1,2/150 und 1,4/150; Vormauerhochlochziegel VHLz 1,4/150; Kalksandsteine, Hüttensteine HS 150; Vollsteine aus Leichtbeton V 150«	10 12 14 16 18	0,8 0,6 0,4 0,3 –	1,2 0,8 0,6 0,4 0,3	1,6 1,1 0,8 0,6 0,4
»Vormauerziegel VMz 250; Hüttenhartsteine HHS 250«	10 12 14 16 18 20	1,0 0,7 0,5 0,3 – –	1,6 1,1 0,8 0,6 0,4 –	2,2 1,5 1,0 0,7 0,5 0,3
»Hochbauklinker KMz 350; Hochlochklinker KHLz 350«	10 12 14 16 18 20	– – – – – –	2,2 1,5 1,0 0,7 0,5 0,3	3,0 2,0 1,4 1,0 0,7 0,5

[1]) nicht zulässig

Tabelle 11. Zulässige Druckspannungen in N/mm² für Pfeiler und Säulen aus natürlichen Bausteinen nach [12] 1910

Gesteinsart	Pfeiler und Gewölbe	sehr schlanke Pfeiler und Gewölbe
Granit	4,5...6,0	2,5...3,0
Sandstein	2,5...3,0	1,5...2,0
Kalkstein	2,0...3,0	1,2...1,5

Die angegebenen statischen Werte dienen nur einem Vergleich. Bei erneutem Tragfähigkeitsnachweis ist von dem gegenwärtigen Bauzustand und den zur Zeit verbindlichen Vorschriften auszugehen.

Tabelle 12. Zulässige Druckspannungen in N/mm² für Pfeiler und Säulen aus Natursteinmauerwerk, nach [25] 1919

Quadermauerwerk aus	Pfeiler und Gewölbe	schlanke Pfeiler und Säulen
Basalt	4,5	3,0
Granit	4,0	2,5
Syenit	4,0	2,5
Porphyr	3,0	2,0
Marmor	2,0	1,5
Basaltlava	1,5	1,0
Sandstein	1,5	1,0
Tuffstein	1,0	0,7
Bruchsteinmauerwerk	0,5...0,7	–

1.4. Pfeiler aus Mauerwerk

Die zulässigen Druckspannungen für Pfeiler und Säulen aus Naturstein nach [65] sind in Tabelle 13 aufgeführt.
In DIN 1053, Ausgabe 1952, [70] wurden etwas andere Werte als 1937 vorgeschrieben (Tafel 16; [1]):
»*Für Pfeiler und nicht ausgesteifte Wände mit Schlankheiten h/d > 10 ist nur Quadermauerwerk zulässig... Bei Schlankheiten h/d > 14 ist Quadermauerwerk ohne Stoßfugen zu verwenden.*«

Tabelle 14 enthält die zulässigen Druckspannungen für Pfeiler und Säulen aus Naturstein nach [70].

In Bild 6 wurde an einem Pfeiler aus Granitquadermauerwerk in MG III dargestellt, wie sich die rechnerisch zulässigen Belastungen im Verhältnis zur Pfeilerhöhe nach den Vorschriften von 1919 bis 1952 veränderten.

Tabelle 13. *Zulässige Druckspannungen in N/mm² für Pfeiler und Säulen aus Natursteinmauerwerk nach [65] 1937*

Steinart	Quadermauerwerk ohne Stoßfugen in Zementmörtel 1:3		Quadermauerwerk mit Stoßfugen		Gedrungene Pfeiler in Zementmörtel 1:4		
	gedrungene Pfeiler und Säulen	schlanke Pfeiler und Säulen	gedrungene Pfeiler und Säulen	schlanke Pfeiler und Säulen	regelmäßiges und unregelmäßiges Schichtenmauerwerk	Hammerrechtes Schichtenmauerwerk	Bruchsteinmauerwerk, Zyklopenmauerwerk
Granit, Syenit und Basalt	5,0	2,0	3,0	1,0	3,0	2,5	2,0
Sandstein mit kieselsäurehaltigem Bindemittel, Muschelkalkstein, Marmor und dichter Kalkstein	2,5	1,5	1,5	0,8	1,5	1,2	1,0
Basaltlava	1,5	1,0	1,2	0,6	1,2	1,0	0,8
Sandstein mit kalkigem oder tonigem Bindemittel, Kalkstein	1,2	0,8	1,0	0,5	1,0	0,8	0,6
Vulkanischer Tuffstein	0,8	–	0,6	–	0,6	0,4	0,3

Tabelle 14. *Zulässige Druckspannungen in N/mm² für Pfeiler und Säulen aus Natursteinmauerwerk nach DIN 1053, Ausgabe 1952 [70]*

Steinart	MG	Bruchsteinmauerwerk	Hammerrechtes Schichtenmauerwerk	Unregelmäßiges und regelmäßiges Schichtenmauerwerk	Quadermauerwerk	Abgeminderte zulässige Druckspannung für Quadermauerwerk Schlankheit > 10				
						12	14	16	18	20
Kalksteine, Travertine, vulkanische Tuffsteine	I	0,2	0,3	0,4	0,8	0,6	0,4	0,3	–	–
	II	0,2	0,5	0,7	1,2	0,8	0,6	0,4	0,3	–
	III	0,3	0,6	1,0	1,6	1,1	0,8	0,6	0,4	–
Weiche Sandsteine (mit tonigem Bindemittel u. dgl.)	I	0,2	0,4	0,6	1,0	0,7	0,5	0,3	–	–
	II	0,3	0,7	0,9	1,6	1,1	0,8	0,6	0,4	–
	III	0,5	1,0	1,2	2,2	1,5	1,0	0,7	0,5	0,3
Dichte (feste) Kalksteine und Dolomite (einschl. Marmor), Basaltlava u. dgl.	I	0,3	0,6	0,8	1,6	1,1	0,8	0,6	0,4	–
	II	0,5	0,9	1,2	2,2	1,5	1,0	0,7	0,5	0,3
	III	0,6	1,2	1,6	3,0	2,2	1,4	1,0	0,7	0,5
Quarzitische Sandsteine (mit kieseligem Bindemittel), Grauwacke u. dgl.	I	0,4	0,8	1,0	2,2	1,5	1,0	0,7	0,5	0,3
	II	0,7	1,2	1,6	3,0	2,2	1,4	1,0	0,7	0,5
	III	1,0	1,6	2,2	4,0	3,0	2,2	1,4	1,0	0,7
Granit, Syenit, Diorit, Quarzporphyr, Melaphyr, Diabas u. dgl.	I	0,6	1,0	1,6	3,0	2,2	1,4	1,0	0,7	0,5
	II	0,9	1,6	2,2	4,0	3,0	2,2	1,4	1,0	0,7
	III	1,2	2,2	3,0	5,0	4,0	3,0	2,2	1,4	1,0

1.4.3. Konstruktionsbeispiele

Pfeiler aus Ziegelmauerwerk wurden sorgfältig im Verband nach den Regeln für Wandenden gemauert (Tafel 14; [2]). Der Verhau war bei dieser Ausführungsart sehr hoch. Vereinfachte Verbandslösungen (Tafel 15; [3]) wurden für belastete Pfeiler jedoch meist nicht zugelassen.
Bei starker Belastung schlanker gemauerter Pfeiler wurden nach BREYMANN [66] 1881 lastverteilende »Binderplatten« aus Naturstein oder gebrannter Ziegelmasse von 100 bis 120 mm Dicke im Abstand der doppelten Pfeilerdicke eingebaut (Tafel 13; [1] links). Bei dickeren Pfeilern wurden diese Verteilerplatten aus zwei bis vier Formstücken, deren Stoßfugen dem Verband entsprechen, zusammengefügt.

Ein anderes Verfahren, hohe und stark belastete Pfeiler der von oben nach unten zunehmenden Belastung gemäß auszubilden, gab DAUB [72] 1920 an. Danach wurden oben Ziegel geringerer Tragfähigkeit, die damit auch billiger waren, verwendet. Oder es wurde im oberen Teil des Pfeilers der Querschnitt verkleinert (Tafel 14; [1] rechts).
Hochbelastete Pfeiler aus Klinkern konnten nicht direkt auf Mauerwerk aus weniger festen Ziegeln aufgesetzt werden, da diese dann überlastet würden. Aus diesem Grunde wurde der Pfeilerfuß mit Klinkern in MG III unter einem Abtreppwinkel von 45° untermauert.
Gegliederte Pfeiler verlangten einen hohen Aufwand an gehackten Steinen, vereinfachte Verbände waren nur bei geringer Belastung erlaubt (Tafel 15; [1], [3]). Bei achteckigen Pfei-

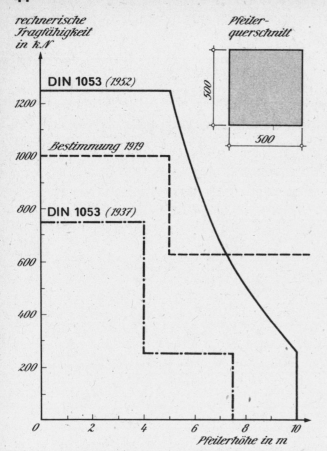

Bild 6. Vergleich der Tragfähigkeit von Pfeilern aus Granit-Quadermauerwerk in MG III

lern wurden deshalb oft auch Formsteine verwendet. Der Verband wurde entweder schichtenweise gewechselt (Tafel 15; [2]), oder bei gleichbleibender Verbandslösung wurde jede Schicht um 45° gedreht (Tafel 15; [5]). Nach 1900 wurden stark gegliederte Ziersäulen aus Klinkermauerwerk beliebt, deren unregelmäßige Oberfläche durch Drehen der Schichten um einen bestimmten Winkel, z. B. um 45°, erreicht wurden (Tafel 15; [4]).
Runde Pfeiler wurden entweder aus Formsteinen (Tafel 15; [6]) oder aus gehackten Ziegeln im Verband (Tafel 15; [7]) aufgemauert, wobei jede Schicht um 45° gedreht wurde.
Vor 1900 wurden viele Gebäude im neogotischen Stil erbaut. Die Bündelsäule (Tafel 15; [9]) aus der Zionskirche in Berlin wurde 1872 aus Ziegeln in Zementmörtel mit Kalkzusatz gemauert. Die Kanten wurden nachträglich abgehauen, und die Säule wurde verputzt. Zum Bau von Bündelsäulen in Sichtmauerwerk wurden Formsteine verwendet (Tafel 15; [8], [10]).
Auch Pfeiler aus Natursteinmauerwerk wurden sorgfältig im Verband hergestellt (Tafel 16; [1]). Oft waren architektonische Gesichtspunkte für die Gestaltung der Natursteinpfeiler maßgebend. So zeigt der Pfeiler von einem Bahnhof in Zürich (Tafel 16; [2]) [73] ein Mauerwerk aus kleinen Granitsteinen, das in geringen Abständen durch Quaderplatten abgedeckt ist, wodurch bei der schlanken Säule ($h/d = 15{,}3$) eine ausreichende Tragfähigkeit erreicht wurde.
Oft wurden Pfeiler und Säulen aus Einstein-Quadern (Monolithen) [65] hergestellt. Geschichtete Gesteine sollten dabei in den Säulen »auf Lager« eingebaut werden, um ein Aufspalten zu vermeiden. Derartige Säulentrommeln aus einem Stück wurden vorgefertigt angeboten. So legte das sächsische Finanzministerium 1873 als »Normalmaß für Sandsteinsäulen« Längen von 900 bis 2800 mm, jeweils um 100 mm steigend bei Dicken von 250; 300; 350; oder 400 mm fest [74]. Die Verbindung der einzelnen Quader oder Säulentrommeln erfolgte durch angearbeitete Verzapfungen (Tafel 16; [6]) oder durch Dübel aus Messing, Eisen oder Bronze, die mit Blei, Schwefel, Zement oder Steinkitten unterschiedlicher Art vergossen wurden (Tafel 16; [4]). Zwischen den einzelnen Säulentrommeln wurde sorgfältig ein Lager aus Mörtel vorbereitet, oft wurden als Distanzhalter auch Bleiplättchen von 2 bis 3 mm Dicke in die Lagerfuge eingelegt. Um die Last mittig auf den Säulenkern übertragen zu können, empfahl [75] 1903 das Einfügen eines sogenannten »Plättchens« von 5 bis 10 mm Dicke. Eine Belastung vortretender Teile des Kapitells wurde dadurch vermieden (Tafel 16; [3]).
Oft wurde auch der Kern von Pfeilern aus anderem, billigerem Baustoff als die ein Quadermauerwerk vortäuschende Verkleidung hergestellt.
Der Versatz der einzelnen Steine und ihre Verbindung wurde in Schichtenplänen angegeben (Tafel 17; [1]) [76].
Bedingt durch die Knappheit geeigneter Natursteine wurde in unserem Jahrhundert immer stärker dazu übergegangen, Stützen aller Art durch Natursteinplatten zu verkleiden. Während zuerst der Eindruck eines massiven Natursteinmauerwerks erreicht werden sollte, wurde später der Verkleidungscharakter bewußt betont. Die Dicke der Platten schwankt materialabhängig zwischen 40 bis 80 mm, bei steinmetzmäßig bearbeiteten und 20 bis 40 mm bei maschinell gesägten Platten. Die Befestigung der Platten erfolgte mit Ankern aus Messing oder verzinktem Eisen, in Innenräumen wurden die Platten auch verschraubt.
In Innenräumen wurden die Platten durch Gipsstreifen mit dem Untergrund verbunden, außen wurde eine volle Mörtelfuge angeordnet (Tafel 17; [2], [3]). Die Verkleidung runder Stützen wurde in ähnlicher Weise vorgenommen (Tafel 17; [4]).

Die angegebenen statischen Werte dienen nur einem Vergleich. Bei erneutem Tragfähigkeitsnachweis ist von dem gegenwärtigen Bauzustand und den zur Zeit verbindlichen Vorschriften auszugehen.

1.4. Pfeiler aus Mauerwerk

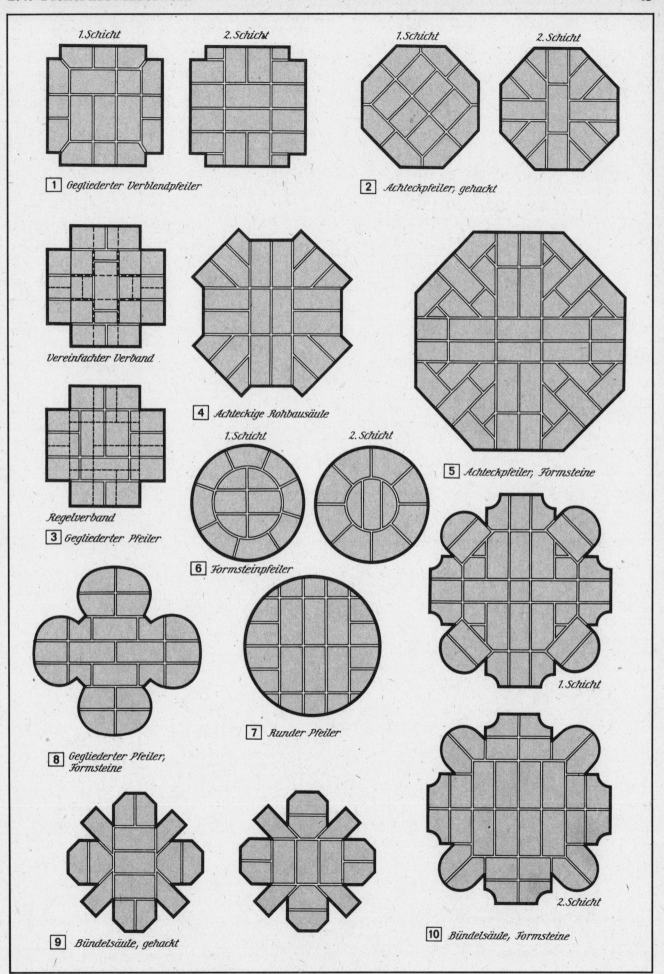

Gegliederte und runde Pfeiler aus Ziegelmauerwerk — Tafel 15

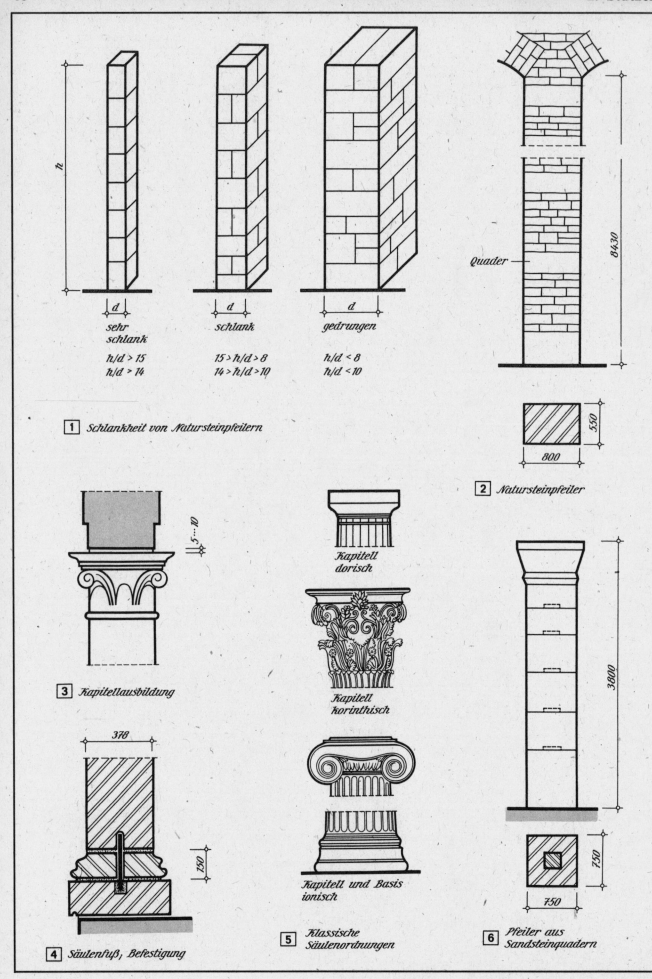

Tafel 16 — Pfeiler und Säulen aus Naturstein

1.4. Pfeiler aus Mauerwerk

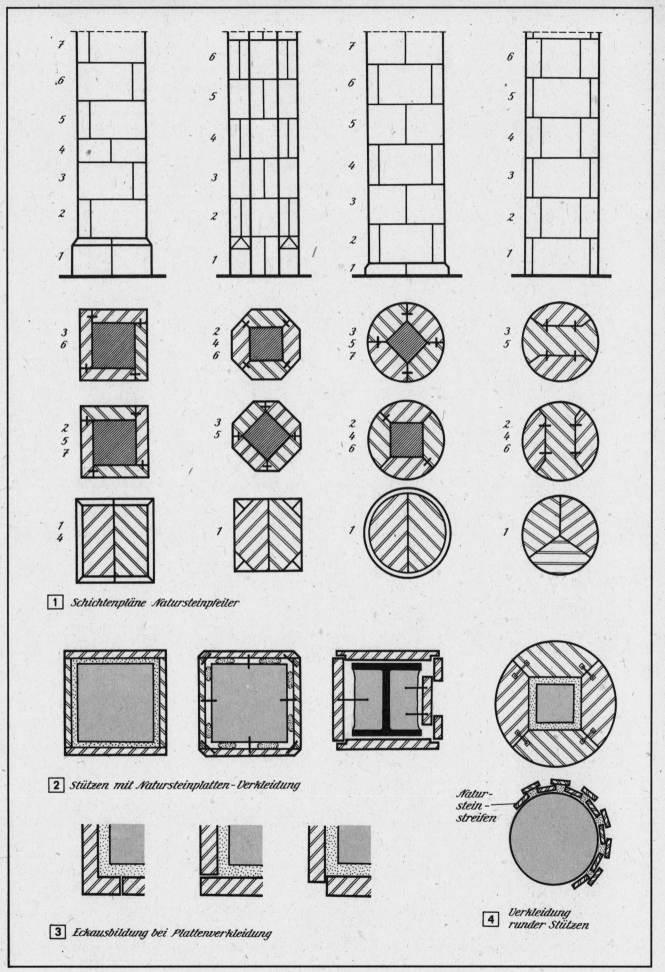

1 Schichtenpläne Natursteinpfeiler
2 Stützen mit Natursteinplatten-Verkleidung
3 Eckausbildung bei Plattenverkleidung
4 Verkleidung runder Stützen

Natursteinpfeiler und Pfeiler mit Natursteinplattenverkleidung — Tafel 17

1.5. Feuerbeständigkeit

Stützen wurden häufig verkleidet, um
- den Feuerwiderstand der Konstruktion zu erhöhen,
- das Aussehen der Stütze zu verändern.

1.5.1. Schutz von Stützen aus Gußeisen oder Stahl

Die um 1880 geltende Auffassung, daß die nicht brennbaren Stützen aus Gußeisen oder aus Walzprofilen eine feuerbeständige Konstruktion ergeben müssen, wurde durch einige Großbrände widerlegt, bei denen Massivdecken (preußische Kappen zwischen I-Profilen), Unterzüge (I-Profile) und gußeiserne Stützen im Feuer ihre Tragfähigkeit verloren und zusammenbrachen.
Von der Berliner Baupolizei wurden daher verschärfte Anforderungen an die Feuerbeständigkeit der Stützen gestellt.
Das »Centralblatt der Bauverwaltung« berichtete 1884 [41]:

»*Über die Verwendung gußeiserner Säulen bei Neubauten und Umbauten in Berlin hat das Polizeipräsidium eine Bekanntmachung erlassen, nach welcher in Gebäuden, deren untere Geschosse zu Geschäfts- und Lagerzwecken und deren obere Geschosse zu Wohnzwecken benutzt werden, gußeiserne Säulen, welche gegen die unmittelbare Einwirkung des Feuers nicht geschützt sind, unter den Tragwänden des Hauses fernerhin keine Verwendung finden dürfen. Anstelle derselben werden gestattet:*
a) Säulen aus Schmiedeeisen
b) Säulen aus Gußeisen, sobald dieselben mit einem durch eine Luftschicht von der Säule isolierten, unentfernbaren Mantel von Schmiedeeisen umgeben sind
c) Pfeiler aus Klinkern in Zementmörtel.«

Dieser Bestimmung wurde nachdrücklich widersprochen, weil sie der gängigen Praxis widersprach, unverkleidete profilierte Frontstützen aus Gußeisen im Erdgeschoß von Wohnhäusern einzubauen, um Raum für die Schaufenster und Eingänge der Ladengeschäfte zu gewinnen.
Es folgten mehrere Versuche, um die »Feuersicherheit« eiserner Stützen zu erfassen, Auswertung in [29, S. 29] 1924.
Auf Grund dieser Versuche stellte FOERSTER fest, daß
- gußeiserne Stützen nicht stärker als schmiedeeiserne Stützen gefährdet sind
- eine isolierende Luftschicht keine günstige Wirkung hat.

In den folgenden Jahren wurden die Anforderungen genauer formuliert, und im Jahre 1925 wurden als »feuerbeständig« Bauteile bezeichnet, die

»*unter dem Einfluß des Brandes und des Löschwassers ihre Tragfähigkeit oder ihr Gefüge nicht wesentlich ändern und den Durchgang des Feuers geraume Zeit verhindern*« [42].

1934 [43] wurde die Angabe »geraume Zeit« durch die Forderung »während einer Prüfzeit von 1½ Stunden« genauer gefaßt, ähnlich dann auch in DIN 4102 [44] von 1940.
Alle drei Vorschriften forderten für gußeiserne Stützen und für Stützen aus Walzprofilen eine feuerbeständige Ummantelung.
DIN 4102 [44] 1940 beschrieb die Anforderungen am ausführlichsten:

»*Als feuerbeständig gelten ohne besonderen Nachweis:*
... Stützen aus Stahl mit oder ohne Ausfüllung des Kernes, wenn sie allseitig mit Beton, Leichtbeton, Ziegeln, Kalksandsteinen, zementgebundenen Steinen oder Gips ummantelt sind. Diese Ummantelung muß durch eingelegte Drahtbügel gegen Herabfallen gesichert werden und einschließlich des Putzes mindestens 6 cm, von den Enden abstehender Flansche mindestens 3 cm, dick sein. Besteht diese Ummantelung aus Steinen oder Platten, so müssen diese auch an den Ecken im Verband versetzt sein.

In der Ummantelung dürfen keine Öffnungen vorhanden sein. Hohlräume der Ummantelung müssen in jedem Stockwerk, mindestens aber in Abständen von 4 m feuerbeständig abgeschlossen werden...
Säulen aus Gußeisen müssen allseitig mindestens 6 cm dick feuerbeständig... ummantelt sein.«

Die Verkleidung der Stützen erfolgte auf sehr unterschiedliche Weise mit sehr verschiedenartigen Baustoffen (Tafel 18). SCHAROWSKY und KOHNKE [6, S. 59] forderten 1908 von einer »feuersicheren Ummantelung von eisernen Säulen«:

»*1. Gewährung eines ausreichenden Feuerschutzes, also neben der Unverbrennlichkeit auch geringes Wärmeleitungsvermögen.*
2. Große mechanische Festigkeit, um den bei einem Brande zufälligen Stößen genügend widerstehen zu können.
3. Hinreichender Widerstand gegen die zerstörenden Einflüsse von Wasser.
4. Geringe Wandstärke, um den nutzbaren Raum nicht unnötig einzuschränken.«

Mit Hilfe von Schalungen wurden die Eisenteile mit unbewehrtem Beton (Tafel 18; [3]), nach [4, S. 83] 1890, oder bewehrtem Beton (Tafel 18; [9]), nach [6, S. 60] 1908, umhüllt. Dabei konnte der Beton profiliert werden, um architektonischen Ansprüchen zu genügen (Tafel 18; [14]), nach [4] 1890. Verkleidungen mit Putz auf Drahtgewebe wurden häufig verwendet. So wurde z. B. das Drahtgewebe mit Stiftschrauben an besonderen Verstärkungen der gußeisernen Stützen befestigt. Dann wurde Zementmörtel oder Stuckmörtel aufgebracht. Zwischen Verkleidung und Stütze verblieb ein Luftspalt (Tafel 18; [13]), nach [4, S. 83] 1890. Auf diese Weise wurden die Eisenteile zwar völlig den Blicken entzogen, es bleibt aber fraglich, ob die Verkleidung mit Drahtnetz und Putz, die sogenannte Rabitzverkleidung, eine wesentliche Erhöhung des Feuerwiderstandes sicherte. Trotzdem wurde sie immer wieder angewendet (Tafel 9; [5]), nach [22] 1928. Das Ummauern der Stützen mit Ziegeln, Hohlziegeln oder Schwemmsteinen vergrößerte deutlich den Stützenquerschnitt (Tafel 18; [7], [8]), nach [6] 1908. Es wurden vielfältige Ummantelungen hergestellt, die aus Asbest, Kieselgur, Gips, Ton, Korkstein oder anderen Stoffen bestanden, z. B. [29, S. 29] 1924.
Einige Verkleidungen bestanden aus Leisten aus Gips oder anderen Stoffen, die auf Jutegewebe aufgeklebt wurden und, um die Stützen gewickelt, einen guten Putzträger ergaben (Tafel 18; [4], [5]). Korksteinummantelungen wurden genagelt (Tafel 18; [6]), mit Nut und Feder verlegt (Tafel 18; [1]) oder im Verband vermauert (Tafel 18; [2]).
DIN 4102 [44] 1940 bezeichnete die Verkleidung nach Tafel 18; [10] als »feuerbeständig« und die nach Tafel 18; [11], [12] als »hochfeuerbeständig«.
In einigen Fällen wurden auch Fallrohre zur Ableitung des Regenwassers und Warmluftkanäle innerhalb der Ummantelung der Stützen angeordnet.
FOERSTER [28, S. 173] bewertete im Jahre 1909 die Verbreitung dieser Konstruktion wie folgt:

»*Vielfach werden noch heute Säulen, deren Querschnitte sich hierzu eignen, zur Abführung des Regenwassers benutzt, indem das Regenrohr in das Säuleninnere geführt wird.*«

Gleichzeitig wies er darauf hin, daß diese Konstruktion erhebliche Mängel hat: Eine Instandsetzung der Fallrohre ist kaum möglich und Undichtigkeiten führen zur Korrosion der Stütze. Trotz dieser Mängel wurde diese Konstruktion noch 1928 befürwortet:

»*Vor der Ummantelung bzw. Ausbetonierung der Stützen innerhalb der Umfassungswände können die Ablaufröhren für das Regenwasser in die Stützen verlegt werden. Das gußeiserne Regenrohr wird mit feinem Massivbeton im Innern der Stütze eingegossen, so daß etwaige Undichtigkeiten in jedem Falle ausgeschlossen sind... Diese Konstruktion kommt dort zur Anwendung, wo man den Anblick der Röhren an der Fassade vermeiden möchte.*« [22, S. 53]

1.5. Feuerbeständigkeit

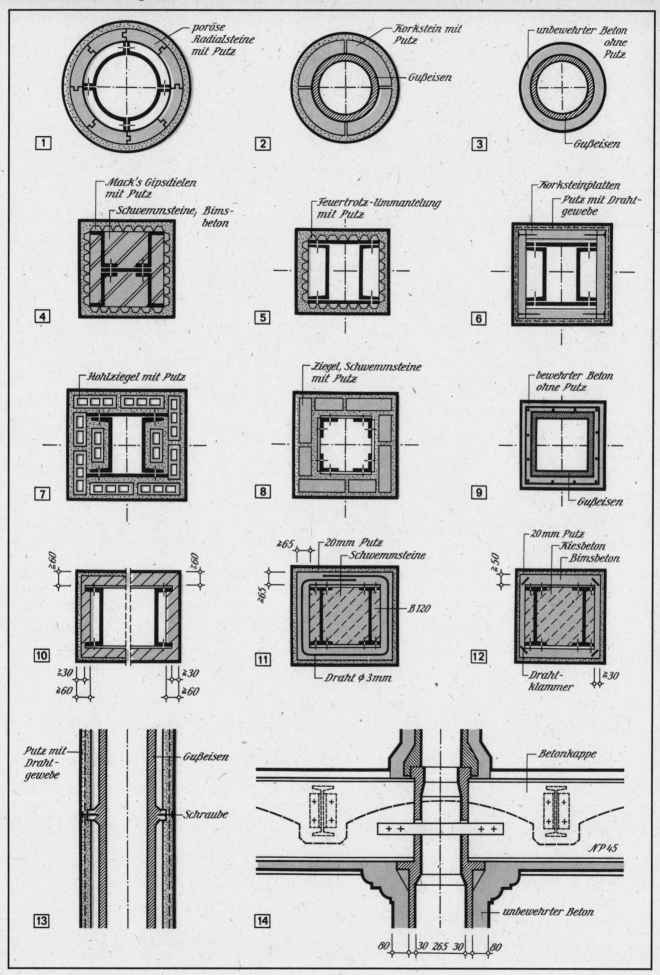

Verkleidungen von Stahlstützen — Tafel 18

1.5.2. Schutz von Stützen aus Mauerwerk und Beton

1885 führte BAUSCHINGER Versuche über die Dauerhaftigkeit von Pfeilern aus natürlichen und künstlichen Steinen gegenüber der Einwirkung von Feuer durch [78], [79]. Am dauerhaftesten gegen Feuer zeigten sich Pfeiler, die aus Klinker in Zementmörtel aufgemauert waren. Säulen aus Granit, Kalkstein und Sandstein erwiesen sich im Feuer als wenig beständig, Tuffstein behielt etwas länger seine Tragfähigkeit.

Säulen aus harten, druckfesten Gesteinen können selbst bei hoher Belastung relativ geringe Querschnitte aufweisen. Im Brandfalle erhitzt sich leicht der gesamte Säulenkörper in solchem Maße, daß bei Abkühlung, besonders bei sehr rascher Abkühlung durch Löschwasser, hohe innere Spannungen auftreten, die zu schalenförmigen Abplatzungen und damit zur Zerstörung der Säule führen können.

Dieses Brandverhalten wurde in den Bestimmungen und Normen berücksichtigt.

So legten die »Baupolizeilichen Bestimmungen über Feuerschutz« von 1934 [80] fest:

Als feuerbeständig gelten ohne besondere Nachweise Stützen, wenn sie mindestens 20 cm dick sind und aus Ziegelsteinen, Kalksandsteinen, Schwemmsteinen oder kohlefreien Schlackensteinen in Kalkzementmörtel oder aus Beton bestehen.

DIN 4102, Ausgabe 1940, [44] verschärfte diese Anforderungen: Stützen gelten als feuerbeständig, wenn sie aus Steinen ohne Hohlräumen oder aus Querlochziegeln in Kalkzementmörtel oder aus Beton bestehen und wenn sie mindestens 38 cm dick sind.

In beiden Vorschriften wurde für Pfeiler aus Natursteinmauerwerk festgelegt [80] 1934; [44] 1940:

»Stützen aus Granit, Kalkstein, Sandstein und ähnlichen Natursteinen gelten nicht als feuerbeständig.«

Im Gegensatz zu den heutigen Vorstellungen wurde die Betondeckung der Bewehrung bei der Einschätzung der Feuerbeständigkeit von Stahlbetonstützen nicht berücksichtigt.

Während die Bestimmungen von 1934 keine Aussagen zu Stahlbetonstützen enthalten, wird in DIN 4102 [44] 1940 formuliert:

Stahlbetonstützen sind feuerbeständig,

»wenn sie mindestens 20 cm dick und ... geputzt sind. Im Putz muß ein Drahtgewebe von 10 bis 15 mm Maschenweite liegen, das die Stücke vollständig umschließt und dessen Quer- und Längsstöße mit Bindedraht verknüpft sind. Die Längsstöße sind gegeneinander zu versetzen.

Auf den Putz kann verzichtet werden, wenn die Stütze mindestens 30 cm dick ist und nachgewiesen wird, daß die Würfelfestigkeit des Betons W_{b28} mindestens 225 kg/cm² ist.«

2. Treppen

2.0. Anforderungen

Vielfältige Anforderungen bestimmten die Lage der Treppe im Gebäude, ihre Form, ihr Aussehen und ihren konstruktiven Aufbau.

Architektonische Anforderungen. Den Treppen wurde in den verschiedenen Gebäuden eine sehr unterschiedliche Bedeutung zugemessen. In großen öffentlichen Gebäuden, wie Gerichten, Verwaltungsgebäuden, Bibliotheken, wurde das Treppenhaus sorgfältig gestaltet, die Treppe mit großem Aufwand entworfen und mit erheblichen Kosten gebaut.
Für die Treppen der gewöhnlichen Miethäuser war ein solcher Aufwand nicht möglich. In den bürgerlichen Miethäusern des 19. Jahrhunderts wurde jedoch vielfach zwischen den »Aufgängen für Herrschaften« und den »Treppen für Dienstboten« unterschieden.
Noch im Jahr 1892 beschreibt das Handbuch für Architektur [52, S.3] die Aufgaben der Treppen wie folgt:

»Haupttreppen, welche den Hauptverkehr in einem Gebäude vermitteln. In Wohngebäuden werden sie nur von der Herrschaft und den Besuchern benutzt. Botenpersonal, Lieferanten und dergl. dürfen sie nicht betreten...
Dienst- oder Lauftreppen, welche hauptsächlich dem Verkehre des Dienstpersonals, der Lieferanten und dergl. dienen.«

Diese Anschauung führte dazu, daß in die Vorderhäuser bequem zu besteigende Treppen und in die Hinterhäuser »steile Stiegen« eingebaut wurden.
Diese Zuordnung wird jedoch heute nicht immer sichtbar. Auch in den vergangenen Jahrzehnten wurde oft umgebaut, z. B. um die Wohnungsgröße dem Bedarf anzupassen. Dadurch wurden Nebentreppen zu Haupttreppen.
Tafel 19 zeigt ein typisches hufeisenförmiges Berliner Wohnhaus, Bauzeit um 1870, mit dem charakteristischen, schlecht belichteten Berliner Zimmer. Um 1925 wurde das Haus umgebaut, und die Treppen in den Seitenflügeln bildeten dann den einzigen Zugang zu einigen Wohnungen [51, S. 56], 1934.
Auch die architektonischen Anforderungen an die Lage der Treppen im Grundriß der Gebäude haben sich im Verlauf der Jahrzehnte verändert.
MIELKE beschreibt diese Veränderung wie folgt [53, S. 342], 1966:

»Während die Fassaden der Miethäuser um 1900 von Stuckdekorationen und atlantentragenden Balkonen beherrscht werden, ist die Treppe der Hofseite zugeordnet und nur an den versetzten Fenstern der Podeste erkennbar...
Wie einstmals aufwendige Freitreppen oder der Fassade vorgesetzte Treppentürme eine Zierde des Hauses waren, so wurden im 20. Jahrhundert die Treppenhäuser der Mietwohnungen zu Faktoren der architektonischen Komposition. Sie gliedern und rhythmisieren die langen Fassadenflächen als hervorstehende Risalite oder einspringende Schlitze, mit versetzten Einzelfenstern oder durchgehenden Glaswänden...
Dabei ist der Grundriß dieser Wohnhaustreppen immer der gleiche: zwei gegenläufige Arme mit Zwischenpodest.«

Baustoffe und Feuerwiderstand. Neben den architektonischen und soziologischen Belangen bestimmten die vorhandenen Baustoffe die Konstruktion. Natursteintreppen und Holztreppen können durch einen Brand zerstört werden. Das ist ein besonders schwerwiegender Nachteil, denn die Treppen werden fast immer als Fluchtwege genutzt.
So ist es verständlich, daß in der 2. Hälfte des 19. Jahrhunderts Gußeisen und mit der Einführung der Normalprofile im Jahre 1880 [54] auch Walzstahl im großen Umfang zum Bau von Treppen eingesetzt wurden. Ihr Feuerwiderstand entsprach jedoch nicht den Erwartungen. Feingliedrige Treppen widerstehen einem Brand nur kurze Zeit, und eiserne Stufen erhitzen sich so schnell, daß sie nicht mehr betreten werden können, siehe auch Abschnitt 2.8.
Der sich um die Jahrhundertwende entwickelnde neue Baustoff »Eisenbeton« hatte dann den gewünschten Feuerwiderstand. Treppen aus Stahlbeton erforderten aber einen zusätzlichen Aufwand für die Verkleidung ihrer Oberfläche, und es entstanden erhebliche technologische Nachteile (Verzögerung des Bauablaufs durch die notwendige Erhärtung des Betons usw.). Mit Treppen aus Stahlbetonfertigteilen sollten dann diese technologischen Nachteile vermindert werden. Da aber kaum Kräne zum Bau von Wohnhäusern eingesetzt wurden, war die Masse der Fertigteile deutlich begrenzt.
Hinzu kamen Treppen, deren Aufbau sich aus verschiedenen Deckensystemen ableitet [55]. So gibt t es Treppen, deren Laufplatte aus einer Kleineschen Decke besteht.
Daneben wurden auch noch im 20. Jahrhundert Treppen aus Holz gebaut. Das gilt besonders für den Kleinhausbau.

Technologische Anforderungen. Die Herstellung von Treppen wird sowohl dem Roh- als auch dem Ausbau zugeordnet. Rohtreppen sollten möglichst schnell belastbar sein, denn sie sollten schon während der Bauzeit genutzt werden. Die endgültigen Verkleidungen wurden oft erst nach dem Abschluß der Rohbauarbeiten angebracht, um sie vor Beschädigung zu schützen.
Von besonderer Bedeutung für den Bauablauf war auch die Stützung der Treppe. Wenn die Treppe sich auf zwei Podestbalken abstützte, konnten die Treppenhauswände unabhängig von der Treppe errichtet werden. Wurden die Stufen dagegen seitlich eingespannt, mußten die Stufen sofort mit eingemauert werden, oder es mußten besonders geformte Aussparungen geschaffen werden, in die die Stufen später eingeschoben wurden. Es erschwerte den Bauablauf, daß die einseitig eingespannten Stufen erst dann ihre Tragfähigkeit erhielten, wenn die Auflast in den Treppenhauswänden genügend groß war.

Steigungsverhältnis. An jede Treppe wurde die Forderung gestellt, daß sie aufwärts und abwärts sicher zu begehen war. Die Sicherheit beim Besteigen hängt von der Trittsicherheit der Stufenoberflächen, von der Profilierung der Stufen und in starkem Maße vom Steigungsverhältnis ab.
Das Handbuch für Architektur von 1892 [52, S.11] ging vom Schrittmaß von 63 cm aus und hielt für Stufen mit Steigungen von 14 cm bis 19 cm für sinnvoll:

$a = 63\ cm - 2s$ a Auftritt s Steigungshöhe

Für Steigungen über 19 cm empfahl das Handbuch für Architektur:

$a = 500\ cm^2/s$

und für sehr flache Stufen mit Steigungen unter 14 cm:

$a = 47\ cm - s$

Als mögliche Steigungen wurden angegeben [52, S. 12]:

»Für eine bequem zu ersteigende Treppe darf die Steigung nicht unter 15 cm und nicht über 18 cm angenommen werden, während sie für Nebentreppen, namentlich für Keller- und Bodentreppen, bis 23 cm betragen kann.«

Diese Auffassung war jedoch nicht allgemein. So geben die Bauordnungen von Berlin (1897) 18 cm und die von Hannover (1932) 19 cm als größte Steigung an (siehe auch die auf den Innenseiten des Bucheinbandes abgedruckten Bauordnungen).
ELWITZ hielt geringere Steigungen für zweckmäßig [56, S. 267] 1913:

»Für Wohngebäude wählt man eine Stufenhöhe von 15 bis 17 cm, für öffentliche Gebäude und monumentale Treppenanlagen 13 bis 15 cm, für Treppen, mit welchen auf möglichst kleinem Raum eine große Höhe überwunden werden muß, 17 bis 19 cm, im Maximum 20 cm...
In der Praxis haben sich folgende Abmessungen bewährt:

12/36 cm; 14/33,5 cm; 15/32 cm; 16/30 cm
17/27 cm; 18/28 cm«

Das Handbuch für Eisenbeton bezeichnete folgende Ansätze als »gebräuchlich« [56] 1913, ähnlich [57] 1909:

$$a = 63 \text{ cm} - 2\,s$$
$$a = (47 \text{ bis } 48) \text{ cm} - s$$
$$a = 52 \text{ cm} - (\tfrac{4}{3})\,s$$
$$a = (480 \text{ bis } 500) \text{ cm}^2/s$$

Bereits um 1920 wurden die Steigungsverhältnisse von Holztreppen, von Beton- und Natursteinstufen genormt.

So nennt DIN 489 (1923) »Treppenstufen – Podestplatten aus Beton« unter anderem für Blockstufen folgende Steigungsverhältnisse, zitiert nach [13] 1953:

Steigung s	Auftritt a
16,5 bis 17,5 cm	30 cm
18 bis 19 cm	28 cm
19 bis 20 cm	23 cm

Für Holztreppen in Kleinhäusern wurde in DIN 287 bis 294 (1921), zitiert nach [58] 1936; [59] 1930 und [13] 1953, empfohlen:

Treppen mit »hoher Steigung«:
$$a = 23 \text{ cm}\,;\, s = 20 \text{ cm}$$
Treppen mit »niedriger Steigung«:
$$a = 25 \text{ cm};\, s = 18,7 \text{ cm}$$

DIN 4174 Geschoßhöhen und Treppenmaße (1953), zitiert nach [61] 1954 und [60] 1959, legte für
»gute Steigungen«
»Stufenhöhen von 166,6 bis 178,5 mm«
»steile Steigungen«
»Stufenhöhen von 183,3 bis 196,4 mm«
fest.

Die Werte für die Steigungen kamen dadurch zustande, daß den Geschoßhöhen von 2250 mm, 2500 mm usw. eine ganze Anzahl von Stufen zugeordnet werden mußte (Tabelle 15).

Zur Bestimmung der günstigsten Steigungsverhältnisse und Stufenformen wurden Versuche angestellt (z.B siehe [62] 1954). Sie führten jedoch nicht zu einer Veränderung der üblichen Ansätze.

Eine Unterschneidung (Unterkehlung, Ausladung) der Stufen (Bild 7) gibt dem Fuß nur beim Aufwärtsgehen eine größere Standfläche.

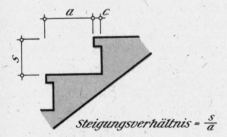

Bild 7. Bezeichnungen an Stufen
  a Auftrittsbreite, Auftritt; s Steigungshöhe, Steigung;
  c Unterschneidung

Durch die Unterschneidung wurde die Breite des Auftritts um 3 bis 5 cm vergrößert.

OPDERBECKE [11, S. 172] 1911:

»Bei hölzernen, oft auch bei steinernen Treppen gibt man den einzelnen Stufen an ihrer Vorderkante ein Profil von etwa 4 bis 5 cm Ausladung. Dieses Profil ist bei der Herstellung von Trittstufen der ermittelten Auftrittbreite hinzuzurechnen, so daß also bei einer gefundenen Auftrittbreite von 29 cm dieselbe in Wirklichkeit 33 bis 34 cm beträgt.«

DIN 18065, Bl. 1 (1957) Wohnhaustreppen – Hauptmaße, nach [60, S. 78]:

»Bei Auftrittsbreiten kleiner als 260 mm ist die Stufe um mindestens 30 mm zu unterschneiden. Bei Auftrittsbreiten von 260 mm und größer ist eine Unterschneidung zweckmäßig.«

Bauordnungen. In Bauordnungen und Baupolizeiordnungen wurde meist recht ausführlich auf Treppen eingegangen. Auszüge aus einzelnen Bauordnungen sind auf den Innenseiten des Bucheinbandes abgedruckt.

In der Hauptsache wurden Aussagen zur Treppenbreite, Durchgangshöhe, zum Steigungsverhältnis, zur Ausführungsart, zur Feuerbeständigkeit und zur maximalen Länge der Fluchtwege getroffen. Tabelle 16 zeigt, daß die Anforderungen in den einzelnen Bauordnungen teilweise voneinander abwichen.

MÜNCHGESANG [15] verglich 1899 die Bauordnungen der wichtigsten deutschen Länder mit der Preußens. Er stellte dabei fest, daß in Sachsen die Vorschriften über Treppenanlagen hinsichtlich der Feuersicherheit weniger streng als in Preußen waren. So ließ man in Sachsen unverputzte hölzerne Treppen auch in Gebäuden mit mehr als zwei Geschossen zu, wenn das Treppenhaus massiv ausgebildet wurde.

In Württemberg, Baden, Bayern und Hessen unterschieden sich die Bestimmungen über Treppen nur wenig von denen in Preußen.

Lastannahmen. Die Lastannahmen hatten nur Bedeutung für die Bemessung von Treppen aus Stahl, Naturstein und Stahlbeton. Die Abmessungen von Holztreppen wurden fast immer auf der Grundlage von Erfahrungswerten festgelegt.

Als Verkehrslast wurde um 1900 sowohl 5 kN/m² (»500 kg/qm«) als auch 3,5 kN/m² (»350 kg/qm«) angesetzt (Tabelle 17).

SCHAROWSKY stellte in seinem weit verbreiteten Musterbuch für Eisenkonstruktionen im Jahre 1882 fest [63, S. 140]:

»Die Belastung der Treppen wurde zu 500 kg pro qm Grundfläche angenommen.

Das Eigengewicht der ... leichten Treppen beträgt im Mittel 150 kg pro qm Grundfläche und das Eigengewicht der ... schweren Treppen beträgt im Mittel 500 kg pro qm Grundfläche.«

Von diesen Werten ging auch FOERSTER 1909 [65, S. 472] aus. BREYMANN rechnete jedoch bereits 1890 auch mit 3,5 kN/m² (»350 kg/qm«) [18, S. 172].

Dieser Wert wurde dann in den Vorschriften von 1919 allgemein festgelegt und in den folgenden Jahrzehnten beibehalten.

Tabelle 15. Steigungsverhältnisse nach DIN 4174 (1953) »Geschoßhöhen und Treppensteigungen«, zitiert nach [60] 1959

Geschoß-höhe mm	Zweiläufige Treppen				Einläufige, dreiläufige und gebogene Treppen			
	flache (gute) Steigung		steile Steigung		flache (gute) Steigung		steile Steigung	
	Stufen-anzahl	Steigung mm	Stufen-anzahl	Steigung mm	Stufen-anzahl	Steigung mm	Stufen-anzahl	Steigung mm
2250	–	–	12	187,5	13	173,0	–	–
2500	14	178,5	–	–	15	166,6	13	192,3
2625	–	–	14	187,5	15	175,0	–	–
2750	16	171,8	14	196,4	–	–	15	183,3
3000	18	166,6	16	187,5	17	176,4	–	–

2.0. Anforderungen

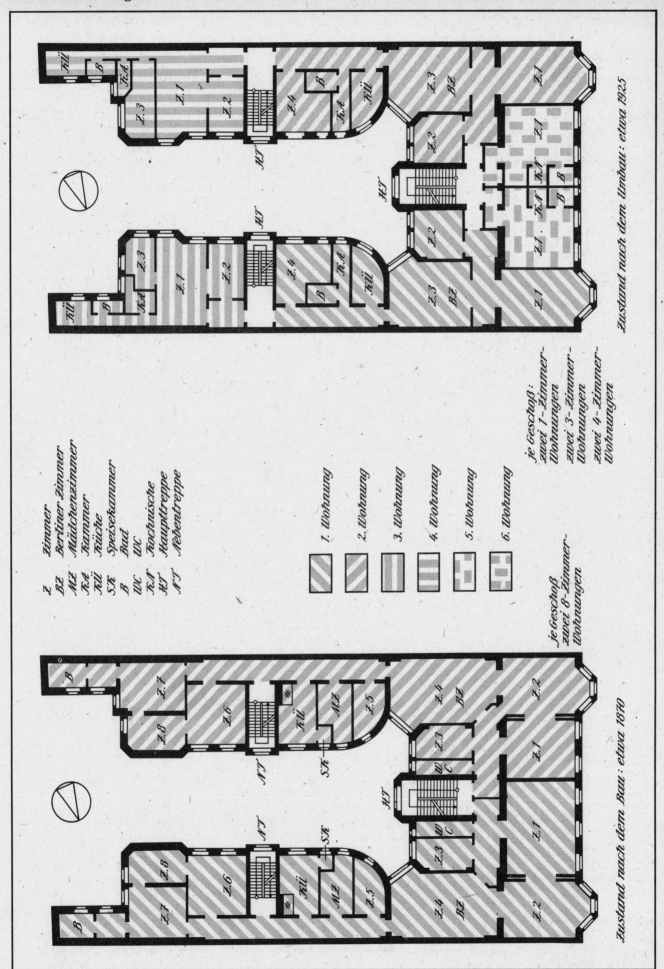

Tafel 19 — Haupt- und Nebentreppen

Tabelle 16. Anforderungen ausgewählter Bauordnungen an die Abmessungen von Treppen

	Preußen 1892	Dresden 1906	Barmen 1914	Hamburg 1918	Potsdam 1923	Wien 1929	Berlin 1929	Thüringen 1931	Frankfurt(M.) 1931	Anhalt 1916/1935	DDR 1958
Quelle	[36]	[38]	[35]	[34]	[41]	[37]	[8]	[44]	[32]	[33]	[46]
Durchgangshöhe in mm											
– allgemein	–	–	–	–	≧ 1800	–	≧ 2000	≧ 1800	≧ 2000	≧ 2200	≧ 2000
– Nebentreppen, Treppen in Einfamilienhäusern	–	–	–	–	–	≧ 1800	–	–	–	≧ 1800	≧ 1900
Laufbreite in mm											
– bis 2 Vollgeschosse	–	≧ 1150	≧ 1000	≧ 1000	≧ 1000	≧ 1000	–	≧ 900	≧ 900	≧ 900	≧ 850
– mehr als 2 Vollgeschosse	≧ 1300	ab 2 OG ≧ 1400	+ 50 je Gesch.	≧ 1150	≧ 1100	ab 4 OG ≧ 1200	–	≧ 1000	–	≧ 1100	≧ 1000
– Keller-, Dachgeschoß- und Nebentreppen	–	≧ 600	≧ 800	≧ 850	≧ 900	–	–	≧ 700	≧ 700	≧ 700	≧ 750
Auftrittsbreite in mm											
– allgemein	≧ 270	≧ 280	≧ 260	≧ 250	≧ 260	≧ 260	≧ 260	≧ 260	≧ 260	≧ 230	≧ 250
– Treppen in Einfamilienhäusern, in Gebäuden bis zu 2 Vollgeschossen	–	–	–	≧ 250	≧ 250	–	–	≧ 250	≧ 260	–	≧ 230
Steigung in mm											
– allgemein	≦ 180	≦ 180	≦ 180	≦ 185	≦ 190	≦ 180	≦ 180	≦ 190	≦ 190	≦ 200	≦ 190
– Treppen in Einfamilienhäusern, in Gebäuden bis zu 2 Vollgeschossen	–	–	–	≦ 200	≦ 200	–	–	≦ 200	≦ 190	–	≦ 200
Abstand zwischen Wohnraum und Treppe in m	–	≦ 30	≦ 25	–	≦ 25	≦ 40	≦ 30	≦ 30	≦ 30	≦ 25	–

Tabelle 17. Lastannahmen für Treppen

	Verkehrslast kN/m²	Quelle
Treppen jeder Art	4 5 4...6	[30] 1924 [14] 1934; [47] 1910 [35] 1914 [38] 1906
Wohnhaustreppen	3,5 3,5...4,0	[18] 1890; [4] 1943 [29] 1948
Treppen in öffentlichen Gebäuden und Industriebauten	5 5...6,5	[4] 1943 [29] 1948
Holztreppen in Klein- und Mittelhäusern	3,5	[14] 1934

So enthält DIN 1055, Bl. 3, »Lastannahmen für Bauten – Verkehrslasten« (1934), zitiert nach [67, S. 24], die Festlegung:

»4. Treppen einschließlich der Treppenabsätze und Treppenzugänge in Wohnhäusern 350 kg/m²
5. Treppen, Treppenabsätze, Treppenzugänge und Vorplätze jeglicher Art mit Ausnahme der unter 4. bezeichneten 500 kg/m²«

So auch in der Ausgabe von 1951, nach [68, S. 78].

Die angegebenen statischen Werte dienen nur einem Vergleich. Bei erneutem Tragfähigkeitsnachweis ist von dem gegenwärtigen Bauzustand und den zur Zeit verbindlichen Vorschriften auszugehen.

2.1. Natursteintreppen

2.1.1. Formen und Anwendung

Baustoffe und Stufenquerschnitte. Geeignete Gesteine für Stufen von Natursteintreppen sind Marmor, Sandstein, Kalksteine und -tuffe, Basalt, Granit, Gneis und Syenit. In ländlichen Gebieten wurden auch andere Gesteine verwendet, so Platten aus Schiefer oder Porphyr. Die üblichen Querschnitte von Block- und Profilstufen zeigt Tafel 20.
Blockstufen (Tafel 20; [1], [3]) wurden meist auf 2 Seitenflächen, dem sichtbaren Auftritt und dem Antritt, sorgfältiger bearbeitet als an der Unter- und Rückseite.
Bei Keilstufen ist die Unterseite abgekantet (Tafel 20; [1]). Diese Ausbildung der Treppenunterseite wurde als »verschalt« bezeichnet. Die Treppe hat dadurch ein geringeres Gewicht als bei der Verwendung von Blockstufen und zeigt eine glatte Unteransicht. Für den darunter befindlichen Treppenlauf entsteht eine größere Durchgangshöhe.
Für Kleinhäuser wurde 1923 eine Normung der Stufenprofile vorgenommen [48], dabei schrieb man sogar die Bearbeitung (Hartgestein gestockt, Weichgestein scharriert) vor. Vor dem Aufkommen des Stahlbetons wurden für Treppenstufen verschiedenartige Baustoffe als »Natursteinersatz« verwendet. Schon vor 1860 wurden »Kunststeinstufen« ohne Bewehrung hergestellt, die aus hydraulischem Mörtel und Dachziegeln bestehen (Tafel 20; [5]). Stufen mit einem Kern aus Kiessandbeton und einem Vorsatz aus festerem und ansehnlicherem Material wurden häufig für Kellertreppen oder im Hausflur als Erdgeschoßzwischentreppe zum Hochparterre verwendet.

2.1. Natursteintreppen

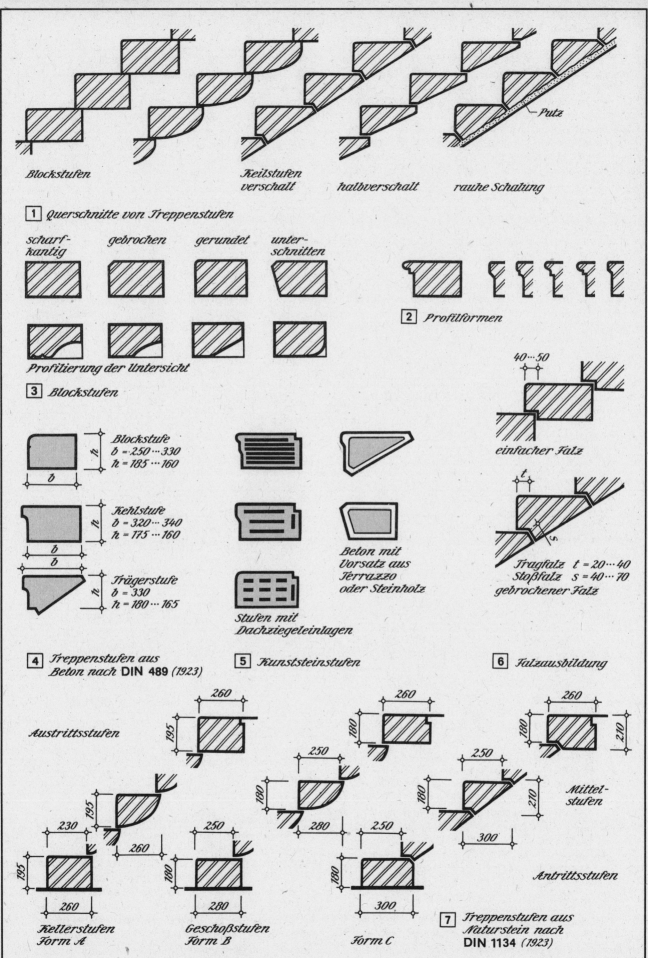

Massivstufen – Stufenquerschnitte Tafel 20

In Berlin wurden z. B. 1913 »Kunstsandsteinstufen« aus Quarzkies, Rüdersdorfer Kalk und Portlandzement hergestellt, und in Süddeutschland waren um 1890 örtlich »Zementkunststeinstufen« ohne Stahleinlagen als freitragende oder beidseitig aufgelagerte Stufen zugelassen [22]. Nach 1900 wurde dagegen gefordert, daß Kunststeinstufen als Einlage ein T-Profil aus Walzstahl erhielten, das für die statische Berechnung allerdings nicht in Betracht gezogen wurde.

Treppenstufen aus Beton ohne Bewehrung, die wie Natursteinstufen behandelt wurden, sind in DIN 489 (1923) als Block-, Kehl- oder Trägerstufen genormt. Ihre Kernmasse wurde aus gewöhnlichem Kiessandbeton hergestellt, während die Deckschicht aus hochwertigem Beton oder Terrazzo besteht.

Formen. Die Natursteinstufen
– liegen voll auf
– sind zweiseitig gelagert oder
– sind einseitig eingespannt.

Die Stützweite der Natursteinstufen ist begrenzt. Wenn die Treppenläufe sehr breit sind, dann wird auch bei einer zweiseitigen Lagerung die Biegezugfestigkeit der Natursteine überschritten. In diesen Fällen wurden die Stufen in ihrer ganzen Länge auf aufsteigende Gewölbe (Tafel 28), siehe auch Abschnitt 2.2., aufgelegt. Die Gewölbe wurden hintermauert oder mit Beton abgeglichen, und die Stufen liegen in einem Mörtelbett.

Wesentlich häufiger kam jedoch die zweiseitige Stützung der Natursteinstufen zur Anwendung. Dabei liegen die Stufen mit der einen Seite auf der Treppenhauswand, und die zweite Seite ruht auf
– einer vollen Zungen- oder Spillenmauer (Tafel 21; Tafel 29; [1])
– einer aufgelösten Zungenmauer (Tafel 22) oder
– I-Profilen aus Walzstahl (Tafel 23; Tafel 44).

Anwendung. Zur Verbreitung der einseitig gestützten, eingespannten Stufen schrieb OPDERBECKE 1911 [11]:

»Die gebräuchlichste Art von inneren Werkstein-Treppen bei Wohnhäusern bildet die sogenannte freitragende Treppe.«

Die Stufen wurden im Mauerwerk der Treppenhauswand eingespannt.

Aufwendige, mit einem hohen Anteil steinmetzmäßiger Behandlung hergestellte Treppen waren in Wohnhäusern selten. In der zweiten Hälfte des vorigen Jahrhunderts änderte sich der Einsatz dieser Treppen. Natursteintreppen in oft sehr kunstvollen Formen wurden in öffentliche Gebäude als repräsentative Haupttreppe und in städtische Wohnhäuser als »Treppe für die Herrschaft« eingebaut.

In ländlichen Gebieten mit örtlichem Anfall geeigneter Natursteine wurden diese schon immer zum Bau von Treppen verwendet (Granit in der Lausitz, Gneis im Erzgebirge). Meist wurden diese Treppen geradläufig und zweiarmig mit Zungenmauer ausgebildet (Tafel 21). Die einseitig eingespannten und die beidseitig aufliegenden Treppen konnten durch Verwendung verzogener Stufen an unterschiedliche Treppenhausgrundrisse angepaßt werden. Für runde und elliptische Grundrisse wurden vor allem Wendeltreppen gebaut.

Natursteinstufen sind nicht feuerbeständig. Im 19. Jahrhundert wurde festgestellt, daß Natursteinstufen im Falle eines Brandes schlagartig zusammenbrechen. Wenn die erhitzten Stufen vom Löschwasser getroffen werden, zerspringen sie, und die Treppe stürzt zusammen (siehe auch Abschnitt 2.8.). Aus diesem Grunde wurden Natursteinstufen und unbewehrte Kunststeinstufen immer weniger angewendet. Statt dessen kamen Stahlbetonstufen zum Einsatz (siehe Abschnitt 2.5.).

Die angegebenen statischen Werte dienen nur einem Vergleich. Bei erneutem Tragfähigkeitsnachweis ist von dem gegenwärtigen Bauzustand und den zur Zeit verbindlichen Vorschriften auszugehen.

2.1.2. Lastableitung

Tragende Teile. Eingespannte und zweiseitig aufliegende Stufen nehmen die Belastung auf und leiten sie zu den Auflagern. Zur weiteren Lastableitung wurden in Natursteintreppen genutzt:
– Wände aus Ziegelmauerwerk (Zungenmauern, die in der Mitte des Treppenhauses stehen (Tafel 29; [1]) und die Außenwände des Treppenhauses)
– Gurtbogen, Segmentbogen, einhüftige Bogen (Tafel 22)
– Auskragungen aus Ziegelmauerwerk (Tafel 21; [3])
– Wangen- und Podestträger aus I-Profilen aus Walzstahl (Tafel 23; [1]).

Es gibt auch Werksteinwangen (Tafel 23; [2]). Sie können aber kaum als lastableitende Bauteile bewertet werden. Als Biegeträger können sie nicht wirken. Unter günstigen Umständen kann eventuell eine Gewölbewirkung zustande kommen.

Bemessung beiderseitig unterstützter Treppen. Diese Natursteintreppen wurden meist nach Erfahrungswerten bemessen. Die Stufen wurden, ähnlich wie Tür- und Fensterstürze aus Werkstein, als Steinbalken auf zwei Stützen betrachtet. Als größte Stützweiten wurden für Kalk- und Sandstein Werte von 2000 bis 2500 mm [11] 1911, 2000 bis 3000 mm [9] 1881 oder 1200 mm [12] 1951, für Granit 3000 mm [11] 1911, 2000 bis 3000 mm [9] 1881 oder 1500 mm [12] 1951 empfohlen.

Die älteren Werte für die maximal zulässigen Stützweiten, die von einer sorgfältigen Auswahl und Bearbeitung des Natursteinmaterials und von einer langjährigen Erfahrung über dessen Einbau ausgingen, sind wesentlich größer als die nach 1920 genannten Werte. Meist wurde von den örtlichen Bauaufsichtsbehörden über die zulässigen Stützweiten entschieden.

Die Auflagertiefe sollte mindestens ½ Stein betragen. Wenn dabei eine zu hohe Auflagerpressung entstand, wurden die Stufenauflager mit höher belastbaren Steinen in einer besseren Mörtelgruppe als im übrigen Mauerwerk untermauert.

Zur Bemessung der Stahlwangen siehe Abschnitt 2.4.2.

Bemessung freitragender Werksteintreppen. Die Beanspruchung der einzelnen Stufe, das Zusammenwirken aller Stufen eines Treppenlaufes und die Größe der erforderlichen Einspanntiefe wurden sehr unterschiedlich bewertet.

Im 19. Jahrhundert wurden freitragende Treppen aus Werkstein meist nach Erfahrungswerten bemessen. Wenn es für notwendig gehalten wurde, ergab eine Probebelastung die Tragfähigkeit einzelner Stufen.

LEWANDOWSKY bewertete die Bemessung der freitragenden Treppen [19] 1914:

»Man berechnete diese Treppen nicht, sondern führte sie aus nach statischem Gefühl und auf Grund früherer Erfahrungen. Auch heute ist es nicht viel anders, obgleich im Privatbau fast ausschließlich solche Treppen zur Anwendung kommen.«

BREYMANN gibt ein Beispiel für eine Probebelastung an [9] 1881: Eine Stufe aus rotem, feinkörnigem Sandstein von 1200 mm freier Länge und einer 120 mm tiefen Einmauerung wurde am äußersten Stufenende belastet. Bei einer Last von 6 kN (»600 kg«) brach die Stufe. Diese Belastung wurde dann von BREYMANN auf eine gleichmäßig verteilte Last umgerechnet. Außerdem wurde eine Lastverteilung auf eine 2. Stufe angenommen. Im Vergleich dieser Werte mit einer maximalen Belastung von 3 Personen auf der untersuchten Stufe wurde für diese von BREYMANN eine »zwölffache Sicherheit« konstatiert. Nach [10] 1903 wurden je drei Stufen als sich gegenseitig stützend angesehen, für 1 m² Treppenfläche wurden 7,5 bis 10 kN (»750 bis 1000 kg«) Belastung angesetzt und das Ganze als einseitig eingespannter Balken berechnet. Es wurde auch hier empfohlen, eine Probebelastung auszuführen, und eine »4- bis 8fache Sicherheit« einzuhalten.

WITTMANN versucht in [16] 1891 eine Erklärung des Tragver-

2.1. Natursteintreppen

haltens freitragender Steintreppen. Er ging davon aus, daß jede einzelne Stufe als Kragträger wirkt und berechnete, daß bei Granitstufen von 1800 mm Länge mit einer Belastung durch 4 Personen eine »2,5- bis 5fache Sicherheit« vorliegt.
Eine Erhöhung der Sicherheit sah er in der gegenseitigen Verspannung der Stufen in den Falzen, die er mit der Lastverteilung in einem steigenden Gewölbe mit ebener Leibungsfläche verglich. Als Vorbedingung für diese Wirkung müssen jedoch die Podestträger fest und unverrückbar gelagert sein.
KÖNIGER [17] 1891 kritisierte diese Ansicht und verwies auf seine Berechnungen von Podestträgern in [18] 1890, die auch zur Bestimmung der freitragenden Stufen dienen können. Er ging dabei davon aus, daß die freitragenden Stufen hauptsächlich auf Verdrehung beansprucht werden, und warnte vor Stufenlängen über 1250 mm.
BUCHHOLZ [21] 1926 wertete in seiner Dissertation alle bis dahin bekannten Berechnungsansätze aus und gab eine vereinfachte Berechnung des frei auskragenden, geraden Werksteintreppenlaufes unter Berücksichtigung der elastischen Formänderung an. Er ging dabei von der Annahme aus, daß Eigengewicht und Verkehrslast in der Schwerachse der Stufe angreifen und daß die Fugen gerissen sind und als Gelenk wirken. Der Deutsche Baukalender von 1924 [30] schlug vor, lediglich den Podestträger zu bemessen, für den eine Belastung aus der Last des Podestes und der zum Treppenauge hin liegenden Hälfte des steigenden Treppenlaufs angesetzt werden sollte. Für die erforderliche Einspanntiefe wurden voneinander abweichende Werte angegeben (siehe auch Abschnitt 2.5.3. und Tabelle 21).
ELWITZ nahm 1913 [23] eine ausführliche Berechnung zur Bestimmung der erforderlichen Einspanntiefe vor. Er berücksichtigte
– die Wandbreite
– die Auflast aus dem Mauerwerk der Wand über der Stufe (Wandhöhe) und der Auflast aus Decken usw.
– die Festigkeit des Mauerwerks
– die Länge der auskragenden Stufe
– die Belastung der auskragenden Stufe.
Für eine 1,5- bis 2fache Kippsicherheit berechnete er die in Tabelle 18 angegebenen Werte. Er wies darauf hin, daß zusätzliche Deckenlasten von der erforderlichen Wandhöhe abgezogen werden können. Zu diesem Zweck müssen die Lasten in Meter Wandhöhe umgerechnet werden.
Podeste. Die Podeste von Natursteintreppen bestehen aus
– Natursteinkonstruktionen (Tafel 21; [3], [4])
– Kappen und Gewölben zwischen Gurtbogen (Tafel 24; [3]) oder zwischen I-Profilen aus Walzstahl (Tafel 24; [1])
– I-Profilen aus Walzstahl und Betonplatten (Tafel 23; [1]).
Natursteinplatten wurden von Gurtbogen, Auskragungen des Wandmauerwerks oder von I-Stahl-Trägern gestützt.

2.1.3. Konstruktionsbeispiele

Treppen mit voller Zungenmauer. Diese Form beidseitig unterstützter Treppen ist häufig in kleinstädtischen und ländlichen Wohnhäusern zu finden. Meist wurden sie als zweiarmige gerade Podesttreppen (Tafel 21; [2]) ausgebildet. Die Podeste können aus Vollplatten aus Naturstein, aus mehreren derartigen Platten, die auf einem Gurtbogen gestoßen werden oder aus kassettierten Platten bestehen (Tafel 21; [3], [4]). Die Podestbreite sollte mindestens der von drei Auftritten entsprechen und möglichst breiter als der Treppenlauf sein. Die Auflagerung der Stufen geschah entweder auf einer verbreiterten Wand (untermauerte Treppe) oder durch Einmauern in die Wangenmauern (einbindende Treppe). Die erste Form wurde vor allem bei Kellertreppen angewendet (Tafel 21; [1]), da bei diesen die Einbuße an Raum nicht ins Gewicht fiel.
Treppen mit aufgelöster Zungenmauer. Um den Materialaufwand beim Bau von Zungenmauern zu verringern, einen leichteren, gefälligeren Eindruck zu erreichen und um das Treppenhaus besser zu belichten, wurden die Zungenmauern durch Öffnungen aufgelöst, die von einhüftigen Bogen, die zwischen Pfeilern gespannt sind, überdeckt wurden (Tafel 22; [2], [3]). Eine für die Zeit um 1900 typische Treppenkonstruktion dieser Art zeigt Tafel 22; [1].
Treppen auf Stahlträgern und Werksteinwangen. Natursteintreppen können auch durch Stahlträger (Tafel 23; [1]) oder durch Werksteinwangen (Tafel 23; [2]) unterstützt sein. Werksteinwangen waren sehr material- und arbeitsaufwendig und wurden dadurch sehr teuer. Die statische Wirksamkeit dieser »Steinmetzkunststückchen« wurde bereits damals angezweifelt: Im günstigen Falle verhindern sie eine Verdrehung der Stufen. Nach [10] 1903 werden die Werksteinwangen sogar von den Stufen getragen.
Beiderseitig unterstützte Wendeltreppen. Eine besondere Form der beidseitig unterstützten Stufen stellen Wendeltreppen mit Auflager auf einer Spindel (auch Mönch oder Mäkler genannt) dar (Tafel 23; [3], [4]). Die Spindel wurde an die Stufen angearbeitet oder auch voll oder hohl gemauert ausgeführt. Angearbeitete Spindeln wurden mit Dübeln verbunden oder durchlocht und mit einer durchgeschobenen Stahlstange zusammengehalten [28] 1957. Wendeltreppen sind meist mit relativ steiler Steigung ausgebildet, sparen aber Platz ein. Für derartige Treppen wurde in den Bauordnungen die Mindestauftrittbreite häufig mit 100 mm in 150 mm Abstand von der Spindel festgelegt.
Freitragende Werksteintreppen. Diese Art der Treppen war um die Jahrhundertwende sehr häufig. Gegenüber Wangentreppen wirken sie leichter und boten einen Gewinn an Laufbreite, da die Geländerstäbe an den Stirnseiten der Stufen befestigt werden konnten (Tafel 25; [6]). Die Herstellung dieser

Tabelle 18. Statische Werte zum Auflager eingespannter Stufen nach ELWITZ [23] 1913; Lastannahme: 8 kN/m^2
h Mindesthöhe des auflastenden Mauerwerks in mm; l_a Mindesteinspanntiefe; σ_K eintretende Kantenpressung in N/mm^2

Wanddicke mm	Kragweite der eingespannten Stufe in mm					
	1000	1200	1500	2000	2500	
250	12000	17300	27000	48000	75000	h
	107	109	112	117	117	l_a
	1,05	1,44	2,14	3,55	5,45	σ_K
380	5200	7500	11700	20800	32550	h
	151	157	162	168	174	l_a
	0,525	0,702	1,03	1,71	2,50	σ_K
510	2880	4160	6500	11550	18050	h
	189	199	207	216	222	l_a
	0,335	0,435	0,635	1,03	1,52	σ_K
640	1830	2640	4130	7350	11450	h
	223	234	249	261	273	l_a
	0,24	0,316	0,44	0,70	1,02	σ_K

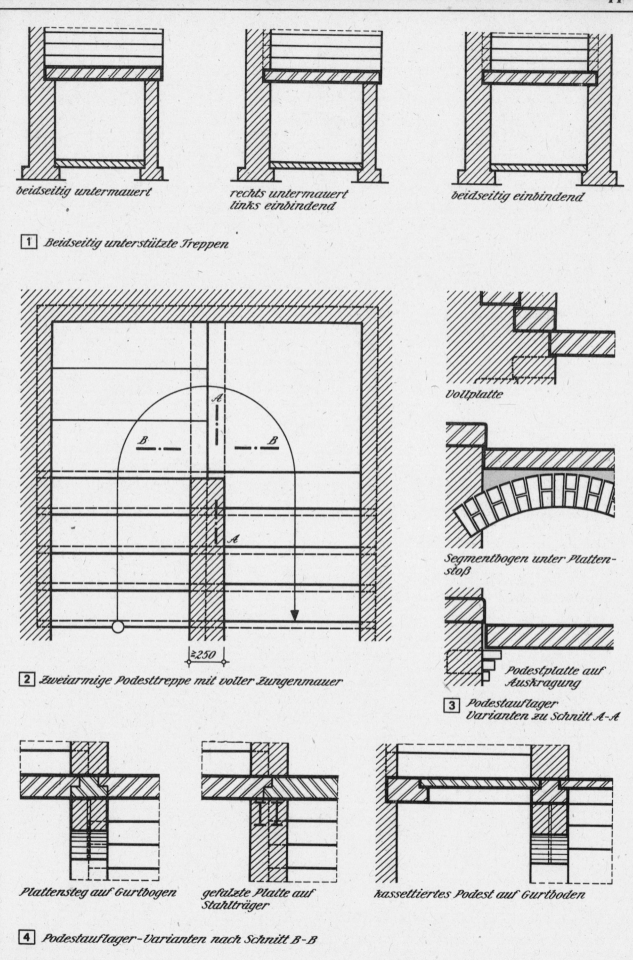

Tafel 21 — Treppen mit voller Zungenmauer

2.1. Natursteintreppen

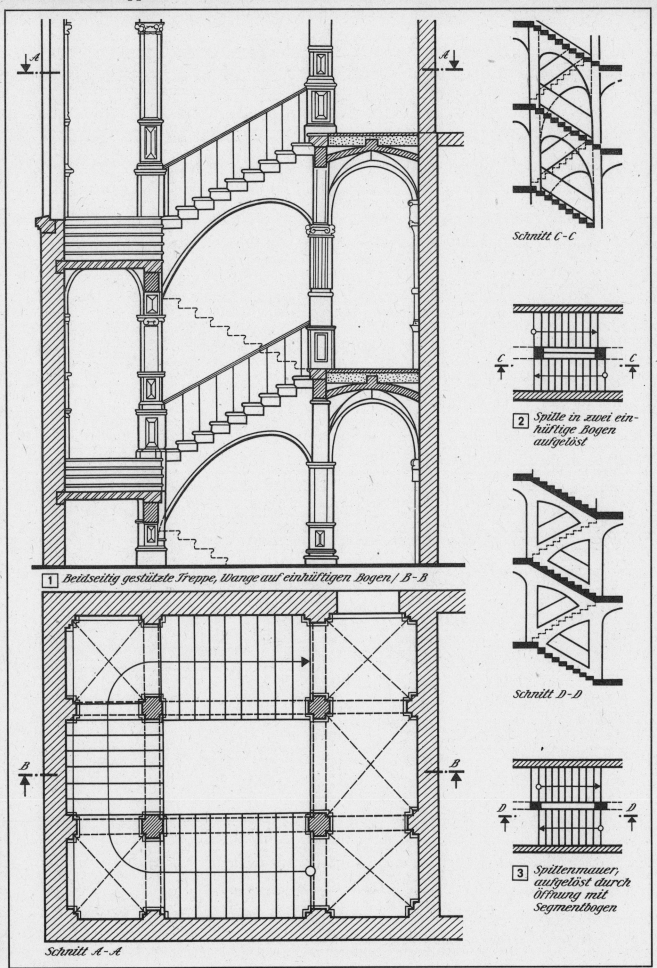

1 Beidseitig gestützte Treppe, Wange auf einhüftigen Bogen / B-B
Schnitt A-A

Schnitt C-C
2 Spille in zwei einhüftige Bogen aufgelöst

Schnitt D-D
3 Spillenmauer, aufgelöst durch Öffnung mit Segmentbogen

Tafel 22   **Treppen mit aufgelöster Zungenmauer**

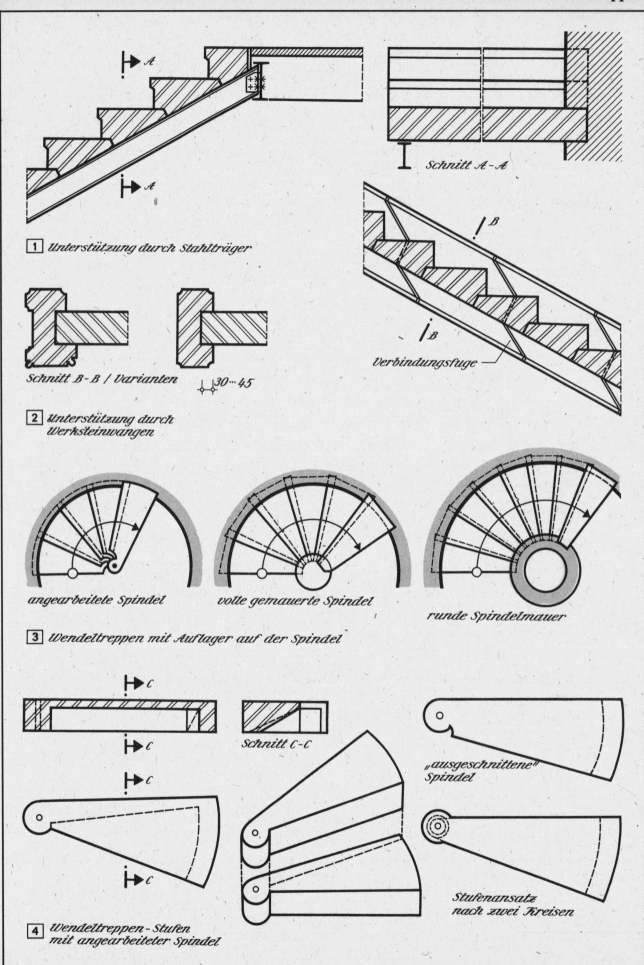

Tafel 23 — Beiderseitig unterstützte Treppen

2.1. Naturteinsteintreppen

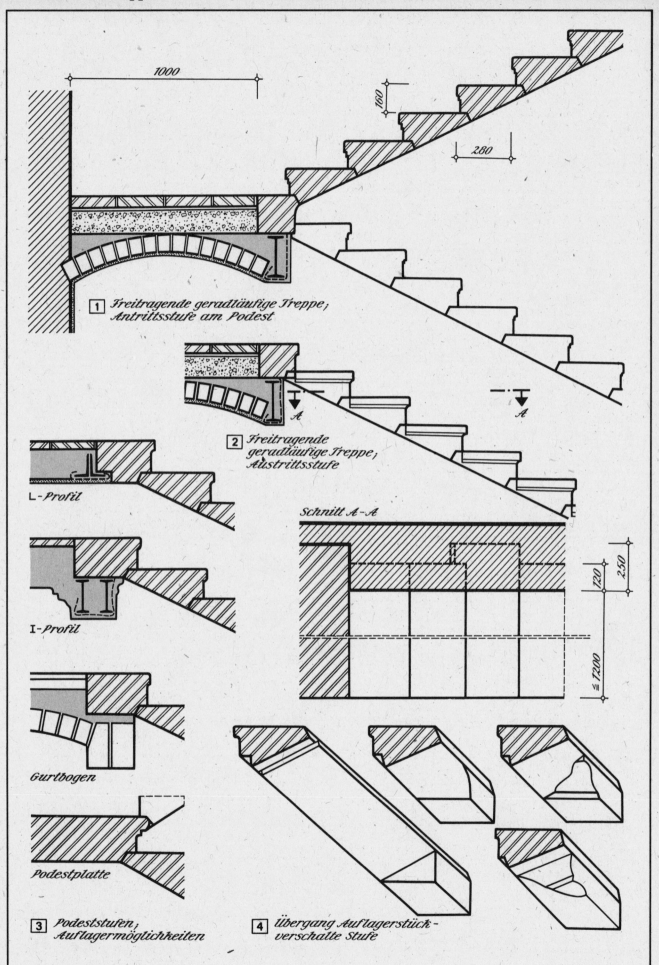

1 Freitragende geradläufige Treppe; Antrittsstufe am Podest
2 Freitragende geradläufige Treppe; Austrittsstufe
3 Podeststufen; Auflagermöglichkeiten
4 Übergang Auflagerstück-verschalte Stufe

Freitragende Treppen I — Tafel 24

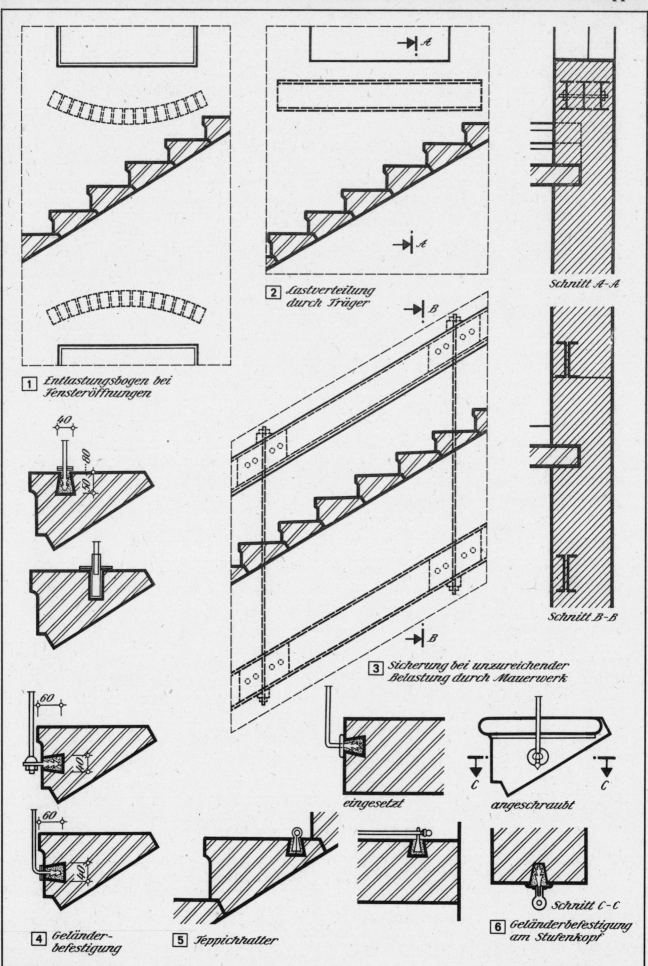

Tafel 25 — Freitragende Treppen II

2.2. Treppen aus Mauerwerk

Treppen verlangte allerdings eine sehr sorgfältige Bearbeitung und ein genaues Verlegen der einzelnen Stufen. Die Querschnittsausbildung freitragender Werksteinstufen erfolgte meist als verschalte Keilstufe (Tafel 20; [1]). Der Auftritt erhielt bei einigen Konstruktionen ein leichtes Gefälle (2 bis 5 mm auf 300 mm Stufenbreite) [24] 1952.

Trag- und Stoßfalz der Stufen mußten besonders sorgfältig ausgeführt werden, da ihnen Bedeutung bei der Kraftübertragung von Stufe zu Stufe zukommt (Tafel 20; [6]).

Die Stufenköpfe wurden als Auflagerstücke rechteckig ausgeformt (Tafel 24; [4]). Die Stufen wurden entweder beim Aufmauern der Treppenhausmauern mit eingemauert oder, um Spannungen, die aus dem Setzen des Mauerwerks herrühren, zu vermeiden, nachträglich in frei gelassene oder eingestemmte Nischen eingesetzt [24]. 1948 wurden von BAUER und BARBIAN in Regensburg vorgefertigte Steine zum Einschieben einzelner Stufen angeboten, die in die Treppenhauswände eingemauert wurden (nach [13] 1953).

Als Bindemittel für den Mörtel zum Einsetzen der Stufen wurde stets Zement gewählt. Beim Einbau der Stufen wurde diesen ein Anstieg zum freien Ende von ungefähr 4 mm gegeben, um bei einer nachträglichen Senkung eine waagerechte Stufenoberfläche zu erhalten, z. B. [9] 1881.

Freitragende Werksteintreppen sind vor Verminderung der Auflast an der Einspannstelle sowie vor jeder Bewegung (Setzung) des einspannenden Mauerwerks zu schützen. Um von vornherein derartige Wirkungen durch Fenster- und Türöffnungen in Treppenhauswänden auszuschließen, wurden unter bzw. über den Öffnungen Entlastungsbogen im Mauerwerk eingebaut (Tafel 25; [1]), die der Lastverteilung dienen. Die gleiche Wirkung wurde mit eingemauerten Stahlprofilen erreicht (Tafel 25; [2]). Bei stark aufgelösten Treppenhausmauern konnte die fehlende Auflast durch eine Verspannung von oberhalb und unterhalb der eingespannten Stufen liegenden Stahlprofilen erreicht werden (Tafel 25; [3]).

Als Länge der freitragenden Stufen wurden 1200 mm [27] 1951, 1100 mm [35] 1911, 1250 mm [18] 1890, 1400 mm [29] 1948 bis 1500 mm und darüber [11] 1911, [27] 1951 unter Berücksichtigung der Steinqualität empfohlen.

Auch für die Einspanntiefe wurden Hinweise gegeben. So fordert [12] 1951 mindestens 250 mm, [25] je nach Stufenlänge 120 bis 150 mm und [10] 1903 130 bis 250 mm (siehe auch Tabelle 21).

Die angegebenen statischen Werte dienen nur einem Vergleich. Bei erneutem Tragfähigkeitsnachweis ist von dem gegenwärtigen Bauzustand und den zur Zeit verbindlichen Vorschriften auszugehen.

2.2. Treppen aus Mauerwerk

2.2.1. Formen und Anwendung

Die tragenden Teile von Treppen können aus Ziegeln im Reichsformat oder anderen Formaten bestehen.

Als gemauerte Treppen werden nachfolgend solche bezeichnet, bei denen sowohl die Stufen als auch die tragende Unterwölbung aus Ziegeln bestehen und auch diejenigen, bei denen nur die tragende Unterwölbung gemauert ist, die Stufen selbst aber aufgelegt sind.

Meist sind derartige Treppen geradläufig angelegt.

Vollständig gemauerte Treppen wurden vorzugsweise im Keller und im Erdgeschoß eingebaut. Sie sind unempfindlich gegen Feuchtigkeit, bei Verwendung von Klinkern für den Auftritt verschleißfest und durch Auswechseln einzelner beschädigter Steine relativ leicht zu reparieren.

Als Geschoßtreppen findet man sie nur in untergeordneten Gebäuden.

Um die Jahrhundertwende wurden häufig *gemauerte Unterwölbungen* für Geschoßtreppenläufe und Podeste errichtet, auf die dann die Stufen aus beliebigem Material aufgelegt wurden.

Gemauerte Unterwölbungen wurden von geübten Maurern schnell und materialsparend hergestellt. Außer Steinen und Mörtel wurde zu ihrer Herstellung kaum ein anderer Baustoff benötigt. Der besondere Vorteil dieser Treppen liegt in ihrer Feuerbeständigkeit. Besonders in Häusern mit hohen Sicherheitsauflagen, wie Schulen, Verwaltungsgebäude und Krankenhäuser, wendete man sie deshalb für die Haupttreppen bevorzugt an.

Mit dem Aufkommen des Stahlbetons wurden sie von diesem abgelöst.

2.2.2. Lastableitung

Treppen auf scheitrechten Bogen. Bei einfachen, geradläufigen, nicht zu stark belasteten Treppen konnten die Stufen als scheitrechte Bogen zwischen dem Wangenmauerwerk gespannt werden (Tafel 26; [1], [2]).

Jede Stufe hält sich bei diesen Treppen unabhängig von den anderen. Wie bei scheitrechten Bogen über Öffnungen wurden Spannweiten über 1200 mm vermieden. Das Widerlagsmauerwerk wurde mindestens 1 Stein dick ausgebildet. Beim Ausweichen der Widerlager geht die Treppe zu Bruch.

Treppen auf Unterwölbungen.

Steigende Kappen, zwischen den Podesten gespannt (Tafel 27): Derartige Treppen belasten die Wangenmauern nicht, sie stützen sich vollständig auf die Podestträger bzw. die entsprechenden Gurtbogen ab (Tafel 27; [3]).

Auf eine typische Konstruktion dieser Art wies DIESENER 1898 [102] hin:

»*In neuerer Zeit wird sehr häufig eine Konstruktion massiver Treppen aus Ziegelsteinen angewendet, bei denen Gewölbekappen von Podest zu Podest steigen und als Widerlager, sowohl für diese als für die Podestkappen, eiserne Träger dienen.*«

Solche Treppen (Bild 8) bestehen aus aufsteigenden Gewölbekappen, aus preußischen Kappen in den Podesten und aus Stahlträgern, die die vertikal und horizontal gerichteten Kräfte der Kappen aufnehmen.

Die Träger Tr. 2 und Tr. 3 sind fast immer I-Profile aus Walzstahl. Dagegen wurden als Träger Tr. 1 und Tr. 4 nicht nur I-Profile, sondern auch alte Eisenbahnschienen eingebaut, die zu dieser Zeit preiswert zur Verfügung standen [65, S. 112] 1902.

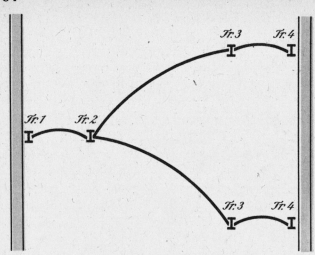

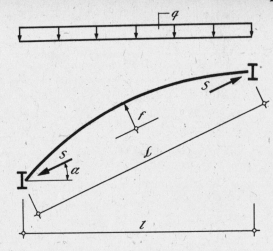

Bild 8. *Aufsteigende Kappengewölbe zwischen Stahlträgern, nach [102] 1898*

In den Podesten finden sich in einigen Konstruktionen auch Ankerstäbe, die zur Aufnahme des Gewölbeschubes dienen.
Die Träger Tr. 1 und Tr. 4 nach Bild 8 können auch entfallen, dann müssen die Stirnwände des Treppenhauses den Seitenschub der Podestkappen aufnehmen.
Die Berechnung der aufsteigenden Gewölbekappe wurde in vereinfachter Form vorgenommen.
Der Baukalender der Deutschen Bauzeitung von 1924 [30] beschreibt den Rechenansatz wie folgt:

»Es wird so gerechnet, daß die ganze Belastung eines steigenden Laufes auf den unteren Träger kommt, während der obere Träger nur Horizontalschub von demselben erhält, der von der Podestkappe aufgenommen und übertragen wird.«

Die Standsicherheit des ansteigenden Gewölbes und die auftretenden Stützkräfte konnten nach dem Stützlinienverfahren ermittelt werden. Um den relativ hohen Aufwand für dieses Verfahren einzusparen, gab ELWITZ im Handbuch für Eisenbetonbau von 1913 [23] einen rechnerischen Ansatz zur Ermittlung der wirkenden Stützkräfte an (Bild 9):
Die senkrechte Last q wurde in zwei Komponenten zerlegt und ähnlich wie bei einer schrägliegenden Wange auf die beiden Auflager verteilt (siehe Abschnitt 2.4.2.).
Hinzu kam der Gewölbeschub, der mit ausreichender Genauigkeit mit

$$S = \frac{Q \cdot \cos\alpha \cdot L}{8 \cdot f} = \frac{Q \cdot l}{8 \cdot f}$$

angesetzt wurde.
Schrägliegende Kappengewölbe (Tafel 29; [2]):
Die flachen Gewölbe liegen zwischen
– 2 Wangen aus Walzstahl
– 1 Wange aus Walzstahl und der Treppenhauswand
– steigenden Gurtbogen.
Eingemauerte Anker dienen zur Aufnahme der Schubkräfte. Wenn sich der Flachbogen gegen einen Gurtbogen abstützt, befinden sich die Anker auch oberhalb der Kappe unter der Trittstufe (Tafel 28; [4]).
Nach [30] erfolgte die Bemessung der Podestträger unter der Annahme, daß die Wangenträger die Belastung als Einzellast auf die Podestträger übertragen. Zur Bemessung der Wangenträger siehe Abschnitt 2.4.2.
Steigende Tonnen- und Kreuzgewölbe: Größere Abmessungen von Treppenhausgrundrissen konnten auch durch klassische Gewölbekonstruktionen überspannt werden (Tafel 29; [6]; Tafel 28; [1], [2]).

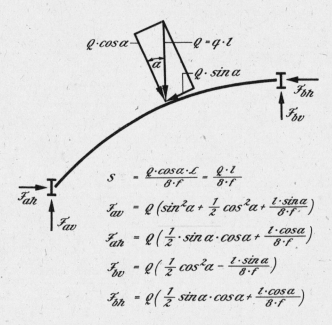

Bild 9. *Stützkräfte an einer aufsteigenden Gewölbekappe, nach ELWITZ [23] 1913; S Gewölbeschub*

Dabei werden je nach der Gewölbeart alle Wangen sowie die Podeste durch mehr oder weniger große Schubkräfte belastet. Je flacher die Gewölbe sind, desto größer sind diese Schubkräfte. Steigende Kreuzgewölbe ermöglichen eine stärkere Auflösung der Wangen, da sie die Lasten nur auf Pfeiler übertragen.

2.2.3. Konstruktionsbeispiele

Treppen auf scheitrechten Bogen. Für Kellertreppen fanden Konstruktionen Anwendung, bei denen die Stufen entweder als scheitrechter Bogen im Pfeilerverband (Tafel 26; [2]) oder als ½ Stein dicker scheitrechter Bogen auf einem »Wölbscheit« (Tafel 26; [1]) zwischen den Wangenmauern gespannt sind. Das auf auskragenden Ziegeln aufgelagerte Wölbscheit wurde auf Dauer unter der Treppe belassen. Auf den gemauerten Stufen liegen Bohlen aus Kiefernholz oder Eichenholz. Diese Belagsbohlen wurden in manchen Fällen auch in das Wangenmauerwerk eingeschoben.
Eingemauerte Holzdübel, eingelegte Bohlenstücke oder Steinschrauben ermöglichen es, die Holzbohlen anzuschrauben oder anzunageln.

2.2. Treppen aus Mauerwerk

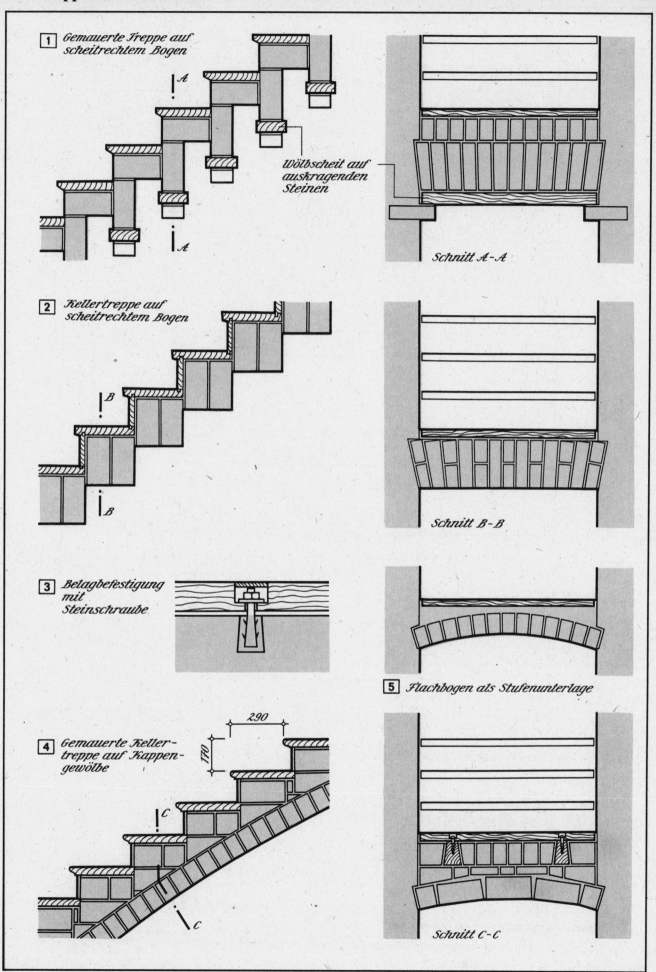

Gemauerte Kellertreppen — Tafel 26

2. Treppen

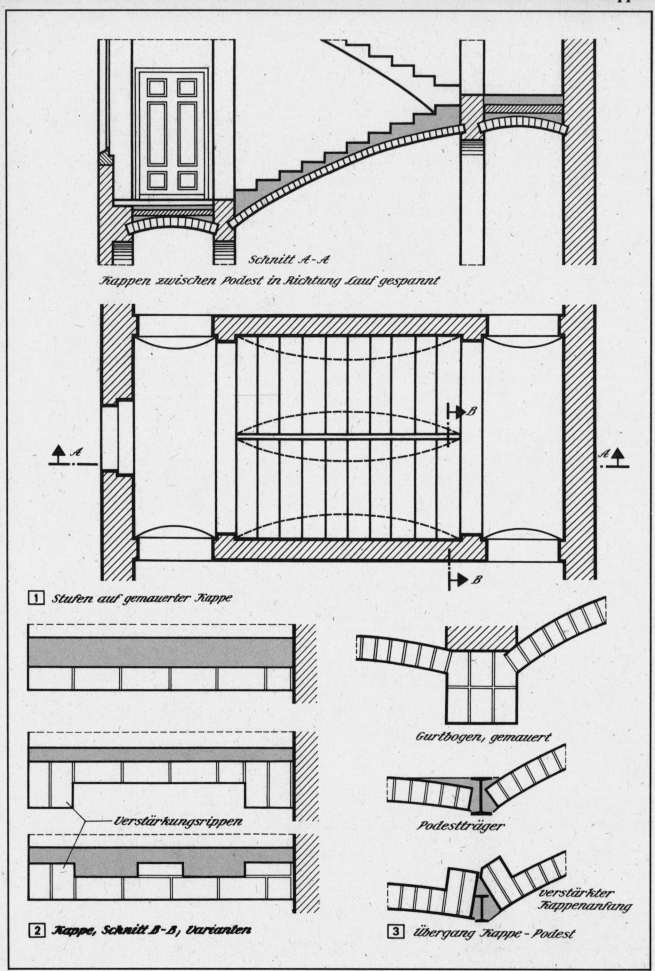

Schnitt A-A
Kappen zwischen Podest in Richtung Lauf gespannt

1 Stufen auf gemauerter Kappe

Verstärkungsrippen

2 Kappe, Schnitt B-B, Varianten

Gurtbogen, gemauert

Podestträger

verstärkter Kappenanfang

3 Übergang Kappe – Podest

Tafel 27 — **Untermauerte Treppen I**

2.2. Treppen aus Mauerwerk

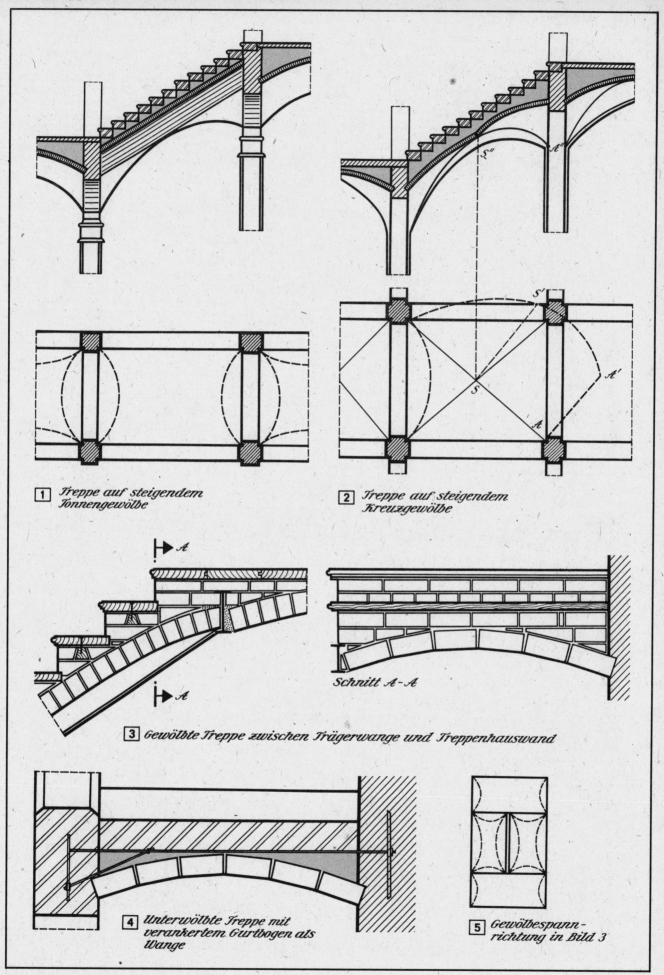

1. Treppe auf steigendem Tonnengewölbe
2. Treppe auf steigendem Kreuzgewölbe
3. Gewölbte Treppe zwischen Trägerwange und Treppenhauswand
4. Unterwölbte Treppe mit verankertem Gurtbogen als Wange
5. Gewölbespannrichtung in Bild 3

Untermauerte Treppen II — Tafel 28

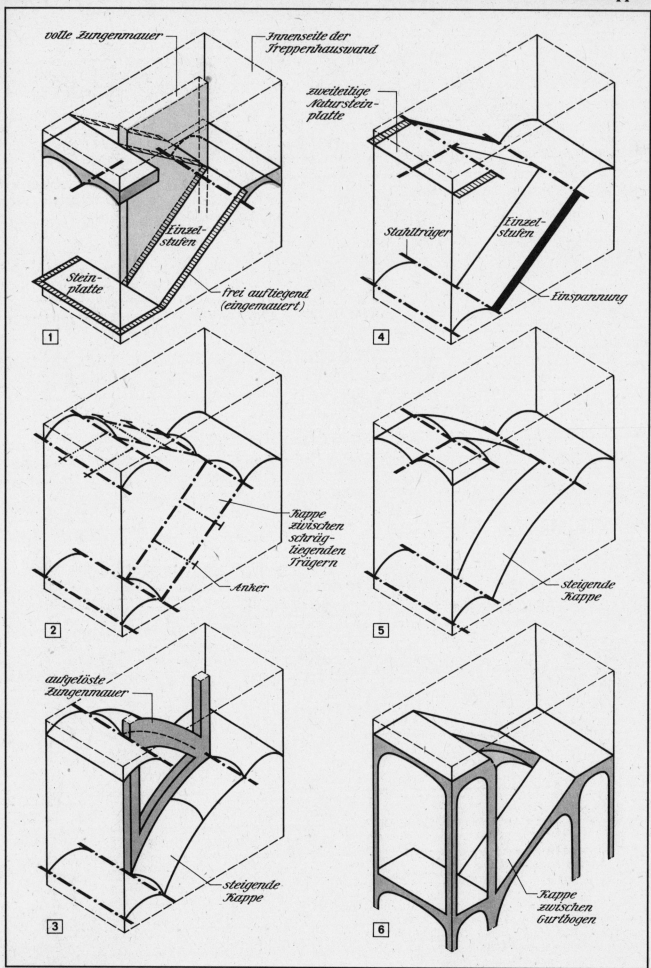

Tafel 29 — Stützung von Massivtreppen

2.3. Holztreppen

Treppen auf gemauerten Kappen. Für nicht zu große Lauflängen konnte die Untermauerung als Kappe ausgebildet werden, die mit einem Stich von l/12 bis l/20 zwischen den Podestbalken aufsteigt und sich von Podestträger zu Podestträger spannt [18] 1890. Breite Treppenläufe enthalten in derartigen meist ½ Stein dicken Kappen gurtbogenähnliche Verstärkungen (Tafel 27; [2]). Besonders sorgfältig wurde der Anschluß der Kappe des Treppenlaufes an den Podestträger ausgebildet, da über diesen Anschluß die gesamte Last abgeleitet werden muß (Tafel 27; [3]).
Die volle Untermauerung der Treppen läßt eine Auflagerung der Stufen auf ihrer ganzen Länge zu und gestattet es, längere ungestoßene Stufen als bei der Ausbildung der Stufen als Träger auf zwei Stützen einzubauen. Um ein volles Auflager zu erreichen, mußten die Gewölbezwickel ausgemauert werden. Die Ausmauerung bietet außerdem einen zusätzlichen Schutz bei der Einwirkung von Feuer.
Treppen auf Gewölben. Die Ausführung von Treppen auf Gewölben erfolgt in ähnlicher Weise.
Steigende Tonnengewölbe (Tafel 28; [1]) benötigen auf Grund ihrer Höhe volle Wangenmauern oder hohe Gurtbogen (Tafel 28; [1]). Bei steigenden Kreuzgewölben sind nur noch Pfeiler vorhanden (Tafel 28; [2]).

2.3. Holztreppen

2.3.1. Formen und Anwendung

Verwendete Holzarten. Holz läßt sich leicht bearbeiten. Aus Holz können Bauteile mit einer gut aussehenden Oberfläche und Profile mit Schmuckformen hergestellt werden.
Zum Bau von Treppen wurden z.B. folgende Holzarten verwendet [52, S. 18] 1882:
Wangen, Stufen – Kiefer
Krümmlinge, häufig begangene Trittstufen – Eiche
Geländer – Birke, Buche, Eiche, Birnbaum, Pflaumenbaum, Esche, Ahorn, Nußbaum, Mahagoni
KRESS [69, S. 9] empfahl 1952, neben den Nadelhölzern (Weißtanne, Fichte, Kiefer, Lärche) und den Laubhölzern (Eiche, Rotbuche) auch das Holz der Edelkastanie zum Bau von Trittstufen und das Holz der Roßkastanie zur Herstellung von Treppenwangen zu verwenden.
Formen. Alle Holztreppen können drei typischen Grundformen zugeordnet werden (Tafel 30).
Die *eingeschobene Treppe* besteht aus zwei Wangen mit Nuten von etwa 20 mm Tiefe, in die die Trittstufen eingeschoben wurden. Diese Treppe gewährt zumeist die Durchsicht in den Raum hinter bzw. unter der Treppe.
Zur *eingestemmten Treppe* gehören im allgemeinen Wandwangen, Freiwangen, Trittstufen und Setzstufen (Futterstufen, Futterbretter, Stoßbretter, Stoßstufen). Tritt- und Setzstufen ruhen in etwa 20 mm tiefen Nuten der Wangen.
Wenn beide Wangen – häufig jedoch nur die Freiwange – stufenförmig ausgeschnitten werden, entstehen die *aufgesattelten Treppen*. Während bei der eingestemmten Treppe die Tritt- und Setzstufen in Vertiefungen der Wangen liegen und beide Wangen durch zusätzliche Maßnahmen, z.B. durch lange Schraubenbolzen zusammengedrückt und so alle Teile fest miteinander verbunden wurden, sind bei den aufgesattelten Treppen die Tritt- und Setzstufen mit Nägeln und Schrauben an den Wangen befestigt. Die Trittstufen liegen in voller Wangenbreite auf. Wenn beide Wangen stufenförmig ausgeschnitten sind, dann ist es nicht erforderlich, zusätzliche Schraubenbolzen einzuziehen.
Anwendung. Die verschiedenen Formen der Holztreppen haben eine unterschiedlich starke Verbreitung gefunden.

Die *eingeschobene Treppe* wurde zumeist sehr steil hergestellt und als sogenannte Leitertreppe am Zugang zu Dachböden oder zu Kellerräumen eingebaut.
Die verbreitetste Holztreppe ist die *eingestemmte Treppe*. Zwar wurden die Wangen durch die Nute für Tritt- und Setzstufen geschwächt, sie behielten jedoch ihre ursprüngliche Breite. Die Tragfähigkeit des verwendeten Holzes wurde weitgehend ausgenutzt.
In dieser Bauart wurden Treppen mit geraden und mit gekrümmten Treppenläufen gebaut.
Die Wangen waren im 19. Jahrhundert stark profiliert. Später wurden glatte Oberflächen bevorzugt. In der Unteransicht sind entweder die gehobelten Unterseiten der Tritt- und Setzstufen zu sehen, wobei die Stöße mit zusätzlichen Zierleisten überdeckt sind, oder die Unterseite der Treppe wurde verschalt, verrohrt und geputzt.
Die Anwendung der *aufgesattelten Treppe* ist seit der Jahrhundertwende stark zurückgegangen.
Die Wangen wurden durch die Einschnitte für die Stufen stark geschwächt, und die Tragfähigkeit des ursprünglichen Holzquerschnittes konnte nur ungenügend ausgenutzt werden. Sie wurden vor allem zum Bau gerader Treppenläufe eingesetzt.
OPDERBECKE [11, S. 188] schätzte noch 1911 ein:

»Schöner, aber auch teurer als die eingestemmten, sind die Treppen mit aufgesattelten Stufen, weshalb sie mit Vorliebe in herrschaftlichen Treppenhäusern zur Anwendung gelangen.«

REITMAYER [70, S. 119] bewertete im Jahre 1953 diese Treppenform so:

*»Die aufgesattelte Treppe zeichnet sich hauptsächlich durch die besondere Gestaltung der Wange aus. Aufgesattelte Treppen sind wesentlich teurer als eingestemmte, da die Ausführung sehr umständlich ist...
Die aufgesattelte Treppe wird nur noch selten verwendet.«*

KRESS [69, S. 24] schließlich lehnte 1952 den Bau von aufgesattelten Treppen völlig ab:

»Alles in allem genommen ist eine aufgesattelte Treppe konstruktiv zu verwerfen...«

2.3.2. Lastableitung

Tragende Bestandteile. Beim Begehen der Treppe werden die Trittstufen direkt belastet.
Bei eingeschobenen Treppen übertragen die Trittstufen die Last unmittelbar auf die Wangen.
Dagegen belasten die Trittstufen von eingestemmten oder aufgesattelten Treppen sowohl die Wangen als auch die mit ihnen verbundenen Setzstufen. Die Setzstufe dient hier außer zur Verkleidung auch zur Lastableitung.
Die Wangen nehmen alle Lasten auf und leiten sie zu den unterschiedlich ausgebildeten Stützkonstruktionen (Balken, Pfosten) weiter.
Verbindung : Trittstufe – Setzstufe. Eine richtig eingebaute Setzstufe verhindert, daß sich die Trittstufe zu stark durchbiegt oder »kracht und knarrt«. Zu diesem Zweck muß eine kraftschlüssige Verbindung zwischen Tritt- und Setzstufe erreicht werden.
Obwohl zum Bau von Treppen nur trockenes Holz verwendet wurde, war ein weiteres Schwinden des Holzes in der Trockenheit des Hauses nicht zu vermeiden. Damit auch nach dem Schwinden die Trittstufe noch auf der Setzstufe aufliegt, wurde diese mit einer gewölbten Oberseite hergestellt und so eingebaut.
REITMAYER [70, S. 67] 1953 empfahl:

»Um ein Knarren der Holztreppe zu vermeiden, wölbt man die Oberkante des Futterbrettes um 3 bis 5 mm bzw. um ½% der Kantenlänge geschweift nach oben. Da die Trittstufe die Neigung hat, dem Gewicht

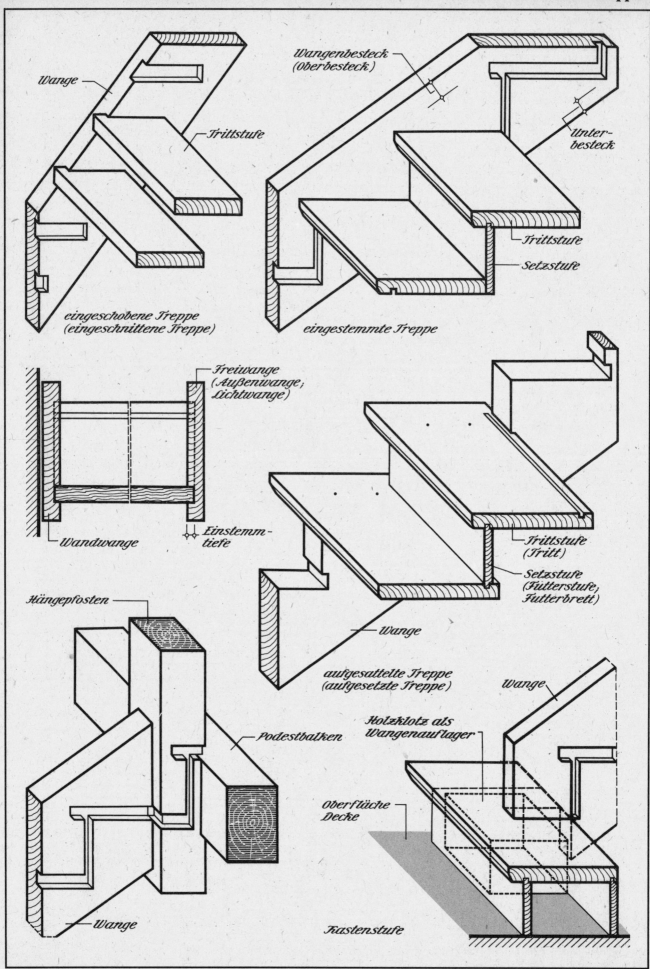

Tafel 30 — Holztreppen – Bezeichnungen

2.3. Holztreppen

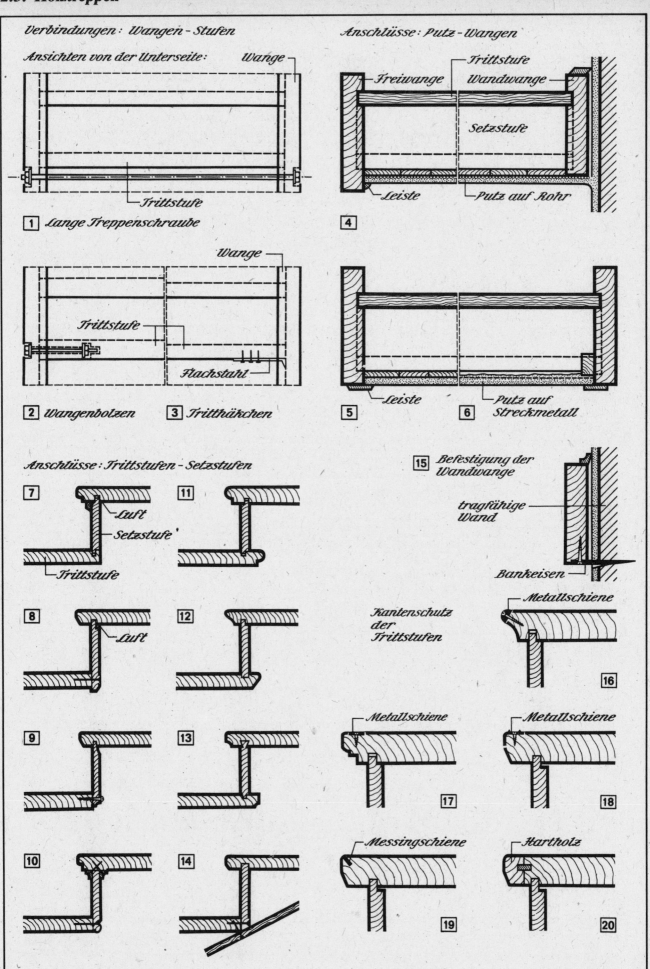

Details von Holztreppen — Tafel 31

nachzugeben und sich dadurch nach unten durchzubiegen, soll durch das Schweifen der Futterbrettoberkante dem vorgebeugt werden, zumal durch das Auseinanderklaffen der Hölzer das Knarrgeräusch verursacht wird.«

Und KRESS [69, S. 55] 1952 betonte die Bedeutung einer sicheren Verbindung zwischen dem Unterteil der Setzstufe und der Trittstufe:

»Damit die Futterbretter richtig tragen und die Tritte am Durchbiegen gehindert werden, muß jedes Futterbrett an der Tritthinterkante besonders gut bzw. reichlich angenagelt werden...
Auf eine Tritthinterkante kommen mindestens 5 bis 7 Nägel. Die ersten Nägel in der Nähe der Wange müssen 8 bis 10 cm und die übrigen 6 bis 7 cm lang sein und Breitköpfe besitzen. Das Einschlagen hat nach versetzter Richtung (Schlangenlinie) zu geschehen.«

Die Verbindung von Trittstufe und Setzstufe wurde sehr verschiedenartig ausgeführt. Tafel 31 zeigt eine Auswahl möglicher Anschlüsse:
BREYMANN [71] 1885: [11]
Handbuch für Architektur 1892 [52]: [7], [8], [12]
OPDERBECKE [11] 1911: [7], [10], [11]
KRESS [69] 1952: [8], [9], [10], [13]
REITMAYER [70] 1953: [8], [9], [14]

Wenn die Überhöhung der Setzstufe nicht vorgenommen wurde oder die Treppe infolge zu starken Schwindens doch »krachte und knarrte«, dann sollten »Knarrleisten« Abhilfe schaffen. Zu diesem Zweck wurden die Trittstufen mit Keilen auseinander gedrückt und danach die Knarrleisten angeschraubt (Bild 10), nach [70, S. 72]. Mit dieser Arbeit mußte bei der obersten Stufe des jeweiligen Treppenlaufes begonnen werden.

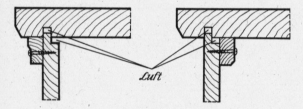

Bild 10. Knarrleisten

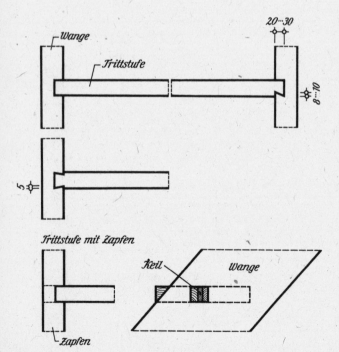

Bild 11. Eingeschobene und eingezapfte Trittstufen

Verbindung: Stufen – Wange. Bei eingestemmten Treppen liegen die Tritt- und Setzstufen in Aussparungen der Wangen (Bild 11). Eine Nagelung erfolgt nicht, da Nägel im Hirnholz nicht halten. An einigen eingestemmten oder eingeschobenen Treppen sind Zapfen zu finden, die vor der Wangenaußenseite verkeilt sind (Bild 11, unten). Dadurch wurde eine Verbindung erzeugt, die Stufen und Wangen zusammenhält.
Bei eingeschobenen Treppen konnten außerdem schwalbenschwanzförmige Verbindungen angewendet werden (Bild 11, rechts), nach [70, S. 53].
Aufgesattelte Treppen wurden genagelt oder verschraubt. Es war erforderlich, jede Trittstufe mit mindestens zwei Nägeln oder Schrauben zu befestigen. Die Setzstufen wurden nach Tafel 40; [4] angebracht.

Wangenauflager. Die Wangen nehmen die Lasten auf und übertragen sie auf die Holzbalken der Decken oder Podeste oder auf Massivdecken. Eine statisch eindeutige Lastableitung ist oft nicht erkennbar, denn
– die Wandwangen wurden zusätzlich an den Treppenhauswänden mit »Bankeisen« (Tafel 31; [15]) befestigt
– die Wangen wurden nicht nur aufgeklaut oder eingezapft, sondern auch zusätzlich durch Schraubenbolzen mit den Balken oder Pfosten verbunden.
Es können u. a. folgende Ausführungen unterschieden werden:
– Die Wange steht mit einem Geißfuß auf einem Deckenbalken, einem Wechsel (-balken) oder einem Holzblock in einer Block- oder einer Kastenstufe oder auf einer Blockstufe aus Beton oder Naturstein:

Tafel 33; [7]   nach [24, S. 174] 1952
Tafel 34; [3]   nach [71, S. 184] 1890
Tafel 34; [1], [2]   nach [11, S. 190] 1911
Tafel 34; [4], [5]   nach [72, S. 543] 1951
Tafel 34; [6]   nach [70, S. 77] 1953
Tafel 34; [7], [8]   nach [69, S. 36] 1952
Tafel 41; [4]   nach [73, S. 162] 1952

– Die Wange ist in einen Deckenbalken, in einen Wechsel (-balken) oder in eine zusätzliche Podestbohle, die den Podestbalken verstärkt, eingezapft:

Tafel 40; [1]   nach [11, S. 194] 1911
Tafel 41; [3]   nach [73, S. 164] 1952

– Die Wange ist in einen Pfosten eingezapft, der auf einer Blockstufe oder einem Podestbalken steht, sich gegen einen Holzbalken lehnt oder diesen umfaßt:
Stehender Pfosten:

Tafel 37; [3]   nach [52, S. 26] 1892
Tafel 38; [1], [4]   nach [13] 1921

Hängepfosten:

Tafel 36   nach [52, S. 25] 1892
Tafel 37; [1], [2]   nach [24, S. 178] 1952
Tafel 37; [4], [5], [6] nach [70, S. 77] 1953
Tafel 38; [5], [6], [7], [8] nach [13] 1921
Tafel 39; [1]   nach [13] 1921

Übergangspfosten:

Tafel 41; [1], [2]   nach [70, S. 127] 1953

– Die Wange geht am Podest in einen Krümmling (Kropfstück) über. Der Krümmling verbindet die Freiwangen zweier aufeinander folgender Treppenläufe.
Es können mehrere Ausführungen unterschieden werden. Entweder liegen die Krümmlinge in einer Aussparung des Podestbalkens (Tafel 35; [1], [6]). Dadurch wird der Podestbalken stark geschwächt. Oder sie lehnen sich gegen den Balken und sind mit dem Balken durch Schraubenbolzen verbunden. Bei dieser Form der Verbindung wird die Tragfähigkeit des Podestbalkens nicht vermindert.

Tafel 35; [1], [3], [6]   nach [11, S. 186 und 188] 1911
Tafel 35; [2], [4]   nach [24, S. 178] 1952
Tafel 35; [5]   nach [70, S. 84] 1953

2.3. Holztreppen

KRESS forderte daher [69, S. 98] 1953, ähnlich in [74, S. 231] 1956:

»Eingebaute Kropfstücke sollen sich mit ihrem Rücken immer nur an die Podestbalken ... bzw. an das Verputzbrett anlehnen.«

Bei vielen Treppenkonstruktionen muß damit gerechnet werden, daß die Wangen an ihrem unteren Ende auf das Auflager vertikal und horizontal gerichtete Kräfte übertragen. Aus diesem Grunde wurde das untere Auflager durch Schraubenanker, Steinschrauben und Flachstahlprofile mit der Decke verbunden.

Tafel 34; [4], [5]   nach [72, S. 543] 1951
Tafel 41; [4]   nach [73, S. 162] 1952

Querverbindungen. Die Wangen der eingeschobenen und eingestemmten Treppen müssen durch zusätzliche Maßnahmen zusammengehalten werden.

OPDERBECKE begründete diese Forderung 1911 wie folgt [11, S. 182]:

»Um ein Ausbiegen der Wangen zu verhindern, werden sie durch ein oder zwei Zugstangen mit Schraubenmuttern zusammengehalten, die in dem Winkel unter der Trittstufe liegen.«

Das Handbuch für Architektur von 1892 nannte folgende Gründe [52, S. 20]:

»Da die eingeschobenen Stufen nur ein geringes Auflager von 2,0 cm bis 2,75 cm haben, also nur um diese Tiefe eingestemmt sind, so müssen beide Wangen vermittels durchgezogener Anker mit Schrauben fest zusammengezogen werden, um das Herausfallen der Tritt- und auch der Setzstufen zu verhindern, falls die Wangen sich werfen und ihre Länge verändern.«

KRESS empfahl die Verwendung von Langschrauben mit Durchmessern von 10 mm, 13 mm oder 16 mm, die etwa alle 4 Stufen nach Möglichkeit in der Mitte der Wange angebracht werden sollten.

Tafel 33; [1], [5]   nach [24, S. 174] 1952
Tafel 31; [1]   nach [69, S. 60] 1952

Als Treppenschrauben wurden auch Schrauben mit besonders geformten Köpfen, Muttern und Unterlegscheiben verwendet, die es auch bei kreisförmigen Aussparungen ermöglichten, die Kräfte gut verteilt in das Holz einzuleiten.

Bei eingestemmten Treppen kamen auch Wangenbolzen (Tafel 31; [2]) nach [69, S. 60] 1952 oder Tritthäkchen (Tafel 31; [3]) nach [69, S. 60] 1952 zur Anwendung.

Das Tritthäkchen ist ein einseitig angespitzter, abgewinkelter Flachstahl. Er wurde mit seiner Spitze in die Seitenwand der Nute geschlagen, danach wurden die Trittstufen eingeschoben. Nachdem Wange und Stufen die vorgesehene Lage angenommen hatten, wurde das Tritthäkchen mit mindestens 3 Nägeln an der Trittstufe befestigt.

Bei aufgesattelten Treppen sind diese Maßnahmen nicht erforderlich.

Bemessung: Die Abmessungen der Holztreppen von Wohnhäusern waren nur selten Ergebnis statischer Berechnungen.

Die Bedürfnisse der späteren Nutzer und die Möglichkeiten des vorhandenen Raumes bestimmten die Steigungsverhältnisse. Die erforderlichen Abmessungen der tragenden Teile wurden anhand von Erfahrungswerten bestimmt.

Im Verlauf der Jahrzehnte wurde das Holz immer knapper und teurer, und es wurde immer schwieriger, Holzprofile mit einer Länge zu finden, die es gestattete, die jeweilige Wange aus einem Stück zu fertigen.

Der Holzmangel führte dazu, immer schwächere Profile zu verwenden (Tabelle 19 und Tabelle 20) oder die Wange aus Einzelteilen zusammenzusetzen (Tafel 37).

KRESS beschrieb diese Entwicklung wie folgt [69, S. 228] 1952:

»Noch bis um die Zeit von 1850 bis 1870 verwendete man zu Treppen ... die einzelnen Teile am liebsten in folgenden Stärken: Wandwangen

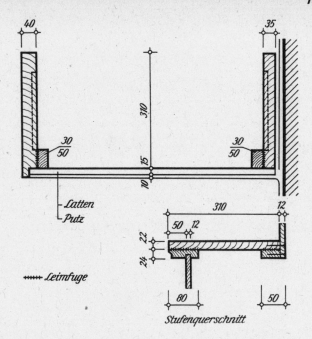

Bild 12. Tritt- und Setzstufen aus Sparprofilen, nach KRESS [69] 1952; Einstemmtiefe 10 mm

6/28 cm bis 8/30 cm, Lichtwangen 8/28 bis 10/30 cm, Tritte 5/30 cm bis 7/35 cm; Futterbretter 2,8/16 cm bis 3,5/20 cm.
Um 1900 war man dafür, die Wandwangen 6/30 cm, die Lichtwangen 7/30 cm, die Tritte 5/30 cm bis 5/35 cm und die Futterbretter 2,4/18 cm stark zu nehmen.
Seit dieser Zeit (1900 bis 1940) fand eine weitere, sich langsam vollziehende Verschwächung der Einzelteile der Treppen statt. Es werden jetzt mit Vorliebe (als gesammelte Durchschnittswerte) folgende Stärken verwendet: Wandwangen 5/30 cm, Lichtwangen 6/30 cm, Tritte 4,5/31 cm, Futterbretter 2/19 cm, Antrittspfosten 12/14 cm (bis 1,2 m lang), Austrittspfosten bis 10/16 cm (bis 1,4 m lang); die Lochtiefe der Tritte und Futterbretter beträgt allgemein 2 cm.«

Bereits 1921 wurden Normen für Kleinhaustreppen aus Holz aufgestellt (Tafel 38 und 39): DIN 281 bis DIN 294, zitiert nach [59] 1930, [58] 1936, [13] 1953. Diese Normen empfehlen die Anwendung sehr schwacher Profile.

DIN 18066 (E, 1956) bestätigte diese Werte (siehe Tabelle 20). Eine weitere Schwächung erfolgte durch den Einbau von Sparprofilen. Auf Grund von Versuchen hielt KRESS [69, S. 229] 1952 die in Bild 12 dargestellte Treppe für möglich. Die Trittstufen, sogenannte U-Tritte, bestehen nur noch aus 22 mm dicken Brettern, die durch angeleimte Leisten verstärkt sind. An der Unterseite der Wangen von 35 mm bzw. 40 mm Dicke sind Verstärkungsleisten 30/50 mm angeleimt. Trittstufen und Futterstufen sind nur 10 mm tief in die Wangen eingelassen.

Podeste. Die Balkenlage der Podeste wird von der Lage der tragenden Wände im Grundriß und von der Aufgabe bestimmt, die Treppenwangen abzustützen.

Bei der geraden Treppe mit Zwischenpodest wird *ein* Balken durch beide Treppenläufe belastet:

Tafel 32; [1]   nach [52, S. 24] 1892; [70, S. 80] 1952
Tafel 32; [2]   nach [70, S. 80] 1953
Tafel 32; [3]   nach [52, S. 24] 1892; [11, S. 185] 1911; [24] 1952

Podestwechsel (-balken) dienen der Versteifung, denn die Treppenwangen übertragen häufig horizontal gerichtete Kräfte auf den Podestbalken.

Die Balkenquerschnitte verringerten sich etwas im Verlauf der Jahrzehnte.

OPDERBECKE [11, S. 185] führte 1911 aus, der Podestbalken, der die Treppenwange trägt

»hat für die mittlere Wohnhaustreppe eine Stärke von 20/22 cm.«

Tabelle 19. Richtwerte für Abmessungen einzelner Teile von Holztreppen in mm

		Vor 1870	1885	1892	1911	1921	1949	1952	1952	1953
	Quelle	[69]	[71]	[52]	[11]	[13][1]	[76]	[69]	[75]	[70]
Eingeschobene Treppen	Dicke der Freiwange	–[2]	–	–	60	–	35...50	50...60	–	50...70
	Breite der Freiwange	–	–	–	250...270	–	–	120...200	–	220...280
	Dicke der Trittstufe	–	–	–	50	–	35...50	30...50	–	40...50
	Einstemmtiefe	–	30	–	–	–	–	20...30	–	20...30
Eingestemmte Treppen	Dicke der Freiwange	80...100	60...90	60...80	60...80	45	40...70	60	50	60...80
	Dicke der Wandwange	60...80	–	–	60	36	40...60	50	45	50...60
	Dicke der Trittstufe	50...70	40...60	–	40...60	32	40...50	45	45	40[3] 50[4]
	Dicke der Setzstufe	28...35	20	–	20...30	17	20	20	20	18...30
	Einstemmtiefe der Trittstufe	–	–	20...27,5	30	–	20...25	20	–	20...30
	Einstemmtiefe der Setzstufe	–	–	–	30	–	10...15	20	–	20...30
	Oberbesteck[5]	–	50...60	40...50	30...40	25	40	40	–	40...60
	Unterbesteck[5]	–	50...60	–	40...50	–	50	–	–	40...60
Aufgesattelte Treppen	Dicke der Freiwange	–	100...150	50...70	80...100	–	60...70	–	70	60...70[3] 70...80[4]
	Dicke der Trittstufe	–	40...60	–	–	–	–	–	45	–
	Dicke der Setzstufe	–	20	–	–	–	–	–	20	–
	Unterbesteck[5]	–	180...220	100...150	140...180	–	150...160	–	–	150...180

[1]) DIN 287 bis DIN 294, Ausgabe 1921, zitiert nach [13]
[2]) keine Angaben vorhanden
[3]) für 1 m Breite
[4]) für 1,2 m ... 1,5 m Breite
[5]) Erläuterungen siehe Tafel 30

Tabelle 20. Mindestholzdicken in mm nach DIN 18066 (E, 1956) »Holztreppen; Richtlinien für die Ausführung«, zitiert nach [60, S. 91] 1959

Treppenteil	Treppen in Einfamilienhäusern		Treppen in Mehrfamilienhäusern mit bis zu 4 Wohnungen		Treppen in Mehrfamilienhäusern mit mehr als 4 Wohnungen	
	Nadelholz	Eiche, Buche	Nadelholz	Eiche, Buche	Nadelholz	Eiche, Buche
Wandwange	36	35	36	35	36	35
Freiwange	40	39	45	39	45	43
Trittstufe	36	35	40	35	45	39
Setzstufe	15	14	17	14	21	16

»Bei Trittstufen, Handlauf, Pfosten und Krümmlingen muß das Nadelholz oder Laubholz im fertigen Einzelteil der Güteklasse I, bei allen anderen Holzteilen mindestens der Güteklasse II entsprechen. Durchfalläste bei Fichten- und Tannenholz sind unzulässig.«

Die angegebenen statischen Werte dienen nur einem Vergleich. Bei erneutem Tragfähigkeitsnachweis ist von dem gegenwärtigen Bauzustand und den zur Zeit verbindlichen Vorschriften auszugehen.

2.3. Holztreppen

Dagegen hält REITMAYER [70, S. 80] 1953 die folgenden Querschnitte für möglich:

Podestbalken, durch Wange belastet : 160/200 mm
Podestbalken, innen liegend : 140/200 mm
Wechsel (-balken) : 100/200 mm

Die Eckpodeste haben statisch eine ungünstige Lage. Beim Eckpodest mit Eckstiel bilden die angrenzenden Wände und der Eckstiel die Auflager für die Podestbalken. Dabei steht der Eckstiel auf der darunter liegenden Decke.
Tafel 32; 7   nach [24] 1952; [70, S. 80] 1953
Die Eckpodeste wurden auch freitragend ausgeführt. Dann wirken die Podestbalken als Kragträger:
Tafel 32; 6   nach [24] 1952; [70, S. 80] 1953
Tafel 32; 8   nach [52, S. 28] 1892; [70, S. 80] 1953
Die Freiwange zapft in einen Hängepfosten oder in einen Krümmling ein. Beide sind durch Schraubenbolzen mit dem Diagonalbalken des Eckpodestes verbunden.

2.3.3. Konstruktionsbeispiele

Eingeschobene Treppen. Die in Tafel 33 dargestellte Leitertreppe nach [24, S. 174] 1952 stützt sich auf zwei Wechsel (-balken) ab. Ein Putzbrett verkleidet die Deckenbalken und stellt den Anschluß zum Deckenputz her.
Die beiden Wangen werden durch Treppenschrauben zusammengehalten. Die Treppe konnte auch an der Unterseite verkleidet werden. Dazu wurde von der Unterseite eine Schalung an die Trittstufen genagelt. Damit die Schalung festen Halt bekam, wurde die Rückseite der Trittstufen abgeschrägt (Tafel 33; 2). Die sichtbare Seite der Schalung wurde gehobelt, die Unterseite mit einem Putzträger versehen und geputzt. Weil an der Berührungsstelle zwischen Putz und Wange immer ein Riß entsteht, wurde sie von einer Holzleiste überdeckt (Tafel 33; 4).
Diese Konstruktion ist nicht sehr haltbar, denn die von unten angenagelte Verkleidung wird beim Begehen der Treppe »abgetreten«.
Eingestemmte Treppen. Tafel 36 zeigt eine eingestemmte Treppe, die im Sinne des ausgehenden 19. Jahrhunderts reich profiliert ist [52, S. 25 und 26] 1892. Aus dem Wangenquerschnitt wurden Profile herausgearbeitet, oder es wurden auf die Wangenquerschnitte Zierleisten aufgenagelt.
Die beiden Freiwangen sind in *einen* Hängepfosten eingezapft, der zu diesem Zweck im Bereich der Wangen breiter sein muß. Die Unterseite der Stufen blieb sichtbar; sie war gehobelt und mit Zierleisten beschlagen. Auch die Unterseite der Podeste zeigt eine Holzverkleidung.
Die Unterseite des Treppenlaufes konnte auch geputzt werden. Putz und Holz haben sehr unterschiedliche Eigenschaften, sie »arbeiten« auf verschiedene Weise. Deshalb wurde die Anschlußfuge immer verkleidet (Tafel 31; 5), nach LANG [24, S. 175] 1952.
REITMAYER empfahl, die Wandwange an der Unterseite mit einem Putzträger zu überspannen und einzuputzen (Tafel 31; 4) [70, S. 70] 1953.
Bereits 1921 wurden mehrere Holztreppen genormt:

DIN 287: einläufige Holztreppen für Wohngeschosse der Kleinhäuser, geradläufig; hohe Steigungen
DIN 288: desgl.; niedrige Steigungen
DIN 289: einläufige Holztreppen für Wohngeschosse der Kleinhäuser, mit unteren Wendelstufen; hohe Steigungen
DIN 290: desgl.; niedrige Steigungen
DIN 291: einläufige Holztreppen für Wohngeschosse der Kleinhäuser, mit oberen Wendelstufen; hohe Steigungen
DIN 292: desgl.; niedrige Steigungen
DIN 293: einläufige Holztreppen für Wohngeschosse der Kleinhäuser; Einzelheiten der geradläufigen Treppe
DIN 294, Bl. 1 und Bl. 2: desgl.; Einzelheiten der Wendelpfosten

Vollständiger Abdruck der Normen z. B. in [13] 1953.
Die Tafeln 38 und 39 zeigen den Aufbau und die Maße der genormten geradläufigen Treppe und der genormten Treppe mit unteren Wendelstufen.
Bei der Bewertung dieser Konstruktionen muß beachtet werden, daß in dieser Zeit die Normen nur Empfehlungen darstellten.
Wangenstoß. Zum Bau der Treppenwangen waren oft lange, gut gewachsene Hölzer erforderlich. Bei einer Geschoßhöhe von 3500 mm und einem Steigungsverhältnis von 185/260 mm wurden bereits Hölzer von über 6000 mm Länge benötigt.
Auch gerade Treppenwangen wurden aus zwei Teilen zusammengesetzt. Die Kraftübertragung sollte durch Verblattungen, Dübel oder Federn erreicht werden. Der Stoß wurde durch Schrauben oder durch aufgeschraubte Flachstahlprofile zusammengehalten.
Tafel 37; 7, 8   nach [52, S. 32] 1892
Tafel 37; 9, 10, 11   nach [70, S. 78] 1953
Tafel 37; 10, 11   nach [69, S. 40] 1952
Aufgesattelte Treppen. Die Wandwangen wurden stufenförmig ausgeschnitten (Tafel 40; 2) oder eingestemmt (Tafel 40; 3). Die letztere Ausführung gestattete es, die Wandwange mit einer geringeren Breite einzubauen.
Die Unterseite zeigte entweder die gehobelten Hölzer, oder sie wurde zur Erhöhung des Feuerwiderstandes geputzt. Zu diesem Zweck wurden die Futterstufen an der Unterseite abgeschrägt, und eine Schalung wurde an die Trittstufen genagelt, mit Putzträger versehen und geputzt (Tafel 40; 2). Dann blieb die Freiwange sichtbar. Es gibt aber auch Fälle, bei denen die Schalung gegen die Unterseite der Wangen genagelt und der Putzträger sogar seitwärts an den Wangen befestigt wurde. So wurde die Freiwange hinter Putz verborgen (Tafel 40; 4 rechts).

2. Treppen

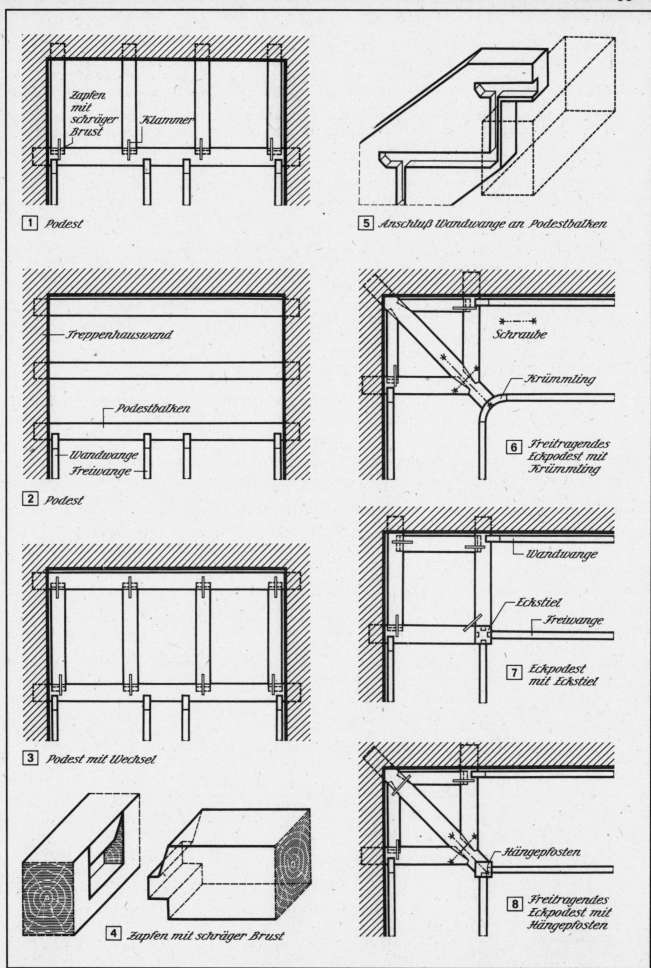

Tafel 32 — Lage der Podestbalken

2.3. Holztreppen

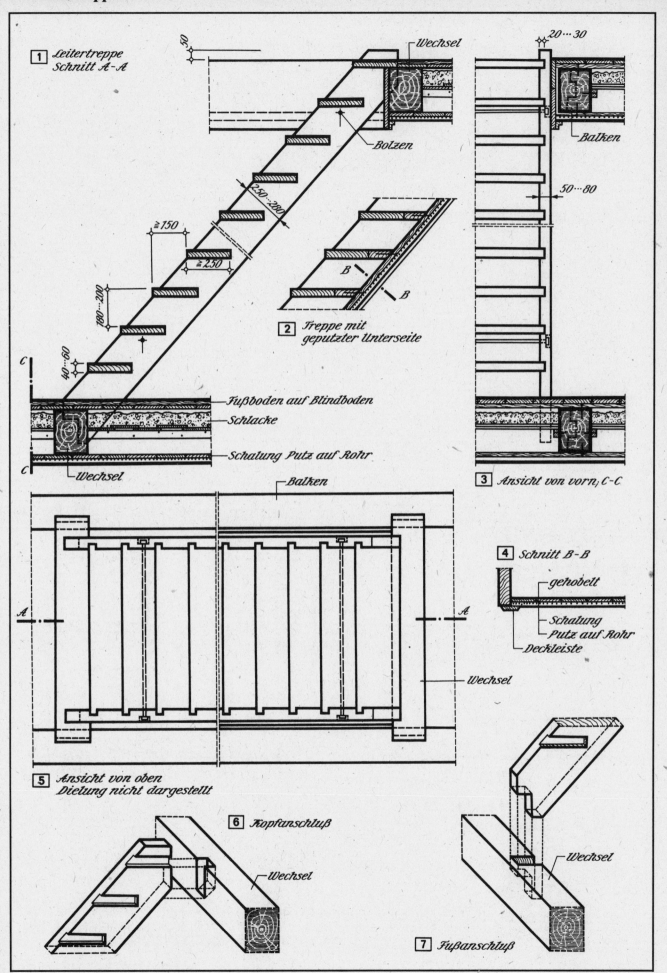

Eingeschobene Treppe — Tafel 33

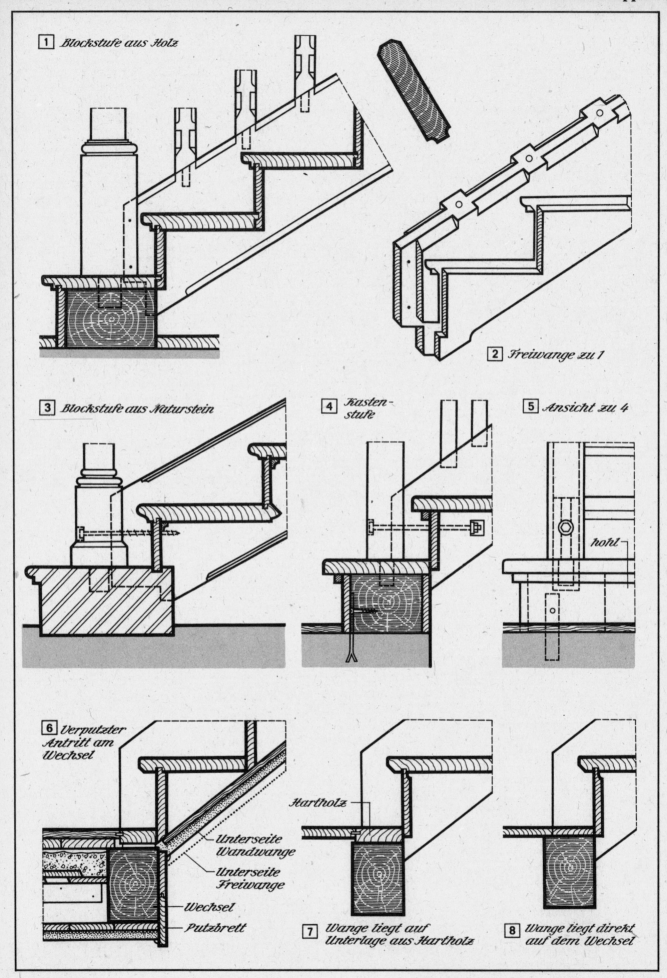

Tafel 34 — Eingestemmte Treppe – Antritt

2.3. Holztreppen

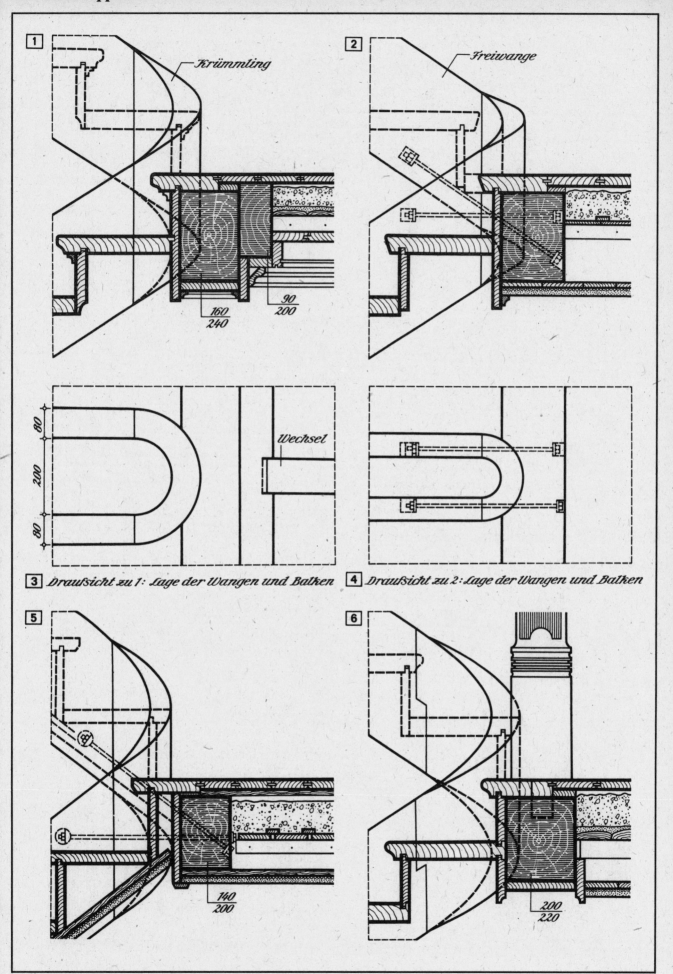

Eingestemmte Treppe mit Krümmling — Tafel 35

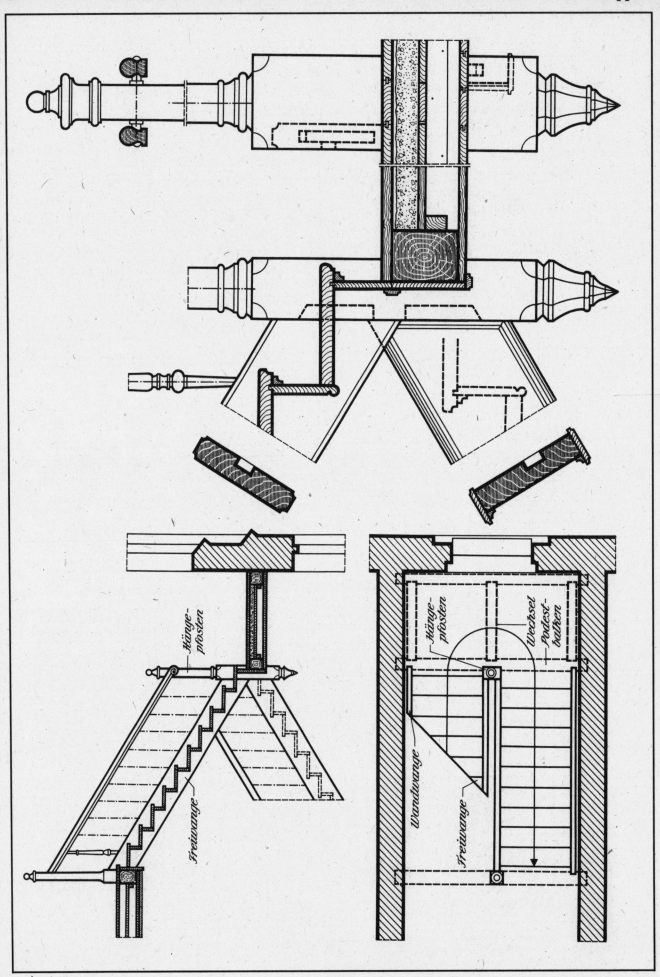

Tafel 36 — Eingestemmte Treppe mit Hängepfosten

2.3. Holztreppen

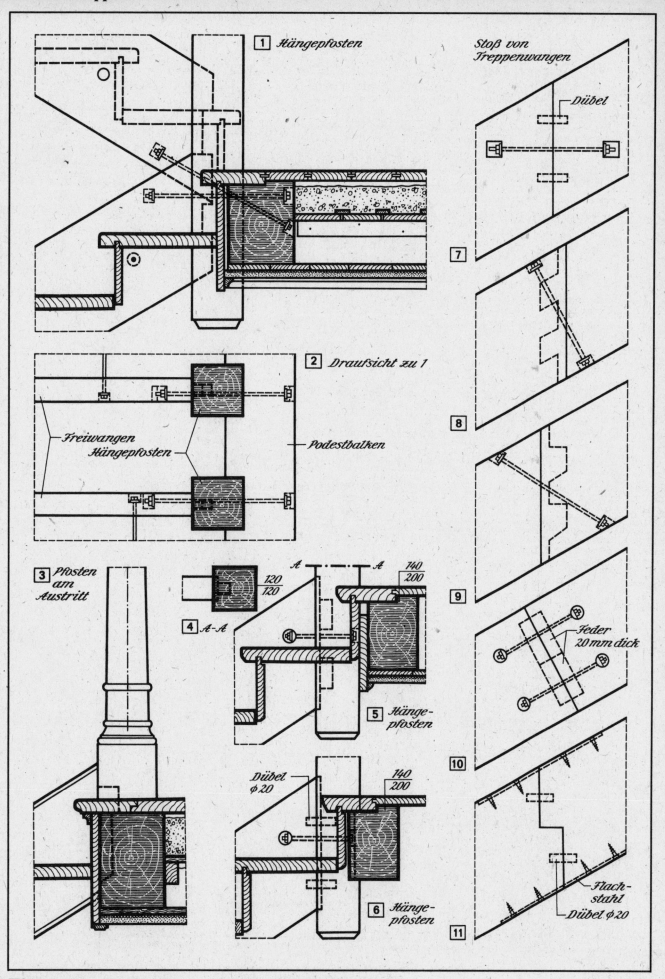

Eingestemmte Treppe – Austritt und Wangenstoß — Tafel 37

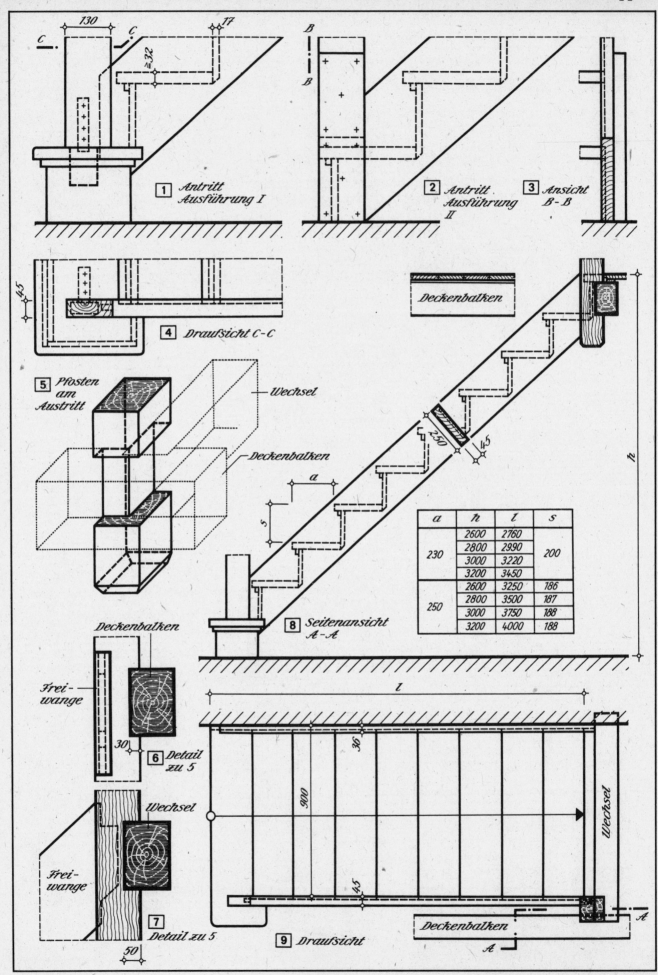

Tafel 38 — **Eingestemmte Treppe nach DIN 287 (1921)**

2.3. Holztreppen

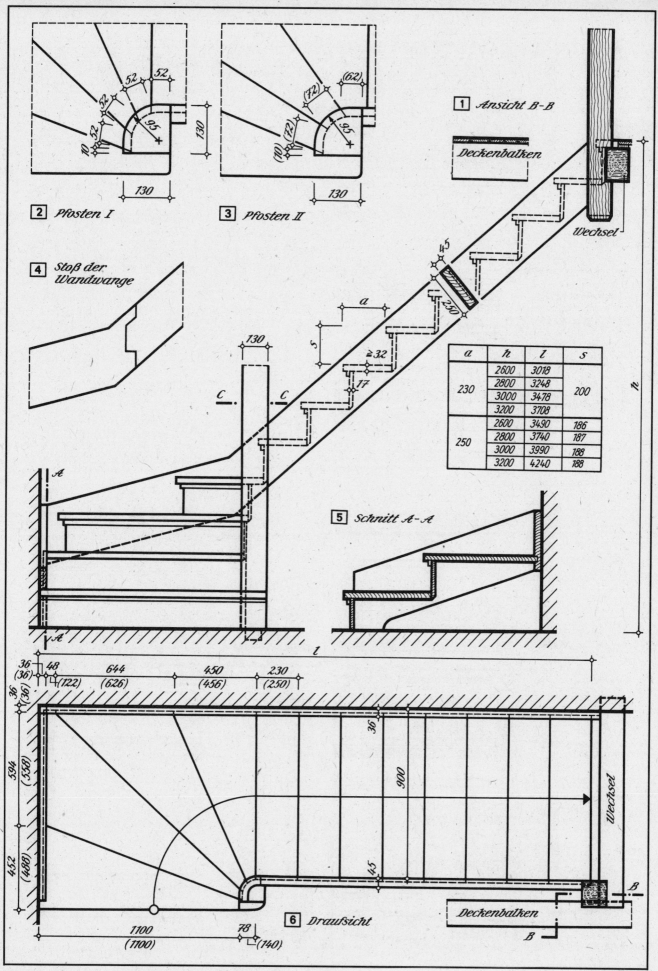

Eingestemmte Treppe nach DIN 289 (1921) — Tafel 39

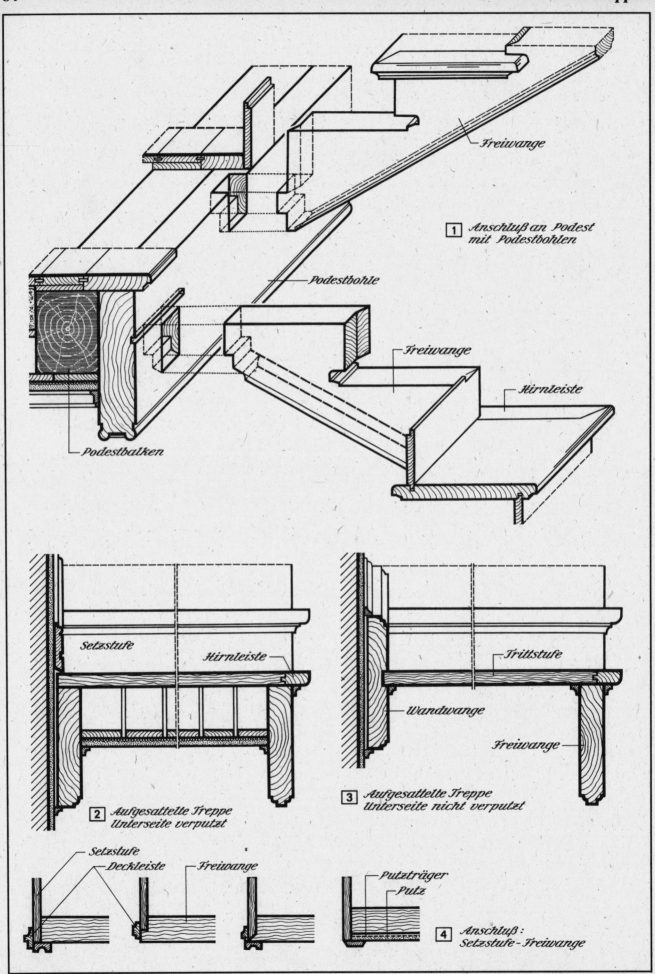

Tafel 40 — Aufgesattelte Treppe – Details I

2.3. Holztreppen

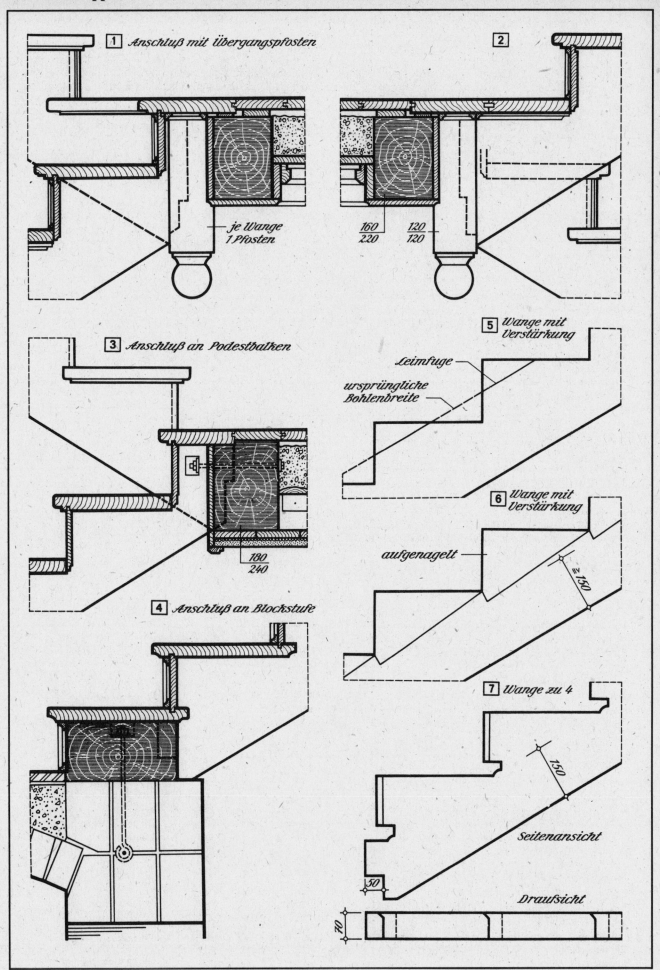

Aufgesattelte Treppe – Details II   Tafel 41

2.4. Treppen aus Gußeisen und Stahl

2.4.1. Formen

Baustoffe. Zum Bau von Treppen wurde Gußeisen und Walzstahl (früher auch Schmiedeeisen, Flußeisen, Flußstahl genannt) eingesetzt. Die Verwendung von Gußeisen ging zum Ende des 19. Jahrhunderts stark zurück.
Das Handbuch für Architektur von 1892 [52, S. 104] schätzte die Anwendung von Gußeisen in dieser Zeit wie folgt ein:

»*Da durch den Eisenguß eine ungemein große Mannigfaltigkeit der Formgebung in ziemlich einfacher und auch billiger Weise ermöglicht ist, so ist man verhältnismäßig schon früh an die Herstellung von Treppen aus diesem Material herangetreten. Indes hat man in neuerer Zeit, mit Rücksicht auf die geringe Zuverlässigkeit des Materials bei Beanspruchung auf Biegung, von der Verwendung gußeiserner Treppen an vielen Orten abgesehen und ihnen solche aus Flußeisen vorgezogen; nur kleinere Wendeltreppen aus Gußeisen bilden fast allgemein noch immer den Gegenstand vielfacher Benutzung.*«

Gußeisen wurde zur Herstellung von Treppenwangen, Stufen und Podestträgern verwendet. Außerdem wurden Schmuckformen aus Gußeisen gefertigt.
Ein besonderes Anwendungsgebiet waren die gußeisernen Wendeltreppen, die auch nach 1900 von darauf spezialisierten Betrieben gegossen wurden [77, S. 241] 1933.
Der Walzstahl kam in Form von I-, C- und L-Normal-Profilen, als Blech und als Flachstahl zum Einsatz.
Zu den Stahlmarken und den zulässigen Spannungen siehe Band I.

Formen. Bei geradläufigen Treppen sind – wie bei den Holztreppen – meistens Freiwangen und Wandwangen vorhanden. Die Stufen ruhen entweder *auf* den Wangen (aufgesattelte Treppe) oder die Stufen befinden sich *zwischen* den Wangen.
Bei den *aufgesattelten Treppen* liegen entweder Stufen aus Naturstein, Beton oder Stahlbeton mit einem annähernd dreiecksförmigen Querschnitt unmittelbar auf Wangen aus I- oder C-Walz-Profilen (Tafel 44; [1], [3]) oder die Wangen wurden so konstruiert, daß auf den Wangen waagerechte Auflagerflächen für Trittstufen aus Holz, Gußeisen, Stahlblech oder Naturstein entstanden sind.
Das wurde z. B. auf folgende Weise erreicht:
– Die Wangen aus Gußeisen konnten mit den erforderlichen stufenförmigen Absätzen in einem Stück gegossen werden (Tafel 42; [11]). Die Wangen wurden reichlich verziert und »nach Musterbuch« bei den Gießereien bestellt, siehe ausführlich [52] 1892.
– Wangen aus Stahlblech wurden stufenförmig eingeschnitten und durch angenietete L-Profile verstärkt.
– Auf I- oder C-Profile wurden gußeiserne Stufendreiecke aufgeschraubt (Tafel 43; [2]).
– Auf Wangen aus I- oder C-Profilen wurden Stufendreiecke aus Blechen und L-Profilen aufgenietet (Tafel 42; [7], [8] und Tafel 45; [4]).
– Auf I- oder C-Profile wurden stufenförmig gebogene Flachstähle aufgenietet (Tafel 45; [1], [2]).
– Die Wangen bestehen aus einem Fachwerk, das aus L-Profilen und Flachstahl zusammengesetzt wurde (Tafel 47; [1], [5]).
Bei den *Treppen mit Stufen zwischen den Wangen* mußte an einer Wangenseite ein Auflager für die Stufen geschaffen werden:
– Bei gußeisernen Wangen war es möglich, die Auflagerung für die Trittstufen im Guß mit herzustellen (Tafel 42; [10]).
– An Wangen aus Stahlblech (Tafel 42; [2] bis [6]) und aus C-Walz-Profilen (Tafel 42; [1] und Tafel 46) wurde zumeist ein L-Profil seitlich angenietet.

Für beide Treppenformen kamen sehr verschiedenartig zusammengesetzte Stufen zur Anwendung.
Tritt- und Setzstufen aus Gußeisen enthalten oft Aussparungen, die in Form von Mustern angeordnet wurden. Sie dienten der Verzierung, gleichzeitig verminderten sie die Masse der Einzelteile. Durch die Benutzung der Treppe wurde die Oberfläche der gußeisernen Stufen schnell glatt. Um die Rutschgefahr zu vermindern, erhielten diese Stufen kleine Riefen und Rillen.
– Tritt- und Setzstufen konnten in einem Stück gegossen werden (Tafel 42; [19], [22]).
In diesem Falle war es auch möglich, Tritt-, Setzstufe und das Stufendreieck zu einem Gußteil zu vereinigen (Tafel 43; [4], [5]).
– Tritt- und Setzstufen wurden getrennt voneinander hergestellt (Tafel 42; [28]).
Eine gute Verbindung von Tritt- und Setzstufe fördert die Tragfähigkeit der einzelnen Stufe und verbessert die Quersteifigkeit der Treppe. Die Gußteile wurden deshalb auch miteinander verschraubt (Tafel 42; [28]).
Die Wandwange konnte auch eingespart werden. Zu diesem Zweck erhielten die Trittstufen eine Form, die es gestattete, sie in der Treppenhauswand aufzulegen (Bild 13).

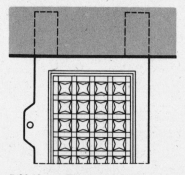

Bild 13. Auflager einer gußeisernen Trittstufe im Mauerwerk der Treppenhauswand

Trittstufen aus Holz wurden oft mit gußeisernen Tritt- und Setzstufen kombiniert. In dem in Tafel 42; [25] dargestellten Beispiel ist keine gußeiserne Trittstufe mehr vorhanden, und die Holzbohle von 40 bis 60 mm Dicke liegt auf den Setzstufen.

Stufen aus Walzstahl bestehen aus Stahlblech, Flachstahl und L-Profilen.
Für unverkleidete Trittstufen wurde zumeist Riffelblech eingebaut. Auch dieses Blech wurde schnell glatt, und beim Begehen von unverkleideten Stahlstufen entstehen harte, störende Geräusche. Die Blechstufen wurden deshalb häufig mit Belägen versehen, mit Naturstein verkleidet, oder die Trittstufen wurden durch solche aus Holz oder Naturstein ersetzt.
Das Blech von 5 bis 7 mm Dicke hat eine so geringe Biegesteifigkeit, daß bereits bei geringen Treppenbreiten zusätzliche Unterstützungen erforderlich waren (Tafel 42; [12]).
Durch Abkantungen (Tafel 42; [13]), durch Annieten von L-Profilen (Tafel 42; [14] bis [16]) und vor allem durch eine feste Verbindung von Tritt- und Setzstufe wurde die Steifigkeit der einzelnen Stufe und die Quersteifigkeit der Treppe verbessert. Als Setzstufen wurden Bleche von etwa 3 mm Dicke eingebaut.
Aus den Setzstufen wurden häufig geometrische Muster ausgestanzt, Zierleisten oder Rosetten wurden angeschraubt oder angenietet.
Holzstufen (Tafel 42; [20], [23], [24], [26]) oder Stufen aus Naturstein (Tafel 42; [21], [27]) verbesserten das Aussehen der Treppe.
Für besonders hohe Beanspruchungen wurden Stahlstufen mit einer Beschichtung aus Gußasphalt (Tafel 42; [18] und Tafel 43; [2], [3]) hergestellt.
Tafel 42; [22], [25]   nach [63] 1888

2.4. Treppen aus Gußeisen und Stahl

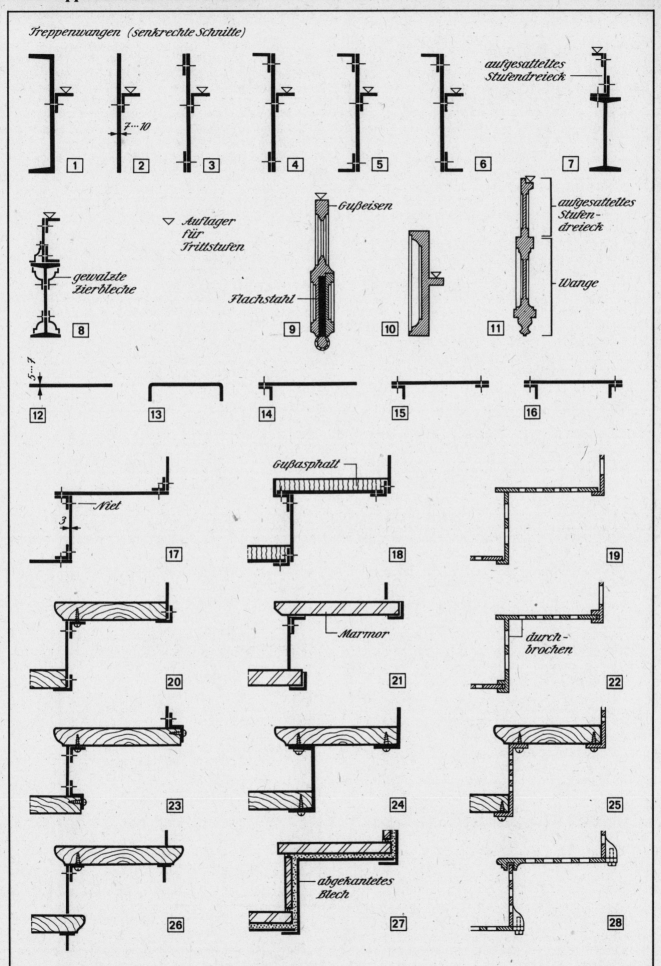

Wangen und Stufen aus Stahl oder Gußeisen — Tafel 42

Tafel 42; ▢1 bis ▢12, ▢14 bis ▢17,
▢19 bis ▢26, ▢28   nach [52] 1892
Tafel 42; ▢1 bis ▢8, ▢12 bis ▢17   nach [11] 1911
Tafel 42; ▢1 bis ▢7, ▢12 bis ▢16
▢18, ▢20   nach [77] 1933
Tafel 42; ▢27   nach [74] 1956

Eine besondere Form der Treppen wurde zum Ende des 19. Jahrhunderts entwickelt und patentiert. Zum Bau dieser Treppen ist jeweils nur eine geringe Anzahl von Grundbauteilen erforderlich. Sie wurden ab Lager bezogen und am Bau zu Treppen unterschiedlicher Höhe zusammengesetzt. Häufig bildeten diese Grundbauteile, miteinander verschraubt, fachwerksähnliche Konstruktionen, wie z. B. die in Tafel 47; ▢3 dargestellte Treppe der Eisenwerke JOLY aus Wittenberg, siehe ausführlich [52] 1892; [11] 1911.

Den Übergang zu den Treppen aus Beton und Stahlbeton bilden die Treppen, bei denen der Raum zwischen den Stahlwangen mit Ortbeton gefüllt ist. Die Stufen wurden dann aufbetoniert oder aufgemauert (Tafel 48).

Auch wenn bei einigen Konstruktionen (Tafel 48; ▢3) die Stahlwangen nicht mehr sichtbar sind, erfolgt die Lastableitung eindeutig durch die I- oder C-Profile aus Walzstahl.

Schmuckformen. Die Architekturauffassung des 19. Jahrhunderts betrachtete es als notwendig, die statisch erforderlichen Profile mit Schmuckformen zu versehen, teilweise sogar zu überdecken. Das Handbuch für Architektur von 1892 [52, S. 104 und S. 115] hielt die Anordnung von Schmuckformen für selbstverständlich:

»*Hölzernen Treppen kann man in verhältnismäßig einfacher und nicht zu kostspieliger Weise eine reichere formale Ausgestaltung zuteil werden lassen; bei gußeisernen Treppen ist dies noch leichter zu erreichen; allein selbst bei Treppen aus Schmiedeeisen ist in Folge der in neuerer Zeit hoch entwickelten Technik dieses Materials ein geeigneter Schmuck ohne zu große Kosten anzubringen...*
Bisweilen werden die Treppenwangen aus hochkantig gestelltem Flacheisen hergestellt und mit schmückenden Gußstücken derart bedeckt, bzw. umhüllt, daß von der eigentlich tragenden Wange nur wenig oder gar nichts sichtbar ist.«

Die Schmuckformen wurden auf folgende Weise hergestellt:
– Die Wangen, Podestträger, Stufen aus Gußeisen wurden bereits beim Guß stark profiliert (Tafel 42; ▢10, ▢11).
– An Wangen aus Walzstahl wurden gußeiserne Teile angeschraubt oder angenietet (Tafel 42; ▢9 und Tafel 43; ▢2).
– In gleicher Weise wurden besonders profilierte Blechteile befestigt (Tafel 42; ▢8).

2.4.2. Lastableitung

Tragende Bestandteile. Die Trittstufen werden unmittelbar belastet. Sie werden durch die Wangen und durch die Setzstufen unterstützt. Die Setzstufen tragen mit, und sie haben weiterhin die Aufgabe, die Quersteifigkeit der Treppe zu verbessern. Die Wangen aber weisen vielfach eine ausreichende Eigensteifigkeit auf, so daß die Setzstufen großflächig durchbrochen werden konnten, nur noch aus einem schmalen Rahmen bestehen oder gar nicht mehr vorhanden sind.

Als Podest- oder Deckenträger wurden ebenfalls I- oder C-Walz-Profile gewählt, und die Wangen wurden mit Nietverbindungen (Tafel 44; ▢3) oder Schraubverbindungen (Tafel 44; ▢1) und Tafel 47; ▢1) an ihnen befestigt.

Die Wangen wurden auch unmittelbar auf Massivdecken aufgelegt. Ihre Auflagerfläche wurde dann durch angenietete L-Profile vergrößert, und die Lage der Wangen wurde mit Hilfe von Ankerschrauben gesichert (Tafel 46; ▢1 und Tafel 47; ▢1).

Bemessung. Die in Bild 14 dargestellte Anordnung von Podestträgern und Treppenwangen aus Walzstahl ist häufig anzutreffen. Die Treppe wurde als Träger auf zwei Stützen aufgefaßt.

Die Bemessung jedoch wurde nach unterschiedlichen Ansätzen ausgeführt.

FOERSTER nahm in seinem »Lehrbuch zum Gebrauche an Technischen Hochschulen: Die Eisenkonstruktionen der Ingenieurhochbauten« z. B. [65] 1902; [66] 1924, das in vielen Auflagen erschienen ist und eine weite Verbreitung gefunden hat, für die Bemessung der Treppenwangen an, daß
– die Wange zweiseitig gelenkig gelagert ist
– der rechtwinklig zur Stabachse wirkende Anteil der Last sich gleichmäßig auf die Auflager a und b verteilt
– die in Richtung der Stabachse wirkenden Anteile der Last nur auf das untere Lager einwirken.

Unter diesen Annahmen – so folgerte FOERSTER – entstehen an beiden Auflagern auch horizontal gerichtete Stützkräfte (Bild 15).

Die Treppenwange wurde auf Biegung bemessen, die wirkende Längskraft wurde vernachlässigt.

Dagegen mußten bei der Bemessung der Randträger von Podest oder Decke sowohl die horizontal als auch die vertikal wirkenden Anteile der Stützkräfte des aufsteigenden und des absteigenden Treppenlaufes berücksichtigt werden. Der Randträger wurde auf zweiachsige Biegung bemessen, ähnlich in [50, S. 88] 1959.

Berechnungsbeispiel nach Foerster [65] 1902; [66] 1924:
Für die in Bild 14 dargestellte Treppe wurde folgende Bemessung ausgeführt. Die Formelzeichen und Einheiten wurden der heutigen Schreibweise weitgehend angepaßt.

Lastannahme für den Treppenlauf:
Verkehrslast $5\,kN/m^2$
Eigenlast der Steinstufen $4\,kN/m^2$
Gesamtlast $9\,kN/m^2$
Last je 1 m Treppenwange:

$$q = \frac{9 \cdot 1{,}5}{2} = 6{,}75\,kN/m$$

$$\max. M = \frac{6{,}75 \cdot 4{,}9^2}{8} = 20{,}25\,kNm$$

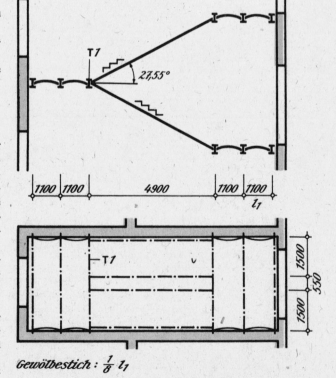

Bild 14. *Typische Anordnung der Podestträger und Treppenwangen aus Walzstahl; Zahlen zum Bemessungsbeispiel*

2.4. Treppen aus Gußeisen und Stahl

gewählt: NP I 19 mit $W = 186\ cm^3$

$$\text{vorh. } \sigma = \frac{20{,}25 \cdot 10^2}{186} = 10{,}88\ kN/cm^2 = 108{,}8\ N/mm^2$$

Einwirkung der Treppenwangen auf den Podestträger T1 unter Verwendung der in Bild 15 genannten Gleichungen:
Belastung des Podestträgers durch den aufsteigenden Treppenlauf:

$$F_{av} = \frac{6{,}75 \cdot 4{,}9}{2} \cdot \cos^2 27{,}55° + 6{,}75 \cdot 4{,}9 \cdot \sin^2 27{,}55°$$

$$\approx 13 + 7 = 20\ kN$$

$$F_{ah} = \frac{6{,}75 \cdot 4{,}9}{2} \cdot \sin 27{,}55° \cdot \cos 27{,}55°$$

$$= 6{,}8\ kN\ .$$

Belastung des Podestträgers T1 durch den absteigenden Treppenlauf:

$$F_{bv} = \frac{6{,}75 \cdot 4{,}9}{2} \cdot \cos^2 27{,}55° = 13\ kN$$

$$F_{bh} = \frac{6{,}75 \cdot 4{,}9}{2} \cdot \sin 27{,}55° \cdot \cos 27{,}55° = 6{,}8\ kN$$

Belastung des Podestträgers T1 durch die preußische Kappe des Podestes:

Eigengewicht der Kappe $\qquad 4\ kN/m^2$
Verkehrslast $\qquad 5\ kN/m^2$
$\qquad q_P = 9\ kN/m$

Die preußische Kappe belastet den Träger T1 mit den Vertikalkräften

$$q_{Kv} = \frac{9 \cdot 1{,}1}{2} = 5\ kN/m$$

Außerdem wirkt der Gewölbeschub der Kappe:

$$q_{Kh} = \frac{q_P \cdot l_1^2}{8 \cdot f}$$

mit dem Gewölbestich

$$f = \frac{1}{8} \cdot 1{,}1 = 0{,}14\ m$$

wird

$$q_{Kh} = \frac{9 \cdot 1{,}1^2}{8 \cdot 0{,}14} = 9{,}7\ kN/m$$

An dem Podestträger wirken dann die in Bild 16 angegebenen Lasten. Der Träger wurde auf zweiachsige Biegung bemessen. Die Auffassung von FOERSTER fand Widerspruch. So z.B. SCHULZE [13, S. 160] 1953:

»Die oft vorkommende Meinung, daß schrägliegende Balken grundsätzlich einen Horizontalschub auf das untere (und auch obere) Auflager ausüben, ist irrig."

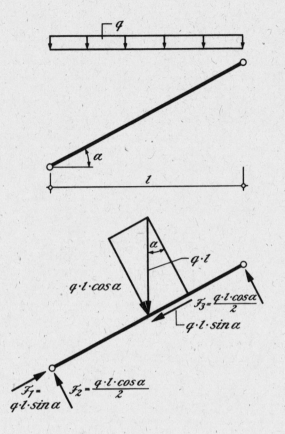

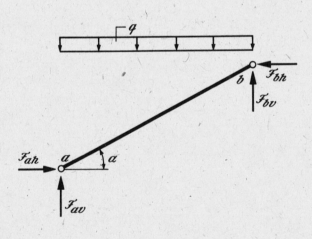

$$F_{ah} = \frac{q \cdot l}{2} \cdot \sin\alpha \cdot \cos\alpha$$

$$F_{av} = \frac{q \cdot l}{2} \cdot \cos^2\alpha + q \cdot l \cdot \sin^2\alpha$$

$$F_{bh} = \frac{q \cdot l}{2} \cdot \sin\alpha \cdot \cos\alpha$$

$$F_{bv} = \frac{q \cdot l}{2} \cdot \cos^2\alpha$$

$$\max M = \frac{q \cdot l^2}{8}$$

Bild 15. *Stützkräfte an einer Treppenwange aus Stahl: Ansatz nach* FOERSTER *[65] 1902; [66] 1924*

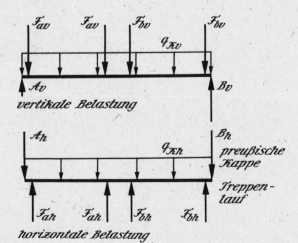

Bild 16. *Belastung des Podestträgers T1; zu Bild 14*

2. Treppen

Und er setzte nur senkrecht wirkende Stützkräfte

$$F_{av} = F_{bv} = \frac{q \cdot l}{2}$$

in Rechnung. Die Bemessung der Wange wurde von SCHULZE ebenfalls mit max. $M = q \cdot l^2/8$ vorgenommen. Und der Podestträger wurde, wenn z.B. das Podest aus einer Kleineschen Decke oder einer Stahlbetonplatte zwischen I-Profilen bestand, nur für eine einachsige Biegung bemessen.
Dabei setzte SCHULZE voraus, daß der Anschluß der Treppenwange an den Podestträger geringe Bewegungen zuläßt, also z.B. mit einer Schraubenverbindung mit Langloch ausgeführt worden ist.
Die früher ausgeführten Anschlüsse (Tafel 45; [1], [3] oder Tafel 46; [4]) müßten jedoch eher als teilweise eingespannt angesehen werden.
Bei einem Vergleich beider Ansätze ist weiter zu beachten, daß FOERSTER mit den horizontal wirkenden Stützkräften der Treppenwange einen großen Teil des Gewölbeschubs der preußischen Kappe kompensiert hat.
Podeste. In Treppen mit Wangen aus Gußeisen oder Walzstahl wurden fast immer eiserne Träger eingebaut, die die Treppenwangen und die Podestplatte stützen.
Konstruktionen aus Gußeisen sind seltener (Bild 17). Dagegen haben I- und C-Profile eine weite Verbreitung gefunden.
Der Raum zwischen den Walzprofilen wurde mit den damals üblichen Massivdecken, siehe ausführlich Band I, gefüllt. Es wurden eingebaut:
– preußische Kappen
– scheitrechte Kappen
– Stahlbetondecken
– Stahlsteindecken.

Dabei wurde auch der Randträger häufig von Beton ummantelt, so daß er nicht mehr sichtbar ist.
Bei größeren Stützweiten wurden im Podest zwei Träger unmittelbar nebeneinander oder Fachwerkträger eingesetzt. In diesen Fällen mußten größere Stützkräfte in die Treppenhauswände eingeleitet werden und es wurden Auflagerverstärkungen in Form von gußeisernen Platten, Stahlplatten oder Natursteinblöcken angeordnet.
Große Treppen enthielten auch gußeiserne Stützen oder solche aus Walzstahl.
Außerdem wurden auch Träger mit geknickter Stabachse eingebaut. Sie wirken gleichzeitig als Wange und als Podestträger.

2.4.3. Konstruktionsbeispiele

Aufgesattelte Treppen. Die in Tafel 43; [1], [2], [3] dargestellte Treppe war eine Bahnhofstreppe. Die Stufendreiecke und die Zierformen aus Gußeisen wurden angeschraubt. Die Stufen bestanden aus Beton auf einer Wellblechunterlage. Der Beton wurde von einer Schicht Gußasphalt überdeckt. Die Vorderstufe aus Hartholz konnte beim Verschleiß schnell ersetzt werden. In der Ausführung nach Tafel 43; [4], [5] bilden Tritt-, Setzstufe und das Stufendreieck *ein* Gußstück. Es ist nur die Freiwange vorhanden. Das Gußstück liegt auf der Freiwange und auf dem Mauerwerk des Treppenhauses.
Tafel 43; [1], [2], [3]   nach [18] 1890
Tafel 43; [4], [5]   nach [63] 1888
Aufgesattelte Natursteinstufen oder Kunststeinstufen mit annähernd dreiecksförmigem Querschnitt erforderten kein besonderes Stufendreieck (Tafel 44; [1], [3]). Stufen mit rechteckigem Querschnitt (Tafel 44; [2]) haben eine höhere Tragfähigkeit. Die Stufendreiecke aus Walzstahl wurden aus Blech und L-Profilen hergestellt (Tafel 44; [2], [4] und Tafel 45; [4]) oder aus Flachstahl gebogen (Tafel 45; [1], [2]).
Die Wandwange nach Tafel 45; [4] wurde – ähnlich wie die Wandwange einer Holztreppe – zusätzlich mit Steinschrauben an der Wand des Treppenhauses befestigt.
Tafel 44; [1], [2], [4]   nach [77] 1933
Tafel 44; [3]   nach [63] 1888
Tafel 45; [1], [2]   nach [77] 1933
Tafel 45; [3], [4], [5]   nach [63] 1888
Treppen mit Stufen zwischen den Wangen. Die Stufen wurden mit L-Profilen mit einer Schenkellänge von 30 bis 50 mm an die Wangen angeschlossen. Holzstufen wurden angeschraubt, Stufen aus Blech angenietet.
Die in Tafel 46; [1], [4] dargestellten Treppen sind nur für geringe Belastungen geeignet. Das gilt auch für die Treppe nach Tafel 46; [3]. Diese Treppe enthält Tritt- und Setzstufen aus Holz. Die Setzstufen aus Holz sind zwar mit den Trittstufen verbunden, wurden jedoch nicht an den Wangen befestigt. In dieser Anordnung können sie nur als Verkleidung wirken. Die Unterseite der Treppe wurde wie eine Holztreppe geschalt und geputzt.
Die Treppe mit Stufen aus Blech und Gußasphalt (Tafel 46; [2]) ist für größere Belastungen geeignet. Treppen dieser Art haben sich z.B. in Bahnhöfen bewährt. Die Trittstufe wurde durch zwei Stahlprofile und durch das Blech der Setzstufe

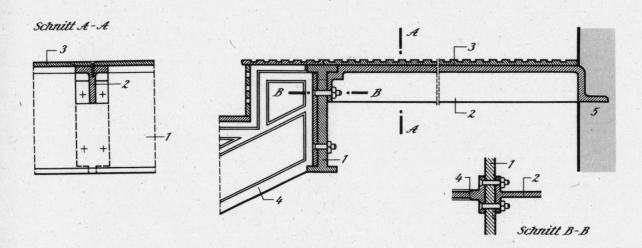

Bild 17. *Gußeisernes Podest*
1 *Randträger;* 2 *Podestträger;* 3 *Abdeckplatten;* 4 *Wange;* 5 *Auflager des Podestträgers im Mauerwerk der Treppenhauswand, nach [52, S. 115] 1892*

2.4. Treppen aus Gußeisen und Stahl

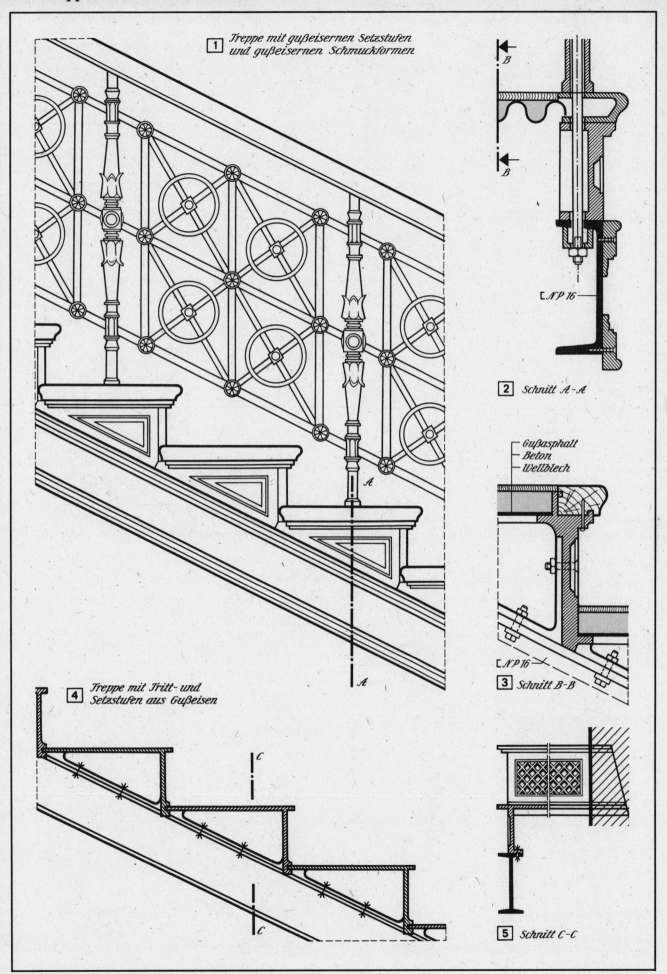

Treppen mit gußeisernen Stufen — Tafel 43

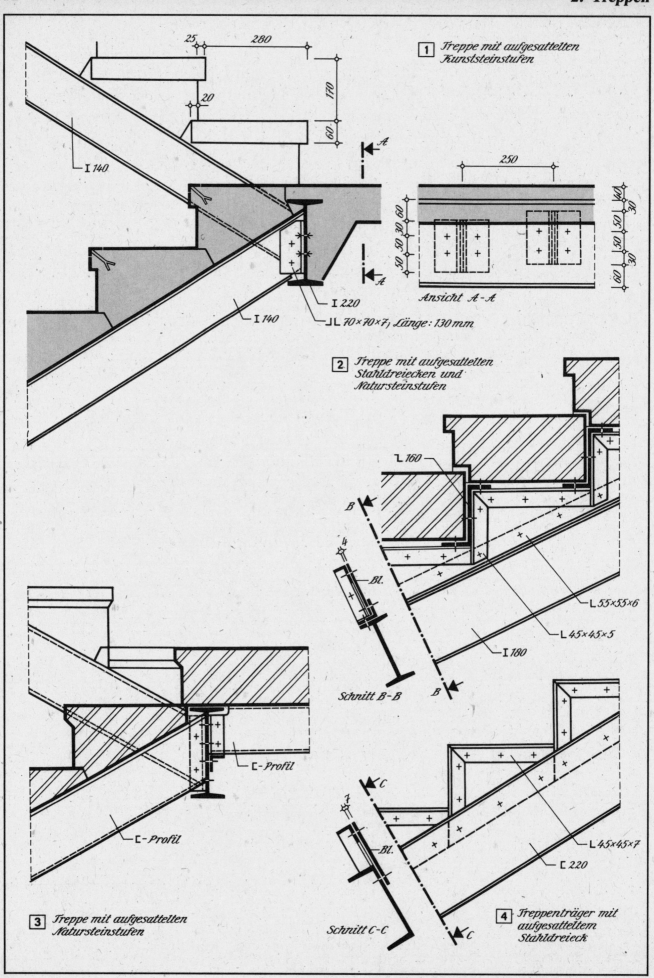

Tafel 44 — Aufgesattelte Treppen mit Wangen aus Stahl I

2.4. Treppen aus Gußeisen und Stahl

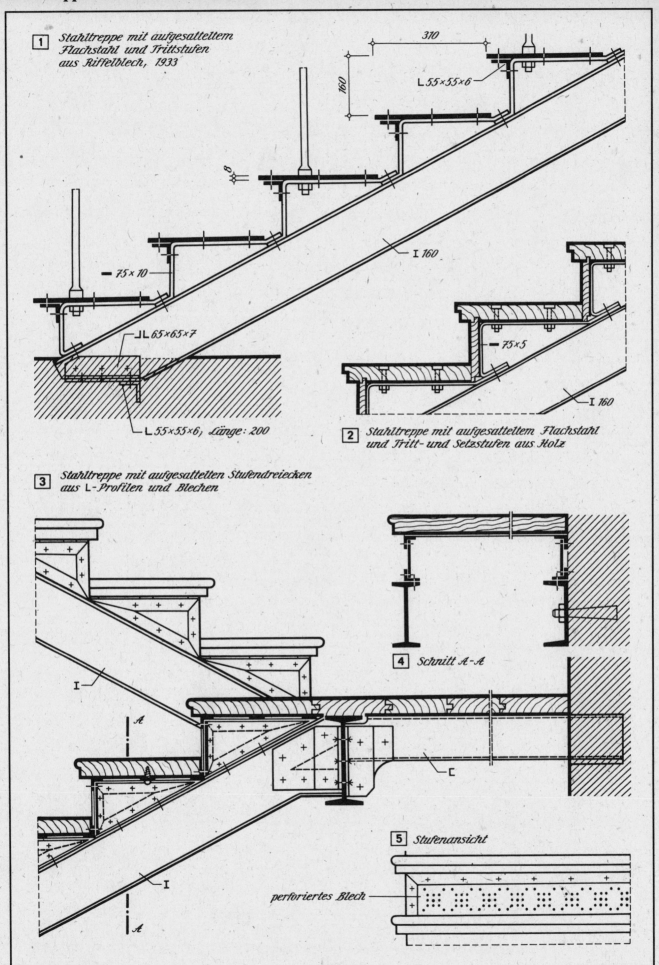

1. Stahltreppe mit aufgesatteltem Flachstahl und Trittstufen aus Riffelblech, 1933
2. Stahltreppe mit aufgesatteltem Flachstahl und Tritt- und Setzstufen aus Holz
3. Stahltreppe mit aufgesattelten Stufendreiecken aus L-Profilen und Blechen
4. Schnitt A-A
5. Stufenansicht

Aufgesattelte Treppen mit Wangen aus Stahl II — Tafel 45

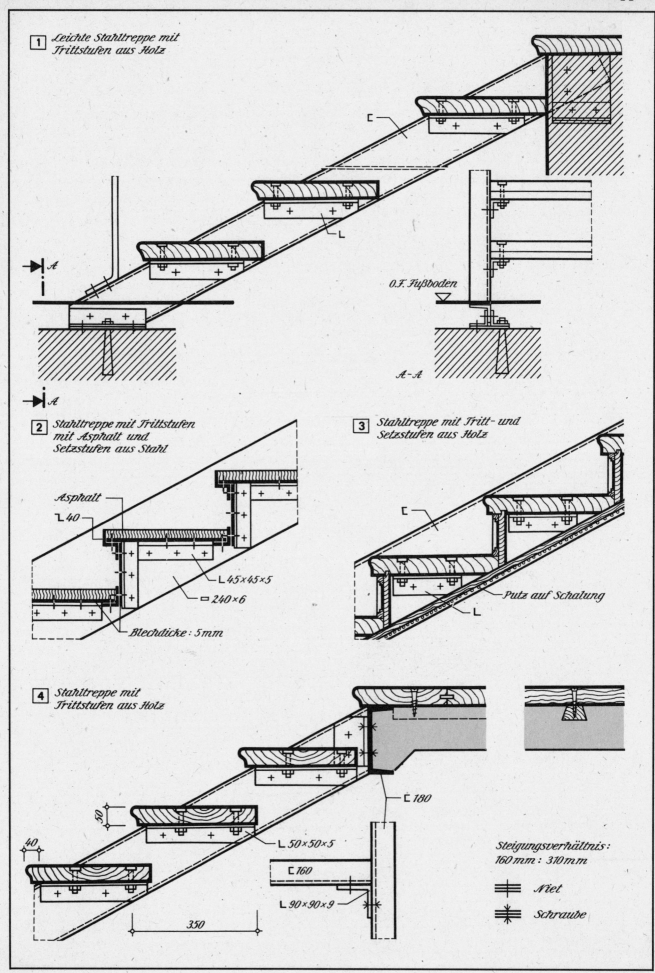

Stufen zwischen Wangen aus Stahl — Tafel 46

2.4. Treppen aus Gußeisen und Stahl

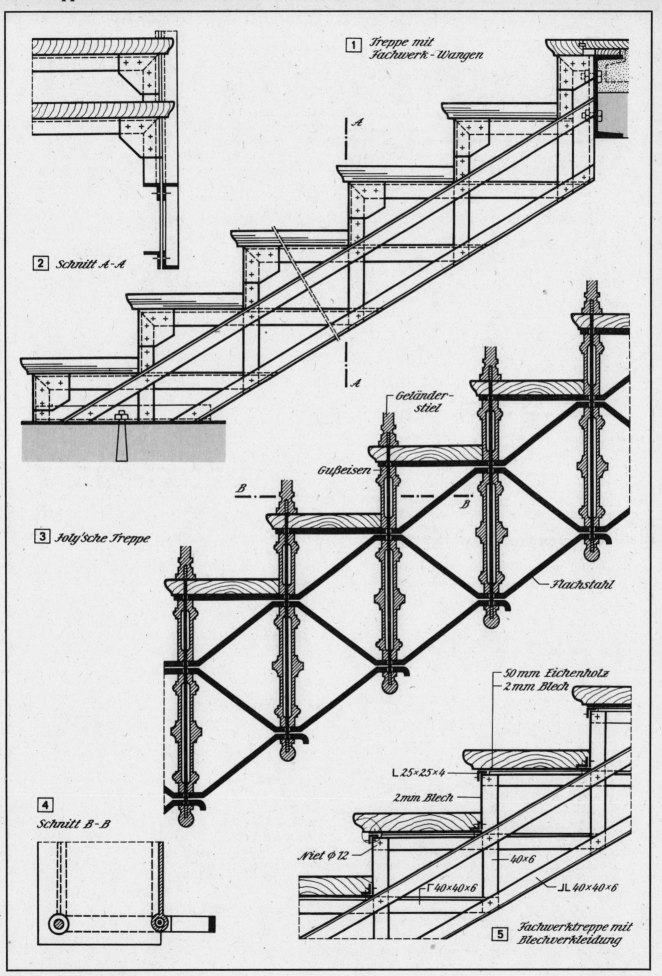

1 Treppe mit Fachwerk-Wangen
2 Schnitt A-A
3 Joly'sche Treppe
4 Schnitt B-B
5 Fachwerktreppe mit Blechverkleidung

Geländerstiel
Gußeisen
Flachstahl
50 mm Eichenholz
2 mm Blech
L 25×25×4
2 mm Blech
Niet ⌀ 12
40×6
⌐ 40×40×6
⌐L 40×40×6

Fachwerktreppen — Tafel 47

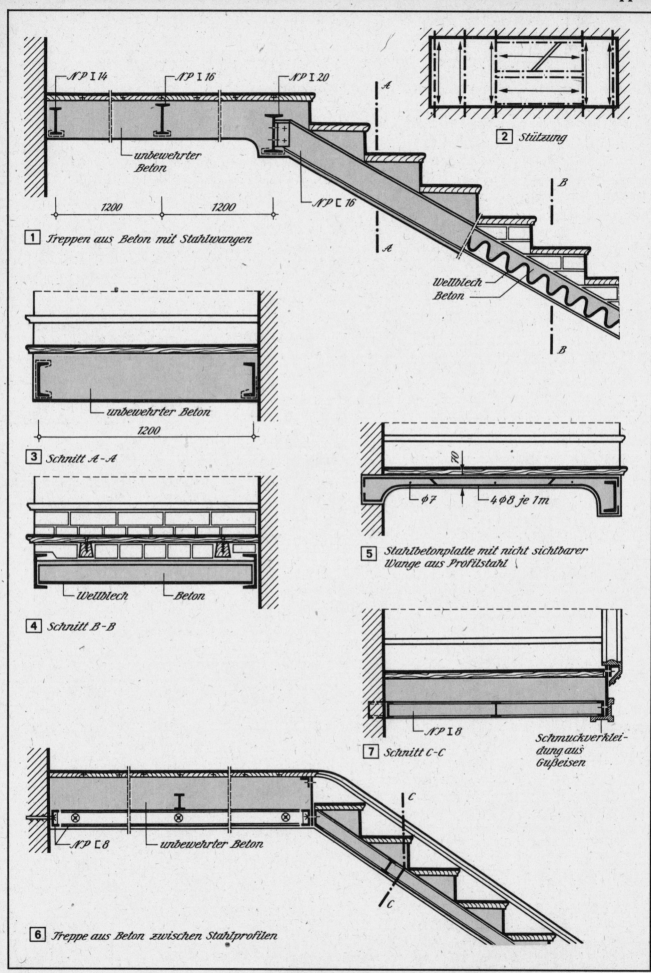

2.5. Treppen aus Beton und Stahlbeton

(5 mm dick) unterstützt. Das Z-Profil sicherte die Vorderkante der Stufe. Der Gußasphalt ergab eine trittsichere Oberfläche. Er konnte mit geringem Aufwand ausgewechselt werden.

Tafel 46; [1], [3]   nach [63] 1888
Tafel 46; [2], [4]   nach [77] 1933

Fachwerk-Wangen. Fachwerkträger hatten die Aufgabe, größere Lasten abzuleiten, größere Stützweiten zu überbrücken und Material zu sparen. In den Beispielen nach Tafel 47; [1], [2], [5] bestehen Unter- und Obergurt und die waagerecht liegenden Stäbe aus L-Walzprofilen. Die waagerecht liegenden Stäbe ragen über den Obergurt hinaus und bilden die Auflager für die Trittstufen. Für die senkrechten Stäbe wurde Flachstahl verwendet.

Eine Besonderheit stellen die dünnen Bleche unter den Trittstufen aus Holz dar (Tafel 47; [5]). Die nur 2 mm dicken Bleche haben keine tragende Funktion und sollten der Erhöhung des Feuerwiderstandes dienen.

Die Jolysche Treppe (Tafel 47; [3]) ist ein Beispiel für die vorgefertigten Treppen des 19. Jahrhunderts. Die Treppe besteht nur aus vorgefertigten Einzelteilen. Diese konnten zu Treppen unterschiedlicher Stufenzahl zusammengesetzt werden. Zum Bau der aufgeführten Treppe wurden abgewinkelte Flachstahlstäbe, gußeiserne Stiele und lange Schraubenbolzen verwendet. Die Setzstufen bestehen aus einem Gußteil, das von den Schraubenbolzen gehalten wird und das zusammen mit der hölzernen Trittstufe die Quersteifigkeit der Treppe sichert.

Tafel 47; [1], [2], [3], [4]   nach [11] 1911
Tafel 47; [5]   nach [18] 1890

Betontreppen mit Stahlwangen. Diese Treppen gehören sowohl zu den Stahlkonstruktionen als auch zu den Betonkonstruktionen. Das in Tafel 48; [6], [7] dargestellte Beispiel von 1888 hat aus Blechen und Winkelprofilen zusammengesetzte Stahlwangen, an die Schmuckformen aus Gußeisen angeschraubt sind. Die Podestplatte ruht auf einem Kranz von ⊏-Profilen, die kein eigentliches Auflager haben, sondern mit Maueranker an drei Treppenwänden befestigt wurden. Auf diesem Kranz liegt als Mittelunterstützung der Podestplatte aus unbewehrtem Beton ein I-Profil.

Ebenfalls aus dieser Zeit stammt die eigenartige Mischkonstruktion nach Tafel 48; [4]. Zur Laufplatte gehören zwei Wangen aus ⊏-Stahl. Das Wellblech ersetzt die Schalung und trägt zusammen mit dem erhärteten Beton die Belastung auf den Stufen. Die Stufen wurden aufgemauert und mit Holz verkleidet.

Die äußere Form dieser Treppen kann beim Betrachter schnell einen unrichtigen Eindruck hervorrufen.

So kann die Treppe nach Tafel 48; [1], [3] als dicke Stahlbetonvollplatte angesehen werden. Die Lastableitung erfolgt jedoch durch die Stahlwangen und die Podestträger aus Stahl. Die in Tafel 48; [5] dargestellte Konstruktion könnte eine monolithische Stahlbetontreppe mit Stahlbetonwangen sein. Bemerkenswert ist auch die geringe Dicke der Platte, die nur 70 mm beträgt. Auch hier ist eine einbetonierte Stahlwange vorhanden. Ein Putzträger auf der Außenseite des ⊏-Profils gibt dem Beton Halt.

Tafel 48; [4], [6], [7]   nach [63] 1888
Tafel 48; [1], [3], [5]   nach [56] 1913

Die angegebenen statischen Werte dienen nur einem Vergleich. Bei erneutem Tragfähigkeitsnachweis ist von dem gegenwärtigen Bauzustand und den zur Zeit verbindlichen Vorschriften auszugehen.

2.5. Treppen aus Beton und Stahlbeton

2.5.1. Formen und Anwendung

Entwicklung. Um 1900 gab es bewährte Treppenkonstruktionen aus Holz, Naturstein und Stahl (damals Eisen genannt), und dennoch hat der neue Baustoff Stahlbeton (Eisenbeton) schnell ein weites Anwendungsgebiet gefunden.

Die Gründe für diese Entwicklung und den damaligen Standpunkt faßte ELWITZ im Jahr 1913 wie folgt zusammen [56, S. 273]:

»Holz ist für kleinere Ausführungen im allgemeinen der beste Treppenbaustoff, da sich mit ihm selbst schwierige Aufgaben, leicht, geschmackvoll und billig lösen lassen.

In Stein lassen sich einfache Treppen gut anlegen. Wo aber die Stufen und Läufe größere Spannweiten haben, verlangt die Steintreppe mehr Raum, mehr Unterstützung in Form von Trägern, Zwischen- und Stützmauern oder Gewölben. Auch werden solche Treppen, die allerdings den ersten Anspruch auf Schönheit und Monumentalität haben, sehr teuer. Was die Feuersicherheit anbetrifft, so haben die Wiener Brände und andere dargetan, daß Steintreppen sehr leicht splittern, insbesondere vermögen sie nicht der plötzlichen Abkühlung durch Wasser zu widerstehen...

In Eisen können die kühnsten und leichtesten Konstruktionen ausgeführt werden. Leider hat dieses Material den Nachteil, daß es in unverkleidetem Zustande sehr wenig feuersicher ist. Schon nach kurzer Zeit werden die Eisentreppen heiß und unbetretbar... Nur eine vollständige Verkleidung mit geeignetem Material kann die eiserne Treppe feuersicher machen. Dann wird aber die Konstruktion plump und unförmig, gleichzeitig aber auch sehr teuer.

Als vollständig feuersicher... hat sich bei einer großen Anzahl von Bränden und durch Versuche der Eisenbeton in hohem Maße erwiesen...

Diese seine Feuersicherheit, verbunden mit großer Formbarkeit und Anpassungsfähigkeit an alle Arten von Grundrißanordnungen, machen den Eisenbeton zu einem idealen Treppenbaustoff. Leichte und elegante Konstruktionen, die in Stein nicht mehr möglich, weit auskragende und eingespannte Treppen, aufgehängte Treppen, Wendeltreppen usw. lassen sich in diesem schmiegsamen Baustoff einfach und schön lösen.«

In den folgenden Jahrzehnten wurden dann Stahlbetontreppen eingebaut, um Stahl und Holz zu sparen, und es wurde nach Verfahren gesucht, um eine sofort begehbare Treppe zu bauen, zu deren Herstellung keine Schalung erforderlich war.

Dieser Ansatz führte zur Entwicklung der Fertigteiltreppen, die in größerem Umfang etwa ab 1940 zur Anwendung gelangten.

Formen. Im folgenden werden nur die geradläufigen Treppen betrachtet. Doch auch bei diesen Treppen haben sich vielfältige Formen herausgebildet.

Bei den *monolithischen Beton- und Stahlbetontreppen*, also den Treppen, die im Bauwerk aus Frischbeton hergestellt wurden, können u. a. unterschieden werden:

– Treppen aus Beton oder Stahlbeton mit seitlichen Wangen aus I- oder ⊏-Stahl-Profilen (Tafel 48), siehe Abschnitt 2.4.3.
– Treppen mit seitlichen Wangen aus Stahlbeton (Tafel 51 und 52)

Die Wangen wurden beiderseitig angeordnet, oder die Wange entfiel, und die Stahlbetonplatte liegt auf der Längswand des Treppenhauses und auf der Freiwange (Bild 18).

Die Wangen liegen unter oder auch über den Stufen. In einer Sonderform wurde eine schmale Freiwange so hoch hergestellt, daß sie gleichzeitig als Treppenbrüstung diente und das Treppengeländer ersetzte (Bild 18).

– Stahlbetontreppen ohne Wangen
Um 1900 wurden noch Moniergewölbe gebaut (Tafel 53), das

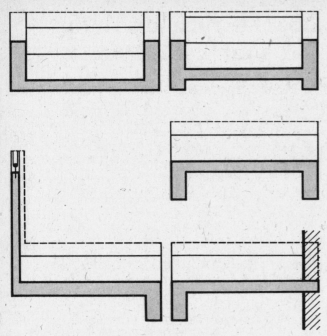

Bild 18. Lage der Wangen von monolithischen Stahlbetontreppen

sind bewehrte Gewölbe aus Beton mit einem Stich von 1:10 bis 1:25.
Die Koenensche Voutenplatte (Tafel 54) nutzte den statischen Vorteil, der durch eine besondere Verankerung der Bewehrung erreicht werden kann: Die Auflagerung konnte als eingespannt in Rechnung gestellt werden.
Die größte Verbreitung fanden jedoch üblich bewehrte Stahlbetonplatten, die sich auf Podestbalken (Tafel 57 und 58) oder Podestplatten (Tafel 55 und 56) abstützten.
Monolithische Stahlbetonkonstruktionen erforderten immer einen hohen Aufwand zum Bau der Schalung, durch den Frischbeton wurde Wasser in den Bau gebracht, und die technologische Pause beim Erhärten des Betons führte zu einer Verzögerung des Bauablaufs. Mit Fertigteilkonstruktionen sollten diese Nachteile beseitigt oder zumindest ihre Auswirkungen verringert werden.
Dieser Absicht waren jedoch jahrzehntelang sehr enge Grenzen gesetzt. Auf den Baustellen gab es kaum große Hebezeuge, Krane waren selten auf Baustellen anzutreffen. So konnten nur solche Fertigteile eingebaut werden, die ohne Maschinen transportiert und verlegt werden konnten. Zuerst wurden nur Stufen vorgefertigt, später auch Wangen und Podestbalken. Schließlich kamen auch Treppenläufe aus einem Stück zum Einsatz. Sie wurden mit Hilfe von Kranen montiert.
Folgende *Stahlbetonfertigteile* wurden hergestellt und eingebaut:
– Einseitig eingespannte Stahlbetonstufen
Bereits vor 1900 wurden Stahlbetonstufen in Betonwerken hergestellt. Diese Stufen wurden ähnlich wie Natursteinstufen (siehe Abschnitt 2.1.) beim Bau der Treppenhauswände mit eingemauert.
Es wurden Blockstufen, Dreieckstufen und Winkelstufen eingesetzt (Tafel 50). Die beiden letzten konnten schlecht eingemauert werden, deshalb wurden sie im Auflagerbereich so verstärkt, daß ein rechteckiger Auflagerblock entstand, der auf den waagerechten Schichten des Mauerwerks eine sichere Auflagerfläche fand und dessen Oberfläche den nachfolgenden Ziegelschichten eine ebene waagerechte Lagerfläche bot.
– Stahlbetonstufen auf I-Wangen aus Stahl
Ähnlich wie Natursteinstufen (siehe Abschnitt 2.1.) wurden auch Stahlbetonstufen auf Wangen aus I-Profilen aufgelegt, zur Berechnung siehe auch Abschnitt 2.4.

– Stahlbetonstufen auf Wangen aus Stahlbeton
Das Ziel, Stahl zu sparen, führte zu dem Ansatz, die Stahlwangen und die Podestträger aus Walzstahl durch Stahlbetonfertigteile zu ersetzen. Die Wangen erhielten ein L-förmiges Profil, und die Stufen liegen auf Absätzen an den Innenseiten der Wangen. Die Wangen wurden so geformt, daß Dreieckstufen (Tafel 59) und bei anderen Systemen auch Winkelstufen (Tafel 60) aufgelegt werden konnten.
– Lamellentreppen
Der Treppenlauf wurde auch in einzelne Streifen aufgelöst (Tafel 61; [7], [8]), die nebeneinander gelegt einen Treppenlauf mit Stufen ergeben. Beim Hochmauern des Treppenhauses wurden die Podestbalken eingemauert und die Podestplatten hergestellt. Erst dann wurden die Lamellen auf die Podestbalken gelegt. Sofort nach dem Verlegen der Lamellen war die Treppe begehbar. Nach Abschluß der Rohbauarbeiten erhielt die Treppe einen Belag aus Werksteinplatten.
Die Lamellen sollten möglichst leicht sein, deshalb enthalten die einzelnen Fertigteile große Hohlräume. Die streifenförmigen Fertigteile wurden auf der Seite liegend gefertigt, so daß die Herstellung der Hohlräume keine Schwierigkeiten bereitete.
– Fertigteile für Maschinenmontage
Bereits um 1940 wurden Treppenfertigteile mit einer Masse von 3t eingebaut. Um das Gewicht der Fertigteile zu begrenzen, wurden die Stufen mit einer Dicke von nur 40 mm hergestellt (Tafel 61).
Baustoffe. Um 1900 war es noch üblich, viele Arbeiten von Hand auszuführen. So wurde es möglich, in einen Treppenlauf *zwei* verschiedene Betonsorten einzubringen. In einem Treppenlauf können sowohl gewöhnlicher Beton aus Kiessand als auch Bimsbeton oder Schlackenbeton vorhanden sein. Die leichteren Betone wurden
– in der Zugzone eingebaut (Tafel 55; [1], [2])
– zur Stufenbildung als dreieckförmige Aufsattelung der schrägliegenden Laufplatte aus Stahlbeton aufbetoniert (Tafel 55; [4]).
ELWITZ begründete die Kombination von zwei verschiedenen Betonen wie folgt [56, S. 302] 1913:

»*Zur Erzielung einer Gewichtsersparnis werden vielfach die unteren zwei Drittel (Zugzone) der Platte in Bimskies- oder Schlackenbeton gestampft... Das spezifische Gewicht des letzteren kann man im Durchschnitt mit 0,5 und seine Druckfestigkeit mit 0,6 der des Kiesbetons annehmen... Sofern die Stufen einen besonderen Belag erhalten, kann man auch zu den dreieckförmigen Aufsattelungen Bimsbeton nehmen.*«

2.5.2. Lastableitung

Auflagerausbildung. In Stahlbetontreppen kamen folgende Auflager bzw. Anschlüsse zur Anwendung:
– freiliegende Auflager für monolithische Stahlbetonplatten oder -balken bzw. für Fertigteile (Tafel 59; [7])
– Auflager in Mauerwerk mit Resteinspannung (Tafel 57)
– Auflager in Mauerwerk mit zusätzlichen Verankerungen (Tafel 54)
– Anschluß von Stahlbetonlaufplatten an Stahlbetonpodestbalken.
Diese Anschlüsse wurden mitunter als gelenkig (Tafel 57) und in anderen Fällen als durchlaufend (Tafel 58) betrachtet.
– Anschluß von Stahlbetonplatten oder Stahlbetonwangen an Podestträger aus Walzstahl (Tafel 51; [3])
– Anschluß von Stahlbetonlaufplatten an Stahlbetonpodestplatten (Tafel 55; [1], [4])
– Anschlüsse an Gewölbe (Tafel 53).

Anordnung der Auflager. Stahlbetontreppen sind räumliche Tragwerke, deren Stützungen in mehreren Ebenen liegen. Tafel 49 stellt eine Auswahl typischer Stützungen dar:

2.5. Treppen aus Beton und Stahlbeton

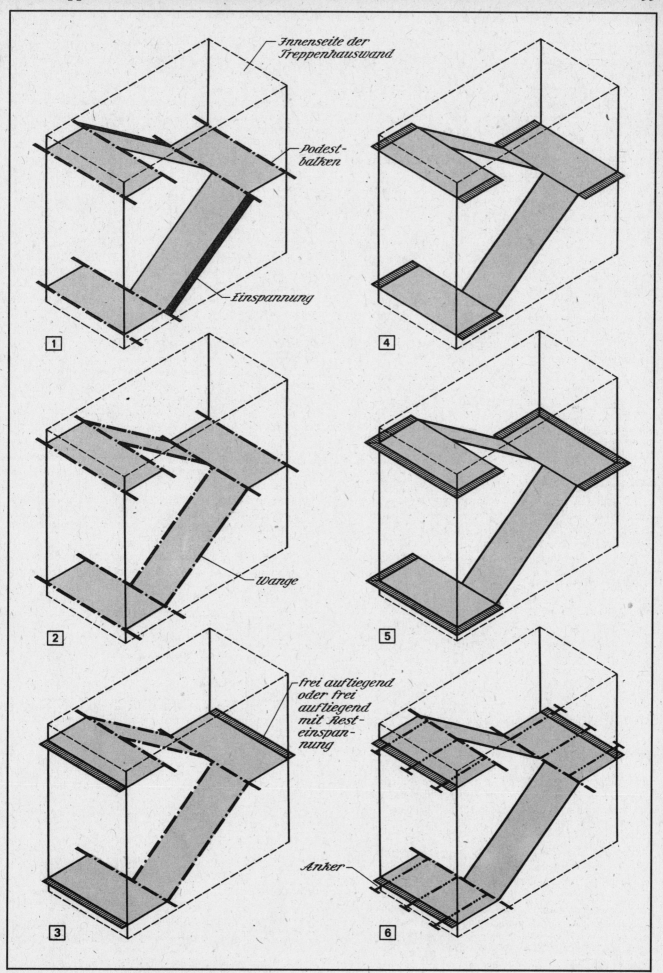

Stützung von Stahlbetontreppen — Tafel 49

Tafel 49; [1]: Die Lauffläche der Treppe wurde aus einzelnen Stufen gebildet (Tafel 50), die in der Treppenhauswand eingespannt sind.

Die Podeste wurden aus Beton- oder Stahlbetonplatten hergestellt, die von zwei Podestträgern aus Stahl gestützt werden. Es muß damit gerechnet werden, daß der vorderste Podestträger durch die Stufen belastet wird.

Tafel 49; [2]: Eine verbreitete Stützung. Die Wangen aus I-Stahl-Profilen sind an die I-Profile der Podestbalken angenietet. Eine Stahlbetonplatte bildet das Podest. Auf den Wangen liegen Stahlbetonstufen. Die Podestträger sind oft mit Beton umhüllt und dem Betrachter nicht sichtbar.

Diese Form der Lastableitung wurde auch mit Stahlbetonwangen erreicht. Die einzelnen Bauteile aus Stahlbeton (Wangen, Stufen, Podestbalken und Podestplatten) wurden vorgefertigt und auf der Baustelle zusammengesetzt (Tafel 59).

Tafel 49; [3]: Eine Variante zur Stützung 2. Der Podestträger an der Stirnseite des Treppenhauses wurde eingespart, und die Podestplatte liegt an der Stirnseite des Treppenhauses auf Mauerwerk.

Tafel 49; [4]: Das Podest besteht aus einer einachsig bewehrten Stahlbetonplatte, die in den Längsseiten des Treppenhauses aufliegt (Tafel 55; [1]). Die Laufplatte belastet die Podestplatte. Die stark einseitige Belastung der Podestplatte wurde rechnerisch oder konstruktiv berücksichtigt [56, S. 313] 1913; [13, S. 172] 1953; [78, S. 217] 1957.

Tafel 49; [5]: Die Podestplatte wurde als zweiachsig bewehrte, dreiseitig gestützte Platte ausgeführt, die einseitig von der Laufplatte belastet wird.

Häufig wurden auch monolithische Stahlbetonpodestbalken ausgeführt. Am Rande der Podestplatte befindet sich ein Stahlbetonbalken, der die Laufplatten und eine einachsig bewehrte Podestplatte stützt.

Der nach unten hervorragende Podestbalken wurde als störend empfunden. Es wurde versucht, Balken und Platte so zu bemessen, daß der Balken *in der* Platte liegt. Eine Platte kann also einen *verdeckten* Podestrandbalken enthalten.

Tafel 49; [6]: Diese Konstruktion, eine Koenensche Voutenplatte, zeichnet sich durch eine zusätzliche Verankerung in den Endauflagern aus. Durch diese Verankerung wurde es möglich, die Lagerung als eingespannt zu bewerten, und das wiederum hat zur Folge, daß das Biegemoment im schrägliegenden Treppenlauf mit $q \cdot l^2/24$ statt mit $q \cdot l^2/8$ angenommen werden konnte. Das führte zu einer Verringerung der Bewehrung. Eine Beseitigung der Anker setzt die Tragfähigkeit der Konstruktion herab!

Eine weitere Sonderform ist weiterhin das Moniergewölbe (Tafel 53), das sich von Podest zu Podest spannt.

2.5.3. Konstruktionsbeispiele

Einseitig eingespannte Stufen. Diese Treppenform hat eine weite Verbreitung gefunden. Zum Bau der Treppen mit einseitig eingespannten Stahlbetonstufen wurden die Erfahrungen verwendet, die beim Bau von Treppen mit eingespannten Natursteinstufen (siehe Abschnitt 2.1.2.) gewonnen worden sind.

Die Stahlbetonstufen (Tafel 50) haben im Verhältnis zu den Natursteinstufen eine Reihe von Vorzügen, die sie befähigten, die einseitig eingespannten Natursteinstufen fast völlig zu verdrängen: Während Natursteinstufen im Falle eines Brandes beim Auftreffen von Löschwasser zerspringen können, haben Stahlbetonstufen eine hohe Feuerbeständigkeit.

Durch Anwendung von Stahlschalungen konnten auch komplizierte Stufenformen relativ einfach hergestellt werden. Die Unteransicht der Stufen wurde profiliert, sogar mit Schmuckformen (Reliefs u. ä.) versehen, z. B. [57, S. 224] 1909.

Als Kantenschutz (Tafel 62; [8]) konnten bei der Herstellung Profilschienen eingelegt werden, die einen guten Halt im Beton fanden. Der Beton wurde lagenweise eingestampft. So wurde es möglich, verschiedene Betonsorten in *einer* Stufe anzuwenden [79] 1922; [81] 1942; [80] 1951.

Die Trittflächen wurden besonders gestaltet:
– Ihre Oberfläche wurde geglättet, geriffelt oder geschliffen und poliert.
– Dem Beton der Trittflächen wurden Zuschläge hinzugegeben, die entweder eine besondere Härte hatten oder beim Schleifen ein gefälliges Aussehen ergaben (Terrazzo).
– Die Stufen erhielten Vertiefungen, die nach Abschluß der Rohbauarbeiten Beläge aus Linoleum, Steinholz o. ä. aufnahmen.

Auch die Setzstufen wurden profiliert, eingefärbt oder steinmetzmäßig bearbeitet. Auch wurden kleine Glasplatten oder keramische Platten in die Form gelegt, um die Vorderansicht der Stufen zu gestalten.

Statisch wurde jede einzelne Stufe als Kragträger betrachtet. Jede Stufe ist in der Treppenhauswand eingespannt. Außerdem belastet jede Stufe die darunter liegende Stufe, und die unterste Stufe eines Treppenlaufes belastet den Podestträger. Die Beanspruchung der einzelnen Stufen ist kompliziert. ELWITZ wies im »Handbuch für Eisenbetonbau« 1913 [56, S. 288] darauf hin, daß die einzelne Stufe einer zweiachsigen Biegebeanspruchung und außerdem einer Torsion ausgesetzt ist. Um den Aufwand für die Bemessung zu begrenzen, wurde für die einzelne Stufe dann häufig doch nur eine einachsige Biegebeanspruchung angesetzt. Das war um so erforderlicher, da der Querschnitt der Stufen in vielen Fällen kein Rechteck, sondern ein Dreieck ist.

SKALL empfahl im Betonkalender von 1930 [82, S. 159] die Bemessung der dreieckförmigen Stufen auf die Bemessung eines Rechtecks mit einer verringerten Höhe zurückzuführen, siehe auch [94] 1952.

HEINICKE setzte in [50, S. 89] 1959 ein »Moment senkrecht zur Laufneigungsfläche« an und führte die Bemessung für einen rechteckigen Querschnitt mit kleinerer Höhe durch.

Die Stahlbetonstufen wurden oft von kleinen Betonwerken hergestellt, die vermutlich keinen eigenen Statiker beschäftigten. Sie nutzten wahrscheinlich allgemeingültige Bemessungen. Das Standardwerk von PROBST zur Betonsteinindustrie [79] gab 1922 die in Tabelle 21 aufgeführten Bewehrungen für freitragende Stufen mit dreieckförmigem Querschnitt an.

Tabelle 21. *Erforderliche Bewehrung in einseitig eingespannten Dreiecksstufen nach PROBST [79] 1922; zur Lage der Bewehrung siehe Bild 19*

Freie Länge	$h = 16,5$ cm				$h = 17,5$ cm			
l in m	»Obere Eisen		Untere Eisen«		»Obere Eisen		Untere Eisen«	
	Anzahl	Durchmesser	Anzahl	Durchmesser	Anzahl	Durchmesser	Anzahl	Durchmesser
1,10	3	9	1	10	3	8	1	10
1,20	3	10	1	10	3	9	1	10
1,30	3	11	1	10	3	10	1	10
1,40	4	12	2	12	3	12	2	12

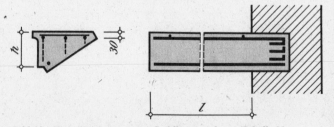

Bild 19. *Einseitig eingespannte Stahlbetonstufe; zu Tabelle 22*

2.5. Treppen aus Beton und Stahlbeton

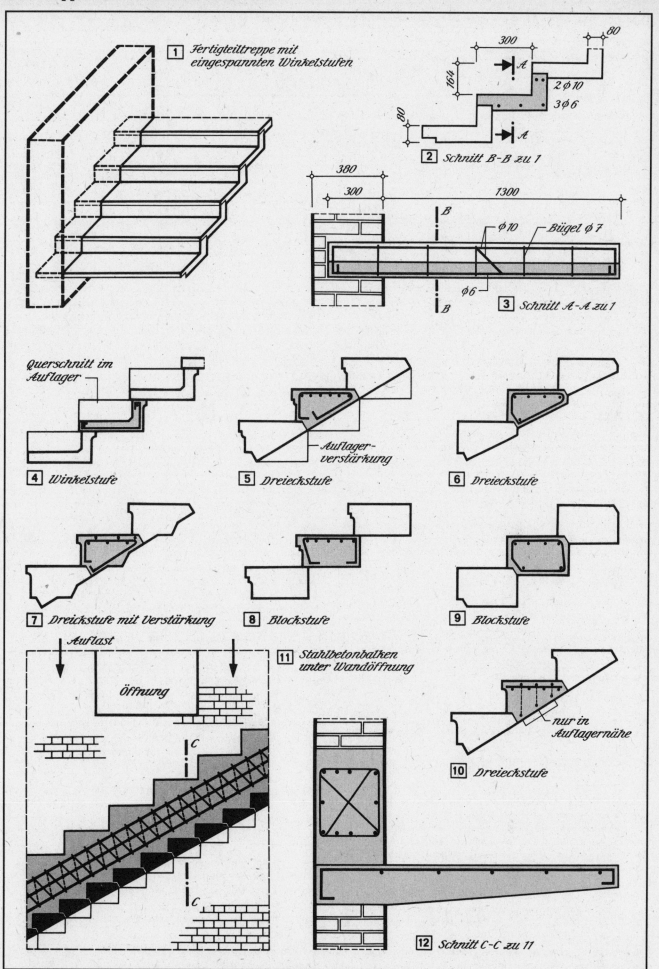

Einseitig eingespannte Stahlbetonstufen — Tafel 50

Tabelle 22. **Mindestwerte für Einspanntiefen von Stahlbetonstufen in Mauerwerk in cm**

Freitragende Länge der Stufen m	Quelle					
	THURNHERR 1909 [57]	PROBST 1922 [19]	SKALL 1930 [82]	PROBST 1951 [80]	LANG/WEBER 1952 [24]	MITTAG 1956 [74]
1,0 ... 1,25		jede 3. Stufe		25	20 ... 25[1])	
bis 1,2		25, dazwischen 13		25		jede 3. Stufe 20 ... 25 dazwischen 10 ... 12
bis 1,3	20		20	25		
bis 1,5	25		25	25		alle Stufen 20 ... 30
1,25 ... 1,5				25	25 ... 30[1])	
1,5 ... 2,0				25	35[1])	
bis 2,0	30		30	25		alle Stufen 30 ... 40

[1]) Wanddicke mindestens 380 mm

Nicht nur zur Lastableitung gab es unterschiedliche Auffassungen. Auch die Festlegung der erforderlichen Einspanntiefe ließ sehr unterschiedliche Ansätze erkennen.
Während ELWITZ [56, S. 295] 1913 die Kippsicherheit in Abhängigkeit von der freien Stufenlänge, von der Belastung der Treppe und ihrem Eigengewicht, von der Druckfestigkeit des Mauerwerks und von der Höhe der vorhandenen Treppenhauswand (Auflast) eine notwendige Einspanntiefe rechnerisch herleitete (siehe auch Abschnitt 2.1.2.), wurden von vielen Fachleuten nur Mindestwerte genannt (Tabelle 22).
Es muß kritisch festgestellt werden, daß diesen Angaben nur eine eingeschränkte Bedeutung zukommt, denn sie berücksichtigen weder die Belastung der Treppe noch die Festigkeit des Mauerwerks oder die Größe der Auflast im Mauerwerk.
Die in Tabelle 22 genannten Einspanntiefen wurden unterschritten, so z. B. SCHULZE [13, S. 88] 1953:

»*Dem Verfasser sind in der Stendaler Gegend ... freitragende Treppen bekannt, deren Treppenhauswände nur 25 cm dick sind. Dabei ist jede 5. Stufe voll eingespannt, die dazwischen liegenden vier Stufen sind nur 13 cm tief eingemauert. Irgendwelche Mängel oder ein Verziehen der Stufen sind nicht zu bemerken.*«

Die Herstellung der Treppe erfolgte auf unterschiedliche Weise: THURNHERR 1909 [57, S. 222]:

»*Die Einspannung wird am sichersten erreicht, wenn die Treppenstufen während des Aufbaus des Einfassungsmauerwerks verlegt werden. Das freitragende Ende kann durch Stützen gut gehalten werden, derweil der eingespannte Stufenteil übermauert wird.*«

Oder in einer zweiten Weise:

»*Oft werden aber für die freitragenden Treppen in den Mauern nur Schlitze ausgespart, in welche nachträglich die Treppenstufen versetzt werden.*«

LANG und WEBER 1952 [24, S. 164] beschreiben einen dritten Arbeitsablauf:

»*Das Mauerwerk der Stiegenumfassungsmauern muß in Portlandzementmörtel gemauert werden und 38 bis 45 cm stark sein. Nachträglich werden nestartige Nischen für die Stufenköpfe ausgestemmt, die Stufen eingeschoben, mit Klinkern verkeilt und an ihrem freien Ende durch 3 bis 5 mm überhöhtes Lehrgerüst (sonst später Senkung) gehalten. Dann werden die Stufenköpfe mit Portlandzementmörtel eingemauert.*«

Wenn die Treppenhauswände Öffnungen enthalten und dadurch die Auflast in der Einspannung zu gering wird, besteht die Gefahr, daß die Stufen das Mauerwerk hochstemmen und selbst abkippen. Deshalb wurde in diesen Fällen über den Stufen ein Stahlbetonbalken eingebaut (Tafel 50; [11]). So wurde der Raum unter der Öffnung biegesteif überbrückt, und die Kräfte werden auf das seitliche Mauerwerk übertragen. In anderen Fällen wurde der Balken in tiefer liegenden Schichten der Treppenhauswände verankert, siehe auch Abschnitt 2.1.2. BEYER [83] berichtete vom Bau der Treppe des »Hochhauses an der Weberwiese« in Berlin im Jahre 1951/52 (Tafel 50; [1], [2], [3]).

»*Auch in den oberen Geschossen werden die Treppenhauswände 38 cm dick ausgeführt, so daß genügend Auflast für die negative Auflagerkraft der Kragstufen des letzten obersten Laufes vorhanden ist. In der Wand oberhalb des letzten Treppenlaufes eingelegte Träger oder armierte Betonbalken übertragen den nach oben wirkenden Auflagerdruck zusätzlich auf einen breiteren Wandstreifen.*«

Tafel 50; [10]   nach [57] 1909
Tafel 50; [6], [9], [11], [12]   nach [56] 1913
Tafel 50; [4], [5], [7], [8]   nach [79] 1922
Tafel 50; [1], [2], [3]   nach [83] 1952

Treppen mit monolithischen Wangen. Die monolithischen Wangen wurden häufig mit einem I-Walzstahl-Profil als Podestträger kombiniert (Tafeln 51 und 52). Es handelt sich um eine frühe Form des Stahlbetons, und die Bewehrungsführung entspricht nicht immer den heutigen Vorstellungen. Die sorgfältige Verankerung der Bewehrungsstäbe aus den Wangen an den Flanschen des I-Profils ist positiv einzuschätzen. Dagegen stellen die Abbiegungen der Bewehrungsstäbe an den einspringenden Ecken sicherlich Schwachpunkte der Konstruktion dar. Außerdem liegen die Stäbe in den Wangen zu eng nebeneinander, der lichte Abstand zwischen den Stäben ist geringer als 15 mm. Weiterhin muß bemerkt werden, daß die Aufbiegungen nicht symmetrisch zur Mittelebene der Wange liegen.
Wenn die Wange sich unter den Stufen befand, wurde die Konstruktion auch als einseitiger Plattenbalken bemessen.

Tafel 51; [1] bis [4]   nach [56, S. 302] 1913
Tafel 52; [1] bis [4]   nach [56, S. 302] 1913

Moniergewölbe. Die Moniergewölbe, Gewölbe aus bewehrtem Beton, gehören zu den frühen Konstruktionsformen des »Eisenbetons«. Die flachen Gewölbe haben eine Dicke von 50 bis 120 mm [52] 1892; [57] 1909. Das Pfeilverhältnis betrug nur 1:10 bis 1:25.
Die Gewölbe wurden unterschiedlich bewehrt. Während das Handbuch für Architektur [52] 1892 noch eine Bewehrung als sinnvoll betrachtete, die als Bewehrungsmatte *in der Mitte* des Gewölbes lag (Tafel 53; [3], [4], [5]), wurde 1913 eine Bewehrung eingelegt, die der einer Platte sehr nahe kommt (Tafel 53; [1], [2]).
Die Gewölbe erzeugen einen waagerechten Schub im Auflager. Deshalb müssen die Podeste möglichst steif sein und unver-

2.5. Treppen aus Beton und Stahlbeton

rückbar liegen. Wenn das Podest nicht den waagerechten Schub aufnehmen konnte, wurde das Gewölbe auch als Platte bemessen.

ELWITZ erläuterte diesen Standpunkt [56, S. 300] 1913:

»Je unnachgiebiger das Widerlager, umso mehr kann man darauf rechnen, daß die günstige Gewölbewirkung auch tatsächlich eintritt. Hat man kein festes Zutrauen zu der Unverrückbarkeit des Gewölbeauflagers, dann verzichtet man besser auf den günstigen Einfluß der Gewölbewirkung und ermittelt die Querschnitte nach den beim beiderseits eingespannten Balken auftretenden Momenten $q \cdot l^2/24$ in Feldmitte und $q \cdot l^2/12$ am Auflager.«

Ausführliche Ansätze zur Berechnung der Moniergewölbe und der durch sie belasteten Podestträger in [56] 1913.

Tafel 53; 1, 2   nach [56, S. 300] 1913
Tafel 53; 3, 4, 5   nach [52, S. 100] 1892

Koenensche Voutenplatte. KOENEN führte Deckenplatten mit eingespannten Auflagern ein (Tafel 54), wobei die Einspannung durch zusätzliche konstruktive Maßnahmen gesichert wurde. Dieses System wurde auch auf Treppen angewendet. In der Podestplatte befinden sich Stahlstäbe, die nicht als Bewehrung anzusehen sind, sondern eine zusätzliche Verankerung erzeugen. Unter diesen Bedingungen konnte die Bemessung mit $q \cdot l^2/24$ in Feldmitte und mit $-q \cdot l^2/12$ am Auflager vorgenommen werden [57, S. 87] 1909.

Wenn im dargestellten Beispiel die ⊏-Profile im Mauerwerk beseitigt werden, ist dieser Ansatz nicht mehr gerechtfertigt.

Treppen mit Podestplatten ohne Randbalken. Die glatte Unteransicht der Stahlbetontreppen wurde bevorzugt, ein hervorstehender Randbalken sollte vermieden werden.

Bei dieser Ausführung können vier statische Modelle unterschieden werden:
- Die Podestplatte liegt auf den Treppenhauslängswänden und stützt die schrägliegende Laufplatte (Tafel 55; 1, 2).
- Die Podestplatte wurde als zweiachsig bewehrte und dreiseitig gelagerte Platte ausgeführt (Tafel 55; 3, 4).
- Am Rande der Podestplatte liegt – von außen nicht sichtbar – ein Randbalken, ein sogenannter verdeckter Balken (Tafel 56; 1, 2). Die Bauhöhe war oft zu gering, und deshalb mußte eine Druckbewehrung angeordnet werden.
- Die Podestplatten und die schrägliegende Platte des Treppenlaufes werden zusammen als ein Träger auf zwei Stützen mit geknickter Stabachse angesehen, der an den Stirnseiten des Treppenhauses aufliegt (Tafel 56; 3, 4).

Diese Konstruktion konnte nur für kurze Stützweiten ausgeführt werden, da sonst das Biegemoment eine zu große Plattendicke erforderte.

Tafel 55; 1, 2, 3   nach [56] 1913
Tafel 55; 4, 5, 6   nach [59] 1930
Tafel 56; 1, 2   nach [78] 1957
Tafel 56; 3, 4   nach [85] 1954

Podestplatten mit Randbalken. Durch die Podestbalken entstand ein System mit drei miteinander verbundenen Platten: Podestplatte, schrägliegende Laufplatte, Podestplatte.

Es können folgende statische Systeme gebildet werden:
- drei Einfeldplatten nebeneinander (Tafel 57)
- eine Durchlaufplatte über drei Felder (Tafel 58)
- Mischsysteme, bei denen am Podestbalken für die Platten eine teilweise Einspannung in Rechnung gestellt wurde.

SKALL empfahl im Betonkalender von 1930 [82, S. 148] folgende Ansätze:

»Bei Berechnung der Laufplatten wird zumeist die mehr oder weniger vorhandene teilweise Einspannung an den Auflagern berücksichtigt, indem die Momente zwischen $1/8$ bis $1/12 \, q \cdot l^2$ in Rechnung gestellt werden, wobei unter l die Stützweite zu verstehen ist...
Man kann jedoch die Laufplatte auch im Zusammenhang mit den Podestplatten als Durchlaufträger auffassen, wobei zu berücksichtigen ist, daß die Auflager nicht in einer Ebene liegen und die Lagerung auf den Mittelstützen verschiedene statische Unklarheiten (Einspannungs-

und Verdrehungswiderstand) aufweist. Es wird demnach aus Gründen der Sicherheit empfohlen, die zwischen Eisenbetonbalken gespannten Treppenplatten für Feldmitte und Auflager mit gleich großem Moment $1/12 \, q \cdot l^2$ und die Podestplatte mit $1/10 \, q \cdot l^2$ zu berechnen und letztere mit einer oberen Eiseneinlage je nach der Größe des infolge des Zusammenhanges zu erwartenden aufwärtsbiegenden Momentes zu versehen...
Zu dem größten Biegemoment tritt infolge der schrägen Lagerung eine Achskraft hinzu, deren Einfluß in der Praxis zumeist vernachlässigt werden kann.«

Tafel 57;   nach [85, S. 34] 1954
Tafel 58; 2   nach [13, S. 167] 1953
Tafel 58; 3   nach [87, S. 27] 1951

Fertigteiltreppen. Die Entwicklung der Fertigteiltreppen ist untrennbar mit der Entwicklung der Tragfähigkeit der Hebezeuge verbunden. Es gibt aber zusätzlich eine Verknüpfung mit der Normung der Geschoßhöhen. Die hohen Kosten für den Formenbau erforderten es, die Fertigteile in größeren Serien herzustellen. Das setzte jedoch voraus, daß die Treppenhäuser einheitliche Abmessungen aufweisen.

Etwa ab 1940 wurden in größerem Umfang Fertigteiltreppen entwickelt und eingebaut. Die Entwicklung ging von den großen Baubetrieben aus, und die jeweiligen Konstruktionen wurden dann auch vorrangig nur von *einem* Betrieb angewendet, siehe z. B. [88] 1949. Tafel 60 zeigt ein Treppenhaus mit Treppen und Podesten aus Fertigteilen. Es ist ein Entwurf von NEUFERT aus dem Jahre 1943.

Die Treppe besteht aus folgenden Elementen:
- Winkelstufen
- Wandwangen und Freiwangen (Rechtswangen und Linkswangen)
- Podestbalken
- Podestplatten.

Die Winkelstufen liegen auf Absätzen an den Seiten der Wangen. Eine Besonderheit dieser Treppe ist, daß die Wangen von einer *auskragenden Geschoßdecke* gestützt werden.

Das Bauprinzip Wangen–Stufen–Podestbalken wurde mehrfach angewendet. Tafel 59; 1 bis 5 zeigt Details einer Wangentreppe, die 1954 an der TH Dresden entwickelt worden ist [62]. Alle Teile hatten eine Masse < 150 kg, konnten also von Hand verlegt werden. Die Fertigteile haben komplizierte Formen; der Querschnitt eines Podestbalkens muß z. B. mehrfach wechseln, um den aufsteigenden und absteigenden Treppenläufen die erforderlichen Auflager zu bieten (Tafel 59; 2, 3). Das gilt auch für den Podestbalken der Treppe der Holzmann K. G. (Tafel 59; 6, 7).

Die Lamellentreppe nach Tafel 61; 7, 8 wurde 1953 in Berlin entwickelt. Zu ihrer Herstellung wurde Ziegelsplitt verwendet. Der Treppenlauf wurde in parallele Streifen aufgelöst, die von den Podestbalken gestützt wurden.

MATTKE beschrieb die Montage [91] 1953:

»Die Laufelemente werden vom Treppenauge an, beginnend mit dem Geländerelement, verlegt. Die Elemente sind ohne Fuge trocken nebeneinander zu legen. Am Kopf- und Fußende werden sie in Mörtel gebettet. Eine Verriegelung des Laufes ... wird durch das Ausstampfen der Stufenhohlräume erzielt.«

Die Verriegelung (Betondübel) wurde in einigen Fällen mit einem Rundstahl versehen und bis in die Treppenhauswand geführt. Die Masse der Laufelemente betrug 147 kg und die des Podestbalkens 307 kg.

Es wurden aber auch größere Fertigteile, die nicht mehr von Hand verlegt werden konnten, hergestellt und eingebaut, so die Treppe der Dyckerhoff & Widmann K. G. (Tafel 61; 1, 2, 3) und die Treppe von Wayss & Freitag (Tafel 61; 4, 5, 6). In beiden Treppen sind die Stahlbetonstufen nur 40 mm dick. Sie wurden durch Randrippen oder Mittelrippen ausgesteift.

Zu Verwendung schrieb KLEINLOGEL 1949 [88, S. 19]:

»Auch die Firma Dyckerhoff & Widmann K. G. hat wiederholt bei ihren

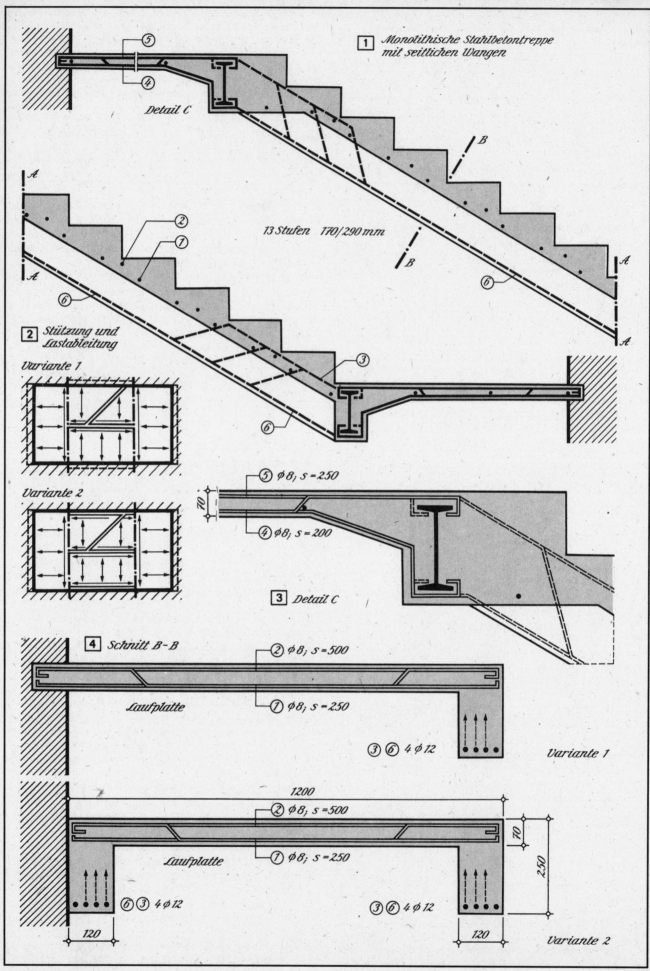

Tafel 51 — Treppen mit monolithischen Wangen I

2.5. Treppen aus Beton und Stahlbeton

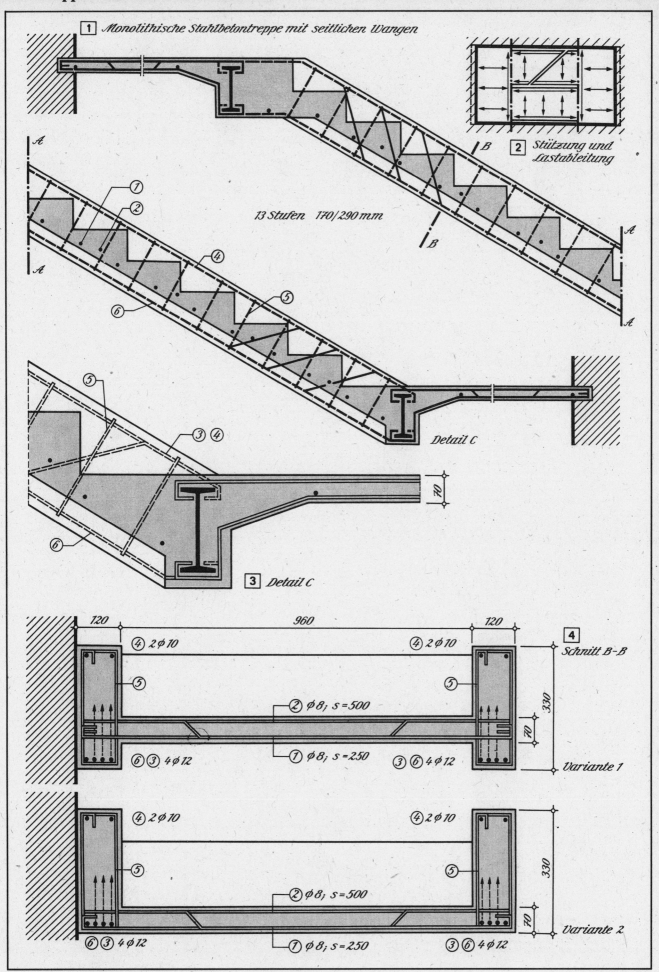

Treppen mit monolithischen Wangen II — Tafel 52

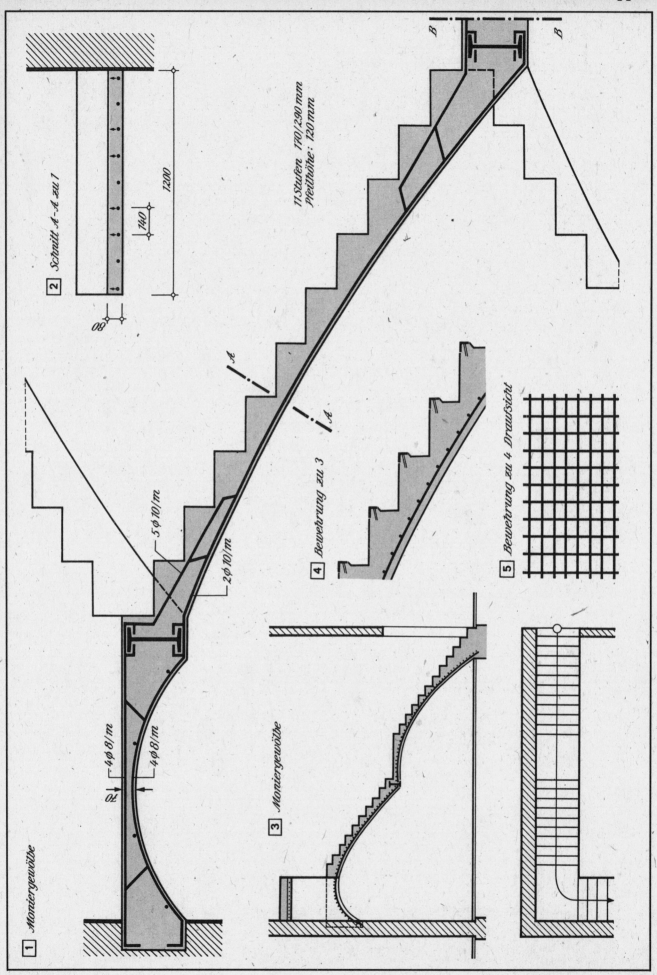

Tafel 53 — Moniergewölbe

2.5. Treppen aus Beton und Stahlbeton

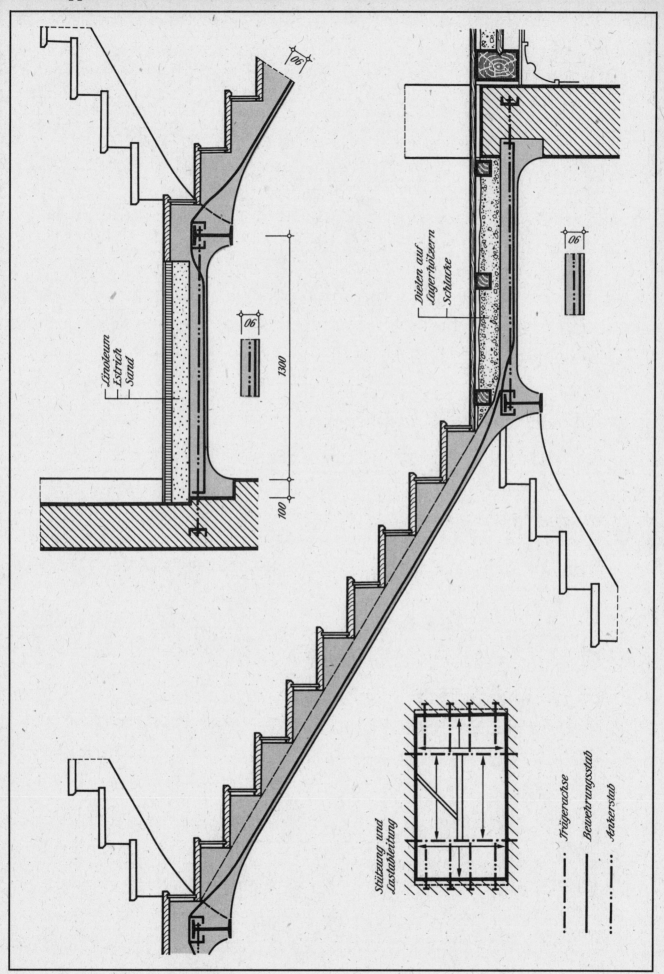

Koenensche Voutenplatte — **Tafel 54**

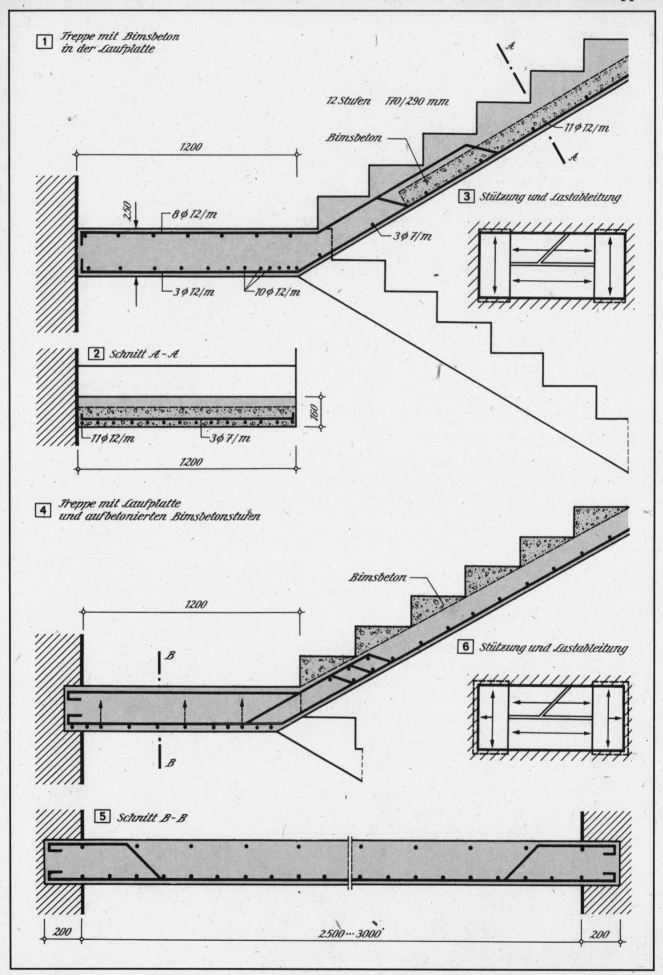

Tafel 55 — Podestplatte ohne Randbalken I

2.5. Treppen aus Beton und Stahlbeton

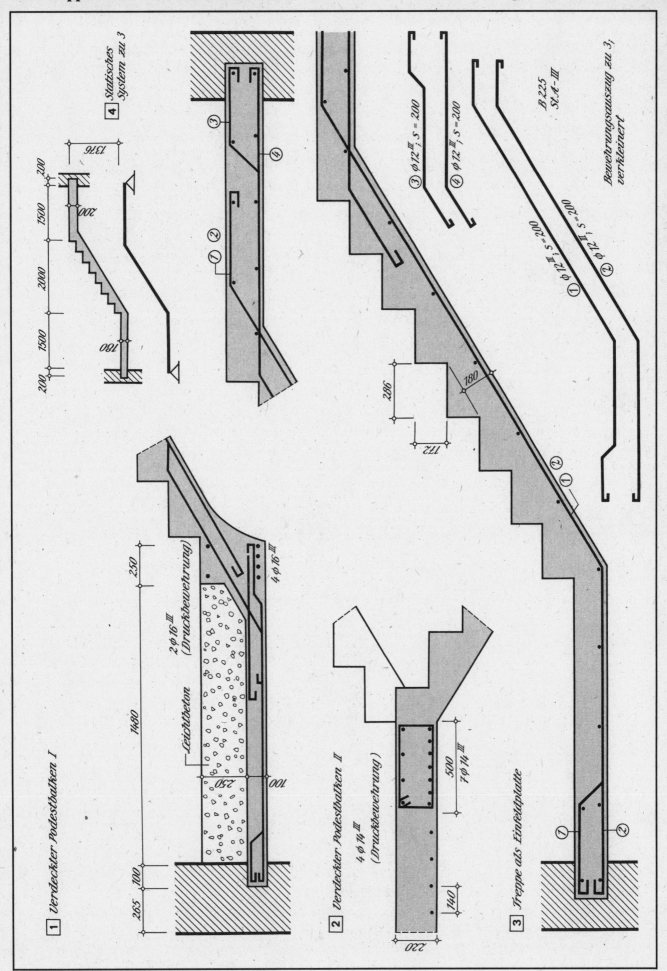

Podestplatte ohne Randbalken II Tafel 56

110 2. Treppen

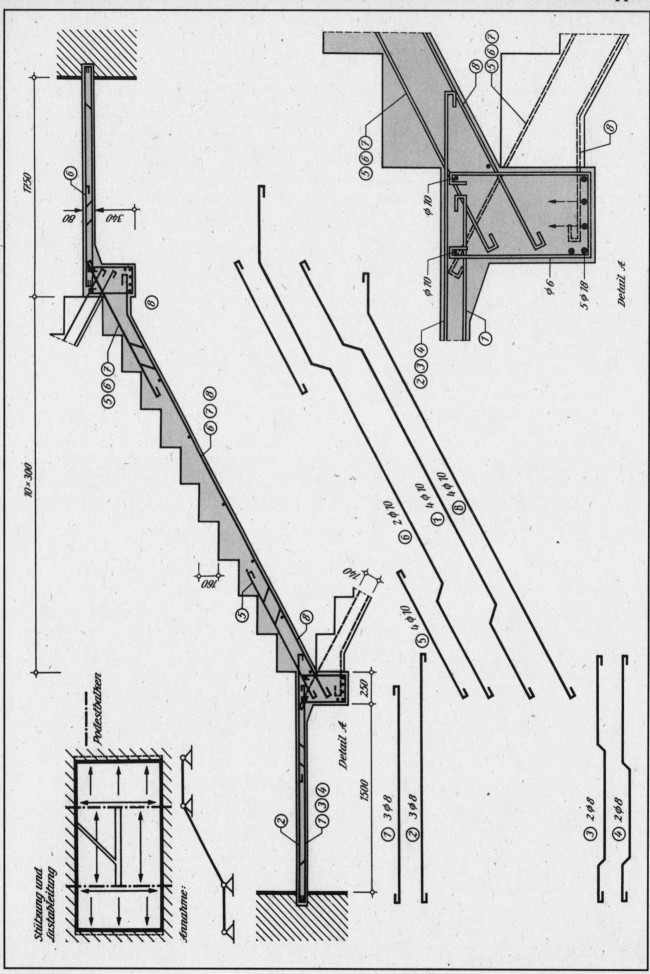

Tafel 57 Podestplatte mit Randbalken I

2.5. Treppen aus Beton und Stahlbeton

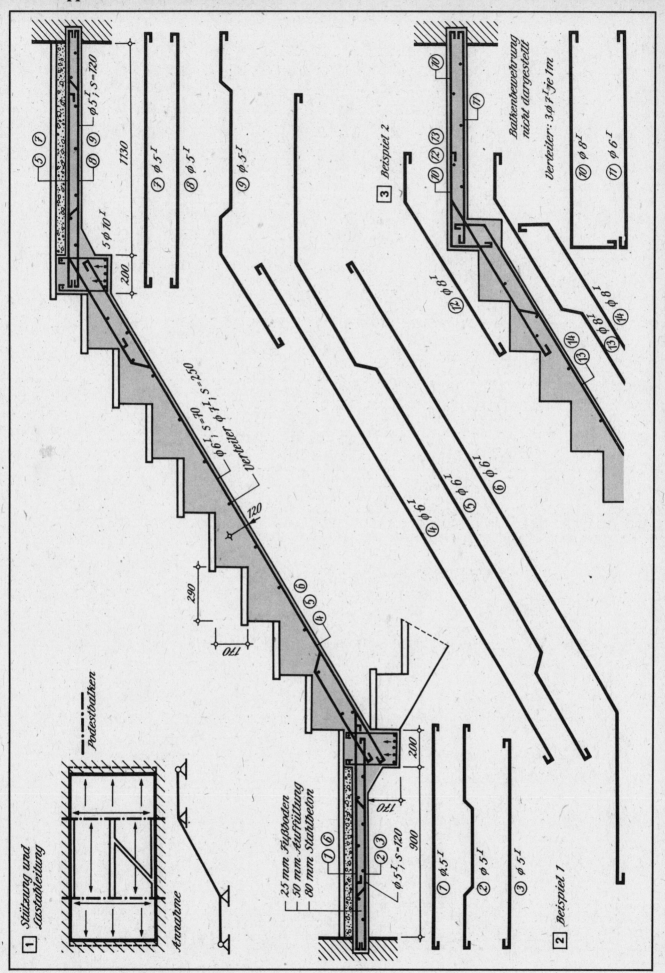

Podestplatte mit Randbalken II — Tafel 58

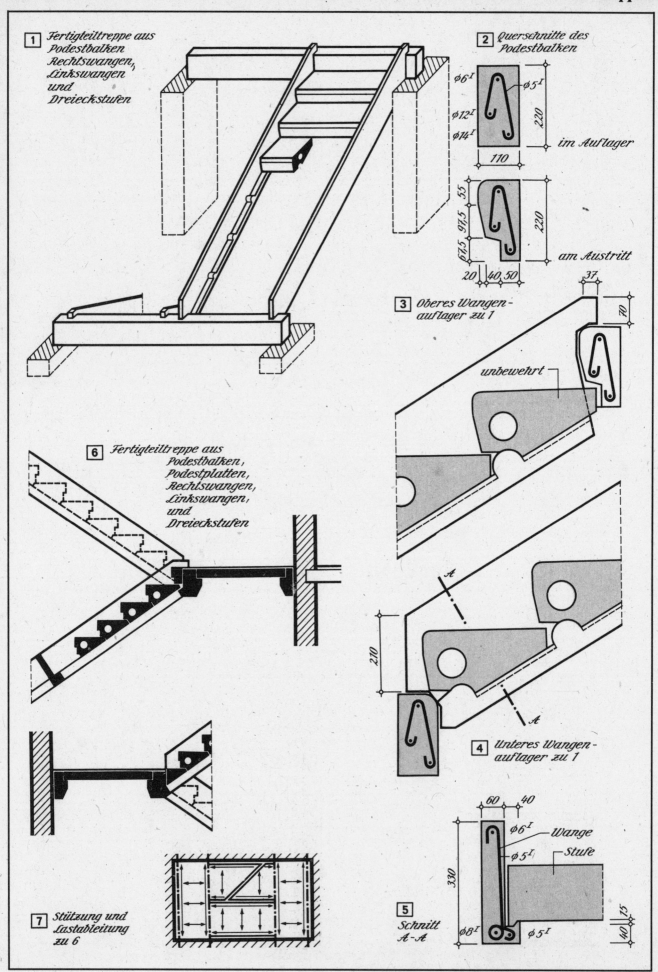

Tafel 59 — Fertigteiltreppe mit Stahlbetonwangen

2.5. Treppen aus Beton und Stahlbeton

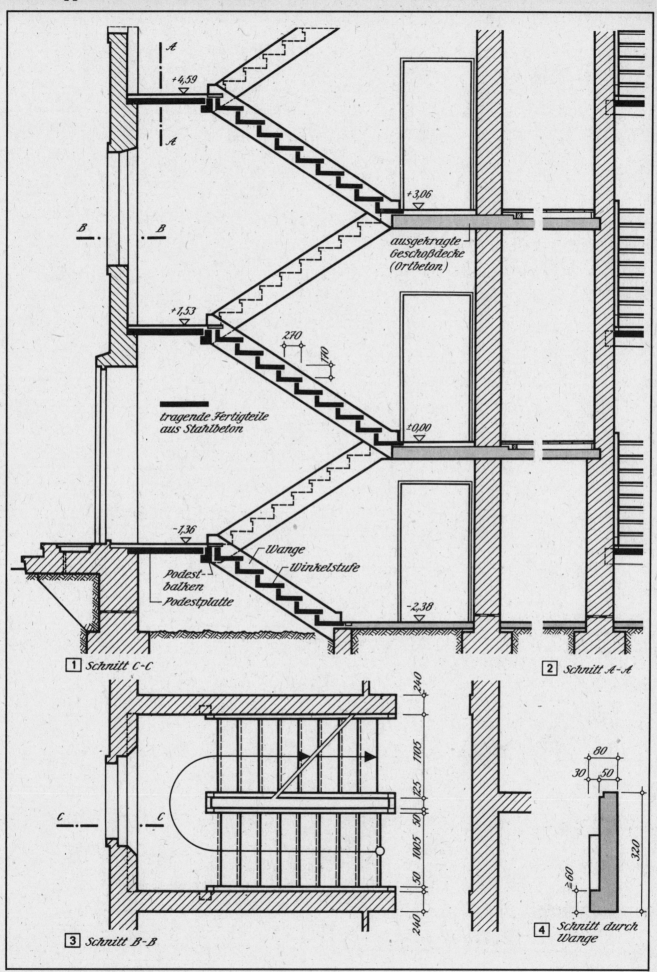

Fertigteiltreppe 1943 — Tafel 60

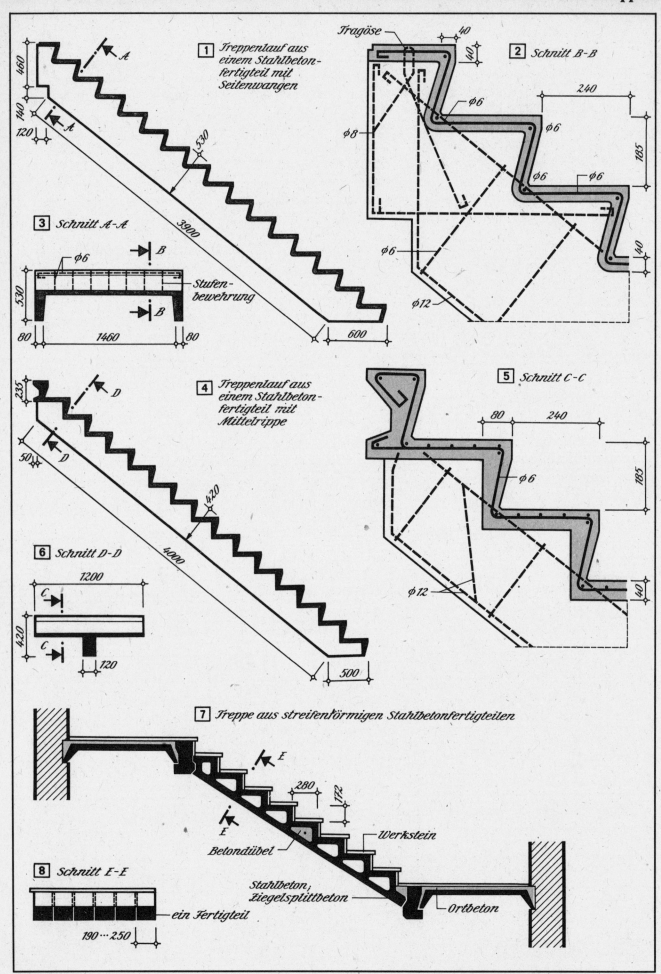

Tafel 61 — Großformatige Stahlbetonfertigteile

2.5. Treppen aus Beton und Stahlbeton

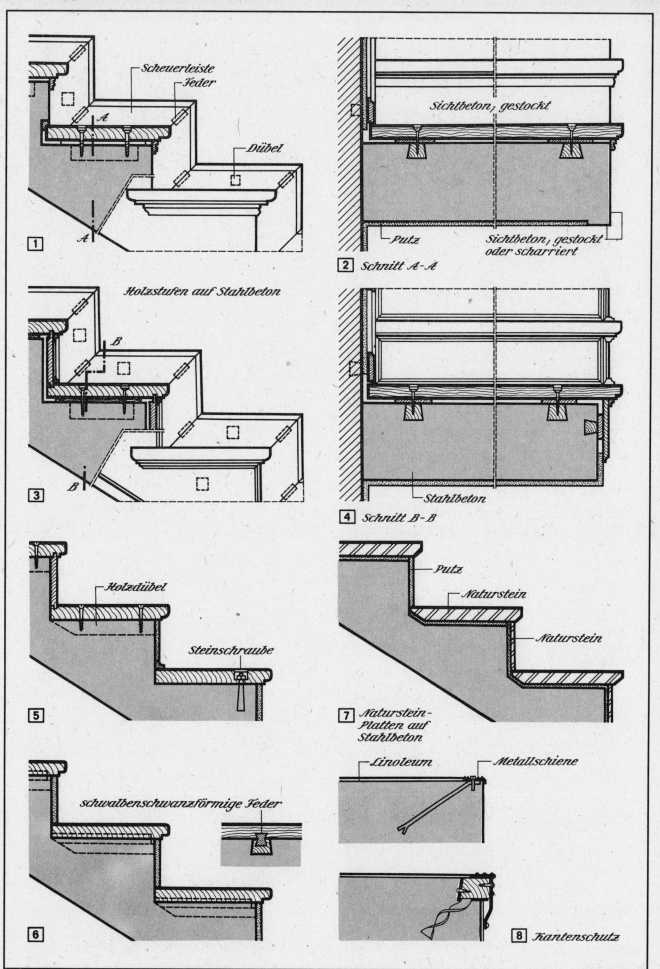

Verkleidung von Betonstufen — Tafel 62

Bauvorhaben Fertigbetontreppen angewandt. Mit Fertigbetontreppen, deren Läufe von etwa 3 t Gewicht (bei einem Stahlbedarf von rd. 75 kg) aus einem Stück bestehen, wurden bereits achtgeschossige Treppenhäuser ... ausgeführt.«

Tafel 59; 1 bis 5	nach [62] 1954
Tafel 59; 6	nach [88] 1949
Tafel 60	nach [89] 1943
Tafel 61; 1 bis 3	nach [88] 1949
Tafel 61; 4 bis 6	nach [74] 1956
Tafel 61; 7, 8	nach [91] 1953

Verkleidung der Betonstufen. Die Betonstufen wurden mit Holzstufen, Natursteinplatten oder auch nur mit Linoleum belegt (Tafel 62). Die Holzverkleidung wurde häufig an schwalbenschwanzförmigen Dübeln befestigt, die beim Betonieren in den frischen Beton gedrückt wurden.

Tafel 62; 1 bis 4	nach [70] 1953
Tafel 62; 5 bis 8	nach [56] 1913

2.6. Stahlsteintreppen

2.6.1. Formen

Der Treppenlauf und auch das Podest können aus Stahlsteindecken bestehen. Von den verschiedenen Stahlsteindecken, siehe ausführlich Band I, wurden zum Bau von Treppen vor allem Kleinesche Decken verwendet. Die Kleinesche Decke besteht aus Hohlziegeln oder Vollziegeln und einer Bewehrung aus Flachstahl, später fast ausschließlich Rundstahl.
Auf der Steinplatte befinden sich bei einigen Konstruktionen mittragende Betonschichten. Bei anderen liegen über der Steinplatte Schichten aus Bims- oder Schlackenbeton oder Aufmauerungen, die sich nicht an der Aufnahme von Druckspannungen beteiligen. Im Podest wurde die Steinplatte – ähnlich wie bei den Decken – manchmal auch mit einer Sandschicht überdeckt, und es wurden Lagerhölzer eingelegt, die die Dielung tragen.
Die Stufenoberfläche besteht aus Holz, Natur- oder Kunststein, selten auch aus besonders geformten Ziegeln. Natur- oder Kunststeinstufen wurden mit einer Mörtelschicht aufgelegt. Viel häufiger wurden Tritt- und Setzstufen aus Holz angebracht; häufig sogar in einer solchen Weise, daß die Treppe wie eine Holztreppe aussieht.
Entweder wurden die Holzstufen auf schwalbenschwanzförmige Dübel geschraubt, oder es wurden beim Herstellen der Aufmauerung eine stufenförmig ausgeschnittene Holzbohle von etwa 50 mm Breite eingemauert (Bild 20). Die Holzbohle stand etwa 10 mm vor, und die Holzstufen konnten ohne Schwierigkeiten aufgeschraubt werden.

2.6.2. Lastableitung

Die Stahlsteintreppen wurden fast immer zusammen mit I- und C-Profilen aus Walzstahl eingebaut.
Stahlträger liegen am Rande der Podeste, so daß sie sowohl die schrägliegenden Platten der Treppenläufe als auch die Podestplatte stützen können.
Wangen aus Stahl wurden nur dann angeordnet, wenn die Stützweite von Podestträger zu Podestträger ein Biegemoment ergab, das die Tragfähigkeit der Stahlsteinplatte überschritt.
Es können unterschieden werden:
Stützung der schrägliegenden Laufplatte:
– Spannrichtung längs
Auflager auf zwei I-Stahl-Profilen, die am Rande des Podestes liegen (Tafel 63; 5 bis 7).
– Spannrichtung quer
Auflager auf einem C- oder auch I-Walzstahl-Profil (Freiwange) und auf der Treppenhauslängswand (Tafel 63; 1 bis 4)
– Spannrichtung quer
Auflager auf zwei C- oder I-Walzstahl-Profilen (Freiwange und Wandwange)
Im ersten Fall belastet die Platte den Podestträger, im Fall zwei und drei wird der Podestträger durch die Wangen beansprucht.
Stützung der waagerecht liegenden Platte des Podestes:
– Spannrichtung parallel zum Podestträger
Die Podestplatte liegt auf den Längswänden des Treppenhauses (Tafel 63; 7). Die Podestplatte steift den Randträger aus, belastet ihn jedoch nicht.
– Spannrichtung rechtwinklig zum Podestträger
Die Podestplatte wird vom Randträger und von der Stirnwand des Treppenhauses getragen (Tafel 63; 1).

2.6.3. Konstruktionsbeispiele

In Tafel 63 sind einige Ausführungsbeispiele dargestellt, die Bewehrungsführung, Anordnung der Ziegel und Überdeckung der Ziegelplatte sichtbar machen.
Die längsgespannte Kleinesche Decke (Tafel 63; 5, 6) ist mit Beton überdeckt, der bei der Bemessung der Platte als mittragend in Rechnung gestellt wurde. Die Platte ist mit Flachstahl bewehrt, die Längswände werden nicht belastet. Durch das Verhaken der Bewehrung am I-Profil kommt eine teil-

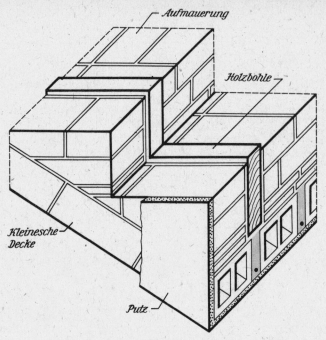

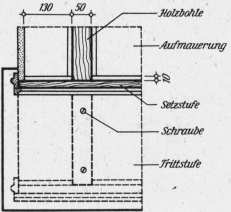

Bild 20. Befestigung von Trittstufen auf einem Treppenlauf mit Aufmauerung

2.6. Stahlsteintreppen

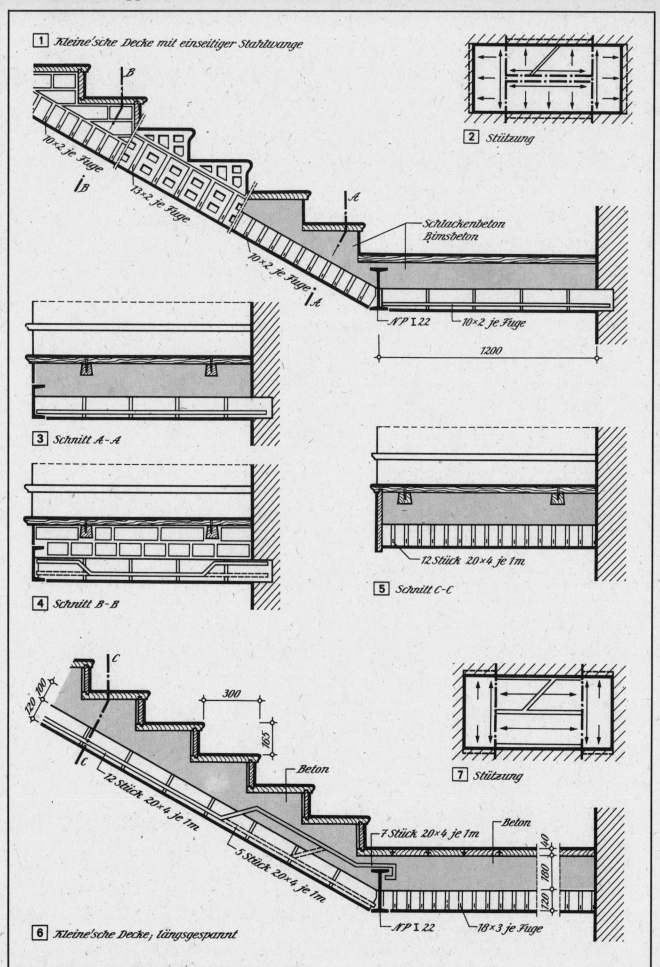

Treppen aus Stahlsteindecken — Tafel 63

weise Einspannung zustande. Sie wurde bei der Bemessung berücksichtigt. Aber das Handbuch für Eisenbeton von 1913 schränkte bereits ein [56, S. 304]:

»Bei Steineisenplatten mit Spannrichtung von Podestträger zu Podestträger kann man 1/8 bis 1/10 nehmen, der Vorsicht halber besser 1/8.«

Die Bemerkung bezieht sich auf das maximale Biegemoment max. $M = 1/8 \cdot q \cdot l^2$ bzw. max. $M = 1/10 \cdot q \cdot l^2$.

Die Vorschrift zur Bemessung von Stahlsteindecken von 1925 legte diesen Ansatz genauer fest [92]:

»§ 12. Ansteigende Decken (Treppen)
Ansteigende Steindecken (Treppenläufe) gelten im allgemeinen nicht als halb eingespannte Decken und müssen wie frei aufliegende Decken mit

$$M = \frac{q \cdot l^2}{8} \text{ berechnet werden.}$$

Ausnahmsweise kann jedoch auch mit $\frac{q \cdot l^2}{10}$ gerechnet werden, wenn besondere Vorkehrungen für eine sichere Einspannung getroffen sind (Umbiegen der Eisen um die Flansche). Für die Länge l und die Einheitslast q ist die Grundrißprojektion des Treppenlaufes einzuführen.«

Die Treppe ist völlig mit Holz verkleidet, so daß kaum zu erkennen ist, daß es sich um eine Massivtreppe handelt. Auch die dargestellten quergespannten Platten (Tafel 63; [1], [3], [4]) sind mit Flachstahl bewehrt. Die Aufmauerungen oder die Schichten aus Bimsbeton oder Schlackenbeton beteiligen sich *nicht* an der Aufnahme der Druckspannungen.

2.7. Freitreppen

2.7.1. Formen und Anwendung

Aus der Türschwelle entwickelte sich als einfachste Form der Freitreppe die »Regenstufe« (Tafel 64; [1]), die mit leichtem Gefälle nach außen das Eindringen von Feuchtigkeit in den Flur verhindern sollte.

Freitreppen dienen zum Ausgleich des Höhenunterschiedes zwischen Straßenoberfläche und Oberfläche des Erdgeschoßfußbodens.

In den Bauordnungen sind z. B. folgende Aussagen zu Freitreppen zu finden:

– Freitreppen dürfen in Vorgärten höchstens 3 m vor die Baufluchtlinie vortreten, dabei muß ein freier Vorgartenraum bis zum Bürgersteig von mindestens 1,5 m Tiefe verbleiben [8] 1929.
– Freitreppen dürfen nicht unmittelbar vor dem Eingang beginnen, sondern müssen auf einen 800 mm breiten »Vorplatz« führen [36] 1892.
– Freitreppen als »notwendige Treppen« sind nur bis in eine Höhe von 2000 mm zulässig [46] 1958.
– Freitreppen dürfen nur bis zum 1. Obergeschoß hergestellt werden [38] 1906.

Für die Stufen von Freitreppen werden nur wetterbeständige Materialien verwendet. Freitreppen aus Hartbrandsteinen oder Klinkern zeigen in An- und Auftritt der Stufen Rollschichten, die am Ende der Stufen durch Flachschichten oder Blöcke in Sonderformaten begrenzt und gehalten werden (Tafel 64; [2], [3], [4]).

Für Kleinhäuser wurden 1923 in DIN 1135 zwei Varianten der Vorlegestufen genormt (Tafel 64; [5] und Tabelle 23).

Die Stufenformen sind grundsätzlich die gleichen wie bei Innentreppen (Tafel 20). Häufig wurden jedoch 5 % Gefälle nach außen und Wassernasen am hinteren Stufenende angeordnet, um das Wasser sicher vom Gebäude wegzuleiten (Tafel 65; [6]). Die Dichtung der Fugen ist problematisch. Alte Fugendichtungen aus Zementmörtel sind meist ausgefroren. In einigen Fällen wurde eine Fugendichtung mit Blei, das verkeilt wurde, vorgenommen [10] 1903.

Die Stufen wurden an den Wangen auf eine Schicht Zementmörtel oder auf Asphalt aufgelegt. Auch Dachpappe fand Anwendung. Befanden sich unter der Treppe Kellerfenster, so wurden häufig Lichtschlitze in den Stufen angebracht (Tafel 20; [3] und Tafel 66; [1]). Diese Belichtungsöffnungen waren oft vergittert, um das Eindringen von Tieren zu verhindern.

2.7.2. Lastableitung

Die Funktionsfähigkeit und Haltbarkeit der Freitreppen hängt in starkem Maße von der Art ihrer Gründung ab. In vielen Fällen wurde das Fundament der Freitreppe unabhängig vom Gebäude ausgeführt. Gründungen, die mit dem Gebäude verbunden sind, sollten so ausgebildet werden, daß ein Abreißen der Treppe verhindert wird. Das wurde durch »Spornmauern«, das sind aus der Kellerwand auskragende Vorsprünge, auf die die Stufen aufgelegt wurden, erreicht (Tafel 65; [4], [5]).

Nach Aufkommen des Stahlbetons wurde das »Spornmauerwerk« durch auskragende Stahlbetonbalken oder -platten verdrängt.

Im Fall einer getrennten Ausführung der Gründung wurde die Türschwelle (Türbank) zusammen mit dem Türgewände versetzt, während alle anderen Stufen verlegt wurden, nachdem die Setzungen des Gebäudes weitgehend abgeklungen waren [9] 1881.

Geradläufige Freitreppen aus Werkstein wurden bei kleineren Abmessungen und nicht zu hohen architektonischen Ansprüchen oft zwischen Wangen angeordnet. Die Antrittsstufe und die beiden Wangenmauern wurden dann meist frostsicher auf einem Streifenfundament (ungefähr 1200 mm tief) gegründet (Tafel 65; [1]).

Die Antrittsstufe kann auch auf einem flachen Bogen, der zwischen den Wangenmauern gespannt ist, aufliegen (Tafel 65; [2]). Die folgenden Stufen wurden in die Wangenmauern eingemauert (Tafel 65; [1]), auf eine Abtreppung oder auf vorgekragte Konsolen nachträglich aufgelegt (Tafel 65; [3]).

Bei sehr breiten Freitreppen mußten die Stufen gestoßen und in den Stößen unterstützt werden. Diese Unterstützung geschah durch
– einzelne Mauern
– Pfeiler und Gurtbogen
– vollständige Unterwölbung der gesamten Treppe (Tafel 67; [1]).

Tabelle 23. Natursteinstufen für Kleinhäuser nach DIN 1135 [7] 1923, zur Erläuterung siehe auch Tafel 64; [5]

Türöffnung	Ausführung 1				Ausführung 2					
	A		B		C		D		E_l/E_r	
	Länge	Querschnitt	Länge	Querschnitt	Länge	Querschnitt	Länge	Querschnitt	Länge	Querschnitt
mm	mm	mm	mm	mm	mm	mm	mm	mm	mm	mm
900	1140	500/800	1140	310/200	1200	600/180	1140	310/200	760	310/200
1000	1240	500/800	1240	310/200	1300	600/180	1240	310/200	760	310/200
1100	1340	500/800	1340	310/200	1400	600/180	1340	310/200	760	310/200

2.7. Freitreppen

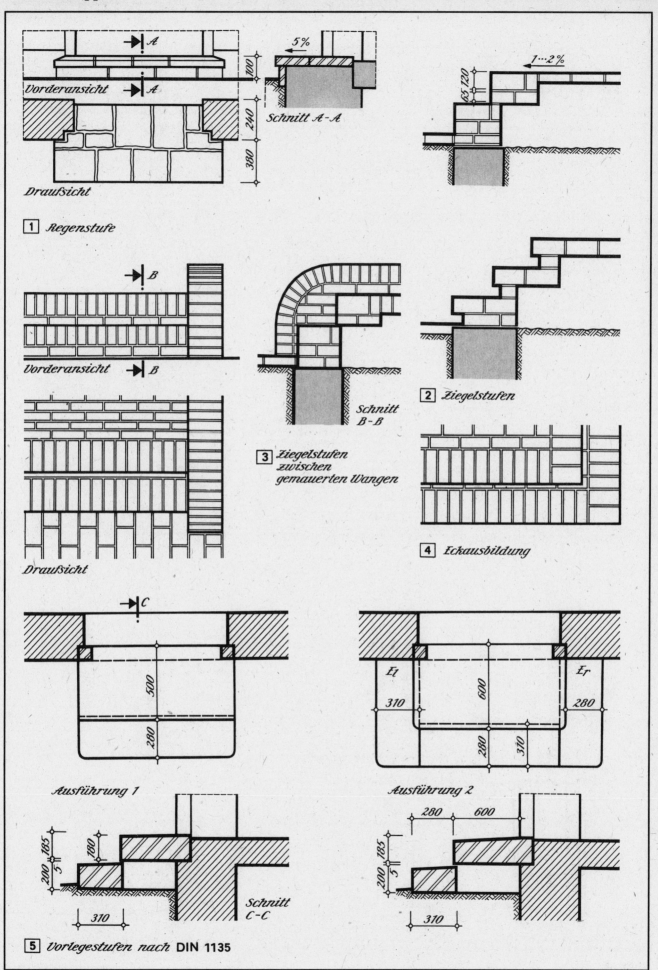

1. Regenstufe
2. Ziegelstufen
3. Ziegelstufen zwischen gemauerten Wangen
4. Eckausbildung
5. Vorlegestufen nach DIN 1135

Freitreppen I — Tafel 64

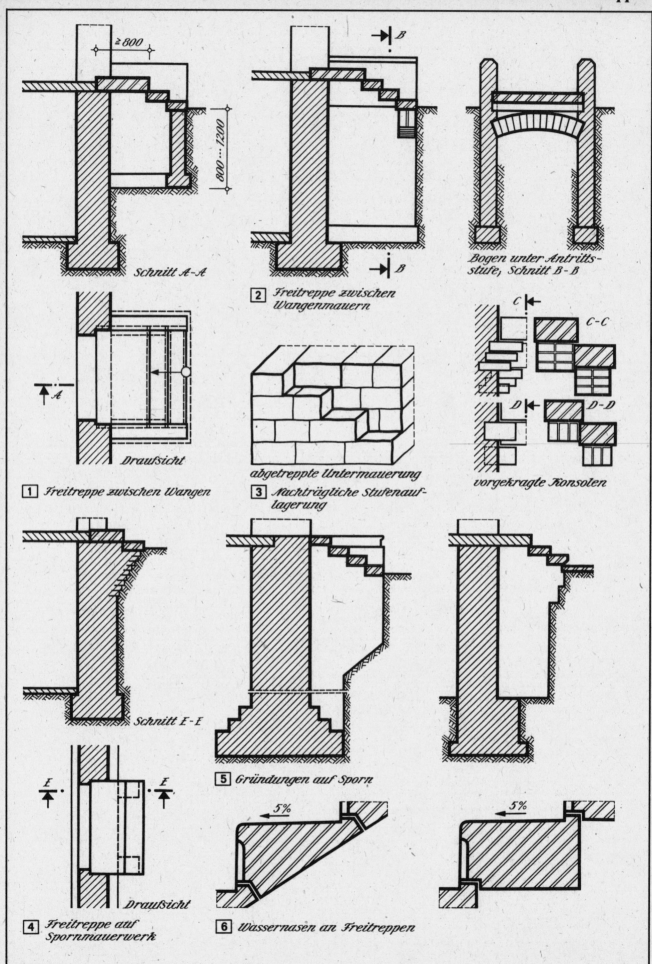

Tafel 65 — Freitreppen II

2.7. Freitreppen

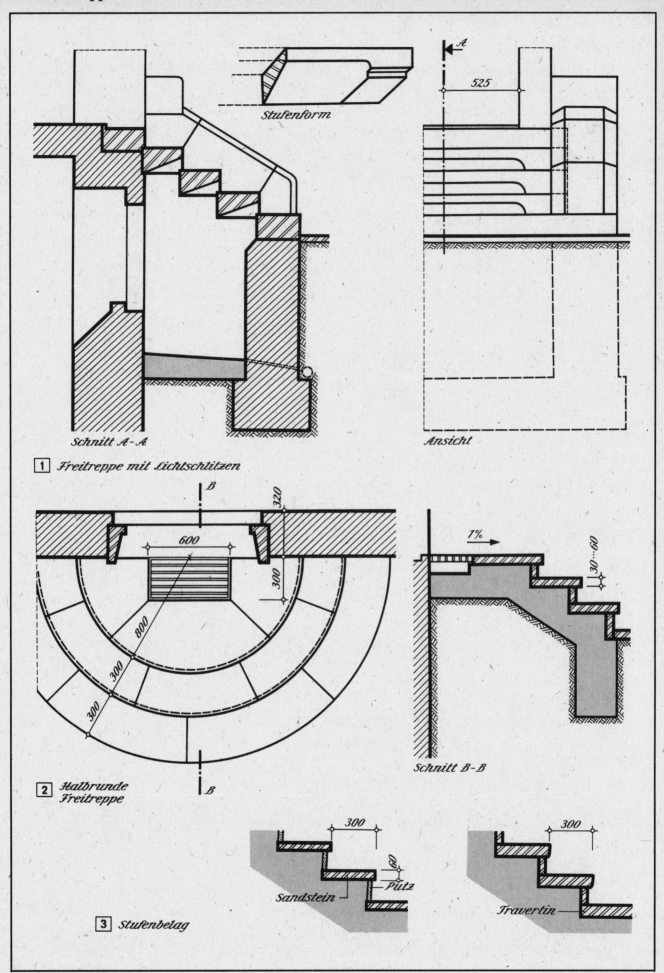

Freitreppen III

122   2. Treppen

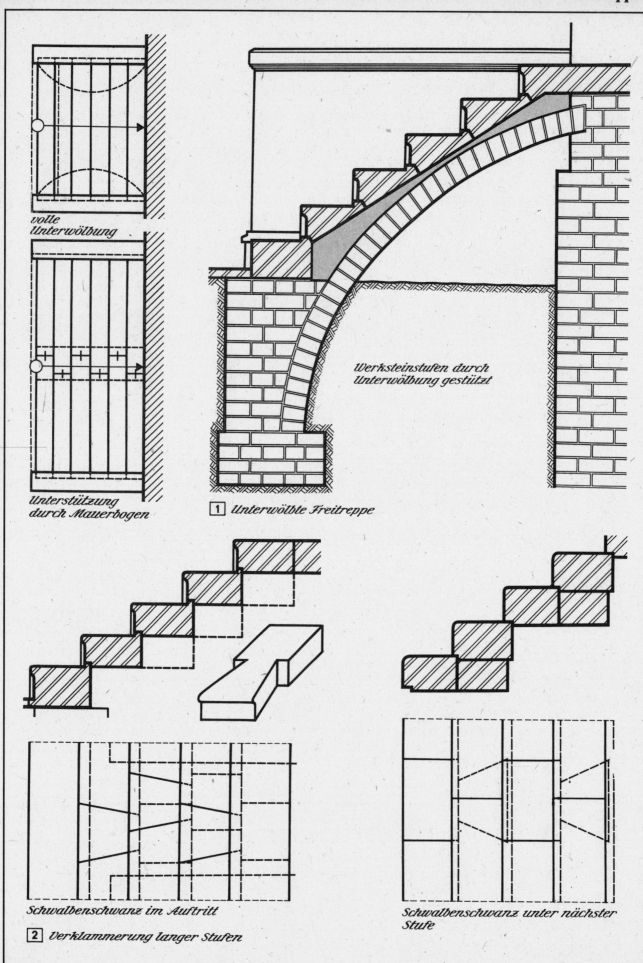

volle Unterwölbung

Unterstützung durch Mauerbogen

1 Unterwölbte Freitreppe — Werksteinstufen durch Unterwölbung gestützt

Schwalbenschwanz im Auftritt

Schwalbenschwanz unter nächster Stufe

2 Verklammerung langer Stufen

Tafel 67   Freitreppen IV

2.7.3. Konstruktionsbeispiele

Die einfache »Regenstufe« als Vorform der Freitreppe zeigt Tafel 64; [1]. Sie ist bei ländlichen Wohnhäusern anzutreffen und fand ihre Fortentwicklung in den genormten Vorlegestufen für Kleinhäuser (Tafel 64; [5]), die in einfacher Form den Übergang vom Gelände zum Erdgeschoßniveau vermitteln. Oft enthält die Vorlegeplatte eine Abstreichöffnung. Die Ausführung ähnlicher Freitreppen in Ziegelmauerwerk ergab Treppen von ansprechendem Aussehen (Tafel 64; [2], [3], [4]). Natursteinstufen wurden bei geradläufigen Treppen meist zwischen Wangen angeordnet, wobei Wange und Antrittsstufe auf Steifenfundamenten ruhten (Tafel 65; [1], [2]).
Die nachträgliche Auflagerung der Stufen geschah entweder auf eine abgetreppte Untermauerung oder auch auf vorkragende Konsolen (Tafel 65; [3]).
Die Ausbildung der Sporne für die Auflager der Stufen wurde je nach Fundamentform des Gebäudes gestaltet, so konnte der Sporn beispielsweise auch bis auf eine Auskragung des Banketts hinuntergeführt werden (Tafel 65; [5]).
In Tafel 66; [2] ist eine halbrunde Freitreppe dargestellt, deren Stufen aus Stampfbeton bestehen und mit Natursteinplatten belegt sind. Eine derartige Ausführung umgeht aufwendige Steinmetzarbeit an Natursteinstufen mit hohem Gewicht.
Beiderseitig aufgelegte Stufen wurden 2 bis 3 m lang ausgebildet. Bei größeren Stufenlängen wurden die Einzelstücke so gestoßen, daß eine Verschiebung der Stufenenden gegeneinander nicht stattfinden konnte. Diese Verbindung wurde entweder mit Metallklammern oder durch schwalbenschwanzförmige Profile erreicht (Tafel 67; [2]). Der Stufenstoß wurde nie in die Treppenmitte gelegt. Als Steigungsverhältnis von Freitreppen wurden z. B. Werte von 150/330 bis 130/370 empfohlen [6] 1953.

2.8. Feuerbeständigkeit

2.8.1. Bestimmungen zur Feuerbeständigkeit

Im 19. Jahrhundert bewirkte das Streben nach möglichst feuersicheren Bauweisen detaillierte Festlegungen in den Bauordnungen (siehe Innenseiten des Einbandes).
Durch geeignete Konstruktionen wurde die »Herstellung eines möglichst unverbrennlichen Bestandes der Gebäude...« [95] 1901 angestrebt. Weiterhin wurde so entworfen, »daß gefährdete Personen Rückzugswege finden...« [95].
Der Begriff »notwendige Treppe« hängt mit diesem Anliegen eng zusammen.
Die Baupolizeiordnung für den Stadtkreis Berlin von 1897 forderte:

»Jedes nicht zu ebener Erde liegende Geschoß muß mindestens durch eine Treppe zugänglich sein, durch welche der Ausgang nach der Straße oder nach einem Hofe jederzeit gesichert wird (notwendige Treppe).«

Die Anforderungen an die Feuerbeständigkeit der Treppen in Wohnhäusern weichen im einzelnen in den Bauordnungen oft voneinander ab. Grundsätzlich bestand jedoch darin Übereinstimmung, daß sie um so größer waren,
– je höher das oberste bewohnte Geschoß lag
– je größer das Gebäude und
– je größer die Anzahl der Wohnungen war.
Die Bauordnungen enthielten Forderungen zur
– Umschließung der notwendigen inneren Treppen durch massive Wände
– Erreichbarkeit einer Treppe innerhalb einer festgelegten größten Entfernung
– Unverbrennlichkeit der Treppen
– Sicherung vor Verqualmen des Treppenhauses.

Die Treppenhausumfassungen wurden im allgemeinen im Erdgeschoß 1½ Stein dick [38] 1906; [44] 1931; [32] 1931; [33] 1935 und darüber 1 Stein dick vorgeschrieben. Im Dachgeschoß wurden in einigen Fällen auch Wanddicken von ½ Stein zugelassen [39] 1901; [38] 1906.
Die Länge des Fluchtweges sollte Höchstwerte nicht überschreiten. Der Abstand der Aufenthaltsräume zu den Treppen durfte höchstens betragen:

25 m in [35] 1911; [33] 1935
30 m in [44] 1931 (vom äußersten Punkt des Raumes aus)
[32] 1931 (von Raummitte aus)
[38] 1906; [8] 1929
40 m in [37] 1929

Um das Treppenhaus vor Verqualmen zu schützen, wurden feuerhemmende Türen und Rauchabzugsklappen eingebaut, mußte das Treppenhaus durch massive Abdeckungen vom Dachraum getrennt werden und war es verboten, Verschläge unter den Treppen anzulegen.
Die Widerstandsfähigkeit der Treppen gegen einwirkendes Feuer wurde z. B. durch die Begriffe *feuerhemmend* und *feuerbeständig* beschrieben.
Nach DIN 4102 »Widerstandsfähigkeit von Baustoffen und Bauteilen gegen Feuer und Wärme« Ausgabe 1940 galten als feuerhemmend:

»Treppen
1. *Treppen aus Sandstein, Mauerwerk, Beton und Eisenbeton (mind. 10 cm dick), Eichenholz, oder aus Steineisendecken, Stahl mit feuerhemmender Bekleidung,*
2. *sonstige Holz- und Steintreppen, wenn sie unterseitig feuerhemmend ... bekleidet sind. Bei Naturstein muß auch die Wange bekleidet werden.«*

Als feuerhemmende Bekleidungen wurden eingesetzt: Putz auf Putzträger (Rohrung, Holzstabgewebe oder Drahtputzgewebe), der mindestens 15 mm dick (über dem Putzträger gemessen) ist. Der Putz sollte aus 1 Raumteil Kalk, 0,2 Raumteilen Gips oder Zement und 3 Raumteilen Putzsand oder aus 1 Raumteil Gips und 1 bis 3 Raumteilen Putzsand bestehen.
DIN 4102 [100] 1940 bezeichnete Treppen als feuerbeständig, wenn sie

1. auf Gewölben aus Beton oder Vollsteinen von mindestens 10 cm Dicke, auf Eisenbetonplatten von mindestens 10 cm Dicke mit 15 mm Putz, auf Steineisendecken mit einer Steindicke von mindestens 10 cm Dicke, auf Eisenbetonhohldielen oder auf Eisenbetonrippendecken aufgelagert sind;
2. aus mindestens 10 cm dicken, fabrikmäßig hergestellten Eisenbetonbauteilen (Betonwerksteine) mit Unterputz bestehen.

Ausdrücklich wird in [100] 1940 darauf hingewiesen, daß Treppenstufen aus Natursteinen nicht als feuerbeständig angesehen werden.
Die Gefahr im Brandfall wurde für verschiedene Gebäude unterschiedlich eingeschätzt. Als besonders gefährdet galten z. B. [95] 1901:

1. Gewerbliche Betriebsstätten
2. Kauf- und Geschäftshäuser
3. Theater, Zirkusgebäude, öffentliche Versammlungsräume
4. Schulen, Kirchen, Synagogen.

Ein Beispiel der Festlegungen für derartige Gebäudegruppen gab z. B. [101] 1901 hinsichtlich der Treppen, Türen und der Vorkehrungen zur Räumung von Warenhäusern:

»Die notwendigen Treppen müssen von den Geschäftsräumen getrennte feuersichere Verbindungen mit der Straße erhalten. Von jedem Punkte des Gebäudes aus muß eine Treppe in höchstens 25 m Entfernung erreichbar sein. In den Wänden, welche den Durchgang bzw. die Durchfahrt nach der Straße von den Geschäftsräumen trennen, dürfen Schaufenster oder Fensteröffnungen nicht hergestellt werden. Die Treppenhäuser sind mit Vorrichtungen zu versehen, welche eine wirksame

Entlüftung sicherstellen und vom Erdgeschoß aus bedient werden können. Verschläge unter Treppen sind nicht zulässig.«

Für alle Bauten, deren Ausführung oder Überwachung der Staatsbauverwaltung oblagen, wurden 1910 Bestimmungen erlassen, die als beispielhaft auch auf andere Bereiche einwirkten [98]:

»Äußere Treppen sind stets, innere in der Regel massiv herzustellen, in allen Geschossen einschließlich des Dachgeschosses mit massiven Wänden zu umgeben und gegen das Dachgeschoß mit massiven Decken oder Gewölben abzuschließen. Treppengebäude sind aus unverbrennlichen Baustoffen herzustellen. Als Umkleidung der Treppen kann auch Fachwerk mit Beschieferung, für die Treppengeländer Holz zugelassen werden, wenn die Rücksicht auf die Denkmalpflege es erfordert. Bei Gebäuden, die im wesentlichen nur Wohnzwecken dienen, sind überall Holzbalkendecken zulässig; auch kann von der massiven Bauart der Treppen und der Herstellung der Treppengeländer aus unverbrennlichen Baustoffen abgesehen werden.«

Für Beamtenwohnhäuser, Pfarr- und Schulhäuser auf dem Lande und in kleineren Städten waren nach dem gleichen Runderlaß Holztreppen zulässig, wenn sie nicht zu Unterrichtsräumen führten.
Bei kleineren Bauten wurden weitere Ausnahmen getroffen, so wurde 1917 [99] festgelegt:

»Bei Einfamilienhäusern kann von allen Bestimmungen über die Breite und das Steigungsverhältnis der Treppenläufe und über die feuersichere Herstellung der Treppenwände und des Treppenhausabschlusses abgesehen werden. Es ist nur die Forderung zu stellen, daß die Treppe sicher begehbar sein soll.«

2.8.2. Besonderheiten der Baustoffe

Holztreppen. Die Anwendung von Holztreppen wurde durch die Bauordnungen unter Hinweis auf ihre Brennbarkeit oft sehr eingeschränkt.
Es gab jedoch auch Befürworter der Holztreppe [96] 1889:

»Es ist hierbei zu bemerken, daß erfahrene Feuerwehrtechniker hölzerne Treppen keineswegs als besonders gefährlich erachten, ihnen vielmehr für die Bekämpfung eines Brandes und als Rückzugsweg der Löschmannschaften unbedingt den Vorzug geben vor Treppen, welche aus Granitblockstufen bestehen oder aus Eisen und Stein erbaut sind, weil Granit, von einer Stichflamme getroffen, plötzlich zerspringt, während Eisen beim Erwärmen Formänderungen erleidet und seine Festigkeit verliert, so daß ein plötzlicher Einsturz eintreten kann.«

In manchen Gebieten, so z. B. in Berlin, wurden Holztreppen nur mit einer feuersicheren (feuerhemmenden) Verkleidung der Treppen- und Podestunterseiten mit Putz auf einem geeigneten Putzträger wie Rohr- oder Rabitzgewebe zugelassen. Aus der Baupolizeiordnung für den Stadtkreis Berlin von 1897:

»Notwendige hölzerne Treppen sind entweder unterhalb zu rohren und zu putzen oder mit einer gleich feuersicheren Verkleidung zu versehen.«

Treppen aus Natur- oder Kunststeinen. Am empfindlichsten gegenüber Brandeinwirkung haben sich freitragende Treppen aus Naturstein erwiesen. Besonders Hartgesteinstufen springen plötzlich bei starken Temperaturunterschieden. Aus diesem Grunde waren sie durch die Bauordnungen in vielen Städten für öffentliche Gebäude, in einigen Orten sogar für alle Bauten verboten [32] 1931. Bei beiderseitiger Unterstützung der Stufen war es aus Gründen der Feuerbeständigkeit z. B. in Berlin nicht zulässig, die Zungen- oder Mittelmauer mit großen Öffnungen zu versehen.
Die Unterstützung der Stufenenden durch Stahlträger erwies sich im Brandfall als besonders gefährlich, da durch ein seitliches Ausbiegen der Träger ein Absturz der Stufen eintreten konnte. Demgegenüber wurde die Unterwölbung der Podeste und Treppenläufe als feuerbeständig eingeschätzt.
Unbewehrte Kunststeinstufen verhalten sich im Brandfall ähnlich wie Sandsteinstufen.

Stahltreppen. »Eiserne Treppen« galten um die Jahrhundertwende als unverbrennlich und damit als feuersicher. In vielen Fällen stellte es sich jedoch heraus, daß ihre Feuerbeständigkeit geringer war als erwartet. Im Falle eines Brandes verformten sich die Stahlteile und verloren ihre Tragfähigkeit. Aus diesem Grunde wurde von einigen Bauordnungen gefordert, zumindest die tragenden Teile der Stahltreppen zu verkleiden [44] 1931; [33] 1935.

3. Balkone und Erker

3.0. Anforderungen

Bezeichnungen. In der 2. Hälfte des 19. Jahrhunderts wurden Balkone und Erker häufig, Altane, Galerien und Umgänge relativ selten an Fassaden angebracht.
Der Wert einer Wohnung wurde durch das Vorhandensein eines *Balkons* beträchtlich gesteigert, auch dann, wenn dieser Balkon dem Lärm und Staub einer verkehrsreichen Straße ausgesetzt war.
Balkone sind offene Vorbauten, die auf Konsolen oder auskragenden Trägern ruhen.
Als die Balkone der Mietshäuser des 19. Jahrhunderts gebaut wurden, haben viele Architekten weder an die Besonnung noch daran gedacht, eine Einsicht in den Balkon zu verhindern.
ISSEL formulierte die Anforderungen an einen Balkon 1910 [24, S. 199] wie folgt:

»Der Balkon soll einen Sitzplatz im Freien gewähren, wozu er einer Ausladung von 1 m bedarf. Häufig tritt er aber auch mit ganz geringer Ausladung auf, wenn er nur dekorativ wirken soll. Immerhin gewährt die Fensternische mit der Ausladung schon einen Platz, der wenigstens zur freien Aussicht auf die Straße genügend ist.«

Die Anforderungen an die Balkone wurden von sehr unterschiedlichen Standpunkten aus gestellt. HEMPEL [30] besuchte in den Jahren 1931/32 über 150 Wohnhäuser in 21 verschiedenen Städten Deutschlands. Er stellte die sichtbaren Mängel und Schäden fest und befragte auch Mieter und Hauseigentümer.
In seiner Untersuchung unterschied er »Wirtschaftsbalkone« und »Balkone, die der Erholung dienen«:

*»Wirtschaftsbalkone, die meist, von der Küche aus zugänglich, nach Norden und Osten liegen und nur zur Erledigung von Schmutzarbeiten dienen, können verhältnismäßig klein gehalten werden.
Sie brauchen der Hausfrau nur genügend Bewegungsfreiheit zum Arbeiten zu geben und vielleicht noch das Aufstellen des Aschenkübels oder einer Kiste zu gestatten.
Balkone, die den Bewohnern zur Erholung dienen sollen, müssen aber so groß sein, daß sie die bequeme Aufstellung eines Tisches und mehrerer Stühle gestatten. Mehr ist aber auch nicht nötig.«*

Wenn der Balkon eine größere Länge hatte, wurde er auch Galerie, Laufgang oder Umgang genannt.
Im 19. Jahrhundert wurde auch noch die Bezeichnung *Altan* verwendet. Altane sind An- oder Vorbauten, die von Säulen, Pfeilern, Karyatiden oder Atlanten gestützt werden und vom oberen Geschoß aus einen Austritt ins Freie gestatten.
Als *Erker* wird jeder geschlossene, meist über mehrere Geschosse reichende Vorbau bezeichnet, der vorn und meist auch an den Seiten Fenster hat und der auf Konsolen oder auskragenden Trägern steht.
Die verbreitete Anwendung des Erkers im 19. Jahrhundert begründet EWERBECK im Handbuch für Architektur von 1891 [25, S. 92]:

»... auch in Deutschland sind in den letzten Jahren, namentlich durch die Wiederanwendung der Formen der deutschen Renaissance, sehr viele Erker zur Ausführung gekommen: die Bildung eines kleinen Raumes, der an das Wohnzimmer, an den Salon etc. stößt, in den man sich zurückziehen kann, ohne von letzterem abgeschlossen zu sein, hat manches Reizvolle und gibt auch zu hübschen architektonischen Lösungen Anlaß.«

Bauordnungen. Die Bauaufsichtsbehörden trafen vielerorts Festlegungen über das »Vorspringen« der Balkone, zur Mindesthöhe über der Gehbahn (Bürgersteig) und zu ihrer Längenausdehnung an der Gebäudefront.
Die Berliner Polizeiverordnung von 1864 bestimmte [20]:

*»§ 2. Altane, Balcons und Erker in Straßen von 3 Ruthen (≙ 11,3 m) und geringerer Breite sind unzulässig.
§ 3. Altane, Erker und Balcone müssen von den Grenzlinien 5 Fuß (≙ 1569 mm) entfernt bleiben, sofern nicht eine Grenzmauer errichtet wird, welche dieselben gegen das nachbarliche Grundstück hin deckt. Grenzmauern in den Vorgärten über 6 Fuß (≙ 1883 mm) Höhe sind unzulässig.
§ 4. An Bürgersteigen sind Altane, Balcone und Erker vor den Erdgeschossen unzulässig, und vor den oberen Geschossen dürfen sie, von der äußeren Fläche der Brüstung gemessen, nicht über 4 Fuß (≙ 1255 mm) vor die Bauflucht vortreten. Erker von geringerer Ausladung, welche nach der Nachbargrenze hin völlig geschlossen sind, können der Grenze zwar näher gerückt werden, ihre Entfernung von der Grenze muß aber wenigstens 1 ¼ mal so groß sein als ihre Ausladung.
§ 5. Innerhalb der Vorgärten dürfen Altane, Balcons und Erker vor den Erdgeschossen nur mit Vorbehalt der Wiederbeseitigung ohne Entschädigung, und vor den oberen Stockwerken, sofern dieselben über 4 Fuß (≙ 1255 mm) vortreten sollen, nur mit dem Vorbehalt der Einziehung auf dieses Maß aufgeführt werden, wenn die Verwendung der Vorgärten zur Verbreiterung der Straße eintreten sollte. Sofern solche Vorbauten über die Fensterbrüstung des Erdgeschosses sich erheben, muß ihre Entfernung von der Nachbargrenze wenigstens 1 ¼ mal so groß sein, als ihre Ausladung. Die größte zulässige Ausladung darf das Maß von 8 Fuß (≙ 2511 mm) nicht überschreiten.«*

Die bayrische Bauordnung [5] bestimmte, daß Altane, Balkone und Galerien maximal 1300 mm über die Baulinie vorspringen durften und nur in Straßen von mehr als 12 m Breite und nur ab 3,50 m Höhe zulässig waren. In Vorgärten von mindestens 5,0 m Breite durften sie bis 2,5 m über die Baulinie vorspringen. Die Unteransichten waren bei Holzkonstruktionen feuersicher auszubilden.
1929 legte die Berliner Bauordnung [6] fest, daß ein Vortreten von Bauteilen in den Luftraum nur bei Straßenbreiten von mindestens 12 m zulässig ist. Bei dieser Straßenbreite durfte die Ausladung höchstens 600 mm betragen, je weiteren Meter Straßenbreite konnte dieses Maß jeweils um 100 mm bis zu einem Höchstmaß von 1000 mm erweitert werden. Die lichte Höhe zwischen Unterfläche Balkon und Oberfläche Gehbahn (Bürgersteig) sollte mindestens 3000 mm betragen.
Aus der Berliner Bauordnung [6] 1929:

*»18. Erker, Balkone, Galerien und ähnliche Vorbauten, die mehr als 50 cm über die Straßenfronten der Gebäude vortreten, dürfen in der geschlossenen Bauweise in jedem Geschoß zusammen höchstens ein Viertel der Frontlänge ausmachen und müssen, in der Frontlänge gemessen, von Nachbargrundstücken, wenn sie nicht auf Grund gegenseitiger Vereinbarung unmittelbar aneinander gebaut werden, das 1½fache ihrer weitesten Ausladung, mindestens aber 1 m, und voneinander das 1½fache der Summe ihrer weitesten Ausladung entfernt bleiben...
Geschlossene Vorbauten müssen jedoch seitlich wenigstens 5 m voneinander entfernt bleiben, von Nachbargrenzen wenigstens 2,5 m, wenn sie dahin seitliche Öffnungen haben.«*

CLOUTH [26] 1931 begründete diese Forderungen mit architektonischen Bedenken: Sehr viele Erker und Balkone in einer Straße erzeugen eine »störende Unruhe« im Straßenbild.
In der Deutschen Bauordnung von 1958 [18] wurde dann lediglich festgelegt, daß die Unterseite hervortretender Bauteile mindestens 2500 mm über der Gehbahn liegen muß.

Lastannahmen. Für Balkone wurden immer höhere Lasten als für die benachbarten Wohnräume angenommen.
Obwohl in den Bauordnungen des 19. Jahrhunderts keine Aussagen zu den Nutz- oder Verkehrslasten von Erkern und Balkonen enthalten waren, ging SCHAROWSKY im Jahre 1888 [36] schon von »500 kg/qm« (≙ 5 kN/m^2) aus.

3. **Balkone und Erker**

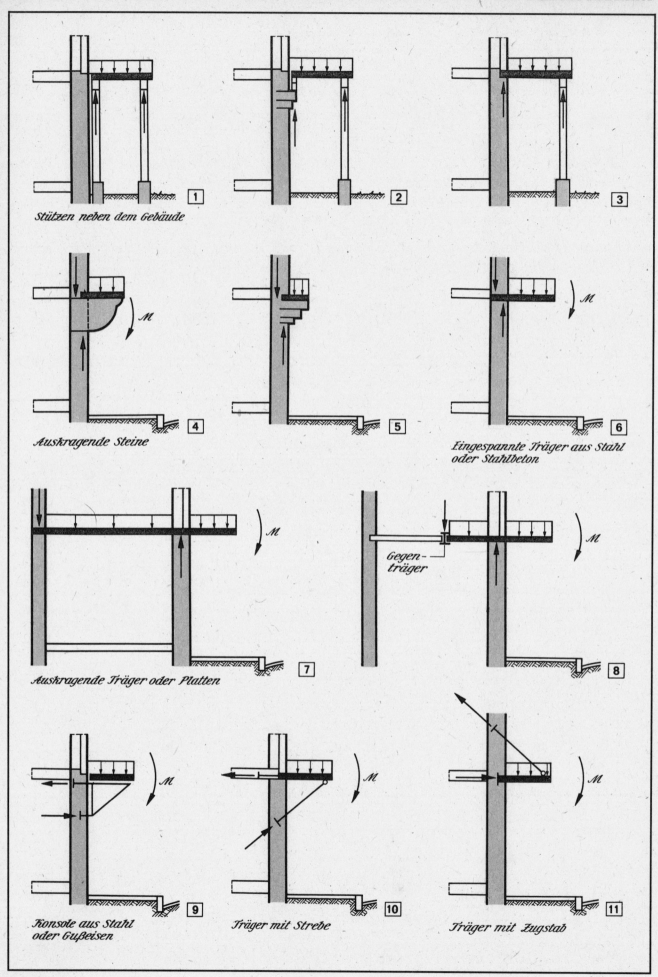

Tafel 68 — Stützung von Balkonen und Erkern

3.0. Anforderungen

In Sachsen und Bayern wurden auch geringere Werte verwendet. Die Bauordnung der Stadt Dresden [21] legte 1906 fest:
Fußbodenbelastung auf Erkern, Balkonen, Altanen
$$\text{»240 bis 400 kg/m}^2\text{« } (\triangleq 2{,}4 \text{ bis } 4\,kN/m^2)$$
In Preußen wurde 1919 [52, S. 80] für Balkone eine Lastannahme von
$$\text{»500 kg/m}^2\text{« } (\triangleq 5\,kN/m^2)$$
vorgeschrieben. Weiterhin enthielten die »Bestimmungen über die bei Hochbauten anzunehmenden Belastungen« die Festlegung:

»Für Abschlußgeländer von Treppen und Balkonen ist eine in Holmhöhe nach außen wirkende Seitenkraft von 40 kg/m ($\triangleq 0{,}4\,kN/m$) anzusetzen.«

Die preußischen Bestimmungen wurden von fast allen Ländern, jedoch nicht von Sachsen, übernommen. Auch nach 1919 galt in Sachsen für die Verkehrslast von Balkonen die Lastannahme von
$$\text{»240 bis 400 kg/m}^2\text{« } (\triangleq 2{,}4 \text{ bis } 4\,kN/m^2)$$
[28, S. 118] 1926. Mit DIN 1055, Blatt 3, Ausgabe 1934 »Lastannahmen für Bauten – Verkehrslasten« [22] kam dann eine einheitliche Lastannahme zustande:

»5. ... Balkone und offene, gegen die Innenräume abgeschlossene Hauslauben (Loggien)
$$500\,kg/m^2 \, (\triangleq 5\,kN/m^2)$$
7. Waagerechte Seitenkraft an Brüstungen und Geländern in Holmhöhe:
a) bei Treppen mit Ausnahme der unter b) bezeichneten sowie bei Balkonen und offenen Hauslauben 50 kg/m ($\triangleq 0{,}5\,kNm$)
b) in Versammlungsräumen, Kirchen, Schulen, Theatern und Lichtspielsälen, Vergnügungsstätten, Sportstätten und Tribünen
$$100\,kg/m \, (\triangleq 1\,kN/m)$$

Lastableitung. Balkone müssen folgende Lasten tragen:
– Eigenlast
– Verkehrslast
– waagerechte Belastung der Brüstung
Erker sind belastet durch:
– Eigenlast der Decken, Wände und Dachkonstruktionen
– Verkehrslast.

Die tragenden Konstruktionen von Erkern und Balkonen bestehen aus Ziegeln oder Natursteinen, Stahl oder Gußeisen, Stahlbeton, und in einigen Fällen auch aus Holz.
Die Grundrisse von Balkonen und Erkern sind sehr verschieden. Sie sind rechteckig oder trapezförmig, in einigen Fällen auch dreieckig oder halbkreisförmig.
Die verschiedenen Baustoffe und unterschiedlichen Grundrißformen führten zu sehr verschiedenartigen Konstruktionen.
Trotz dieser Vielfalt ist es möglich, einige Grundformen der Lastableitung zu unterscheiden:
Bei einer Lastableitung durch Pfeiler (Stützen), die neben dem Gebäude stehen (Tafel 68; [1] bis [3]), wird die Außenwand nicht oder nur gering belastet. Für Gebäude, die unmittelbar an einer Straße stehen, konnte diese Form jedoch nicht angewendet werden, da die Pfeiler die Nutzungsbreite der Gehbahn (Bürgersteig) beeinträchtigen.
Auskragungen aus Natursteinblöcken (Steinkonsolen) (Tafel 68; [4], [5]) tragen auch Balkone und Erker.
Die Natursteinblöcke in den Auskragungen haben solche Abmessungen, daß in der Konstruktion keine größeren Biegebeanspruchungen entstehen.
Im Gegensatz zum Naturstein können Träger aus Stahl oder Balken oder Platten aus Stahlbeton auf Biegung beansprucht werden. Deshalb wurden I- und C-Profile aus Walzstahl sehr häufig zur Abstützung von Erkern und Balkonen eingesetzt.
Die Biegebeanspruchung des einseitig eingespannten Trägers (Tafel 68; [6]) stellt aber nicht das eigentliche statische Problem dieser Konstruktion dar. Die Last des Erkers oder des Balkons erzeugt ein Moment, das die Außenwand aus Mauerwerk stark beansprucht.
Zur Aufnahme des Momentes wurde das Wandgewicht genutzt. Je größer die Auflast in der Wand, je breiter die Außenwand, je höher die Festigkeit des Mauerwerks der Wand, desto größer ist das Moment, das von der Wand getragen werden kann (siehe auch Abschnitt 3.3.2.).
Bei Balkonen wirkt ungünstig, daß die Balkontür die Auflast verringert. Bei Erkern ist die Außenwand in der gesamten Breite des Erkers unterbrochen. Durch zusätzliche konstruktive Maßnahmen mußte daher die Einspannung gesichert werden. Die eingespannten Träger wurden durch Anker in tiefer liegenden Bereichen der Außenwand verankert (Tafel 81), oder es wurde die Auflast von längeren Wandstreifen genutzt.
Eine Konstruktion mit statisch günstigen Bedingungen stellt die Lastableitung nach Tafel 68; [7] dar. Die Träger der Decke kragen aus und tragen den Balkon oder den Erker. Das setzt voraus, daß die Spannrichtung der Balken rechtwinklig zur Außenwand verläuft. Stahlträger sind für diese Konstruktion sehr gut geeignet. Holzbalken wurden nur selten in dieser Anordnung verlegt, denn das eindringende Wasser führt zur Zerstörung des Holzes.
Auch Stahlbetonbalken und -platten wurden in dieser Form angeordnet. Hier entstanden Probleme der Wärmedämmung.
Die Balkon- oder Erkerträger wurden auch durch Gegenträger gehalten (Tafel 68; [8]), deren Lage wiederum durch Innenwände gesichert wurde (Tafel 86).
Konsolen aus Stahl oder Gußeisen bilden ein starres Dreieck (Tafel 68; [9]), das auf unterschiedliche Weise an der Außenwand befestigt ist (Tafel 77).
Eine ähnliche Form entstand, wenn der Balkon- oder Erkerträger auf der Außenwand lag und außerdem durch eine schrägliegende Strebe unterstützt wurde (Tafel 68; [10]). Diese Form hat eine weite Verbreitung gefunden.
Es gibt auch Erker, bei denen ein Zugstab den Träger hält (Tafel 68; [11] und Tafel 80; [1]).

Wasserableitung. Balkone sind den Witterungseinflüssen unmittelbar ausgesetzt. Auf die verhältnismäßig dünnen Baukörper wirken die Temperaturschwankungen und die Feuchtigkeit ungehindert ein. Die größten Schäden am Balkon ruft Wasser hervor.
Neben den Ausführungen der tragenden Konstruktionen haben deshalb die baulichen Maßnahmen zur Ableitung des Wassers eine große Bedeutung für den Bestand des Balkons.
Es können 4 Formen der Wasserableitung unterschieden werden:
– Das Wasser wird im Gefälle vom Gebäude weggeleitet und tropft an der Vorderseite des Balkons an einer Wassernase ab (Tafel 69; [1], [2]), oder es fließt in eine vorgehängte Rinne.
– Das Wasser wird in einer Rinne gesammelt und fließt seitlich durch einen Wasserspeier ab (Tafel 69; [3], [4]).
– Das Wasser wird von Gefälleflächen zu einem Wasserspeier geführt.
In diesen Fällen tropft das Wasser vom Balkon und belästigt den Fußgängerverkehr am Haus. Dieser Nachteil wird durch den Einbau von Fallrohren vermieden.
– Das Wasser wird auf dem Balkon gesammelt und einem Fallrohr zugeleitet (Tafel 69; [5], [6]).
Auch diese Lösung hat Nachteile, denn das Fallrohr ist keine Zierde der Fassade, der Anschluß zwischen Dichtungsschichten und Einlauf ist oft undicht, und wenn das Fallrohr verstopft oder zugefroren ist, sammelt sich das Wasser auf dem Balkon.
Die Oberfläche der Balkone wird wie folgt ausgeführt:
– Große Natursteinplatten erhalten in einigen Fällen keine zusätzliche Deckschicht. Ihre Oberfläche wird geebnet und so bearbeitet, daß ein Gefälle vom Gebäude weg entsteht (Tafel 70; [4]).

3. Balkone und Erker

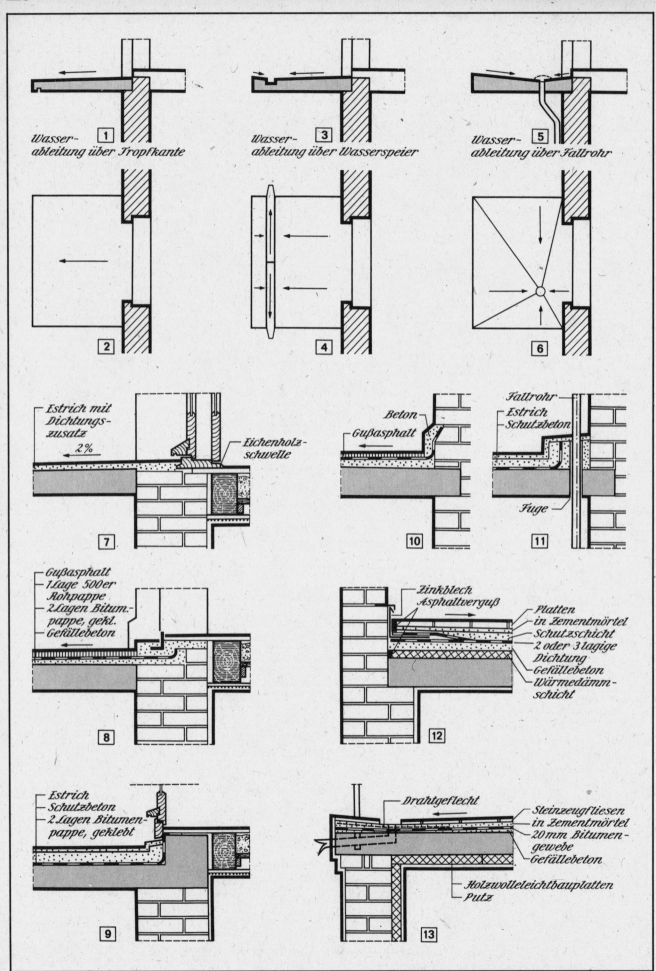

Tafel 69 — Wasserableitung auf Balkonen

3.1. Balkone und Erker aus Naturstein

– Zementestriche werden sehr häufig auf Naturstein, auf Gewölben, auf Stahlbeton- oder Stahlsteinplatten hergestellt. Einfache Zementestriche ergeben jedoch keine dauerhafte Lösung. Der Estrich schwindet oder reißt durch Temperaturschwankungen. Die Folge ist, daß Wasser in die Risse eindringt und an die tragende Konstruktion gelangt. Der Stahl beginnt zu rosten, vergrößert sein Volumen und sprengt den Putz oder äußere Betonschichten ab. Das Sickerwasser tritt an der Unterseite des Balkons zu Tage, verdunstet und hinterläßt Ausblühungen. Das in den Balkon eingesickerte Wasser kann sogar in das Gebäude wandern und feuchte Stellen und Ausblühungen an Decken und Wänden benachbarter Innenräume hervorrufen.

Die Schäden an den Balkonen werden nicht erst jetzt festgestellt. Schon 1940 klagte ein Baufachmann über die Balkone:

»Von Jahr zu Jahr häufen sich die Folgen der Bausünden früherer Zeit. Besonders zeigt sich dies bei ungezählten Balkonen seit der Gründerzeit. Wie für Zinkblech, so ist jetzt auch für das Eisen und für alle möglichen Hilfskonstruktionen die Lebenszeit um. Ja man muß sich bei manchen baulichen Maßnahmen wundern, daß der grundgütige Baustoff überhaupt solange seine Pflicht und Schuldigkeit getan hat, von der vernachlässigten Unterhaltung ganz zu schweigen.« [34]

Eine etwas günstigere Wirkung erreichten Estriche mit dichtenden Zusätzen (Tafel 69; [7]), nach [33, S. 20] 1931. Auch wurden die Estriche mit einer Bewehrung aus Drahtgewebe hergestellt. Dadurch verringerte sich die Rißgefahr.
– Die Oberfläche der Balkone wurde durch eine Schicht Gußasphalt abgedeckt (Tafel 81; [5]).
Eine sichere Abdichtung des Balkons konnte nur durch einen mehrschichtigen Aufbau erreicht werden (Tafel 69; [8] bis [13]).
– Die bituminöse Klebedichtung hat – wenn sie sorgfältig hergestellt und mit den notwendigen Schutz- und Nutzschichten überdeckt wurde – die längste Nutzungsdauer.
Allerdings müssen an die bituminösen Klebestoffe hohe Anforderungen gestellt werden: Sie dürfen im Sommer nicht abtropfen oder beim Begehen des Balkons hervorquellen und im Winter nicht brechen. Außerdem erhält die Dichtung eines Balkons nicht den sonst geforderten Einpreßdruck [32] 1952.
Zur Dichtung kamen nicht nur bituminöse Pappen zum Einsatz.
»Als Materialien für Isolierung gegen auf- und absteigende Feuchtigkeit und für wasserdruckhaltende Dichtungen« wurden 1933 angeboten [54, S. 6]:

*»Asphaltfilz in Rollen
Asphaltfilz-Isolierplatten
Asphaltpapier
Bitumengewebeplatten
Bleiisolierplatten«.*

Besonders anfällige Knotenpunkte stellen dar:
– Anschluß an Balkontür
Tafel 69; [7]   nach [33, S. 20] 1931
Tafel 69; [8]   nach [32, S. 101] 1952
Tafel 69; [9]   nach [35] 1941
– Anschluß an Wand oder Brüstung
Tafel 69; [10]   nach [32; S. 101] 1952
– Anschluß an Fallrohr
Tafel 69; [11]   nach [35] 1941
Den Wandanschluß nach Tafel 69; [10] empfahl LUFSKY 1952 auch für den *nachträglichen* Einbau von Balkondichtungen.
Bei der Ausführung mit Gußasphalt auf bituminösen Klebedichtungen liegt zwischen der Klebedichtung und dem Gußasphalt eine Lage 500er Rohpappe. Sie soll verhindern, daß sich

»der bitumenarme Asphalt mit der Klebemasse des Deckanstrichs anreichert, was zu lebhafter Blasenbildung führt« [32] 1952.

Besonders gründlich mußten die Balkone abgedichtet werden, die einen Erker abdecken. Tafel 69 zeigt zwei Ausführungen:
Tafel 69; [12]   nach [55, S. 159] 1932
Tafel 69; [13]   nach [33, S. 23] 1931
Gegen letztere Konstruktion müssen vom heutigen Standpunkt erhebliche Bedenken geltend gemacht werden: Lage der Wärmedämmschichten, Ausfrierungen an der Rinne. Diese Konstruktion wurde aber 1931 von FLÜGGE, der zuvor Schäden an Balkonen ausgewertet hat, als »sorgfältige Lösung« empfohlen.
Während die Dichtung von massiven Balkonen bereits große Schwierigkeiten bereitet, ist eine völlige Dichtung von Holzbalkonen fast unmöglich.
Zwar wird das Holz des Balkons von Luft umspült und kann nach Durchfeuchtung wieder austrocknen, aber überall dort, wo die Nässe sich staut, beginnt die Zerstörung des Holzes.
Die Lauffläche wurde von der Dichtung getrennt (Tafel 75; [1], [2]) und die Dielung nicht mit Nut und Feder ausgeführt [25] 1891; [15] 1951, da sich in dieser Verbindung das Wasser besonders lange halten würde.
Besonders gefährdet sind die auskragenden Holzbalken.
Bei allen fachgerecht ausgeführten Balkonkonstruktionen wurde darauf geachtet, daß die Oberfläche des Balkons etwas tiefer liegt als der Fußboden des anschließenden Raumes und daß das Wasser immer von massiven Brüstungen und von der Hauswand weggeleitet wurde.
Ein weiterer Punkt, an dem sich viele Schäden konzentrieren, ist die Befestigung der Pfosten des Balkongeländers. Pfosten, die in Aussparungen der Balkonoberfläche eingesetzt und einbetoniert wurden, stellen keine dauerhafte Lösung dar. Es bilden sich feine Risse im Verfüllbeton, das Wasser dringt ein, gefriert usw. Aus diesem Grunde wurden die Pfosten abgebogen, so daß sie seitwärts oder sogar von der Unterseite der Betonplatte aus eingesetzt werden konnten [31] 1951. Oder der Einlaß der Pfosten wurde durch besonders geformte hutartige Abdeckungen aus Zinkblech geschützt (Tafel 75; [1]).

3.1. Balkone und Erker aus Naturstein

3.1.1. Formen und Baustoffe

Balkone und Erker aus Naturstein besitzen meist eine geringe Tiefe. Als architektonische Dominanten der Fassade entworfen, sind sie in ihren Formen auf diese abgestimmt. Bis zur Jahrhundertwende herrschten die Stilformen der Neoklassik der Berliner Schule, der Neogotik und der Neorenaissance vor. Danach wurden Natursteinbalkone und seltener Natursteinerker in einfacheren Formen gestaltet.
Im Vergleich zur übrigen Fassade waren die Stilformen an Balkonen und Erkern reicher und feiner ausgebildet. Als Baustoffe wurden meist die gleichen Steinarten wie an der Fassade verwendet, die feinteiligen Formen zwingen jedoch zur Bevorzugung leichtbearbeitbarer Gesteine wie Sandstein, Porphyrtuff oder Kalkstein, während Hartgesteine weniger geeignet sind. Deshalb sind an Natursteinbalkonen und -erkern die Korrosionserscheinungen oft auffälliger als an anderen Fassadenteilen.

3.1.2. Lastableitung

Die alte Form der Auflagerung von Balkonen und Erkern auf »Steinbalken«, die im Mauerwerk eingespannt waren, den sogenannten Kragsteinen, läßt nur geringe Ausladung zu.
Man behielt in der zweiten Hälfte des neunzehnten Jahrhun-

3. Balkone und Erker

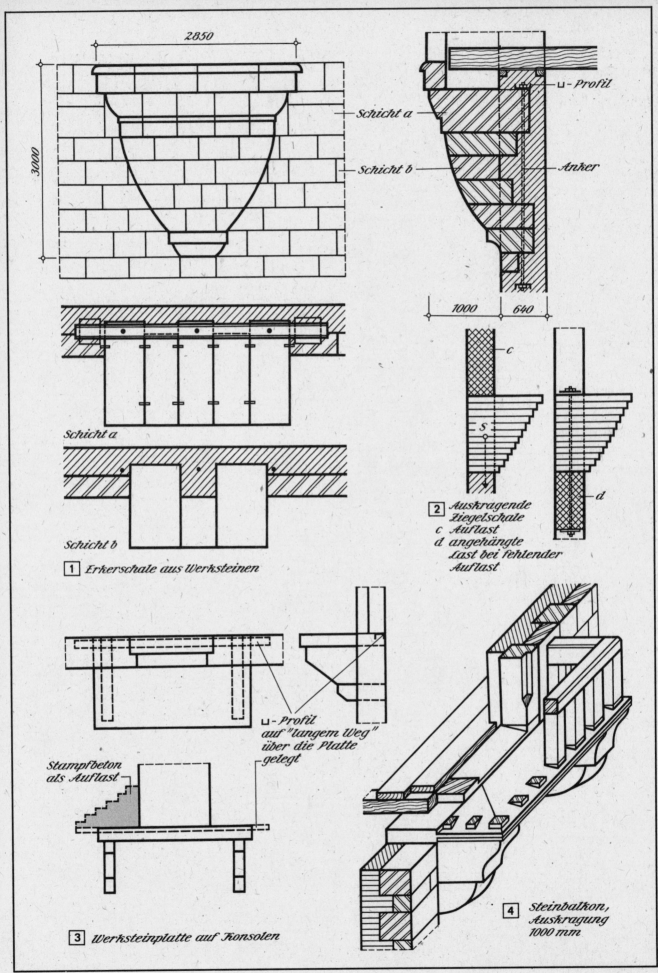

1 Erkerschale aus Werksteinen
2 Auskragende Ziegelschale
 c Auflast
 d angehängte Last bei fehlender Auflast
3 Werksteinplatte auf Konsolen
4 Steinbalkon, Auskragung 1000 mm

Tafel 70 — Steinbalkone und Erker I

3.1. Balkone und Erker aus Naturstein

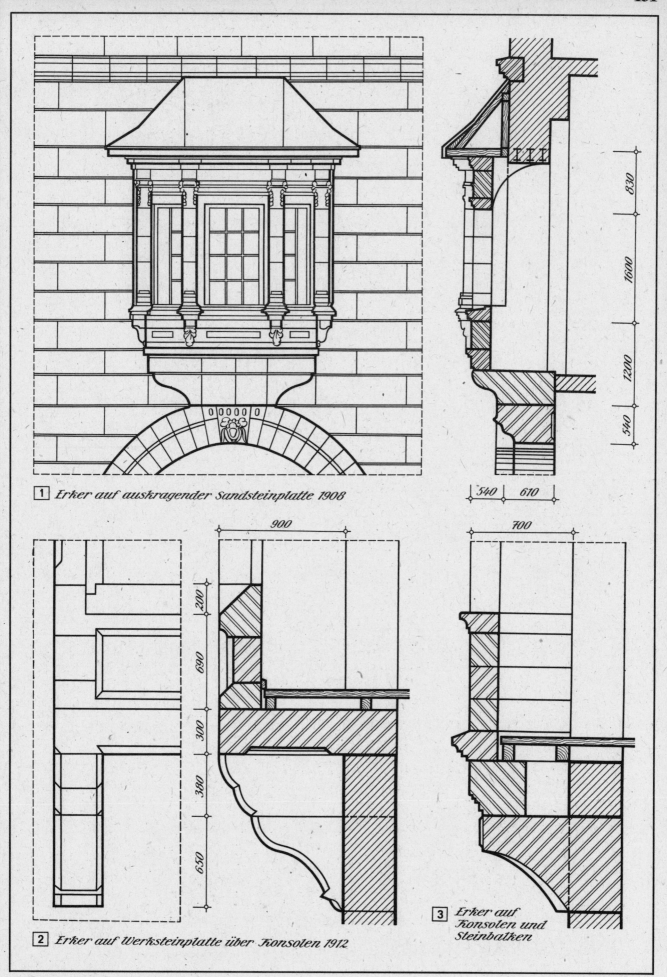

1 Erker auf auskragender Sandsteinplatte 1908

2 Erker auf Werksteinplatte über Konsolen 1912

3 Erker auf Konsolen und Steinbalken

Werksteinerker   Tafel 71

3. Balkone und Erker

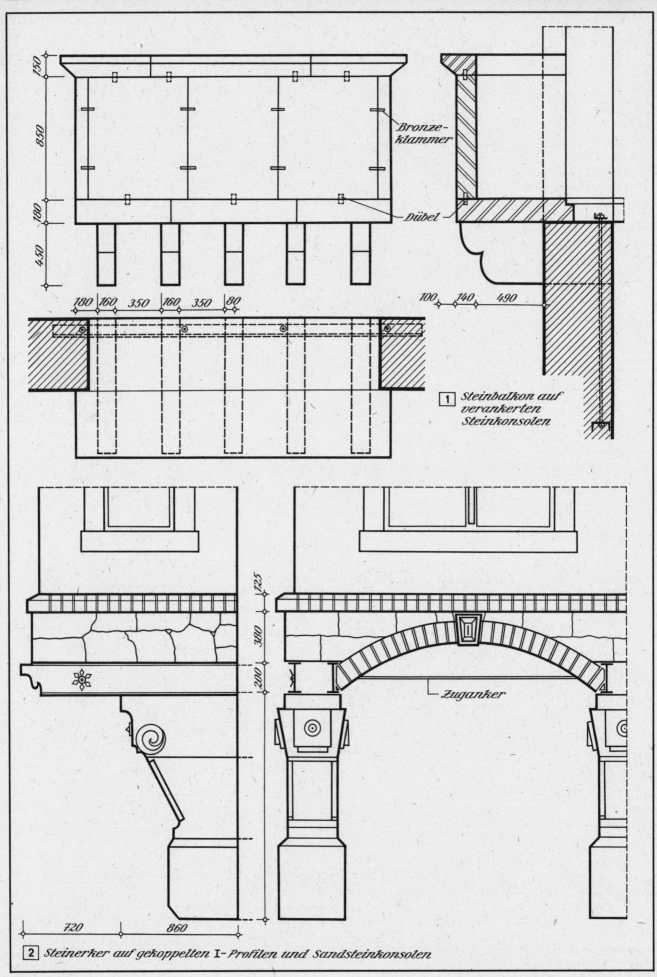

1 Steinbalkon auf verankerten Steinkonsolen

2 Steinerker auf gekoppelten I-Profilen und Sandsteinkonsolen

Tafel 72 — **Steinbalkone und Erker II**

3.2. Balkone und Galerien aus Holz

derts, ähnlich wie bei den Gesimsen zwar die alten Formen bei, erreichte aber durch eine Verankerung der tragenden Teile mit Stahlträgern und Rundstahlankern eine größere Weite der Vorkragung. Die Verankerung der Steinkonsolen durch einen in der Außenwand liegenden Stahlträger stellt die übliche Form dar. Da durch die Türöffnung, die zum Balkon führt, die nötige Auflast des Mauerwerks nicht vorhanden war, mußte dieser Stahlträger so lang sein, daß er in genügendem Maß in das seitlich der Öffnung befindliche Mauerwerk einband. Er wurde »auf dem langen Wege« über die einzuspannenden Teile gelegt (Tafel 70; [3]). Um die Belastbarkeit zu erhöhen, wurde neben der Türöffnung Mauerwerk in höherer Qualität oder sogar Stampfbeton eingebaut (Tafel 70; [3]). Wenn die nötige Auflast nicht vorhanden war, wurde das Stahlprofil durch einen Zuganker mit einem zweiten Stahlprofil verbunden, das in einigem Abstand unter dem ersten lag und soviel Mauerwerk erfaßte, daß die nötige Auflast sozusagen durch »Darunterhängen« gesichert wurde (Tafel 70; [1]).

Auskragende Schalen, sowohl die aus Ziegelmauerwerk als auch die aus Werkstein, mußten ebenso wie alle Konsolen so bemessen werden, daß die Resultierende aller von ihnen übertragenden Kräfte innerhalb des Kernes des darunterliegenden Mauerwerks verblieb. Wenn die Auflast dafür nicht ausreichte, stellte die »angehängte Last« den möglichen Ausweg dar (Tafel 70; [2]).

3.1.3. Konstruktionsbeispiele

Werksteinerker haben nur eine geringe Ausladung, da sich auch schon mit diesen die gewünschte architektonische Wirkung erzielen ließ. In diesem Fall konnten auskragende Konsolen die Lasten aufnehmen, ohne daß aufwendige Sicherungen durch Anker nötig wurden. Der reich gegliederte Erker in Tafel 71; [1] hat bei ganz geringer Ausladung hauptsächlich die Aufgabe, das unter ihm liegende Eingangsportal zu betonen [2] 1909. Die auskragenden Werksteine sind in der Lage, die Hauptlast der Sandsteinelemente des Erkers zu übernehmen. Eine Belastung durch Verkehrslast tritt nicht auf, da die betretbare Fläche nicht über die Außenwand hinausreicht.

In dem in Tafel 71; [2] dargestellten Erker liegt eine Werksteinplatte auf den Konsolen und bindet in die Außenwand ein. Bei dem Erker nach Tafel 71; [3] ruht ein Werksteinbalken auf den Konsolen. Die Unteransicht des Erkers, im Bild nicht sichtbar, zeigt Putz auf Rabitzgewebe. Die Wandauflast sichert die Lage der Konsolen.

Die Fußbodenausbildung in Erkern wurde meist wie in den angrenzenden Räumen vorgenommen.

Tafel 70 zeigt Beispiele für die häufig ausgeführten Verankerungen. Die Werksteine der Erkerschale nach Tafel 70; [1] wurden miteinander verklammert. Die letzte und schwerste Schicht ist durch ein Stahlprofil gesichert, das in der Außenwand liegt und durch Zuganker mit tieferliegenden Schichten verbunden ist. Das Stahlprofil spannt auch alle tieferliegenden Werksteinschichten des Erkers ein.

Einen Steinbalkon in einer mit Werkstein verkleideten Fassade zeigt Tafel 70; [4]. Gegenüber Erkern ist lediglich die Ausbildung der Fußbodenplatte verändert. Diese wird bei offenen Steinbalkonen grundsätzlich mit Gefälle vom Gebäude weg ausgeführt, um ein Abfließen des Regenwassers zu sichern. Nach [7] 1920 soll das Gefälle 1:20 betragen.

Die einfacheren Formen von Natursteinbalkonen nach 1920 zeigen das gleiche Konstruktionsprinzip wie die älteren Balkone (Tafel 72; [1]). Verankerungen und Verklammerungen der einzelnen Teile wurden jedoch oft sorgfältiger als früher hergestellt. Neben Werksteinerkern, bei denen auch die tragenden Teile aus Naturstein bestanden, wurden oft auch solche gebaut, bei denen die Lastabtragung durch Stahlträger vorgenommen wurde, während die Natursteinverkleidung den Eindruck einer reinen Natursteinkonstruktion nur vortäuschte. Auch *Mischkonstruktionen* (Tafel 72; [2]) waren um die Jahrhundertwende häufig. Bei diesem Erker an einem Berggasthof der Oberlausitz werden miteinander verbundene I-Profile durch große Sandsteinkonsolen unterstützt. Zwischen den I-Profilen wurde ein Flachbogen aus Ziegeln gespannt. Den Gewölbeschub nimmt ein Zuganker auf. Darüber ist ein Brüstungssockel in Bruchsteinen aus Granit aufgeführt, der durch eine Klinker-Rollschicht eingefaßt ist.

Tafel 70; [1]   nach [1] 1957
Tafel 70; [4]   nach [3] 1912
Tafel 71; [1]   nach [2] 1909
Tafel 71; [2], [3]   nach [3] 1912
Tafel 72; [1]   nach [1] 1957

3.2. Balkone und Galerien aus Holz

3.2.1. Formen

Balkone und Umgänge aus Holz gehen auf alte landschaftsgebundene Formen zurück, die sich in ländlichen Gebieten bis zu Beginn unseres Jahrhunderts gehalten haben, während sie in den Städten aus Gründen der Feuersicherheit bereits vorher verdrängt wurden. Sie waren fast stets durch Vordächer oder große Dachüberstände vor Regen geschützt und hatten hauptsächlich die Aufgabe, den Zugang zu dahinterliegenden Räumen zu sichern oder diese zu verbinden und dienten der Trocknung und Aufbewahrung landwirtschaftlicher Produkte.

Bei den Wohnbauten nach 1860 wurden besonders mit Aufkommen der »Heimatstile« die älteren Formen als architektonische Verzierungen wieder aufgenommen und oft recht aufwendig ausgebildet.

Land- und Ferienhäuser, Jagdhäuser und ähnliche Gebäude in Holzkonstruktionen erhielten Balkone und Altane. Diese waren aber oft ohne schützende Überdachung der Witterung ausgesetzt.

Auch im Innern von Gebäuden wurden Emporen und Umgänge oft in Holz ausgeführt, solange noch keine Stahlprofile preiswert zur Verfügung standen. Besonders in ländlichen Gebieten wurden in Kirchen Emporen und in Sälen Galerien aus Holz errichtet.

3.2.2. Lastableitung

Das Tragsystem von Holzgalerien und -emporen im Inneren von Gebäuden besteht meist aus Querbalken, die den Fußbodenbelag tragen und die an beiden Enden unterstützt werden. An der Wandseite liegt der Querbalken entweder auf einer Steinkonsole oder auf einem Streichbalken, der wiederum auf Steinkonsolen ruht. Auf der Raumseite wird der Querbalken unmittelbar durch hölzerne Stützen oder durch Balken getragen.

Die Hölzer wurden meistens mit zimmermannsmäßigen Verbindungen zusammengefügt.

In einigen Fällen wurden die Emporenstiele bis zur Raumdecke geführt und zur Aufnahme der Decken- und der Dachlasten herangezogen [11] 1903. Durch Kopfbänder an den Stielen wurde die Beanspruchung der Balken verringert.

Oft waren die Stützen stark profiliert (Tafel 73), so daß mit geminderten Querschnitten gerechnet werden muß.

Holzbalkone werden von auskragenden Balken getragen, die durch eine Kopf- oder Sprengstrebe unterstützt sind, die in

134 3. Balkone und Erker

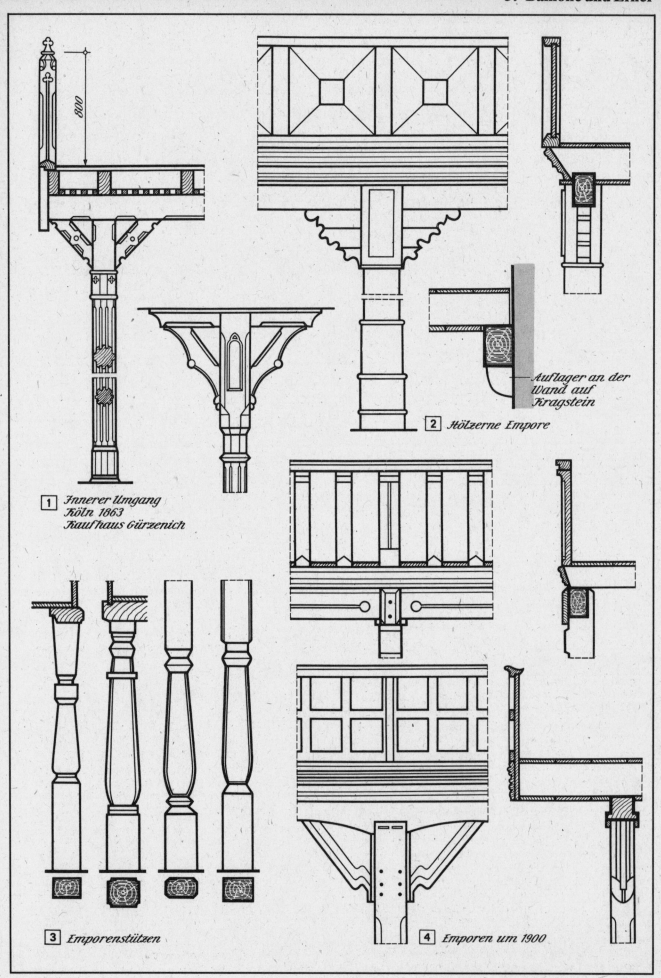

1 Innerer Umgang Köln 1863 Kaufhaus Gürzenich
2 Hölzerne Empore — Auflager an der Wand auf Kragstein
3 Emporenstützen
4 Emporen um 1900

Tafel 73 Innere Umgänge aus Holz

3.2. Balkone und Galerien aus Holz

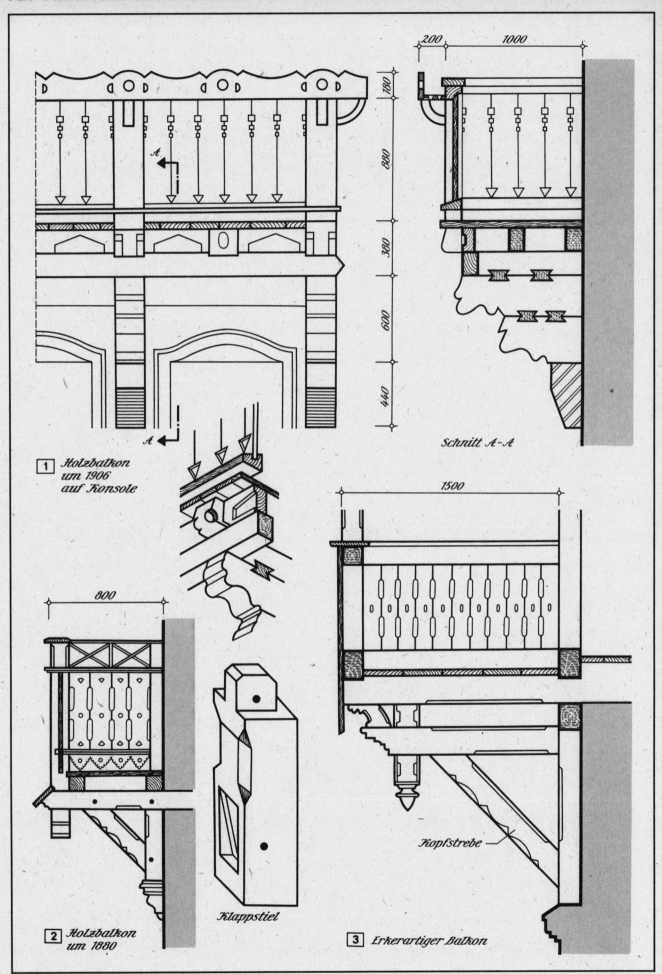

1. Holzbalkon um 1906 auf Konsole
2. Holzbalkon um 1880
3. Erkerartiger Balkon

Schnitt A-A

Klappstiel

Kopfstrebe

Holzbalkone I — Tafel 74

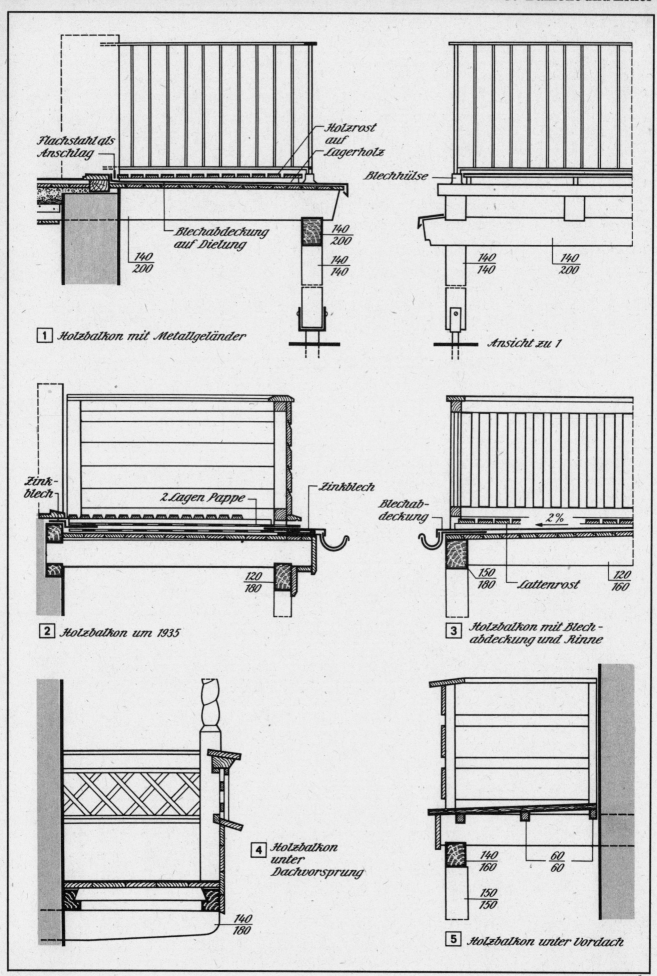

Tafel 75 — Holzbalkone II

3.3. Balkone und Erker aus Stahl oder Gußeisen

einen Klappstiel (Klebepfosten, Wandsäule) eingezapft ist (Tafel 74; [2], [3]).
Um größere Nutzflächen zu gewinnen und dabei mit relativ geringen Profilabmessungen auszukommen, wurden die auskragenden Balken nach 1920 zur Aufnahme der höheren Belastung oft durch Holzstiele gestützt (Altan) (Tafel 75).

3.2.3. Konstruktionsbeispiele

Einen Umgang in neogotischen Formen zeigt Tafel 73; [1]. Er wurde 1863 in ein Kölner Kaufhaus eingebaut. Zur Aufnahme der großen Verkehrslasten wurden die Querbalken durch Joch- und Sattelhölzer unterfangen oder zumindest durch Kopfbänder unterstützt. In Tafel 73; [2], [4] sind konstruktive Lösungen für Emporen dargestellt, wie sie von HOSSFELD [11] 1903 für ländliche Gebiete Preußens empfohlen wurden. Die Zierformen sind gegenüber den neogotischen Formen einfacher. Das Konstruktionsprinzip ist bei allen dargestellten Beispielen gleich. Die Zierformen, z. B. die profilierten Deckbretter, lassen die Ansichten verschieden wirken.
Die in Tafel 73; [3] aufgeführten Emporenstützen machen deutlich, in welch starkem Maße der tragende Querschnitt durch die Formgebung geschwächt worden ist.
Die reichgegliederten Balkone aus der Zeit vor 1900 [8] in Tafel 74; [2] und [3] sind auf auskragenden Balken aufgelagert, die durch Klappstiele und Kopfstreben unterstützt sind. Beide Balkone sind durch Dachüberstände geschützt, trotzdem werden die Balkenköpfe durch ein Schutzbrett bzw. durch einen Schutzbehang vor Schlagregen abgeschirmt.
Der Holzbalkon im Heimatstil nach Tafel 74; [1] ruht auf konsolartig vorkragenden, miteinander verdübelten Balken. Der hölzerne Altan in schlichter Form mit Metallgeländer nach [15] 1951 in Tafel 75; [1] wird von auskragenden Balken getragen, die am vorderen Ende von Holzstielen gestützt werden. Der Bretterbelag des Balkons ist mit einer Blechabdeckung versehen, über der ein Lattenrost als Gehfläche angeordnet ist. Ähnliche Gehbeläge und Dichtungen sind in den Altanen nach Tafel 75; [2] und [3] enthalten. Erfahrungsgemäß sind die Dichtungen, das Lattenrost und die Übergangsstelle des Kragbalkens in das Mauerwerk besonders schadensanfällig.
Die beiden Balkone aus Tafel 75; [4] und [5] sind durch Dachvorsprünge geschützt und erhielten darum keine Dichtungsschichten.

Tafel 73; [1]	nach [13] 1863
Tafel 73; [2], [4]	nach [11] 1903
Tafel 74; [1]	nach [56] 1906
Tafel 74; [2], [3]	nach [8] 1903
Tafel 75; [1]	nach [15] 1951
Tafel 75; [2] bis [5]	nach [57] 1938

Die angegebenen statischen Werte dienen nur einem Vergleich. Bei erneutem Tragfähigkeitsnachweis ist von dem gegenwärtigen Bauzustand und den zur Zeit verbindlichen Vorschriften auszugehen.

3.3. Balkone und Erker aus Stahl oder Gußeisen

3.3.1. Formen und Baustoffe

Baustoffe. Im 19. Jahrhundert wurde Gußeisen zum Bau tragender Konstruktionen wie Stützen oder Treppen und auch zur Herstellung von Balkonkonsolen verwendet. Mit dem Aufkommen der Normalprofile aus Walzstahl stand dem Bauwesen ein geeigneter Baustoff zur Verfügung. Im Gegensatz zu Gußeisen ist Stahl nicht schlagempfindlich, und Stahl hat eine wesentlich höhere Zugfestigkeit. Zum Bau von Erkern und Balkonen hat Stahl eine weite Anwendung gefunden. Die Stahlprofile wurden von Beton ummantelt oder auf mannigfache Weise verkleidet (Naturstein, Gips, Zinkblech) und sind dem Betrachter fast immer nicht sichtbar.
Es wurden vor allem die I-, C- und L-Profile aus Walzstahl eingebaut, die um 1880 als Normalprofile festgelegt wurden [38]. Daneben wurden zum Bau von Massivdecken und von Tragkonstruktionen von Erkern und Balkonen auch alte Eisenbahnschienen verwendet, obwohl das Schienenprofil es nicht gestattet, Schienen miteinander zu verbinden und die Befestigung von Schienen an I- und C-Profilen nur schwer möglich war.
Diese Entwicklung hat ihre Ursache im damaligen Preis der Baustoffe. Die alten, d.h. bei der Eisenbahn nicht mehr verwendbaren Eisenbahnschienen waren wesentlich billiger als anderes Material. So betrug der Preis auf dem Berliner Baumarkt im Jahre 1883 [39]:

»Schmiedeeiserne Träger   16,50 M bis 20,50 M/100 kg
Alte Eisenbahnschienen   10,50 M/100 kg«

Formen. Die Tragkonstruktionen aus Stahl und Gußeisen wurden in vier Grundformen ausgeführt:
– einseitig eingespannte I- oder C-Profile aus Walzstahl (Tafel 81)
– auskragende Deckenträger aus I- oder C-Profilen aus Walzstahl (Tafel 82)
– dreieckförmige Konsolen aus Walzstahl oder Gußeisen (Tafel 77)
– auskragende Träger mit Abstrebungen (Tafel 78)
Die einseitig eingespannten Träger haben nur eine geringe Tragfähigkeit. Sie tragen häufig Balkone, jedoch selten Erker.

3.3.2. Lastableitung

Bemessung bei Biegebeanspruchung. Einseitig eingespannte Träger und auskragende Träger wurden für das negative Biegemoment am Auflager bzw. an der Einspannung bemessen. Den Architekten und Baumeistern standen Tabellen zur Verfügung, denen sie das notwendige Profil entnehmen konnten. So gab SCHAROWSKY [36] 1888; [37] 1908 für *ein* I-Profil oder für *zwei miteinander verbundene* C-Profile die erforderlichen Trägermaße in Abhängigkeit von der Belastung und von der Länge der Auskragung an (Tabellen 24 und 25).
Bei der Berechnung dieser Tabellen ging SCHAROWSKY davon aus, daß die Träger jeweils folgende Anforderungen erfüllen mußten:
Biegespannungen
1888: vorh. $\sigma \leq 85$ N/mm²   (850 kg/qcm)
1908: vorh. $\sigma \leq 87{,}5$ N/mm²   (875 kg/cm²)
»Scherkraft« (Schubspannungen)
1888: vorh. $\tau \leq 68$ N/mm²   (680 kg/qcm)
1908: vorh. $\tau \leq 70$ N/mm²   (700 kg/cm²)

Tabelle 24. Zulässige Einzellast in kN bei einseitig eingespannten Trägern, die aus einem I-Profil aus Walzstahl bestehen, nach SCHAROWSKY [36] 1888. Die Umrechnung erfolgte für 1000 kg ≙ 10 kN.

Laststellung:

Normalprofil	Trägerlänge l in m										
	0,1	0,2	0,3	0,4	0,5	0,75	1,00	1,25	1,50	1,75	2,00
8	16,66	8,32	5,54	4,15	3,13	1,38	0,76	0,47	0,32	0,22	0,15
9	22,27	11,13	7,41	5,55	4,44	2,08	1,15	0,72	0,48	0,34	0,24
10	29,24	14,61	9,73	7,29	5,83	3,03	1,69	1,06	0,72	0,51	0,37
11	37,23	18,61	12,40	9,29	7,42	4,25	2,37	1,50	1,02	0,72	0,53
12	46,68	23,41	15,59	11,69	9,34	5,85	3,27	2,07	1,41	1,01	0,74
13	57,54	28,76	19,16	13,36	11,48	7,63	4,35	2,76	1,89	1,35	1,01
14	70,29	35,13	23,41	17,55	14,02	9,32	5,74	3,64	2,49	1,80	1,34
15	84,06	42,02	28,00	19,98	16,77	11,15	7,36	4,67	3,21	2,32	1,74
16	100,3	50,13	33,41	25,04	20,02	13,31	9,37	5,96	4,09	2,96	2,23
17	118,1	59,06	39,35	29,50	23,58	15,68	11,70	7,44	5,12	3,71	2,79
18	137,7	68,83	45,86	34,38	27,49	18,28	13,66	9,24	6,37	4,62	3,49
19	158,9	79,45	52,95	39,69	31,73	21,10	15,78	11,28	7,78	5,66	4,27
20	183,6	91,77	61,16	45,85	36,65	24,38	18,23	13,71	9,49	6,89	5,21
21	209,1	104,5	69,65	52,22	41,75	27,77	20,77	16,42	11,34	8,26	6,25
22	238,8	119,4	79,56	59,65	47,69	31,73	23,73	18,91	13,55	9,88	7,49
23	269,4	134,7	89,76	67,30	53,81	35,80	26,78	21,35	16,00	11,67	8,85
24	303,4	151,7	101,1	75,79	60,60	40,32	30,16	24,05	18,85	13,76	10,45
26	365,1	189,5	126,3	94,69	75,72	50,39	37,70	30,07	24,96	18,66	14,18

Tabelle 25. Zulässige Einzellast in kN bei einseitig eingespannten Trägern, die aus zwei [-Profilen aus Walzstahl bestehen, nach SCHAROWSKY [36] 1888. Die Umrechnung erfolgte für 1000 kg ≙ 10 kN.

Laststellung:

Normalprofil	Trägerlänge l in m										
	0,1	0,2	0,3	0,4	0,5	0,75	1,00	1,25	1,50	1,75	2,00
5	18,18	9,08	5,94	3,33	2,12	0,92	0,49	0,29	0,18	0,10	0,05
6,5	30,42	15,20	10,12	7,24	4,62	2,03	1,11	0,68	0,44	0,29	0,18
8	45,38	22,68	15,10	11,31	8,53	3,76	2,08	1,29	0,85	0,59	0,41
10	70,37	35,17	23,43	17,55	14,02	7,30	4,06	2,55	1,72	1,21	0,88
12	104,2	52,08	34,70	26,00	20,78	13,01	7,26	4,59	3,12	2,23	1,64
14	147,9	73,92	49,25	36,91	29,50	19,60	12,06	7,65	5,23	3,77	2,81
16	197,2	98,56	65,68	49,23	39,35	26,15	18,50	11,75	8,07	5,84	4,38
18	258,4	129,2	86,07	64,51	51,57	34,29	25,62	17,25	11,88	8,62	6,49
20	328,1	164,0	109,3	81,92	65,49	43,56	32,56	24,43	16,85	12,25	9,26
22	419,9	209,9	139,9	104,9	83,83	55,77	41,70	33,23	23,78	17,33	13,12
26	635,8	317,8	211,8	158,8	126,9	84,49	63,20	50,39	41,82	31,22	23,72
30	799,5	457,2	304,7	228,5	182,7	121,6	91,00	72,59	60,28	51,46	39,63

Größte Durchbiegung f
1888: $f \leq 1/600$
1908: $f \leq 1/500$

Bei diesen Berechnungen wurde das Biegemoment häufig nicht auf die Vorderkante des Mauerwerks, sondern auf die Mitte der untenliegenden Auflagerplatte oder auf die Mitte der Wand bezogen.

Neben den Trägern mit gerader Stabachse gab es auch Träger, die gekrümmt eingebaut wurden und Balkone und Erker mit halbkreisförmigem Querschnitt ergaben (Tafel 82; [8]). In diesen Fällen entsteht zusätzlich zur Biegebeanspruchung eine Beanspruchung auf Torsion.

Für diese Situation entwickelte M. KOENEN eine Lösung [41] 1885, nach der ohne großen Aufwand das erforderliche I-Profil berechnet werden konnte. Allerdings setzte KOENEN für den Verdrehwiderstand des I-Profils einen vereinfachten Ansatz an.

Im Gegensatz dazu vernachlässigte z.B. der Deutsche Baukalender von 1925 [42, S. 171] die Torsionsbeanspruchung und empfahl eine Bemessung ausschließlich nach der Biegebeanspruchung.

Bemessung der Einspannung im Mauerwerk. Viele Balkone werden von der Einspannung im Mauerwerk getragen. Während bei Decken die Einspannung im Mauerwerk nur unter Vorbehalten und in abgeminderter Form berücksichtigt wurde und bei eingespannten Treppenstufen zumindest eine teilweise Lastabtragung zum Podestträger möglich ist, schwebt der Balkon frei vor der Hauswand, und die Einspannung gibt ihm den einzigen Halt.

Im 19. Jahrhundert wurde die Einspannung von Balkonen im Mauerwerk grundsätzlich für möglich gehalten. Allerdings wurden auch die Gefahren erkannt.

So schrieb MÜLLER im Jahre 1883 [43]:

»... mit welchen Gefahren die Anlage von Erkern verbunden sein kann, wenn nicht die nötigen Vorsichtsmaßregeln getroffen sind, und der Schwerpunkt der ganzen Untersuchung liegt demnach weniger in Berechnung der Eisenstärken, sondern in dem Auflager der Ausleger in der Wand, der Druckverteilung und dem Kantungsmomente.«

3.3. Balkone und Erker aus Stahl oder Gußeisen

Das von der Außenwand aufnehmbare Moment wurde auf sehr unterschiedliche Weise berechnet. Es wurden verschiedene Annahmen zur Spannungsverteilung angesetzt. Die Berechnungsannahmen haben die Form der Konstruktion, z.B. die Größe und Lage der Auflagerplatten, stark beeinflußt. Deshalb werden im folgenden unterschiedliche Berechnungsansätze gegenübergestellt.

Die Kurzbezeichnungen wurden den heute üblichen Bezeichnungen angeglichen. In den Beispielen wurden die damaligen Einheiten auf die jetzt verbindlichen SI-Einheiten umgerechnet.

MÜLLER ging 1883 [43] davon aus, daß
– oberhalb und unterhalb des eingespannten Trägers gußeiserne Platten liegen müssen, die über die gesamte Wandbreite reichen (Tafel 76; [1], [2]);
– keine klaffende Fuge eintritt und die Spannung über die gesamte Wandbreite dreieckförmig verteilt ist.

»Die Ausleger in der 2 Stein starken Mauer müssen oberhalb und sowie unten gußeiserne Verteilungsplatten erhalten, da sonst das Mauerwerk unbedingt zerstört wird.«

Eine Auskragung des Mauerwerks wurde von MÜLLER günstig bewertet, weil dadurch der Abstand der Kräfte G sich vergrößert und somit von diesem Kräftepaar ein größeres Moment aufgenommen werden kann.

FOERSTER ließ den Ansatz nach Tafel 76; [3], [4] auch noch 1924 für »einfache Fälle« zu [44, S. 266] 1924; [45, S. 212] 1909:

$$F_1 = \frac{\sigma_3 \cdot s \cdot b}{2}$$

$$M = F_1 \cdot \frac{s}{3} = \frac{1}{6} \cdot \sigma_3 \cdot s^2 \cdot b$$

$$\sigma_3 = \frac{6M}{s^2 \cdot b}$$

$$s = \sqrt{\frac{6M}{b \cdot \sigma_3}} \quad \text{mit } \sigma_3 = \text{zul. } \sigma$$

Beispiel nach FOERSTER:

Trägerbreite $b = 100$ mm
Moment $M = 3$ kNm
zulässige Spannung zul. $\sigma = 1{,}1$ N/mm²

$$s = \sqrt{\frac{6 \cdot 3 \cdot 10^6}{100 \cdot 1{,}1}} = 404 \text{ mm}$$

Zur Einspannung ist also mindestens eine 2 Stein dicke (490 mm) Wand erforderlich. Die Auflast auf dem Träger müßte mindestens

$$F_1 = 1{,}1 \cdot 400 \cdot 100 \cdot 0{,}5 = 22\,000 \text{ N} = 22 \text{ kN}$$

betragen.

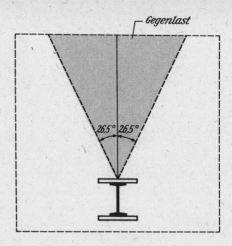

Bild 21. Annahme der Gegenlast aus Mauerwerk nach BREYMANN [47] 1890

Als Gegengewicht wurde nicht nur ein Wandstreifen von der Breite des Trägers angesetzt. BREYMANN nahm an, daß ein »kegelförmiger Ausschnitt« aus dem Mauerwerk die Gegenlast bildet (Bild 21).

»Von dem auflastenden Mauerwerk kann man erfahrungsmäßig als zur Wirkung kommend einen ... Kegel, dessen Seiten mit der Lotrechten einen Winkel von etwa 26,5° bilden, ansehen.«

Die wirkende Auflast F_W wird dann

$$F_W = \frac{h^2 \cdot d}{2} \cdot \gamma$$

γ Wichte; Normwert der Eigenlast des Mauerwerks

Selbstverständlich sind Fenster- und Türöffnungen abzuziehen. Die erforderliche Wandhöhe wird dann bei *voller* Außenwand

$$h = \sqrt{\frac{2 \cdot F_W}{d \cdot \gamma}}$$

GREGOR [46, S. 95] 1960 ließ z.B. folgende Erweiterung des mitwirkenden Wandstreifens zu (Bild 22):

»Die durch die Plattenbreite bzw. durch die Trägerplatte erfaßte Wand darf nach oben um 60° verbreitert angenommen werden; dabei sind die im erfaßten Wandbereich gelegenen Öffnungen der Fenster und Türen zu berücksichtigen.«

Wenn allerdings Balkon über Balkon lag, wurde nur das Wandgewicht *einer* Geschoßhöhe in Rechnung gestellt, die einwirkende Last der Decke wurde mitgenutzt.

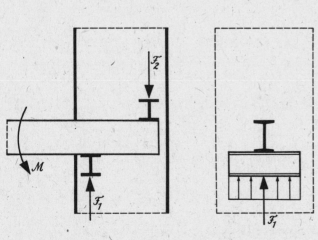
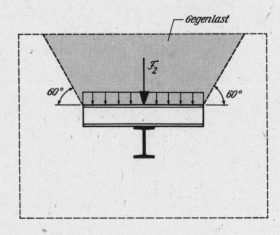

Bild 22. Flächenpressung und Gegenlast am eingespannten Balkonträger nach GREGOR [46] 1960

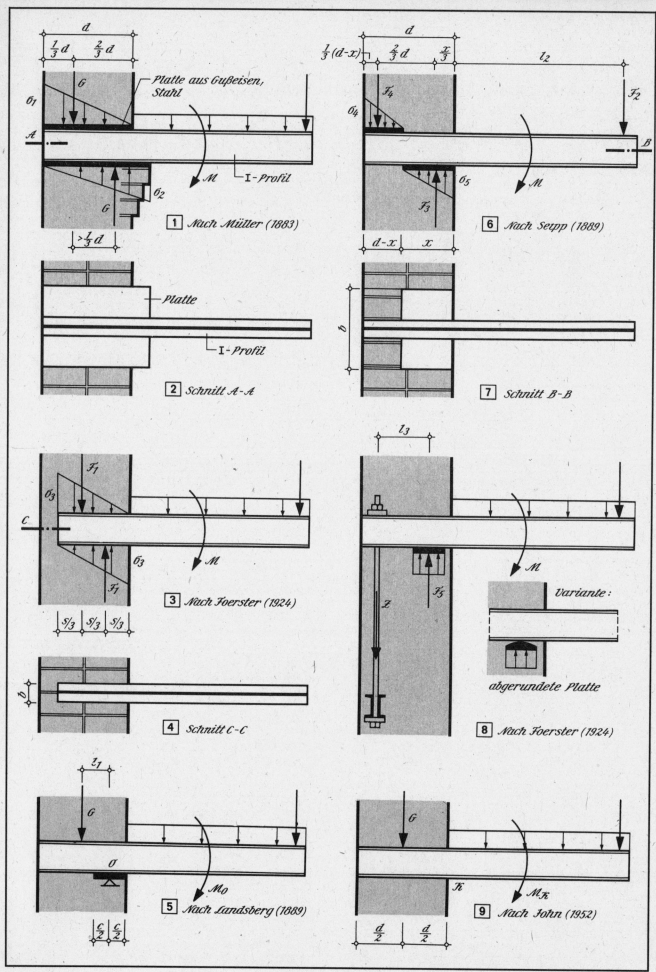

Tafel 76   Ansätze zur Bemessung der Einspannung von Balkonträgern

3.3. Balkone und Erker aus Stahl oder Gußeisen

SEIPP gab im Zentralblatt der Bauverwaltung von 1889 [14] ein anderes Berechnungsverfahren zur »Befestigung von Freiträgern« an. Er traf folgende Annahmen (Tafel 76; [6], [7]):
- Unterhalb und oberhalb des Trägers liegen Platten zur Lastverteilung.
- Die Länge der Platten ist unterschiedlich und das Ergebnis einer Berechnung. Die Platten haben die gleiche Breite b.
- Die Kraftübertragung findet nur an den Platten statt. An der Fuge zwischen Träger und Mauerwerk wird keine Kraft übertragen.

SEIPP kam zu folgenden Ansätzen:

Spannungen

$$\sigma_4 = \frac{2 \cdot F_2 \cdot (3l_2 + d)}{b \cdot d^2}$$

$$\sigma_5 = \frac{2 \cdot F_2 \cdot (3l_2 + 2d)}{b \cdot d^2}$$

Erforderliche Plattenlängen

$$x = \frac{d \cdot \sigma_5}{\sigma_4 + \sigma_5} = \frac{d}{3} \cdot \frac{3l_2 + 2d}{2l_2 + d}$$

Wirkende Kräfte bzw. erforderliche Auflast

$$F_3 = 0{,}5 \cdot \sigma_5 \cdot x \cdot b$$

$$F_4 = 0{,}5 \cdot \sigma_4 \, (d - x) \, b$$

Einen ähnlichen Ansatz wählte LÖSER im Jahre 1910 [51]. Er stellte die Gleichungen jedoch so um, daß Platten verschiedener Breite berechnet werden konnten. Außerdem nahm er an, daß neben Platten aus Gußeisen oder Stahl auch Natursteinblöcke zur Lastverteilung eingebaut werden.
FOERSTER [44] 1924 und GREGOR [46] 1960 schlugen den Einbau schmaler Platten, gegebenenfalls auch rechtwinklig zur Achse des Freiträgers liegender I- oder L-Profile vor (Tafel 76; [8]).
FOERSTER empfahl eine Ausrundung der Platten, da durch eine mittige Lasteintragung eine gleichmäßige Spannungsverteilung unter der Platte erreicht wird.
BREYMANN [47, S. 57] 1890 (Bild 23) leitete die Spannungsverteilung aus »Biegung mit Längskraft« her:
Er legte seiner Betrachtung die Summe der Vertikallasten am Balkon zugrunde

$$F_6 = \sum F_v$$

Spannungsverteilung ohne Auflast

$$\sigma_6 = \frac{F_6}{b \cdot d} - \frac{M_s}{W}$$

$$\sigma_7 = \frac{F_6}{b \cdot d} + \frac{M_s}{W}$$

Mit dem Widerstandsmoment $W = b \cdot d^2 / 6$

$$\sigma_6 = \frac{1}{b \cdot d} \cdot \left(-\frac{6 M_s}{d} + F_6 \right)$$

$$\sigma_7 = \frac{1}{b \cdot d} \cdot \left(+\frac{6 M_s}{d} + F_6 \right)$$

Breite der untenliegenden Platte

$$b_1 = \frac{1}{d \cdot \text{zul.}\,\sigma} \cdot \left(\frac{6 M_s}{d} + F_6 \right)$$

Breite der obenliegenden Platte

$$b_2 = \frac{1}{d \cdot \text{zul.}\,\sigma} \cdot \left(\frac{6 M_s}{d} - F_6 \right)$$

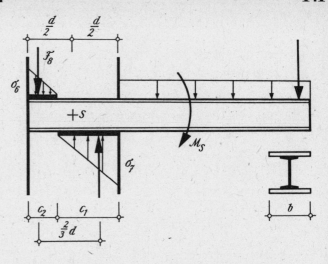

Bild 23. Zur Berechnung der Einspannung von Balkonträgern – Ansatz nach BREYMANN [47] 1890

Länge der Platten

$$c_1 + c_2 = d$$
$$c_1 : c_2 = \sigma_7 : \sigma_6$$
$$c_1 : c_2 = (d \cdot F_6 + 6 M_s) : (6 M_s - d \cdot F_6)$$

Beispiel: Für den in Bild 24 dargestellten Balkon entwickelte BREYMANN mit zul. $\sigma = 0{,}8$ N/mm²

$$F_6 = 5{,}5 \cdot 1{,}2 + 8{,}5 = 15{,}1 \text{ kN}$$
$$M_s = 5{,}5 \cdot 1{,}2 \cdot (1{,}2/2 + 0{,}32) + 8{,}5 \, (1{,}2 + 0{,}32)$$
$$M_s = 18{,}99 \text{ kNm}$$

Erforderliche Plattenbreite, unten

$$b_1 = \frac{1}{640 \cdot 0{,}8} \cdot \left(\frac{6 \cdot 18{,}99 \cdot 10^6}{640} + 15{,}1 \cdot 10^3 \right)$$

$$b_1 = 377 \text{ mm}$$

Erforderliche Plattenbreite, oben

$$b_2 = \frac{1}{640 \cdot 0{,}8} \cdot \left(\frac{6 \cdot 18{,}99 \cdot 10^6}{640} - 15{,}1 \cdot 10^3 \right)$$

$$b_2 = 318 \text{ mm}$$

Erforderliche Plattenlänge

$$\frac{c_1}{c_2} = \frac{640 \cdot 15{,}1 \cdot 10^3 + 6 \cdot 18{,}99 \cdot 10^6}{6 \cdot 18{,}99 \cdot 10^6 - 640 \cdot 15{,}1 \cdot 10^3} = 1{,}18$$

$$c_1 + c_2 = 640$$

$$c_1 = 347 \text{ mm}; \; c_2 = 293 \text{ mm}$$

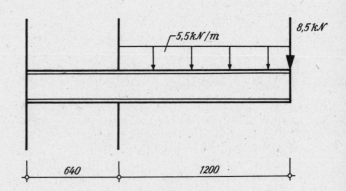

Bild 24. Zum Bemessungsbeispiel nach BREYMANN [47] 1890

Es entsteht das Momentengleichgewicht mit

$$F_8 \cdot \frac{2}{3} d = M_s$$

$$F_8 = \frac{3 \cdot 18{,}99 \cdot 10^3}{2 \cdot 640} = 44{,}5 \, kN$$

Das könnte durch eine Wand mit einer Normeigenlast von 16 kN/m³ und folgender Höhe erzeugt werden.

$$erf. \, h = \sqrt{\frac{2 \cdot 44{,}5}{0{,}64 \cdot 16}}$$

$$erf. \, h = 2{,}94 \, m$$

Oder es müßte ein Anker von 2,94 m Länge eingebaut werden.

Während die zuvor genannten Berechnungsverfahren von der Annahme einer Spannungsverteilung ausgingen, gab es auch solche, bei denen nur das Kippmoment mit einem möglichen Einspannmoment verglichen wurde.

Das Handbuch für Architektur von 1889 [48, S.138] bezog das Kippmoment auf die Mitte der untenliegenden Verteilungsplatte und forderte (Tafel 76; 5):

$$G \cdot l_1 = M_o \cdot n$$

Es wurde ein Sicherheitsfaktor n eingeführt, der die Belastung des Balkons und damit das Kippmoment vergrößerte.

»Es dürfte sich empfehlen, n nicht kleiner als 4 zu nehmen.«

Auch noch 60 Jahre später berechnete JOHN die Einspannung auf ähnliche Weise [49; S.58] (Tafel 76; 9):

»Damit der Balkon einschließlich aller Lasten nicht um den Punkt k kippen kann, muß das Kippmoment der Mauerauflast doppelt so groß sein wie das Kippmoment des Kragbalkens, wenn zweifache Kippsicherheit vorhanden sein soll.«

$$G \cdot \frac{d}{2} = M_k \cdot 2$$

Es ist auffällig, daß LANDSBERG im Handbuch für Architektur und JOHN die Kantenpressung überhaupt nicht untersuchen bzw. zumindest konstruktiv berücksichtigen.

Die Bewertung der Konstruktion »im Mauerwerk eingespannter Träger« hat sich im Verlauf der Jahrzehnte verändert. DIESENER [50, S.82] kritisierte im Jahre 1898 zwar die verschiedenen Bemessungsverfahren, befürwortete aber die Konstruktion:

»Wie viel Mauerwerk auf der Ankerplatte ruhen muß, damit die angestrebte Verankerung wirklich bestehe, ist nicht genau zu berechnen. Überschlägliche Berechnungen und die Erfahrungen zeigen aber, daß man diese Konstruktion mit ausreichender Sicherheit selbst in dem obersten, 0,38 m in seinen Frontwänden starken Geschoß eines Gebäudes anwenden darf, unter der Voraussetzung, daß die Träger in einem Pfeiler und nicht in einem Fenster oder der Tür zu liegen kommen.«

GREGOR dagegen lehnt 1960 die Konstruktion überhaupt ab [46, S.94]:

»Wandeinspannungen kommen hauptsächlich bei Balkon-, Erker- und Dachausbauträgern vor. Aber auch hierfür sind im Mauerwerk eingespannte Kragträger möglichst zu vermeiden.«

Lasten von Erkern. Während bei Balkonen nur die Eigenlasten und Verkehrslasten *eines* Balkons aufzunehmen sind, gibt es bei Erkern 3 Möglichkeiten der Lastableitung:
– Jede Trägerlage übernimmt die Eigenlast und Verkehrslast eines Geschosses.

So hat z.B. SCHAROWSKY 1888 [36] zur Bemessung des in Tafel 83; 5 dargestellten Erkers, der sich über mehrere Geschosse erstreckt, angenommen, daß in jedem Geschoß eine Trägerlage vorhanden ist, die die Last ihres Geschosses trägt.

Er traf folgende Lastannahmen (Tafel 83; 6):

»Umfassungswände aus porösen Steinen
$[4{,}7 \cdot (1{,}6 \cdot 2 + 2{,}5) - 3{,}5 \cdot (0{,}82 \cdot 2 + 1{,}4)] \cdot 0{,}38 \cdot 1300$ = 7980 kg
Brüstungsmauerwerk aus porösen Steinen
$(1{,}4 + 2 \cdot 0{,}82) \cdot 0{,}8 \cdot 0{,}25 \cdot 1300$ = 790 kg
Zuschlag für Gesimse
$(2{,}5 + 2 \cdot 1{,}6) \cdot 100$ = 570 kg
Decken und Dachlast
$0{,}5 \cdot (4{,}5 + 2{,}5) \cdot (1{,}3 : 2) \cdot 400$ = 910 kg
Decke zwischen den Konsolträgern
$0{,}5 \cdot (4{,}5 + 2{,}5) \cdot 1{,}3 \cdot 500$ = 2280 kg
                                                                                                                    ―――――
                                                                                                                    12530 kg«

Der damaligen Lastannahme von 100 kg entspricht die heutige Lastannahme von 1 kN. Für den Erker wurde also eine Gesamtlast von 125,3 kN angenommen.
Die »400 kg/m²« beziehen sich auf die Eigenlast der Decke, die »500 kg/m²« sind die Lastannahme für die Verkehrslast.
– Die unterste Trägerlage übernimmt das Gewicht des gesamten Erkers.
Und selten, aber möglich:
– Eine Trägerlage wird durch die Wände usw. des jeweiligen *und* des darunterliegenden Geschosses belastet. Der Erker in dem darunterliegenden Geschoß wurde mit Zugstangen angehängt.

3.3.3. Konstruktionsbeispiele

Konsolen aus Gußeisen oder Stahl. Ein in sich starres rechtwinkliges Dreieck hängt vor der Fassade und ist durch Bolzen und Ankerplatten oder durch Flachstahlanker mit der Außenwand verbunden (Tafel 77 und Tafel 79; 1, 2).
Von der Grundform des Dreiecks wurde oft abgewichen:
– Die lange Seite des Dreiecks ist gekrümmt (Tafel 77; 1).
– Der Innenraum des Dreiecks ist mit Ringen oder mit einem Gitterwerk aus Flachstahl ausgefüllt, und dadurch wird die Konstruktion ausgesteift (Tafel 77; 2, 4).
– Das Dreieck wird von schmiedeeisernen Schmuckformen (z.B. Rankwerk mit Blättern) verdeckt, so daß die tragenden Seiten des Dreiecks kaum noch zu erkennen sind.
Die gußeiserne Konsole nach Tafel 77; 1 wurde durch zwei Ankerbolzen und eine Ankerplatte, die an der Innenseite der Außenwand liegt, mit der Außenwand verbunden. Diese Konstruktion kam vor allem zur Befestigung gußeiserner Konsolen zur Anwendung. Die Konsolen nach Tafel 77; 2 und 4 enthalten am Fuß Verbreiterungen, um die Vertikalkräfte des Balkons sicher in die Außenwand einzuleiten.
Die Konsole wurde auch mit der Balkenlage verbunden (Tafel 79; 2).

»Bei schmiedeeisernen Konsolen ist es am einfachsten und am rationellsten, das waagerechte Rahmstück entsprechend nach rückwärts zu verlängern, dasselbe durch die Mauer hindurchzustecken und an einem Tragbalken der Balkenlage zu befestigen« [25, S.76] 1891.

Es gibt Mischformen. Die in Tafel 77; 3 dargestellte gußeiserne Konsole gehört zu einem Erker in Halle (Saale). Die Konsole unterstützt ein auskragendes I-Profil NP 10, das allein die Lasten des Erkers nicht tragen kann.
Der Belag der Balkone und Umgänge wurde auf verschiedene Weise ausgeführt. Er besteht aus
– Holzbohlen
– Blechplatten, die durch L-Profile oder durch hochkant gestellte Flachstähle unterstützt werden
– Natursteinplatten
– Beton auf Wellblech.

Tafel 77; 1   nach [8] 1903
Tafel 77; 2   nach [7] 1920
Tafel 77; 3   nach [25] 1891
Tafel 77; 4   nach [47] 1890

3.3. Balkone und Erker aus Stahl oder Gußeisen

Tafel 79; [1]   nach [58] 1933
Tafel 79; [2]   nach [25] 1891

Träger mit Streben. Streben haben die Aufgabe, den auskragenden oder den eingespannten Balkonträger zu stützen. Sie nehmen Lasten auf und leiten sie ins Mauerwerk der Außenwand.
Die wirkenden Kräfte wurden in der üblichen Weise ermittelt. Die Knoten wurden als Gelenke betrachtet, und die Kräfte wurden in Richtung der Stabachsen zerlegt.
Bei dem in Tafel 78; [1] dargestellten Balkon handelt es sich um eine frühe Konstruktionsform, sie wurde z. B. von LIEBOLD 1869 empfohlen [29, S. 177].
Auffällig ist die Verwendung von Eisenbahnschienen und der Einbau preußischer Kappen. Der Gewölbeschub der preußischen Kappe wurde von Ankerstäben getragen.
Die Balkone nach Tafel 78; [1] und [2] haben einen sehr ähnlichen Aufbau, aber eine völlig andere Form der Lastableitung. Die Strebe nach Bild [1] wird voll belastet und trägt mit. Dagegen ist die Strebe nach Bild [2] nur eine Hilfskonstruktion, die der Befestigung der Verkleidung der Balkonunterseite dient. Sie besteht nur aus einem Flachstahl, und um eine Lasteinleitung völlig auszuschließen, wurde sie mit einem Langloch an den Balkonträger angeschlossen. Der Balkonträger ist ein eingespannter Träger mit zusätzlicher Verankerung.
Die Spannrichtung der preußischen Kappe kann parallel und rechtwinklig zur Außenwand (Tafel 78) verlaufen.
Nach 1900 ging die Anwendung der alten Eisenbahnschienen zurück, und es wurden vor allem Normalprofile verwendet (Tafel 79; [3]).
Die Unterseiten der Balkone und vor allem die der Erker wurden verkleidet. Zu diesem Zweck wurde kaum teurer Naturstein eingesetzt, sondern es wurden billige Ersatzstoffe verwendet, wie Gips, Zinkblech und Putz auf Rabitzgewebe, die so geformt und angestrichen wurden, daß der Eindruck von Naturstein entstehen sollte (Tafel 78; [1], [2]).

Tafel 78; [1]   nach [25] 1891, ähnlich in [29] 1869
Tafel 78; [2]   nach [50] 1898
Tafel 79; [3]   nach [47] 1890
Tafel 79; [4]   nach [29] 1869

Träger mit Zugstangen. Das freie Ende der Balkonträger konnte auch durch Zugstangen (»Hängestange«) gehalten werden. Der Anschluß der Stangen aus Rundstahl oder Quadratstahl am Träger erfolgte in Form einer Öse, die einen Bolzen umschloß. Im Mauerwerk wurden Abschnitte von Stahlprofilen eingemauert und mit Hilfe von Muttern mit den Zugstangen verbunden (Tafel 79; [5], [6]). Flachstäbe wurden auch mit zwei oder mehr Schrauben am Balkonträger befestigt (Tafel 80).
Da die Zugstangen das architektonische Bild stören, wurden sie meist nur zum Bau von Erkern angewendet, bei denen sie in den Seitenwänden verborgen werden konnten.
In einzelnen Fällen wurde die Hängestange auch in das schmiedeeiserne Balkongitter eingebaut.

Tafel 79; [5]   nach [8] 1903
Tafel 79; [6]   nach [47] 1890
Tafel 80; [1], [2], [3]   nach [50] 1898

Eingespannte Kragträger. Im vorigen Jahrhundert wurde diese Konstruktion (Tafel 82; [1]) häufig zum Bau von Balkonen angewendet. Meist wurden I-Profilen, C-Profile oder Schienen eingebaut.
Einen Balkon auf eingemauerten Trägern, deren freie Enden *nicht* miteinander verbunden sind, zeigt Tafel 81; [1]. Auf den Trägern ruht eine Natursteinplatte, in die das Geländer eingelassen ist.
Die untere Druckverteilungsplatte liegt auf einem Natursteinquader, und die eingemauerten Enden der Träger sind durch ein C-Profil miteinander verbunden. Bei dem Balkon nach Tafel 81; [2] faßt ein C-Profil die freien Enden der Träger, und es entsteht ein Rahmen. Zusätzlich zu den Auflagerplatten ist eine vertikale Verankerung vorhanden. Ähnlich ist die Ausführung im Bild [3]. Zur Druckverteilung werden bei diesen »jüngeren« Konstruktionen statt Platten Winkelprofile angeordnet.
Tafel 81; [4] zeigt einen einfachen Balkon, der in dieser sparsamen Ausführung häufig gebaut wurde. Ein Rahmen aus C-Profilen ist im Mauerwerk verankert. Der Balkonboden wird durch ein Riffelblech gebildet, und das Balkongitter aus Flachstahl ist an den C-Profilen befestigt.
Der Flurumgang nach Tafel 81; [5] besteht aus Kragträgern, die nur 380 mm in das Wandmauerwerk einbinden und zwischen denen ein flaches Ziegelgewölbe gespannt ist. Auf dem Gewölbe liegt ein Asphaltbelag.

Tafel 81; [1]   nach [8] 1903
Tafel 81; [2]   nach [8] 1903
Tafel 81; [3]   nach [17] 1951
Tafel 81; [4]   nach [58] 1933; [59] 1953
Tafel 81; [5]   nach [12] 1885

Trägerlagen. Es brachte statische Vorteile, die Stahlträger nicht im Mauerwerk der Außenwand zu verankern, sondern sie ins Innere der Gebäude zu führen (Tafel 83; [5]). Das setzte jedoch voraus, daß in der Decke Stahlträger vorhanden sind und diese rechtwinklig zur Außenwand liegen.
Bei Holzbalkendecken reichen Balkon- und Erkerträger aus Stahl ebenfalls in das Gebäudeinnere und sind dort mit den Holzbalken verbunden (Tafel 82; [2]).
Wenn jedoch die Holzbalken nicht rechtwinklig zur Außenwand verlaufen, mußten Gegenträger oder Wechselträger eingebaut werden, die die Balkon- und Erkerträger verankern (Tafel 82; [5]) und gegebenenfalls auch als Auflager für Holzbalken dienen (Tafel 82; [3] und Tafel 83; [1]). Die Wechselträger sind in innenliegenden Querwänden oder – an den Gebäudeecken – in Außenwänden eingespannt.
Eine Verankerung in einer Innenwand konnte auch auf die in Tafel 82; [7] dargestellte Weise durch einen schrägliegenden Träger erreicht werden.
Eckhäuser mit stumpfen Ecken erhielten häufig einen Erker an der Gebäudeecke. Mögliche Stützungen des Eckerkers zeigen Tafel 82; [3], [4], [6] und Tafel 83; [1].
Bei diesen Konstruktionen liegen die Stahlprofile entweder in *einer* Ebene oder in zwei Ebenen *übereinander*.
Wenn die Träger sich in einer Ebene befinden, kamen z. B. die folgenden Anschlüsse zur Anwendung:
– Verbindung von zwei oder mehr I-Profilen miteinander (Tafel 83; [3], [4])
– Verbindung von I-Profil und Holzbalken (Tafel 83; [2])
Bei Trägeranordnungen in zwei Ebenen wurden die Träger übereinander gestellt und durch Schrauben miteinander verbunden (Tafel 78; [1], [2]).

Tafel 83; [1] bis [4]   nach [58] 1933; [59] 1953
Tafel 83; [5]   nach [36] 1888

Die angegebenen statischen Werte dienen nur einem Vergleich. Bei erneutem Tragfähigkeitsnachweis ist von dem gegenwärtigen Bauzustand und den zur Zeit verbindlichen Vorschriften auszugehen.

144 3. Balkone und Erker

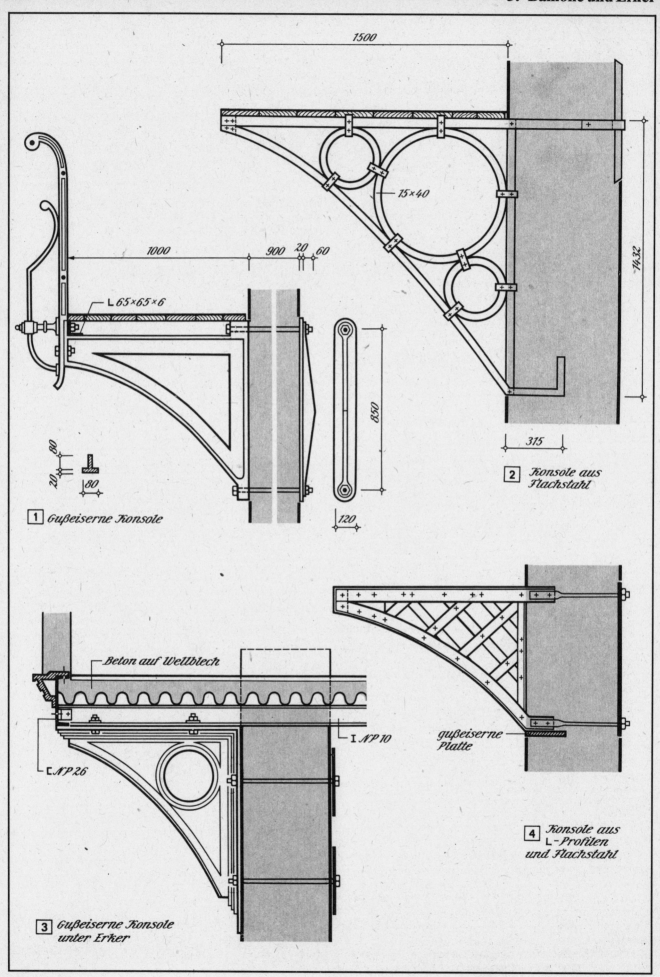

Tafel 77 Balkone auf Konsolen I

3.3. Balkone und Erker aus Stahl oder Gußeisen

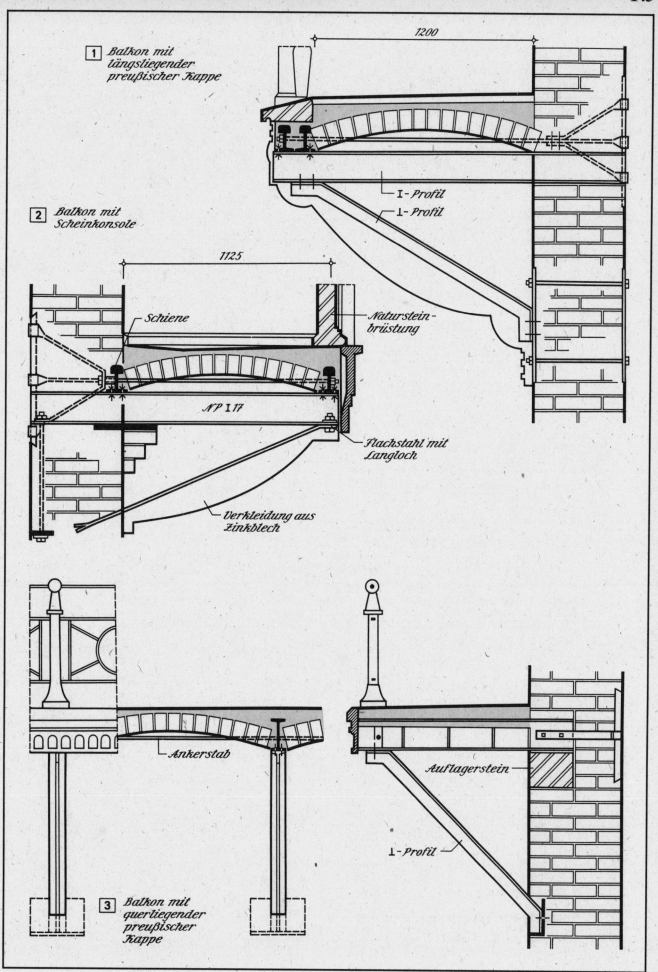

Balkone auf Konsolen II — Tafel 78

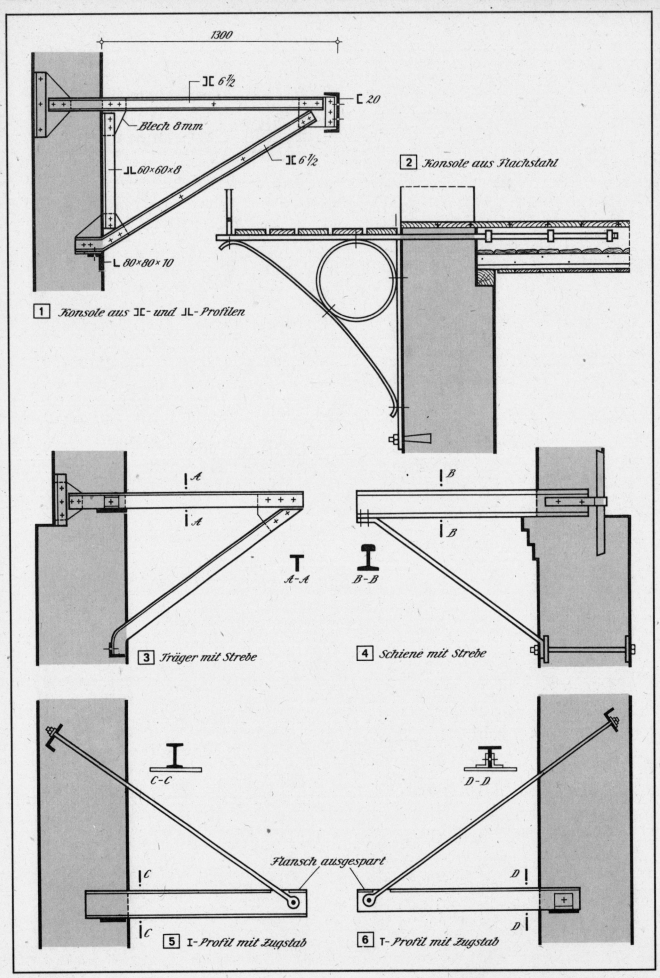

Tafel 79 — Balkone auf Konsolen III

3.3. Balkone und Erker aus Stahl oder Gußeisen

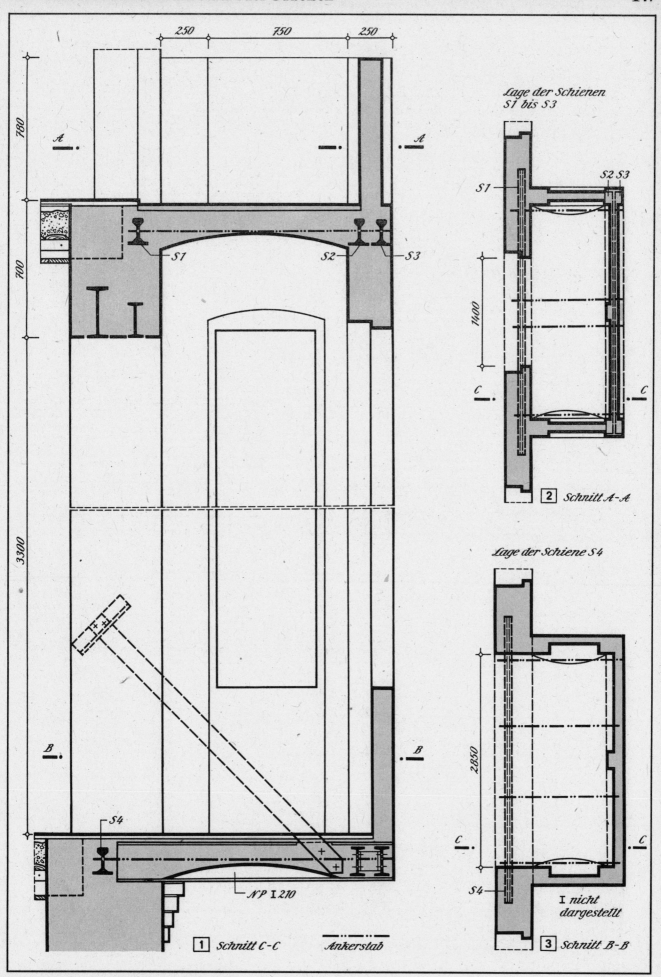

Stahlschienen in einem Erker — Tafel 80

148 3. Balkone und Erker

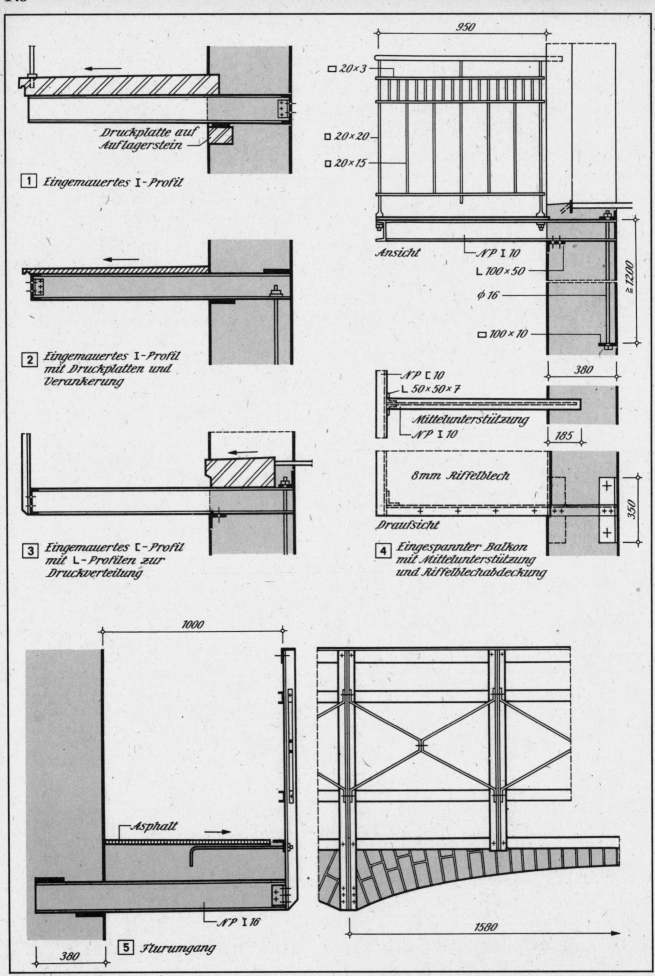

1 Eingemauertes I-Profil
2 Eingemauertes I-Profil mit Druckplatten und Verankerung
3 Eingemauertes [-Profil mit L-Profilen zur Druckverteilung
4 Eingespannter Balkon mit Mittelunterstützung und Riffelblechabdeckung
5 Turumgang

Tafel 81　　　　　　　　　　　　　　　　　　Balkone auf eingespannten Trägern

3.3. Balkone und Erker aus Stahl oder Gußeisen

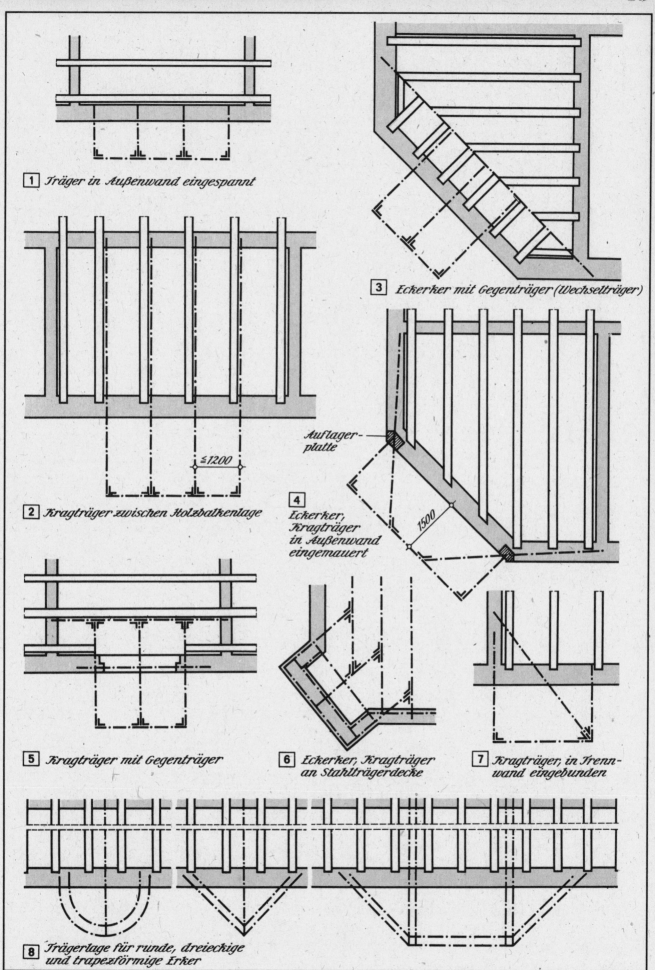

1 Träger in Außenwand eingespannt
2 Kragträger zwischen Holzbalkenlage
3 Eckerker mit Gegenträger (Wechselträger)
4 Eckerker, Kragträger in Außenwand eingemauert
5 Kragträger mit Gegenträger
6 Eckerker, Kragträger an Stahlträgerdecke
7 Kragträger, in Trennwand eingebunden
8 Trägerlage für runde, dreieckige und trapezförmige Erker

Trägerlagen I   **Tafel 82**

3. Balkone und Erker

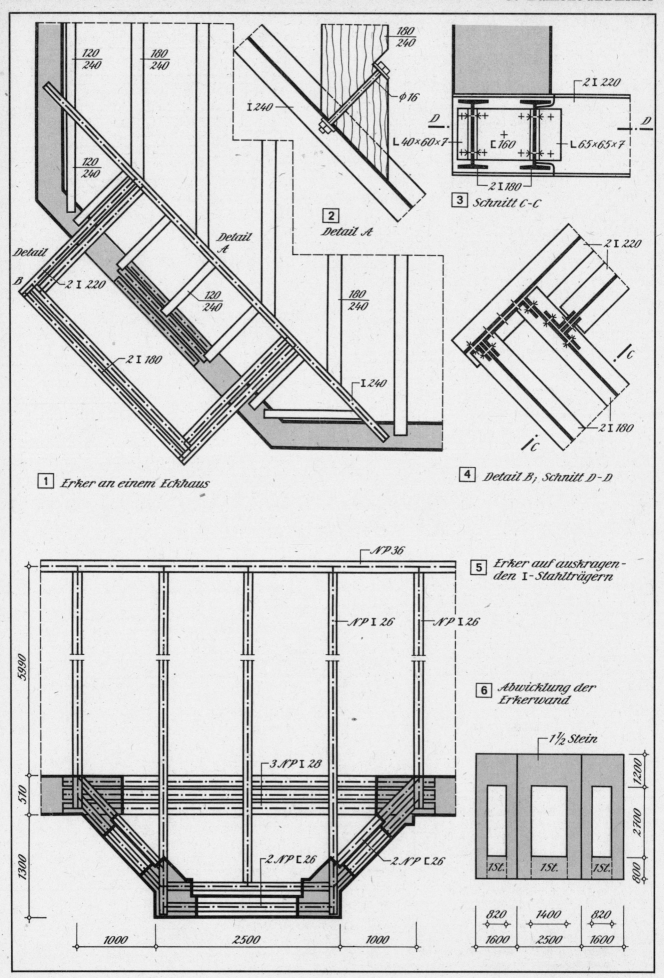

1 Erker an einem Eckhaus
2 Detail A
3 Schnitt C–C
4 Detail B; Schnitt D–D
5 Erker auf auskragenden I-Stahlträgern
6 Abwicklung der Erkerwand

Tafel 83 — **Trägerlagen II**

3.4. Balkone und Erker aus Stahlbeton

3.4.1. Formen und Baustoffe

Seit etwa 1900 wurde der Stahlbeton – damals Eisenbeton genannt – in immer steigendem Maße im Hochbau angewendet. Die ersten Vorschriften zur »Ausführung von Konstruktionen aus Eisenbeton bei Hochbauten« wurden in Preußen 1904 erlassen. Zur Entwicklung der Bemessungsvorschriften, der Betonfestigkeiten und der Bewehrungsarten siehe Zusammenfassung in Band I, S. 132.

Zur Anwendung des Stahlbetons zum Bau von Erkern und Balkonen schrieb HEIM 1913 [65, S. 341]:

»Balkone, Erker und weit ausladende Gesimse findet man heute bei Hochbauten mit Massivdecken außerordentlich reichlich verwendet, die Auskragung ganzer Obergeschosse oder Risalite ist in engen Städten mit teurem Baugrund zu finden. Sogar in Bauten mit Träger- oder Tramdecken versucht es der Architekt, sich wenigstens für die Erker- und Balkonkonstruktionen die Vorteile des Eisenbetons zu sichern. Denn während hier bei Verwendung von eisernen Trägern meist die Einspannung in die Ziegelmauern erforderlich wird, häufig auch die Anwendung gebogener Kragträger, deren richtige Berechnung Schwierigkeiten mit sich bringt, die in keinem entsprechenden Verhältnis zum materiellen Wert des Erreichten stehen, ist die Aufgabe bei den in der ganzen Breite ausladenden Eisenbetonplatten sehr einfach und wahrscheinlich auch solider zu lösen.«

Obwohl die Stahlbetonkonstruktionen sehr vielgestaltig sind, lassen sich einige Grundformen erkennen.

Balkone mit ihren im Verhältnis zu Erkern geringen Lasten wurden als einseitig eingespannte Konstruktionen gebaut. Dazu gehören
- einseitig eingespannte Platten (Tafel 84; [1])
- einseitig eingespannte Platten mit Auflagerbalken (Tafel 84; [2], [3], [4])
- einseitig eingespannte Plattenbalken mit Auflagerbalken (Tafel 84; [5], [6])

und auskragende Platten, die mit Platten im Inneren des Gebäudes verbunden sind, wie
- Kragplatten an Innenplatten, deren Spannrichtung *rechtwinklig* zur Außenwand verläuft (Tafel 85; [1] bis [4])
- Kragplatten an Innenplatten, deren Tragbewehrung *parallel* zur Außenwand liegt (Bild 25).

Die innenliegenden Platten wurden als Vollplatten, als Rippendecken mit Füllkörpern und als Rippendecken ohne Füllkörper ausgeführt. Frühe Konstruktionen wurden auch als Hohlplatten hergestellt (Tafel 86; [6]).

Balkone und Erker stehen auch auf
- auskragenden Plattenbalken (Tafel 86; [4]).

Auskragende Plattenbalken mit obenliegender Platte brachten keinen statischen Vorteil, da beim negativen Moment eine mitwirkende Plattenbreite nicht in Rechnung gestellt werden konnte, d. h. die Konstruktion wurde als Balken mit Platte bemessen.

Die Platte wurde beim Bau von Balkonen auch vom Balken getrennt (Tafel 86; [5]).

Außerdem gab es Sonderformen, z. B.
- auskragende Platten mit Gegenbalken (Tafel 86; [2], [3]).

3.4.2. Lastableitung

Wie bei den Balkonen und Erkern, deren Tragkonstruktionen aus eingespannten Stahlprofilen bestehen, ist auch bei den Stahlbetonkonstruktionen die Lastableitung der einseitig im Mauerwerk der Außenwand eingespannten Platten und Balken besonders gründlich zu verfolgen.

Eingespannte Platten. Stahlbetonplatten benötigen im Gegensatz zu den I-Profilen aus Walzstahl keine lastverteilenden Stahlplatten. Die Stahlbetonplatten leiten die Lasten großflächig in das Mauerwerk der Außenwand ein.

RÜTH [60, S. 422] unterschied 1926 zwei Möglichkeiten, um das Einspannmoment nachzuweisen.

Nach Bild 26; [1] nahm RÜTH eine dreieckförmige Spannungsverteilung an, die sich über die gesamte Breite der Außenwand erstreckt.

Mit

$$G \cdot \frac{d}{3} = M_E \quad \text{und} \quad G = \frac{\max. \sigma \cdot d}{2}$$

G Auflast des Mauerwerks je 1 m Länge der Wand
M_E Einspannmoment je 1 m Länge

wird die erforderliche Auflast

$$G = \frac{3 M_E}{d}$$

und die maximale Spannung

$$\max. \sigma = \frac{2 \cdot G}{d \cdot 100\,\text{cm}}$$

»Äußerstenfalls kann an Stelle des vorstehenden Nachweises auch die Berechnung...« nach Bild 26; [2] »gewählt werden, wobei zur Ermittlung des größten zulässigen Einspannmomentes M_E' von vornherein von der größten zulässigen Druckbeanspruchung zul. σ ausgegangen wird« [60, S. 422].

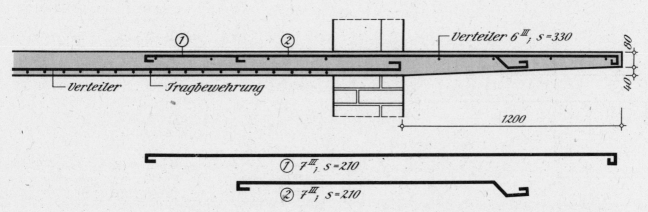

Bild 25. Bewehrung von Balkonplatten. Die Tragbewehrung der anliegenden Decke verläuft parallel zur Außenwand, nach [62] 1957

3. Balkone und Erker

Für 1 m Wandlänge setzte RÜTH an (Bild 26; [2]):

$$G \cdot (d - 2c) = M_E'$$

$$G = \frac{\text{zul. } \sigma \cdot 3 \cdot c \cdot 100 \text{ cm}}{2}$$

$$c = \frac{2G}{3 \cdot \text{zul. } \sigma \cdot 100 \text{ cm}}$$

Auffällig ist, daß RÜTH an der Unterseite der Platte die gleiche Kraft G ansetzt, die auch an der Oberseite wirken soll. Er vernachlässigte also die Vertikalkräfte, die aus dem Balkon kommen und in das Mauerwerk der Wand eingeleitet werden. Außerdem untersuchte er beim 2. Ansatz nicht, wie tief die klaffende Fuge wird, ob sie den Kern erreicht oder sogar über die Mitte des Querschnitts hinausgeht.

KERSTEN/KUHNERT [62, S. 118] 1957 gehen von einer klaffenden Fuge aus, begrenzen aber die Fugentiefe. Wenn die klaffende Fuge bis zur Wandmitte reicht, wird

$$G \cdot \frac{2 \cdot d}{3} = M_E \cdot n$$

n Sicherheitsfaktor

Es wurde $n = 2$ gerechnet.
Die erforderliche Auflast ist dann

$$\text{erf. } G = \frac{M_E \cdot n \cdot 3}{2 \cdot d}$$

Mit

$$G = \frac{\text{max. } \sigma \cdot 0{,}5 \cdot d \cdot 100 \text{ cm}}{2}$$

wird

$$\text{max. } \sigma = \frac{4 \cdot G}{d \cdot 100 \text{ cm}}$$

Eingespannte Balken. Die Einspannung kurzer Balken wurde nach den gleichen Ansätzen berechnet. Durch eine Verbreiterung der Auflager (Tafel 84; [6]) wird die einwirkende Auflast vergrößert und die Flächenpressung zwischen Beton und Mauerwerk verringert. Die Auflagerverstärkung wurde blockhaft oder gestreckt wie ein Balken ausgeführt.

3.4.3. Konstruktionsbeispiele

Eingespannte Platten. Die Bewehrungsstäbe der eingespannten Platte nach Tafel 84; [1] wurden am freien Ende der Platte senkrecht abgebogen.
RÜTH erläuterte die Bewehrung 1926 [60, S. 425]:

»*Die an den Enden der kürzeren Eisen vorgesehenen Abbiegungen nach unten sichern die Höhenlage der Eisen und wirken auch bei der Aufnahme der Schubspannungen mit. Auch die auf der ganzen Länge durchgehenden Eisen erhalten an den Enden zweckmäßig Stützhaken zur Sicherung der Höhenlage.*«

Mit der Auflagerverstärkung durch einen Balken (Tafel 84; [2] bis [4]) wurde erreicht, daß das einzuleitende Moment auf einen längeren Streifen der Außenwand verteilt werden konnte. Außerdem diente der Balken zur Überbrückung der Wandstreifen ohne Auflast im Bereich der Balkontür oder mit geringerer Auflast unter vorhandenen Fenstern.
Der Balken im Auflager wird auf Torsion beansprucht.
Die unterschiedliche Bügelform sollte dazu dienen, das Moment auf statisch günstige Weise in den Balken der Auflagerverstärkung einzuleiten und Torsionsbeanspruchungen widerstehen zu können.
Sowohl ZÄHRINGER [61, S. 417] 1953 als auch KERSTEN/KUHNERT [62] 1957 verwendeten im Gegensatz zu RÜTH keine Schmiegen. Ein Teil der Bewehrungsstäbe endete in der Platte, wurde jedoch nicht abgebogen.

»*Ein Abkröpfen der Platteneinlagen ... ist nicht unbedingt nötig. Bei Kragplatten, die der Witterung ausgesetzt sind, ist es sogar nicht ratsam.*«
[61, S. 417]

Tafel 84; [1], [5], [6] nach [60] 1926
Tafel 84; [2] nach [62] 1957
Tafel 84; [3], [4] nach [61] 1953
Der einseitig eingespannte Balken nach Tafel 84; [5] enthält gestaffelt angeordnete Abbiegungen zur Aufnahme der Querkräfte. Der untenliegende Bewehrungsstab (Biegeform 14) diente als Montagestab, wurde aber gegebenenfalls als Druckbewehrung eingerechnet. Die Auflagerverstärkung wurde mit

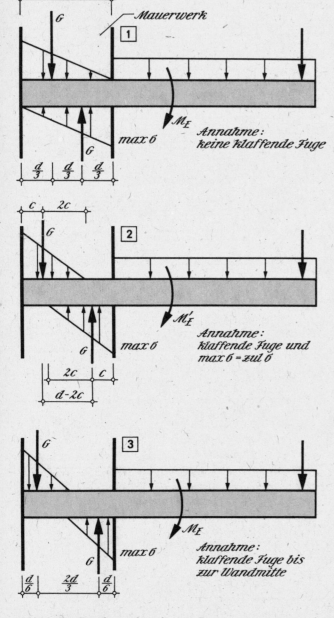

Bild 26. Zur Berechnung des zulässigen Einspannmomentes von Stahlbetonplatten im Mauerwerk

3.4. Balkone und Erker aus Stahlbeton

4 Längsstäben bewehrt. Eigenartigerweise wurden für die Auflagerverstärkung keine Bügel vorgesehen.

Auskragende Platten. Bei auskragenden Platten nach Tafel 85; ☐1 bis ☐3 ist die Tragbewehrung der innenliegenden Platten teilweise aufgebogen und mit Zulagen verstärkt.
Die Plattenhöhe ist dem Momentenverlauf angepaßt. Am Auflager auf der Außenwand hat die Platte ihre größte Dicke.
Die Platte nach Tafel 85; ☐1 ist eine frühe Konstruktion.
Sie enthält Flachstahlbügel.

»Die Bügel können sehr einfach an die Zugeisen angehängt werden und werden von vielen Fachleuten auch da angewendet, wo sie theoretisch nicht unbedingt nötig sind.« [64, S. 239] 1909

HEIM wies bereits 1909 darauf hin, daß die Querbewehrung auch die Aufgabe hat, Spannungen, die bei Außenbalkonen infolge der Temperaturschwankungen auftreten, aufzunehmen.
RÜTH empfahl 1926 [60] die Bewehrungsführung nach Tafel 85; ☐2, ☐3.
Eine Verbindung von innenliegender Platte, Kragplatte und Sturzträger über der Balkontür des darunterliegenden Geschosses zeigt Tafel 85; ☐4 [63] 1955. Die Bewehrung wurde mit Matten vorgenommen, die durchgehend an Oberseite und Unterseite der Platten liegen. Der Bewehrungsstab der Biegeform 13 verbindet zusätzlich die Kragplatte mit dem Balken. Das freie Ende der Kragplatte wurde besonders gesichert. Zusätzliche Steckbügel und 4 Rundstahlzulagen in Längsrichtung der Platte dienen der Aufnahme der Beanspruchungen infolge von Temperaturschwankungen.
In ähnlicher Weise wurden die Erkerplatten nach Tafel 86; ☐1 ausgeführt.
Eine besondere Bewehrungsführung weist die Kragplatte nach Bild 25 auf. Die Tragstäbe der innenliegenden Platte liegen *parallel* zur Außenwand. Es können also keine Tragstäbe der Innenplatte bis in die Kragplatte reichen. KERSTEN/KUHNERT führten in dieser Situation die Bewehrung der Kragplatte seitlich in die einachsig bewehrte Innenplatte ein und verankerten sie dort.

Durchlaufende Kragplatten ergeben immer Wärmebrücken. Auch bei der in Tafel 85; ☐4 dargestellten Anordnung der Wärmedämmschichten konnte eine Wärmebrücke nicht vermieden werden. Wenn auch der Fußboden weitere Schichten zur Wärmedämmung enthält, entsteht doch eine Wärmebrücke an der Innenseite des Sturzes. Hier müßte ebenfalls eine Wärmedämmschicht angebracht werden.

Tafel 85; ☐1 nach [64] 1909
Tafel 85; ☐2, ☐3 nach [60] 1926
Tafel 85; ☐4 nach [63] 1955
Tafel 86; ☐1 nach [62] 1957
Bild 25 nach [62] 1957

Auskragende Balken. Wenn nur die Balken auskragen und die Platten von ihnen getrennt werden, können die Wärmedämmschichten eine günstigere Lage einnehmen. Die Balken kragen aus und tragen eine besondere Balkonplatte. Die Decke reicht nur bis zur Außenwand, und zwischen Decke und Balkonplatte liegen Wärmedämmschichten (Tafel 86; ☐5).

Sonderformen. Neben den Konstruktionen, die nur die Last *eines* Balkons oder die Erkerlast *eines* Geschosses tragen, gibt es auch solche, die wesentlich höher belastet werden. In dem in Tafel 86; ☐2, ☐3 dargestellten Beispiel kragt eine Platte aus und wird durch den erkerartigen Vorbau eines Treppenhauses, der über mehrere Geschosse reicht, belastet. Die Last beträgt 142 kN/m [64, S. 240] 1909. Das Gleichgewicht der Platte wurde durch einen Gegenbalken erreicht, der vom Mauerwerk der seitlichen Treppenhauswände gehalten wird.
Die Bewehrung enthält Flachstahlbügel.

Tafel 86; ☐2, ☐3, ☐6 nach [64] 1909
Tafel 86; ☐5 nach [63] 1955

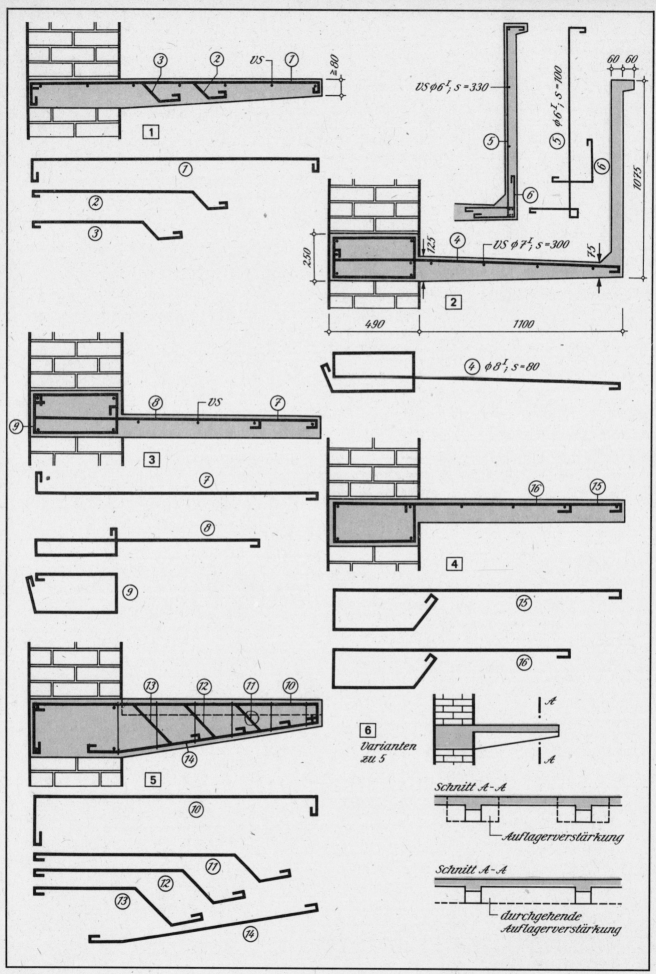

Tafel 84 — Bewehrung von Balkonen

3.4. Balkone und Erker aus Stahlbeton

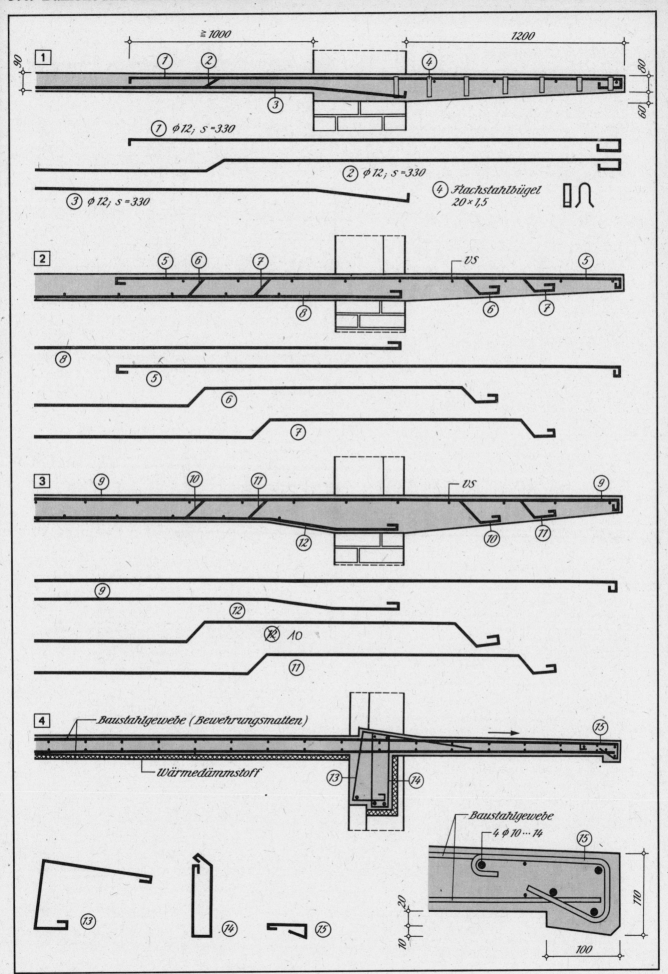

Bewehrung von Balkonplatten — Tafel 85

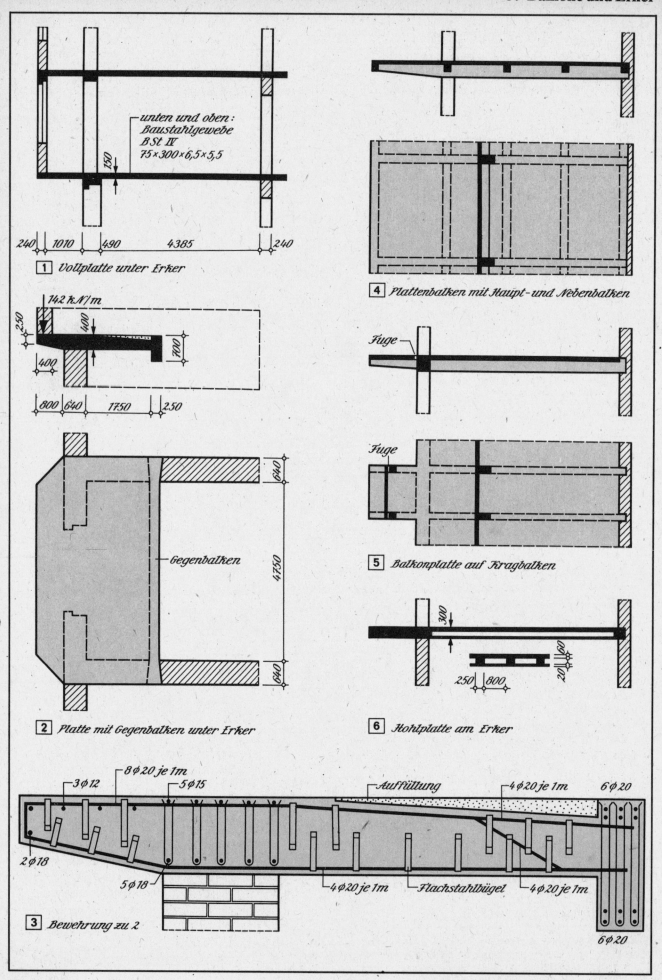

Tafel 86 — Stahlbetonerker und -balkone

4. Gemauerte Bogen

4.1. Formen und Anwendung

Anwendung. Der Bau von Bogen aus Ziegeln, seit dem Altertum bekannt, fand in der zweiten Hälfte des 19. Jahrhunderts einen Höhepunkt, bevor er durch Stahl- und Stahlbetonkonstruktionen mehr und mehr abgelöst wurde.
Zu dieser Blütezeit des Bogenmauerwerks trugen hauptsächlich folgende Faktoren bei:
– Entwicklung ausreichend genauer Bemessungsverfahren (Stützlinienverfahren, Elastizitätstheorie)
– Herstellung beliebiger Massen hochwertiger Ziegel in industriellen Verfahren (Ringofen)
– Architektonische Strömungen.
Gemauerte Bogen wurden im Wohn- und Gesellschaftsbau mit folgenden Aufgaben angewendet:
– Fenster- und Türbogen zum Schließen von Wandöffnungen und zur Aufnahme der Lasten aus darüberliegenden Bauteilen, besonders des Wandmauerwerks
– Entlastungsbogen im Mauerwerk (Tafel 90; [6]) über oder unter Öffnungen, meist am geputzten Bauwerk nicht sichtbar
– Schild-, Nischen- oder Blendbogen (Tafel 87; [3] rechts) im Mauerwerk zum Abfangen der Lasten über »ausgemagerten« Wandbereichen
– Wand- oder Gurtbogen (Tafel 87; [3] Mitte) in oder anstelle von Wänden. Sie vermitteln den Zusammenhang zwischen Wänden, nehmen die Last von über ihnen liegendem Wandmauerwerk auf, dienen oft auch als Widerlager von Gewölbekappen und Treppenwangen.
– Gratbogen als Widerlager von Gewölbekappen (Tafel 94; [3] bis [6])
– Grund- oder Erdbogen (Tafel 94; [8] und [9]) als Gründungskonstruktionen, siehe auch Band I
– Strebebogen (Tafel 87; [3] links) zum Abstützen von Gebäudeteilen, die durch Horizontalkräfte beansprucht werden
– Torbogen ohne Auflast.

Formen. In Tafel 87; [1] sind die Bezeichnungen der Bogenteile aufgeführt. Die Spannweite der Bogen wird stets, auch bei steigenden oder einhüftigen Bogen, *horizontal* gemessen. Besondere Wölbsteine sind der Kämpferstein oder »Anfänger« und der oft verzierte Schlußstein im Scheitel des Bogens.
Scheitrechte Bogen und Flachbogen wurden vor allem aus Ziegelmauerwerk hergestellt. Rund- oder Halbkreisbogen, Korbbogen, Ellipsenbogen, Tudorbogen und Spitzbogen bestehen aus Ziegeln oder Werksteinen.
Die geometrische Konstruktion der Bogenformen ist in Tafel 87; [2] angegeben, siehe ausführlich z. B. [3] 1906; [8] 1881 oder [31] 1907.

4.2. Bogenmauerwerk

Verbände. Bogen werden grundsätzlich in ähnlichen Verbänden wie Pfeiler gemauert. Die Art des Verbands hängt nur von der Querschnittsform des Bogens ab, nicht jedoch von der Bogenform. Ein Spitzbogen wurde bei gleichem Querschnitt mit demselben Verband gemauert wie ein Rundbogen [8] 1881.

In Tafel 88; [1] bis [4] sind Regelverbände für Bogen mit und ohne Anschlag dargestellt. Da Quartierstücke (Viertelsteine) im Bogenverband vermieden werden sollten, entstand viel Verhau. Nach [4] 1848 wurde ein Viertel der Steine als Verhau gerechnet.
In manchen Fällen wurden über *einer* Öffnung zwei nebeneinander liegende, voneinander getrennte, also nicht im Verband verzahnte Bogen angeordnet (Tafel 88; [1], rechts und [2]). Dies wurde z. B. bei nachträglicher Verblendung oder bei Verwendung unterschiedlicher Steine notwendig. Ein Riß im Verblendbogen geht nicht in jedem Fall durch die gesamte Wand.
Der in Tafel 88; [5] dargestellte Rundbogen zeigt bei Verwendung der für Berlin typischen Formsteine einen Verband im Bogen, der nicht den zuvor dargestellten Regeln entspricht [28] 1867. Das ist kein Sonderfall, denn die strenge Einhaltung der Regelverbände erfolgte erst nach 1870 mit der Einführung des Reichsformates.
Im Bogen sollen die *Lagerfugen* wie in jedem Mauerwerk möglichst normal zur Kraftrichtung liegen. Bei der Einteilung der Lagerfugen wird angenommen, daß die Stützlinie der Bogenlinie entspricht, und die Fugen werden mit Hilfe einer Schnur zu den jeweiligen Bogenmittelpunkten ausgerichtet.
Die *Fugendicke* ist möglichst gering zu halten, um das Schwinden bei Belastung zu vermindern. Als kleinste Fugendicke an den Bogeninnenseiten wurden 5 mm [6] 1954; [13] 1951; [27] 1951; [32] 1959 oder 7 mm [2] 1952; [11] 1948 oder 7,5 mm [9] 1903; [12] 1953 oder ½ der maximalen Fugendicke angegeben [3] 1906.
Am Bogenrücken sollte die maximale Fugendicke 15 mm [2] 1952; [9] 1903; [12] 1953 oder 20 mm [6] 1954; [11] 1948 oder zweimal die minimale Fugendicke [3] 1906 nicht überschreiten (Tafel 91; [1]).
Häufig wurden schnellbindende Mörtel verwendet, die zwar nach kurzer Zeit das Ausrüsten gestatteten, aber oft schon beim Einwölben Risse zeigten. Diese wurden mit Zementschlämme ausgegossen [17] 1878.

Widerlager. Das Widerlager ist zugleich die Oberfläche des Widerlagermauerwerks und die erste Lagerfuge des Bogens. Der Anfängerstein soll mit seiner Kante nicht auf eine Lagerfuge treffen, sondern in der Mitte einer Schicht ansetzen (Tafel 89; [6]).
Für Halbkreisbogen oder für solche, die nach einer halben Ellipse geformt sind, ist das Widerlager waagerecht, bei allen anderen Bogenformen hat das Widerlager eine schräg liegende Oberfläche. Widerlagerausbildungen von Segmentbogen zeigt Tafel 89; [1], [2].
Die Widerlager bestehen aus Ziegeln oder Werksteinen, die auch als auskragende Widerlager ausgeführt worden sind.
Die Ausbildung der Widerlager über Pfeilern erfolgte z. B. nach Tafel 89; [3]. Werden die Bogen wie in Tafel 89; [5] dargestellt zusammengeführt, so besteht die Gefahr, daß die Hintermauerung wie ein Keil wirkt. Bei dickeren Bogen konnte durch abgesetztes Bogenmauerwerk (Tafel 89; [4]) die Keilwirkung vermieden oder verringert werden.
Im Widerlagerbereich war es nur schwer möglich, Rohre zu verlegen. Stemmarbeiten am Widerlager gefährden den Bestand des Bogens. Es gibt Konstruktionen, bei denen im Widerlagerbereich gußeiserne Widerlagerkästen eingebaut worden sind. Durch sie konnten die Rohre geführt werden. Da bei Veränderungen der Rohrleitungen derartige Einbauten meist zugeputzt wurden, sind sie heute häufig nicht mehr sichtbar.

Die angegebenen statischen Werte dienen nur einem Vergleich. Bei erneutem Tragfähigkeitsnachweis ist von dem gegenwärtigen Bauzustand und den zur Zeit verbindlichen Vorschriften auszugehen.

158   4. Gemauerte Bogen

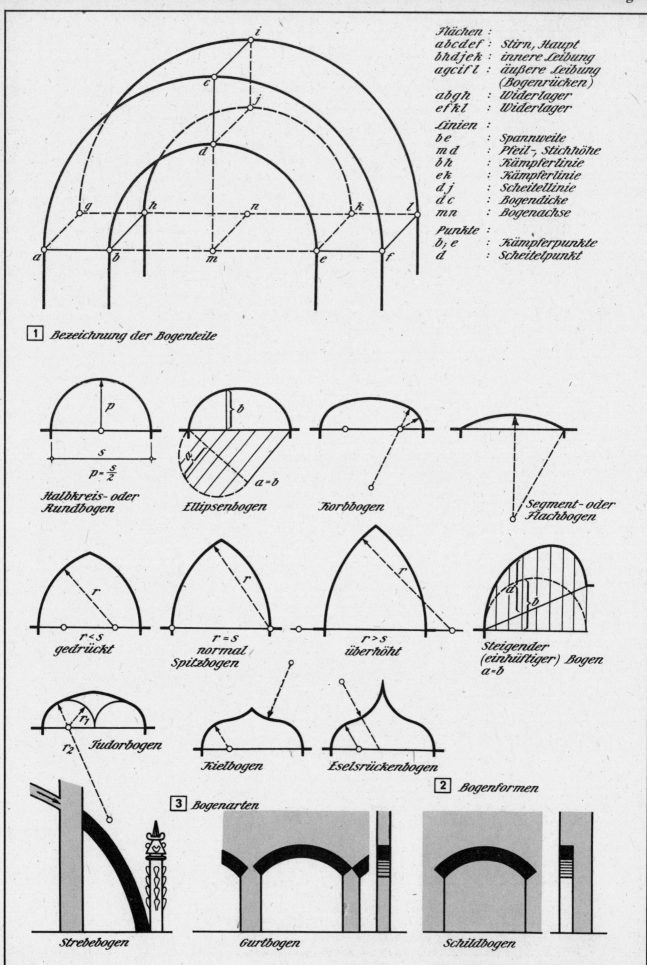

Tafel 87   Bogen – Bezeichnungen und Formen

4.3. Bemessungsansätze

Erfahrungswerte. Die Abmessungen von kleineren Bogen wurden meist nach Erfahrungswerten bestimmt.
So forderte die »Bestimmung zur Aufstellung von statischen Berechnungen zu Hochbaukonstruktionen« von 1890 [37] eine statische Berechnung

»*für alle Gurtbögen und Gewölbe nebst zugehörigen Widerlagern und den erforderlichen Verankerungen..., wenn sich die Stärken ... nicht auf Grund von Erfahrungssätzen mit hinreichender Sicherheit feststellen lassen.*«

OPDERBECKE [3] schrieb 1906:

»*Bei gewöhnlichen Belastungen und kleinen Spannweiten, wie sie meist bei Hochbau-Ausführungen vorkommen, begnügt man sich in der Regel mit Abmessungen, welche durch die Erfahrung festgestellt sind.*«

Bei einem derartigen Vorgehen genügten Angaben über die erforderliche Scheiteldicke und Widerlagerdicke in Abhängigkeit von der jeweiligen Spannweite. Meist wurde als größte Spannweite, bis zu der ohne statische Berechnungen projektiert werden konnte, das Maß von 8500 mm angenommen.
In einigen Fällen wurde davon abgewichen. So wird als größte Spannweite von Ziegelbogen, die ohne statische Berechnung errichtet werden können, bei STADE [31] 1907 11500 mm, bei OPDERBECKE [3] 1906 für Rundbogen 8000 mm, für Flachbogen bei BREYMANN [8] 1881 und bei DIESENER [22] 1898 12000 mm angegeben.
Die empirischen Werte für Scheiteldicken und Widerlagerdicken sind in den Tabellen 26 bis 28 aufgeführt. Zu den Bezeichnungen siehe Bild 27. Neben diesen Zahlwerten fanden Näherungsverfahren Anwendung, die sich aus älteren Bogentheorien herleiten. So gab ESSELBORN [1] noch 1922 eine zeichnerische Methode zur Bestimmung der Widerlagerdicken (Bild 28) an, die auf VIOLLET-LE-DUC zurückgeht [8] 1881.
Weitere Schätzwerte bezogen sich auf die Hintermauerung der Bogen und auf die Höhe der Widerlagerkonstruktionen (Wände, Pfeiler).
So gelten die in den Tabellen 26 bis 28 angegebenen Widerlagerdicken meist nur für den Fall, daß die Widerlagerkonstruktionen nicht höher als 3000 mm sind. Bei höheren Wänden oder

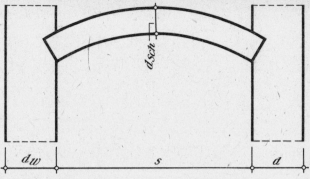

d_W Widerlagerdicke d_{Sch} Scheiteldicke
s Spannweite

Bild 27. Bezeichnungen zu den Tabellen 26 bis 29

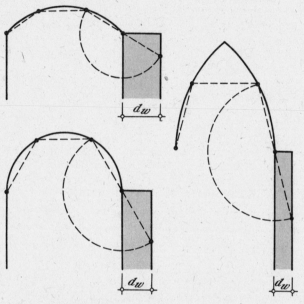

d_W Widerlagerdicke

Bild 28. Angenäherte Bestimmung der erforderlichen Widerlagerdicke nach [1] 1922, [8] 1881

Tabelle 26. *Erfahrungswerte für die Abmessungen von überhöhten Bogen und Spitzbogen*

Spannweite s mm	Scheiteldicke in Steinlängen	im Verhältnis zur Spannweite s	Widerlagerdicke im Verhältnis zur Spannweite s	Quelle
... 1800	½	–[1]	$s/5 ... s/6$	[3] 1906
1800 ... 3000	1	–	$s/5 ... s/6$	
3000 ... 5500	1½	–	$s/5 ... s/6$	
5500 ... 8000	1½ ... 2	–	$s/5 ... s/6$	
... 2000	1	–	–	[31] 1907
2000 ... 3500	1	–	–	
3500 ... 5500	1½	–	–	
5500 ... 8500	1½ ... 2	–	–	
... 1750	½	–	$s/5 ... s/6$	[1] 1922
2000 ... 3000	1	–	$s/5 ... s/6$	
3500 ... 5750	1½	–	$s/5 ... s/6$	
6000 ... 8500	1½ ... 2	–	$s/5 ... s/6$	
... 3500	1	–	–	[11] 1948
... 5500	1½	–	–	
... 8500	1½ ... 2	–	–	
über 8500	–	$s/15$	–	
... 2000	1	–	–	[2] 1952; [6] 1954
2000 ... 3500	1	–	–	
3500 ... 5500	1½	–	–	
5500 ... 8500	1½ ... 2	–	–	

[1]) keine Angaben vorhanden

Tabelle 27. Erfahrungswerte für die Abmessungen von Flachbogen

Spannweite s mm	Pfeilhöhe im Verhältnis zur Spannweite s	Scheiteldicke in Steinlängen	im Verhältnis zur Spannweite s	Widerlagerdicke im Verhältnis zur Spannweite s	Quelle
1800	–[1])	1	–	–	[8] 1881
1800...3000	–	1½	–	–	
3000...5000	–	2	–	–	
5000...6000	–	2½	–	–	
6000...12000	–	–	s/12	–	
1800	–	1	–	–	[22] 1898
1890...3140	–	1½	–	–	
3150...5000	–	2	–	–	
5010...6280	–	2½	–	–	
1800	s/6...s/8	1½	–	s/3...s/4	[3] 1906
1800...3000	s/6...s/8	1½...2	–	s/3...s/4	
3000...5000	s/6...s/8	2...2½	–	s/3...s/4	
5000...8000	s/6...s/8	2½...3	–	s/3...s/4	
2000	s/8	1½	–	s/3...s/4	[31] 1907
2000...3500	s/8	1½...2	–	s/3...s/4	
3500...5500	s/8	2...2½	–	s/3...s/4	
1750	...s/8	1...1½	–	s/3...s/4	[1] 1922
2000...3000	...s/8	1½...2	–	s/3...s/4	
3000...5750	...s/8	2...2½	–	s/3...s/4	
6000...8500	...s/8	2½...3	–	s/3...s/4	
1300	...s/8	1	–	s/3...s/2 bei Widerlagermauerhöhen unter 3 m	[11] 1948
...2000	...s/8	1...1½	–		
...3500	...s/8	1½...2	–		
...5500	...s/8	2...2½	–		
...8500	...s/8	2½...3	–		
über 8500	...s/8	–	s/10		

[1]) keine Angaben vorhanden

Tabelle 28. Erfahrungswerte für die Abmessungen von Halbkreis- oder Rundbogen

Spannweite s mm	Scheiteldicke in Steinlängen	Widerlagerdicke im Verhältnis zur Spannweite s	Quelle
...1800	1	s/4...s/5	[3] 1906
1800...3000	1½	s/4...s/5	
3000...5500	1½...2	s/4...s/5	
5500...8000	2½	s/4...s/5	
...2000	1	s/4...s/5	[31] 1907
2000...3500	1½	s/4...s/5	
3500...5500	2	s/4...s/5	
6000...8500	2½	s/4...s/5	
...1750	1	s/4...s/5	[1] 1922
2000...3000	1½	s/4...s/5	
3500...5750	2	s/4...s/5	
6000...8500	2½	s/4...s/5	
...3500	1	s/4 bei Widerlagermauerhöhen unter 3 m, darüber s/2	[11] 1948
...5500	1½		
...8500	1½...2		
über 8500	s/15		
...2000	1	–	[27] 1951
2000...3500	1½	–	
über 3500	statische Berechnung erforderlich	–	
...2000	1	–	[12] 1953
2000...3500	1½	–	
3500...5750	2	–	
5750...8500	2½	–	

[1]) keine Angaben vorhanden

Pfeilern wurden größere Dicken empfohlen, z. B. 1/8 der Widerlagerhöhe [39] 1950.
Die Widerlagerdicke konnte verringert werden, wenn eine ständige Auflast durch Wandmauerwerk über dem Widerlager vorhanden ist.
Eine Hintermauerung der Bogen erhöhte deren Tragfähigkeit. Die Baukunde für Architekten von 1903 [9] bezeichnete die Hintermauerung als Regelfall und BÜNING forderte 1948 [35], daß Bogen zur Versteifung mindestens auf 2/3 ihrer Pfeilhöhe zu hintermauern sind.
Es ist ein Mangel der in den Tabellen 26 bis 28 aufgeführten Werte, daß die an den Widerlagern wirkenden Kräfte nicht deutlich werden.
Im Widerlager wirken horizontal und vertikal gerichtete Kräfte.
Die Vertikalkräfte können ohne Schwierigkeiten vom Widerlagermauerwerk abgeleitet werden. Die Ableitung der horizontal gerichteten Kräfte (Bogenschub) erfordert oft besondere konstruktive Maßnahmen. Die Tragfähigkeit der Widerlager wird z. B. günstig beeinflußt durch
– wachsende Wanddicken unterhalb des Widerlagers
– durch Pfeilervorlagen
– durch ständige Auflasten auf dem Mauerwerk der Widerlagerkonstruktion.
Zur Untersuchung der Standfestigkeit der Widerlagerkonstruktionen (Wände, Pfeiler) siehe z. B. SALIGER [44] 1944.
Berechnungen. Zur Berechnung der Bogen wurden viele Theorien entwickelt. Besonders zum Bau von Bogenbrücken mußten Berechnungsansätze entwickelt werden, die z. B. die bei der Belastung eintretenden Formänderungen berücksichtigten. Diese Ansätze gingen von der Elastizitätstheorie aus.
Im allgemeinen Hochbau wurde vor allem die Stützlinienmethode verwendet, nach der auf zeichnerischem Wege die Lage und Größe der resultierenden Kraft in jeder Lagerfuge ermittelt werden kann. Aus der Größe der resultierenden Kraft und ihrer Lage in der Lagerfuge kann die maximale Beanspruchung der Steine hergeleitet werden. Die mit Hilfe der Stützlinienmethode ermittelten Stützkräfte des Bogens ermöglichen auch eine genaue Untersuchung der Standfestigkeit der Widerlagerkonstruktionen. Zur Anwendung der Stützlinienmethode siehe ausführlich SALIGER [44] 1944 und in der heutigen Anwendung [34] 1983; [36] 1987.
Die Verwendung der Erfahrungswerte wurde durch DIN 1053 [5] 1952 stark eingeschränkt:

»Gewölbe und Bogen sollen möglichst nach der Stützlinie für ständige Last geformt werden. Der Gewölbeschub ist durch geeignete Maßnahmen aufzunehmen. Gewölbe und Bogen größerer Stützweite und stark wechselnder Belastung sind nach der Elastizitätstheorie zu berechnen. Gewölbe und Bogen mit günstigem Stichverhältnis, voller Hintermauerung oder reichlicher Überschüttungshöhe und mit überwiegend ständiger Last dürfen nach dem Stützlinienverfahren untersucht werden, ebenso andere Gewölbe und Bogen mit kleineren Stützweiten.«

Die Erfahrungswerte konnten danach lediglich zur *Vorbemessung* herangezogen werden.

4.4. Konstruktionsbeispiele

Scheitrechte Bogen. Bei kleineren Öffnungen im Wohnungsbau, besonders bei Fenster- und Türöffnungen, ist häufig der scheitrechte Bogen oder Sturz als waagerechte Überdeckung verwendet worden. Die Lastableitung erfolgt bei ihm, soweit er nicht lediglich »vorgehängte« Verblendung ist, über einen sich in seinem Mauerwerk ausbildenden Bogen. Dementsprechend muß er ausreichend hoch bei nur sehr begrenzter Spannweite sein. Seine Widerlager müssen den auftretenden Seitenschub aufnehmen können. Tabelle 29 gibt die Erfahrungswerte für die Abmessungen scheitrechter Bogen an, eine Berechnung wurde nie vorgenommen.
Der Anfängerstein am Kämpfer wurde auch um eine Steinstärke zurückgesetzt, die Widerlagerschräge sollte nach Tafel 90; [1] [9], [27] ausgebildet werden. Da mit einer Senkung des Sturzes nach dem Einbau zu rechnen war, erhielt er einen geringen Stich (Tabelle 29). Oft wurde um die Jahrhundertwende der scheitrechte Bogen durch einen Flachbogen im Verband hintermauert (Tafel 90; [2]).
Bei Verblendfassaden wurden Stürze oft auch mit senkrechten Lagerfugen ausgebildet. Dazu war eine Bewehrung nötig, wie sie in Tafel 90; [3] dargestellt ist. Das Einschieben von Rund- oder Quadrateisen in Lochsteine ist nach [9] schon um 1900 ausgeführt worden. Eine andere Möglichkeit der Ausbildung von Stürzen mit derartiger Fugenführung besteht im »Anhängen« mit Hilfe von Rundstahlbügeln an die dahinter liegenden Konstruktionen (Tafel 92; [1]).
Scheitrechte Bogen wurden vereinzelt auch mit Bandeisen oder Profilstählen gesichert. Im Beispiel nach [3] in Tafel 90; [4] wurde von einem Winkelprofil unter dem Sturz ein Schenkel abgeschnitten, über dem Auflager in der Aufbiegung jedoch belassen. Der Rahmen in Tafel 90; [5] nach [4] wurde mit Ziegeln »ausgerollt«. In beiden Fällen wurde das Mauerwerk verputzt. Bei größeren Spannweiten oder bei gekuppelten Fenstern mit schwachem Mittelpfeiler wurde der scheitrechte Bogen durch einen Flachbogen entlastet [8], [9], [3] (Tafel 90; [6]), auch Stahlträger wurden nach [3] zu diesem Zweck verwendet. Aufhängungen des Bogens, wie sie in Tafel 90; [7], [8] nach [8] 1881 und [9] 1903 dargestellt sind, wurden von OPDERBECKE [3] 1906 abgelehnt, da ein Nachspannen der Hängeisen nicht möglich war.

Bogen mit kleinen Radien oder großen Dicken. Um eine einwandfreie Übertragung der Kräfte in der Lagerfuge zu gewährleisten, wurden Größt- und Kleinstwerte für die Fugendicken gefordert, siehe Abschnitt 4.2. Damit ergeben sich für Ziegel im Normalformat untere Grenzen für den möglichen Bogenradius. Bei einer Bogendicke von 1 Stein liegt r_{min} für Halbkreis- und Korbbogen beispielsweise nach [12] bei 1200 mm, bei einer Bogendicke von 1 1/2 Stein bereits bei 1 800 mm.

Tabelle 29. Erfahrungswerte für die Abmessungen von scheitrechten Bogen

Größte Spannweite s mm	Stich	Scheiteldicke in Steinlängen	Widerlagerdicke im Verhältnis zur Spannweite s	Quelle
800	10...30 mm	1	–	[13] 1951
1100	–[1])	1	s/2...s/3	[9] 1903
1100	s/50	1	–	[3] 1906
1200	10...30 mm	1 1/2	–	[13] 1951
1500	s/50	–	s/2...s/3	[11] 1948; [6] 1954
1800	–	1 1/2	s/2...s/3	[9] 1903
1800	s/50	1 1/2	–	[3] 1906
2000	s/50	–	–	[12] 1953

[1]) keine Angaben vorhanden

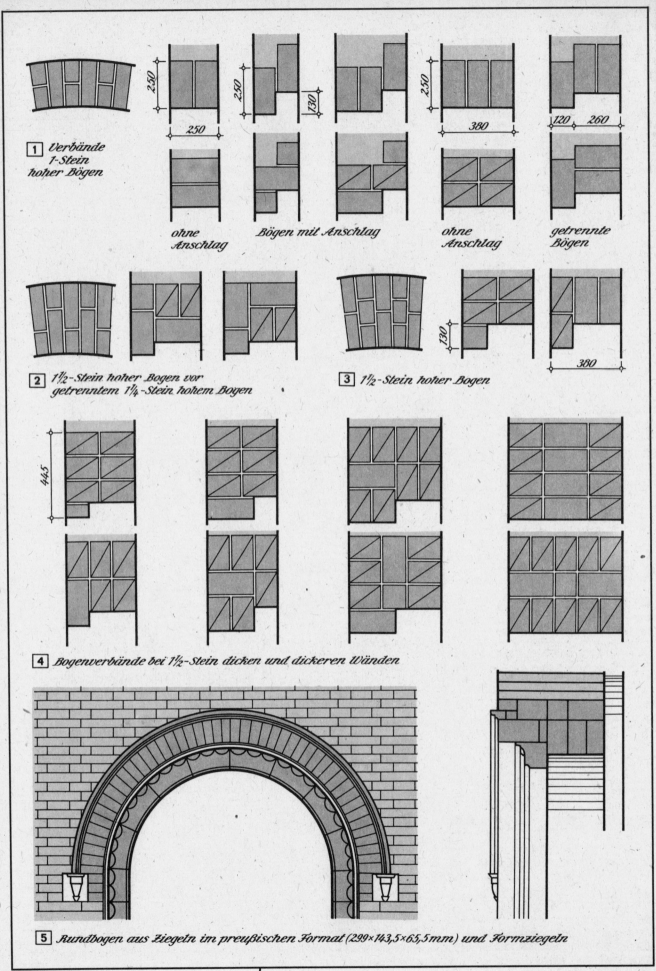

Tafel 88 — Bogenverbände

4.4. Konstruktionsbeispiele

– Bei nicht stark belasteten Bogen kann durch Einfügen von Dachziegeln oder Klinkerplatten [40] 1958 in die Außenseite der Lagerfuge der notwendige Ausgleich geschaffen werden.
– Eine andere Möglichkeit ist das keilige Behauen der Bindersteine [11] 1948, [13] 1951.
– Bei größeren Bogendicken wurde der Bogen in mehreren Ringen gewölbt.

Diese drei Formen sind in Tafel 91; [2] dargestellt. Nur in wenigen Fällen wurden keilige Formsteine, oft mit Verzierungen, für den Bogenbau als Sonderanfertigung hergestellt. Diese Steine, die an Bauten der »Berliner Schule« oder an neogotischen Bauwerken Verwendung fanden, waren sehr teuer.
Durch Einfügen von Keilschichten zwischen jeweils einige verbandgerecht gemauerte Bogenschichten konnte nach [9] 1903 und [12] 1953 auch bei sehr starken Bogen die gewünschte Krümmung der Bogenlinie erreicht werden (Tafel 91; [3]).
Das Wölben der Bogen in Ringen war auf verschiedene Art möglich.
Häufig wurden konzentrisch übereinander liegende Ringe ausgeführt, die bei ½ Stein Dicke aus Rollschichten bestanden (Tafel 91; [5]) [8] 1881, [9] 1903. Es konnten aber auch 1 Stein dicke Ringe übereinander gelegt werden (Tafel 91; [6]) [8] 1881. Auch Kombinationen von beiden kamen vor.
Unsicherheiten ergaben sich in bezug auf das Zusammenwirken der Ringe. Es zeigte sich, daß der erste Ring nach Schließen der Fugen alle anderen Ringe trug. Weiterhin konnten durch unterschiedliches Schwinden der Ringe unkontrollierbare Spannungen entstehen. Dies sollte dadurch vermieden werden, daß der Mörtel so gewählt wurde, daß nach Vollendung des Bogens möglichst überall der gleiche Erhärtungszustand vorlag [15] 1890. Weiterhin sollte in jedem Ring die gleiche Fugenanzahl vorhanden sein [8] 1881, und der Mörtel sollte eine hohe Bindekraft haben [8] 1881, [15] 1890. Meist wurde aus diesem Grund Zementmörtel verwendet, bei dem allerdings bereits beim Wölben schon Risse auftreten konnten [17] 1878, die sofort sorgfältig mit Zementschlämme vergossen wurden. Auch das Einfügen von Binderstücken (Tafel 91; [4]) sollte nach [8] 1881 die Verteilung der Kräfte auf alle Ringe sichern.
BRÄULER [15] empfahl 1890 die Herstellung von Bogen mit verzahnten Ringen. Er ging dabei von folgenden Gedanken aus:

»An jeder Stelle muß die sich zwischen je zwei Ringen entwickelnde Schubkraft aufgehoben werden, und es kann dies nur geschehen entweder durch den Scherwiderstand von entsprechend gutem, zwischen die Ringe gebrachten Mörtel oder dadurch, daß die Ringe ... in den Berührungsflächen miteinander verzahnt werden.«

Ein Bogen, dessen Ringe gleichzeitig begonnen wurden und überall da, wo die Fugen benachbarter Steine zusammentrafen, über beide Ringe im Verband gemauert wurde [15] 1890, ist in Tafel 91; [8] dargestellt. Eine rechnerische Erfassung der Lastableitung ist für diese Konstruktion nicht möglich.
Für Bogen mit einer gegenseitigen Verzahnung nach Tafel 91; [7] entwickelte BRÄULER [15] eine Berechnungsmethode, die davon ausging, daß die Schubkräfte von den »Zähnen« aufgenommen werden.
Ein Versuch, den Bogen in seiner Form der Stützlinie bzw. der Größe der Belastung anzupassen, ist die Abstufung der Bogendicke vom Scheitel zu den Widerlagern nach [11] 1948 (Tafel 91; [9]).

Sicherung von Bogen. Scheitrechte Bogen, aber auch alle anderen Bogenformen, die als Verblendung ausgebildet sind, wurden durch Haltebügel mit der darunterliegenden Konstruktion verbunden (Tafel 92; [1]). Der Rundstahl dieser Bügel sollte einen Durchmesser von mindestens 6 mm [40] und in den Fugen mindestens 20 mm Mörtelüberdeckung haben. Die Haltebügel wurden an die Bewehrung von Stahlbetonelementen oder an die Flansche von Stahlträgern angehängt oder einfach einbetoniert. Ihre Form richtete sich nach der jeweiligen Befestigungsart. Meist wurde in jede dritte Fuge ein Haltebügel eingemauert [40] 1958.

Bei schwachen Widerlagern kam es vor, daß der Seitenschub der Bogen nicht mehr aufgenommen werden konnte. Abhilfe boten Anker, die möglichst in Höhe der Kämpfer anzuordnen waren, um den Seitenschub auch wirklich aufzunehmen.
Da die frei sichtbare Lage derartiger Anker vom Charakter des »Steinbogens« her oft als störend empfunden wurde, sicherte man das Bogenmauerwerk durch Einlagen von schmiedeeisernen Stangen (Tafel 92; [3]) [3] 1906, [9] 1903. Derartige Bogenanker waren bei älteren Bauwerken, z. B. solchen der Renaissance, sehr häufig. Die eingelegten Verankerungen dienten besonders der Verstärkung und Sicherung des Bogens in der ersten Zeit der Erhärtung und Verfestigung des Mörtels.
Stützanker aus Bandeisen wurden auch als Reifen auf den Rücken des Gewölbes verlegt oder wie in Tafel 92; [2] in den Bogen eingemauert [9] 1903.
Um 1870 wurde von einigen Architekturschulen, darunter auch der Berliner, eine derartige »Vermischung der Baustoffe« wie bei der Verankerung durch »Eisenstangen« abgelehnt. Erfahrungen beim Abbruch älterer Bauwerke zeigten jedoch, daß sich Massenmauerwerk mit langen, unregelmäßig eingemauerten Ankern als sehr widerstandsfähig erwies [30] 1917.
Aus diesem Grunde wurden, und nicht zuletzt auch aus Gründen der Feuersicherheit, zur Überdeckung von Öffnungen noch über die Jahrhundertwende hinweg anstelle von Stahlprofilen Gurtbogen mit eingemauerter Verankerung gewählt, so z. B. im Reichsgerichtsgebäude in Leipzig.
Die Anordnung der Verankerung außerhalb des Bogens ist nur beim scheitrechten Bogen auf dessen Unterseite möglich (Tafel 90; [4]).
Bei Bogen mit großen Pfeilhöhen wurden durchgehende Anker im Bogenscheitel mit langen senkrechten Schenkeln, die durch schräge Zugstangen verbunden wurden, angewendet [3] 1906, [9] 1903. Um Biegemomente im Scheitel aufnehmen zu können, wurden widerstandsfähige L- oder T-Profile für diese Rahmenanker benutzt [9] (Tafel 92; [4]). Das Einmauern dieser Profile stört den Verband der Bogen.
Die Verankerung geputzter Flachbogen konnte durch zwei Anker aus Rundeisen erreicht werden, die auf beiden Seiten in den Bogen eingelassen und hinter den Widerlagern mit quer durch die Mauer gelegten Ankerplatten verschraubt wurden [3]. Die gleiche Wirkung konnte auch mit einem in der Mitte des Bogens eingemauerten Rundstahlanker erreicht werden [9] 1903 (Tafel 92; [5]).

Spitzbogen. An Gebäuden im neogotischen Stil sind häufig Spitzbogen als Tür- oder Fensterüberdeckungen zu finden. Meist wurden diese Bogen sehr sorgfältig als architektonisch wirkungsvolle Fassadenelemente ausgebildet. Ein Beispiel für diese Anwendung zeigt der Spitzbogen über einer Haustür in einem 1858 in München errichteten Gebäude [43]. Neben Klinkern in Rollschichten sind dafür verschiedene Formsteine verwendet worden (Tafel 93; [1]).
Beim Spitzbogen sind die Fugen nach zwei Mittelpunkten gerichtet (Tafel 93; [1]), die Fugeneinteilung kann auch mit zwei Radien vorgenommen werden (Tafel 93; [4]).
Der Spitzbogen ist der einzige Bogen, bei dem die Schlußfuge im Scheitel angeordnet werden kann. Jede Ausführung des Scheitels in Ziegelmauerwerk ist schwierig und durch den starken Verhau unwirtschaftlich. Aus diesem Grund besteht der Schlußstein oft aus einem Terrakottablock [31] 1907 oder auch aus Werkstein [9] 1903 (Tafel 93; [2]). Da der Spitzbogen in der Fensteröffnung zu dem mit einer flachen Decke versehenen Innenraum einen Übergang benötigt, wird er oft mit einem Flachbogen hinterwölbt (Tafel 93; [3]).

Gurt- und Gratbogen. Gurtbogen wurden meist in Kellerge-

schossen, Hausfluren oder Treppenhäusern eingebaut. Oft dienen sie als Widerlager für preußische Kappengewölbe.
In der Form eines Flachbogens erhielten sie meist einen Stich von ⅛ der Spannweite.
Die Wölblinie der Gurtbogen kann nicht nur als Flach- oder Segmentbogen, sondern auch nach einer Parabel, einem Korbbogen, einer Ellipse oder nach einem Halbkreis geformt sein. Für die Kappengewölbe sollten die Widerlager in den Flanken der Gurtbogen nicht eingestemmt werden, da dadurch der Zusammenhang der Ziegel im Bogen gefährdet wurde. Ausgesparte Nuten, Falze oder Verzahnungen nahmen die Kappen auf [3] 1906, [9] 1903, [12] 1953. Vom Scheitel des Gurtbogens bis zum unteren Ansatz dieser Nuten sollte ein Abstand von mindestens 80 mm [3], 1906 [39] 1950, nach [12] 1953 100 mm bestehen (Tafel 94; [1]). Falls Gurtbogen im Kellergeschoß eine Wand im Erdgeschoß tragen sollten, so wurden sie nach [31] ½ Stein breiter ausgebildet als diese Wand. Gurtbogen, deren Ansichten durch Formsteine gegliedert sind, dienen oft den Räumen, in denen sie sich befinden, zur Zierde (Tafel 94; [2]). Um Sonderkonstruktionen zu vermeiden, sollen Gurtbogen möglichst auf die Mitte der Fensterpfeiler treffen [3]. In Tafel 94; [7] ist ein Gurtbogen zwischen Kappengewölben dargestellt. Nach 1900 wurden Gurtbogen durch Stahl- und Betonträger verdrängt.

Um die Jahrhundertwende wurden in manchen Fällen Fundamentmauern in Pfeiler, die durch Gurt- und Grundbogen verbunden wurden, aufgelöst (Tafel 94; [8]). Bei Gebäuden mit innerer Pfeilerstellung und tiefer liegendem und gleichmäßig tragfähigen, aber wenig festem Baugrund wurden ebenfalls Gurt- und Grundbogen angewendet [9] 1903, [29] 1885. Um einen möglichst geringen Seitenschub zu erhalten, wurden in manchen Fällen Halbkreisbogen gewählt. Der Bogenscheitel der Gurtbogen wurde aber in jedem Fall unter die Oberkante Gelände gelegt. »Lehrgerüst« für die Grundbogen war das darunterliegende Erdreich.

Neben der Materialeinsparung ergab sich durch die Auflösung in Bogen auch eine gute Möglichkeit, zwischen Kellerfußboden und Grundbogenscheitel Rohrleitungen hindurchzuführen.

Auch bei frei stehenden Umfassungsmauern und Einfriedungen wurde bei schwierigen Gründungsverhältnissen eine Gründung auf Gurtbogen zwischen Pfeilern ausgeführt (Tafel 94; [9]) [9] 1903.

Gratbogen in Kreuzgewölben übertragen die Gewölbelasten nach den Widerlagern, wo sie durch Gegenlasten, Zugbänder, Strebepfeiler oder Mauerwerksmasse aufgenommen oder abgeleitet werden [39] 1950. Bei sehr kleinen Gewölben sind Gratbogen mit besonderer Profilausbildung nicht nötig [40] 1958, bei größeren Gewölben treten Gratbogen gegen die Kappenfläche meist vor.

Sie werden aus gebrannten Formsteinen [3] 1906, [39] 1950 oder Werksteinen aufgemauert (Tafel 94; [3]). Bei stärkeren Gratbogen besteht der Querschnitt aus mehreren im Verband vermauerten Formsteinen (Tafel 94; [4], [6]) [3] 1906. In manchen Fällen liegen die Gratbogen (Rippen) ohne Verband unterhalb des Kappengewölbes, das über sie hinweggezogen ist [9] 1903.

4.4. Konstruktionsbeispiele

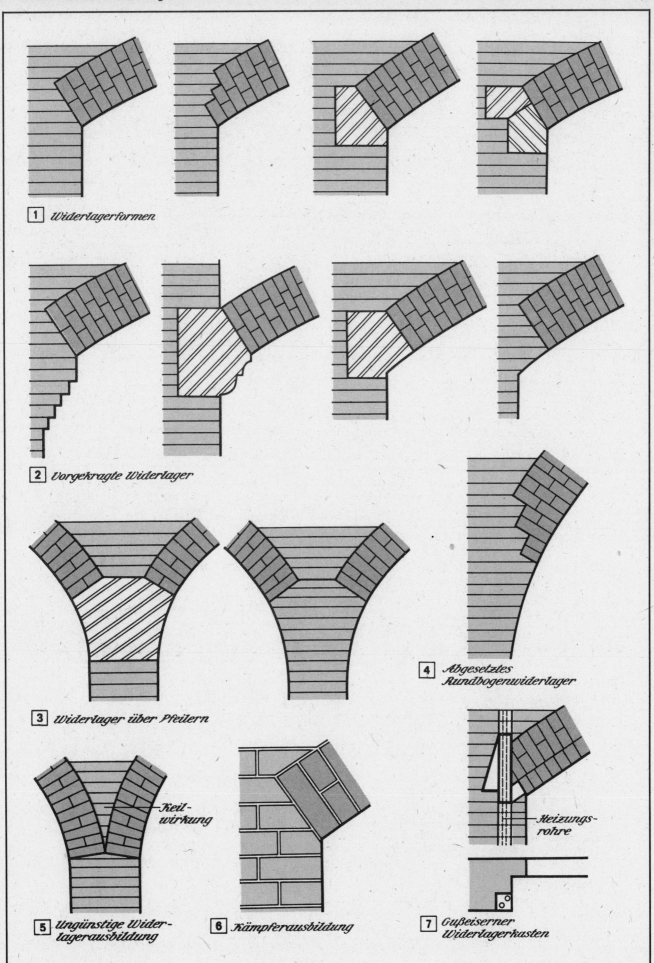

1 Widerlagerformen
2 Vorgekragte Widerlager
3 Widerlager über Pfeilern
4 Abgesetztes Rundbogenwiderlager
5 Ungünstige Widerlagerausbildung
6 Kämpferausbildung
7 Gußeiserner Widerlagerkasten

Keilwirkung
Heizungsrohre

Bogenwiderlager — Tafel 89

4. Gemauerte Bogen

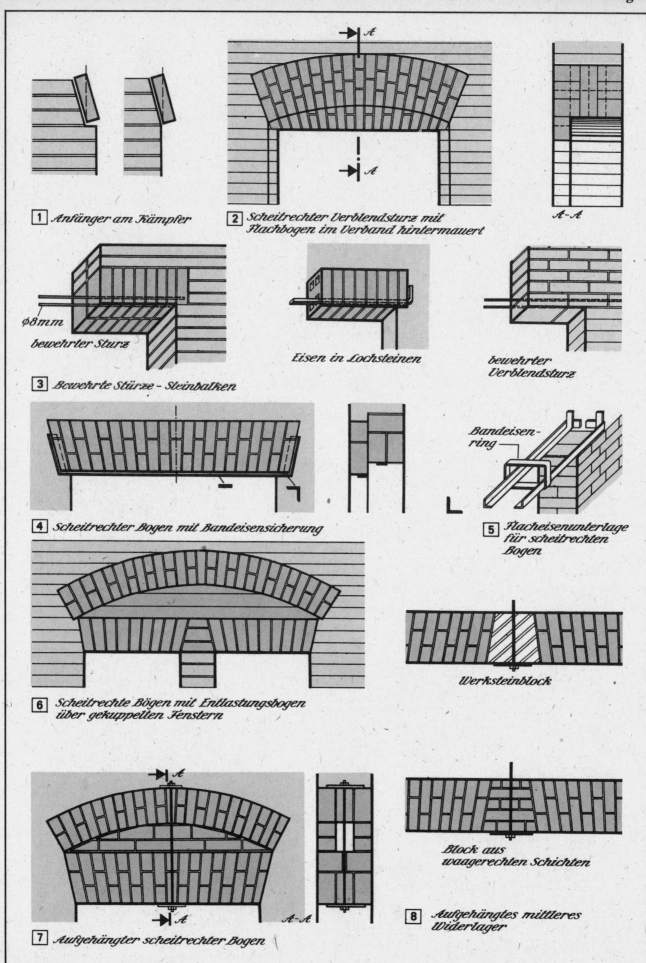

Tafel 90 — Scheitrechte Bogen

4.4. Konstruktionsbeispiele

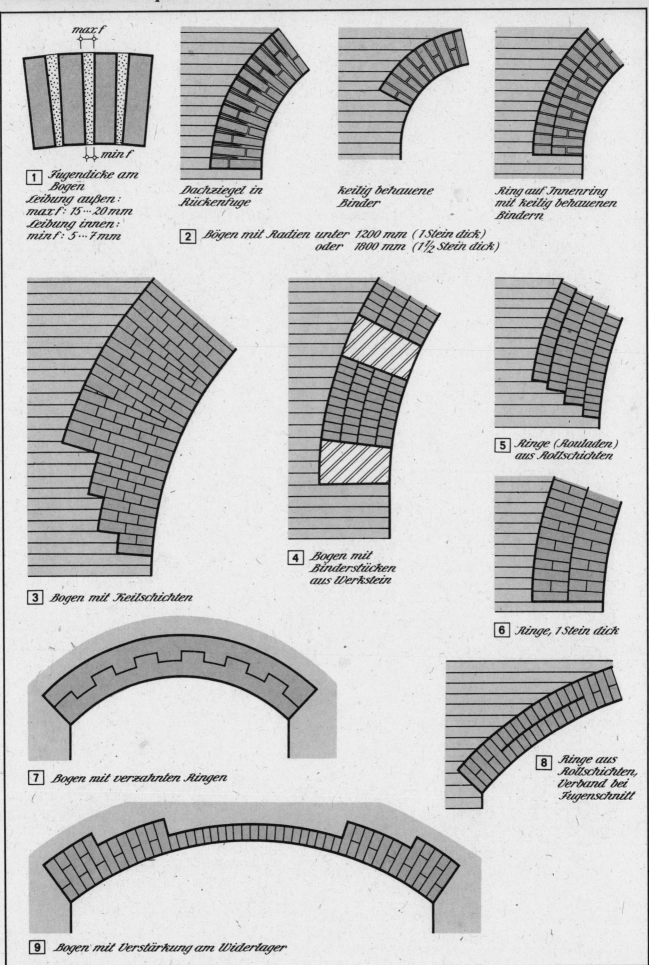

Bogen kleiner Radien oder großer Dicke — Tafel 91

4. Gemauerte Bogen

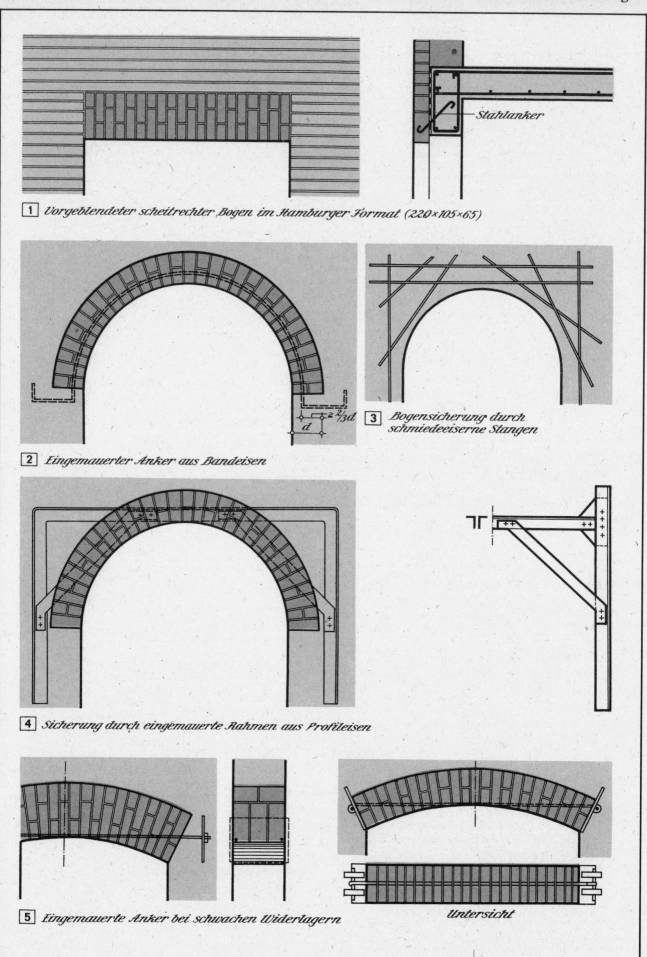

1 Vorgeblendeter scheitrechter Bogen im Hamburger Format (220×105×65)

2 Eingemauerter Anker aus Bandeisen

3 Bogensicherung durch schmiedeeiserne Stangen

4 Sicherung durch eingemauerte Rahmen aus Profileisen

5 Eingemauerte Anker bei schwachen Widerlagern

Untersicht

Tafel 92 — Sicherung der Bogen

4.4. Konstruktionsbeispiele

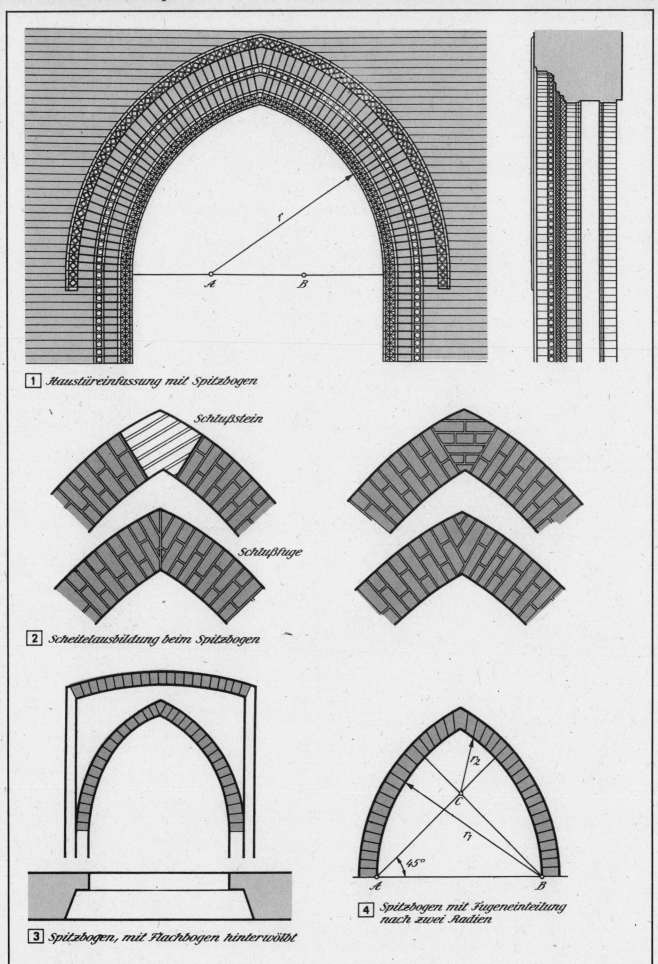

1 Haustüreinfassung mit Spitzbogen

2 Scheitelausbildung beim Spitzbogen

3 Spitzbogen, mit Flachbogen hinterwölbt

4 Spitzbogen mit Fugeneinteilung nach zwei Radien

Spitzbogen   Tafel 93

4. Gemauerte Bogen

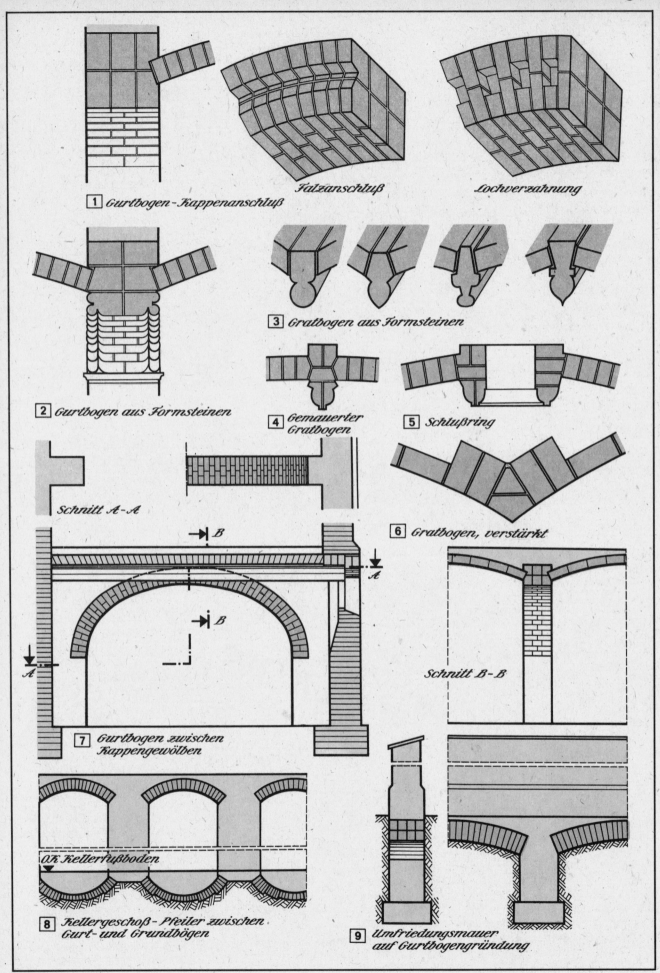

Tafel 94 — Gurt- und Gratbogen

5. Fußböden

5.0. Anforderungen

An Fußböden wurden schon immer sehr verschiedenartige Anforderungen gestellt. So z. B.
- Ebenheit
- gutes Aussehen
- geringer Pflegeaufwand
- Trittsicherheit
- Verschleißfestigkeit
- geringe Wärmeableitung (fußwarme Fußböden)
- ausreichende Wärmedämmung
- ausreichende Trittschalldämmung
- ausreichende Luftschalldämmung
- geringer Preis.

Vom Standpunkt der Herstellung wurde gefordert: Der Fußboden sollte möglichst schnell betretbar sein und möglichst wenig Wasser in den Bau bringen.
Im betrachteten Zeitraum haben sich die Konstruktionen und die verwendeten Baustoffe stark verändert.
Zur Herstellung der Fußböden wurden Holz, Zement, Magnesit, Gips, Anhydrit und Asphalt, aber auch Natursteinplatten, Werksteinplatten und Fliesen oder bedruckte Bitumenpappen verwendet.
Während im 19. Jahrhundert vorwiegend Holzfußböden auf Holzbalkendecken verlegt wurden, stieg im 20. Jahrhundert der Preis des Holzes an, und zeitweilig war Holz sehr rar. Es wurden dann vor allem Estriche auf Massivdecken hergestellt.
Die bahnenförmigen Fußbodenbeläge haben in der Zeit von 1860 bis 1960 eine starke Entwicklung erfahren. 1882 nahm die erste Linoleumfabrik Deutschlands ihre Arbeit auf [5, S. 13], und dieser preiswerte, fußwarme Fußbodenbelag wurde sehr beliebt. Nach 1945 ging die Anwendung des Linoleums in der DDR stark zurück, und es wurden Plast- oder Gummibeläge oder mineralische Estriche verwendet, weil die Ausgangsstoffe zur Fertigung von Linoleum, Kork und Leinöl, nicht in ausreichendem Maß zur Verfügung standen.
Da viele Erzeugnisse besondere Firmenbezeichnungen erhielten, also annähernd gleiche Erzeugnisse oft unter verschiedenen Namen gehandelt wurden, entstand eine kaum übersehbare Vielfalt von Fußbodenbelägen.
BRAUN [3] unterschied 1953 über 430 verschiedene Bezeichnungen für Fußbodenbeläge und Estriche.
Im Folgenden werden nicht die Erzeugnisse einzelner Firmen aufgelistet, sondern es wird der *konstruktive Aufbau* typischer Fußböden aufgeführt.
Die Fußböden waren immer mit *baulichen Maßnahmen zur Wärme- und Schalldämmung* verbunden.
Bei der Bewertung dieser Konstruktionen ist zu beachten, daß sich die heutigen Vorstellungen zur Schalldämmung erst nach und nach herausgebildet haben.
Um 1900 wurden die Balkengefache der Holzbalkendecken mit Kies, Sand, Lehm oder Schlacke gefüllt, oder die Massivdecken wurden mit Schichten aus Sand, Kies oder Schlacke überdeckt.
In den folgenden Jahrzehnten wurden durch Messungen an Deckenausschnitten im Labor und an ausgeführten Decken im Bauwerk genauere Aussagen zur Dämmfähigkeit einzelner Deckenkonstruktionen und Fußböden gewonnen.
So hat z. B. REIHER eine große Anzahl verschiedener Holzbalkendecken, Massivdecken und Fußbodenschichten untersucht und Werte zur »Schallisolation gegen Luftschall« und zur Dämmung des Trittschalls im Jahre 1932 veröffentlicht [38].

THIENHAUS wertete 1939 weitere Versuche der Technischen Hochschule Stuttgart aus [36].
Bereits 1937 hat THIENHAUS Regeln zur Schalldämmung aufgestellt, die den heutigen Auffassungen sehr ähnlich sind [34]. So z. B.:
»Je weicher der schwimmende Estrich gelagert ist, umso größer ist die Verminderung der Trittschallhörigkeit gegenüber einer gleichen Decke mit einem unmittelbar aufgebrachten Estrich.«
Diese Erkenntnisse setzten sich aber erst allmählich durch.
Die Neufassung der Einheitsbauordnung von 1939 (§ 13, § 15) gab wieder nur die Dämmung durch Kesselschlacke, Lehm und groben Sand an [33]:

»A) Anforderungen, die an den Schallschutz von Bauteilen je nach ihrer Lage im Gebäude zu stellen sind.
I. Decken
1. Wohnungstrenndecken. Decken, die verschiedene Wohnungen voneinander oder auch Wohnungen von gewerblichen Räumen trennen, müssen ausreichenden Schutz gegen Luftschall und Trittschall besitzen.
2. Decken über dem Kellergeschoß müssen ausreichenden Schutz gegen Luftschall besitzen. Auf einen ausreichenden Schutz gegen Trittschallübertragung kann verzichtet werden.
3. Decken über dem obersten Wohngeschoß. Decken, die das oberste Wohngeschoß vom Dachboden trennen, müssen ausreichenden Schutz gegen Trittschall besitzen. Auf ausreichenden Schutz gegen Luftschallübertragung kann verzichtet werden...
Die Forderungen 1. bis 3. gelten nicht für Einfamilienhäuser...
B) Zu den unter A I, 1 bis 3, genannten Zwecken können folgende Ausführungen ohne besondere Nachweise vorläufig bis zum Abschluß der eingeleiteten Versuche verwendet werden.
I. Decken
1. Holzbalkendecken. Holzbalkendecken mit unterer Verkleidung, Putz, Zwischendecke und nachstehenden Auffüllungen:
a) 2 cm Lehmestrich mit mindestens 8 cm Kesselschlacke
b) 7 cm Lehm
c) 2 cm Lehmestrich mit 5 cm möglichst grobem Sand
2. Massivdecken
a) mindestens 10 cm dicke Steineisendecken mit 8 cm Auffüllung aus Kesselschlacke und ähnlichen Stoffen
b) mindestens 7 cm dicke Eisenbetonplatten oder 10 cm dicke Eisenbetonhohldielen mit 8 cm Auffüllung aus Kesselschlacke oder ähnlichen Stoffen.«

1944 erschien die erste Norm zum Schallschutz im Hochbau: DIN 4109. Sie wurde 1952 durch ein Beiblatt ergänzt, teilweise verändert. Beide Blätter sind z. B. in [40] 1959; [41] 1959 in wesentlichen Teilen aufgeführt.

Tabelle 30. Maßnahmen zur Verbesserung der Luft- und Trittschalldämmung von einschaligen Massivdecken, Masse ≥ 140 kg/m², nach DIN 4109, Stand 1952

Nr.	Beschreibung
1	Holzfußböden auf Lagerhölzern a) mit etwa punktförmiger Unterstützung der Lagerhölzer im Abstand von 500...800 mm durch Plättchen aus 25 mm dicken Holzwolleleichtbauplatten oder 20 mm dicken Holzfaserweichplatten b) mit Auflagerung der Lagerhölzer auf ihrer ganzen Länge mit mindestens 100 mm breiten Streifen aus ≥ 10 mm dicken Dämmplatten aus mineralischen oder organischen Fasern
2	Schwimmender Estrich a) auf Dämmplatten und Dämm-Matten b) auf locker gebundenen Torfplatten von ≥ 30 mm Dicke

DIN 4109 war in der DDR nicht verbindlich, sie war zur »Berücksichtigung empfohlen« [12, S. 83] 1959.
Nach DIN 4109 wurden z. B. die in den Tabellen 30 und 31 genannten Maßnahmen zur Luft- und Trittschalldämmung gefordert.
WIEL [42] hat im Jahre 1955 Schichtenfolgen für Fußböden vorgeschlagen, deren Dicke in Übereinstimmung mit der Maßordnung im Hochbau stand.

Tabelle 31. *Maßnahmen zur Verbesserung der Trittschalldämmung von einschaligen Stahlbetonplatten, Masse ≥ 275 kg/m², oder doppelschaligen Massivdecken, Masse ≥ 110 kg/m², nach DIN 4109, Stand 1952*

Nr.	Beschreibung
1	*Holzfußboden auf Lagerhölzern ohne besondere Unterlage*
2	*Weiche Gehbeläge, z. B. aus mindestens 5 mm dickem Korkparkett, Korklinoleum oder weichem Gummibelag*
3	*Zweischichtiger Fußbodenbelag aus ≥ 4 mm Hartfaserplatten auf ≥ 8 mm Weichfaserplatten*
4	*Schwimmender Estrich ≥ 10 mm Korkschrotmatte oder losem Blähkork*
5	*Schwimmende Estriche auf ≥ 25 mm Holzwolleleichtbauplatten, unter denen eine zusätzliche Dämmschicht (z. B. aus Mineralwolle, Korkplatten, Korkmatten oder Korkschüttungen; Korkfilz, Bitumenfilz oder Wellpappe auf einem Sandausgleich) verlegt ist*

5.1. Holzfußböden

Der Holzfußboden hat Eigenschaften, die für Wohnräume von großer Bedeutung sind: Die sichtbare Holzstruktur von Stabfußböden oder von Tafelparkett wirkt sehr dekorativ.
Das Holz ist fußwarm und für ein Wohnhaus ausreichend verschleißfest. Ein Holzfußboden gibt dem Raum Wohnlichkeit und Behaglichkeit. Zu den Nachteilen der Holzfußböden gehören: Das Holz »arbeitet«. Es schwindet beim Austrocknen und quillt bei Wasseraufnahme. Außerdem können Holzfußböden vom Hausschwamm und von holzzerstörenden Insekten befallen werden.
Im Folgenden werden betrachtet:
– Dielenfußböden
– Stabfußböden
– Parkettfußböden.
Die Bezeichnung Parkett wurde oft für Stabfußboden *und* für Tafelparkett verwendet. Im folgenden Text wird zwischen Stabfußboden und Tafelparkett unterschieden.

5.1.1. Dielenfußböden

Zum Bau der Dielenfußböden wurden Bretter aus Nadelholz verwendet: Kiefernholz, Fichtenholz, seltener Lärchenholz.
Rauhe Dielenfußböden. Der Fußboden aus ungehobelten Brettern wurde nur in untergeordneten Räumen, häufig auf Dachböden, verlegt. Die Bretter wurden besäumt und stumpf aneinander gestoßen (Tafel 95; [1]).

»Für gewöhnlich besteht demnach der rauhe Dielenfußboden aus 2,5 cm starken, 15 bis 25 cm breiten, besäumten Brettern, welche je nach ihrer Breite mit zwei oder drei 7,5 cm langen Nägeln auf den Balken befestigt werden.« *[2, S. 56] 1903*

Gehobelte Dielenfußböden. In der Mitte des 19. Jahrhunderts wurden noch sehr breite Bretter eingebaut. Wenn diese Bretter nicht vollständig ausgetrocknet waren, entstanden beim Schwinden des Holzes breite Fugen zwischen den einzelnen Brettern. Die Fugen mußten mit Leisten oder Spänen geschlossen werden. Um 1900 waren die Nachteile sehr breiter Bretter bereits bekannt. Auch gab es zu dieser Zeit kaum noch so dicke Bäume, daß deren Einschnitt breite Bretter ergab.
Um 1900 wurden im Regelfall Bretter mit folgenden Abmessungen eingebaut [2, S. 51] 1903:
Dicke: 25 bis 35 mm
Breite: 120 bis 150 mm, maximal 200 mm
Länge: bis 8000 mm
Diese Werte wurden in den folgenden Jahren weiter verringert [7, S. 81] 1935:
Dicke: 20 bis 24 mm, Regelfall 22 mm
Breite: 100 bis 160 mm
Länge: 3000 bis 6000 mm
Die *Richtlinie zur Einsparung von Bauholz* von 1937 forderte [31]:

»...die Stärken der Fußbodenbretter im städtischen Wohnungsbau auf höchstens 26 mm Rohmaß zu beschränken. Bei Längen über 4,5 m sind Friese zuzulassen.«

Die Bretter wurden einseitig gehobelt, gespundet oder gefälzt (Tafel 95; [2] bis [6]). Die Verbindung mit Nut und angehobelter Feder (Spundung) war am häufigsten.
Die Dielen wurden mit offener oder verdeckter Nagelung mit den Holzbalken oder Lagerhölzern verbunden. Die Nägel sollten 2,5- bis 3mal so lang sein, wie das Brett dick war.
Bei der offenen Nagelung wurde jedes Brett mit 2 Nägeln am Balken befestigt. Die Nägel wurden versenkt, und die Löcher wurden mit Glaserkitt gefüllt und überstrichen.
Bei der verdeckten Nagelung wurden die Nägel schräg an der Spundung eingeschlagen. Dabei war es günstig, die untere Seite der Spundung länger auszubilden (Tafel 95; [4]). Auf diese Weise konnten nur schmale Dielen sicher befestigt werden.
Zur baustoffgerechten Lage der Bretter gab es unterschiedliche Auffassungen.
KOCH forderte 1903 im Handbuch für Architektur [2, S. 56]:

»Das Anfertigen eines guten Dielenfußbodens erfordert große Sorgfalt sowohl in Bezug auf Auswahl des Materials, wie auch der Ausführung. Zunächst ist es erforderlich, daß jedes Brett genau zwei parallele Langseiten hat. Wird bei einfacheren Fußböden hiervon abgesehen, so müssen die Dielen abwechselnd mit ihrem Stamm- und Zopfende, alle aber mit der Kernseite nach unten verlegt werden.«

Ebenso [20, S. 385] 1941: Bei Fußbodendielen »wird die linke Seite gehobelt, da diese begangen wird«. Die rechte Seite, also die Kernseite, liegt wieder unten.
EICHLER [15, S. 419] 1955 weist darauf hin, daß es von Vorteil sein kann, wenn die Bretter mit der Kernseite nach oben liegen, weil sie dann auch bei einer eventuellen Verwölbung des Brettes durch ungleichmäßiges Schwinden fest aufliegen.
Einheitlich wurde dagegen die Meinung vertreten, daß Dielen mit annähernd stehenden Jahresringen sich kaum verziehen, am haltbarsten und daher zu bevorzugen sind.
Die Balkenoberflächen lagen häufig nicht in gleicher Höhe. Daher mußten Leisten auf die Balken genagelt werden, um für die Dielen Lagerflächen von gleicher Höhe zu schaffen.
Am Rande des Zimmers wurde häufig ein Zwischenraum von 15 bis 20 mm zwischen der Dielung und dem Mauerwerk gelassen, damit die Dielung »arbeiten« kann. Außerdem wurde dadurch die Belüftung des Holzfußbodens gefördert.

5.1. Holzfußböden

Wenn die Länge der vorhandenen Bretter nicht ausreiche, um die Länge des Zimmers abzudecken, wurden entweder die Dielen gestoßen, z. B. bei Fußboden mit versetzten Stößen (Tafel 95; [7]), oder der Fußboden wurde durch Friesbretter unterteilt. So entstanden »Fußböden mit Friesen« (Tafel 95; [8] bis [10]).
Der Dielenstoß mußte immer auf einem Balken liegen. Bei den Fußböden mit Friesen wurde es erforderlich, Zwischenauflager zu schaffen, da einige Fußbodenbretter durch die veränderte Verlegerichtung auch parallel zu den Balken verliefen. Als Zwischenauflager wurden Bohlenstücke eingesetzt (Tafel 95; [9]). Am Friesholz wurden die Dielen nach Tafel 95; [11] und [12] befestigt. Für die Dielen mußte mindestens ein Auflager von 25 mm verbleiben, so wurden die Frieshölzer häufig schmaler als die gewöhnlichen Dielen gewählt.
Der unterschnittene Anschluß nach Tafel 95; [13] gab keinen festen Halt.
Tafel 95; [7] bis [10] nach [2] 1903, S. 58
Eine Sonderform ist der »sächsische Fußboden« [49] 1888: Zwei ungespundete Fußbodenbretter wurden zu Tafeln von 500 bis 600 mm Breite verleimt und so verlegt. Am Stoß zweier Tafeln wurde ein Brett in den Balken eingesetzt. Nach dem völligen Austrocknen der Tafeln wurden in die am Stoß entstandenen Fugen Holzspäne eingeleimt.

5.1.2. Stabfußböden

Stabformen. Die Stabfußböden wurden aus Lang- oder Kurzriemen zusammengefügt.
Langriemen:
GROSKOPF [9, S. 51] 1929: Länge: 900 bis 1500 mm
Breite: 70 bis 120 mm
Dicke: 24 mm
In DIN 280 wurden Langriemen bis zu 2000 mm Länge genormt (Tabelle 32).
Kurzriemen:
KOCH [2, S. 65] 1903: Länge: bis 1000 mm
Breite: 100 bis 120 mm
Dicke: 25 bis 40 mm
GROSKOPF [9, S. 34] 1929: Länge: 300 bis 400 mm
Breite: 60 bis 120 mm
Dicke: 14 (selten); 18; 24 mm
Die genormten Maße der Kurzstäbe sind in Tabelle 32 aufgeführt. Als Holz wurde vorwiegend Hartholz verwendet.
Stäbe aus Eichenholz wurden bevorzugt eingebaut. Aber auch das Holz der Rotbuche konnte nach entsprechener Vorbehandlung mit gutem Erfolg verwendet werden [50, S. 476] 1892; [2, S. 68] 1903; [9, S. 34] 1929; [6] 1956.
Für einige Verlegearten wurden auch Stäbe aus Kiefernholz verwendet.
Die Form der Stäbe richtete sich nach der Art des Verlegens.
Nutzstäbe (Tafel 96; [1]) weisen an allen 4 Seiten eine umlaufende Nut auf. Die einzelnen Stäbe wurden durch Federn miteinander verbunden. Während KOCH 1903 [2, S. 65] noch Federn aus Eichenholz empfiehlt, wurden später vor allem Hirnholzfedern aus Kiefern, Pappel- oder Lindenholz verwendet [9, S. 42] 1929. Die Federn wurden unter einem Winkel von etwa 45° zur Längsrichtung geschnitten. Die Stäbe hatten leicht unterschnittene Seitenflächen (Tafel 96; [4]).
Spundstäbe (Tafel 96; [2]) haben eine angehobene Feder. Sie wurden vor allem bei den nur 14 mm dicken Stäben verwendet, da bei diesen die Gefahr bestand, daß bei Verwendung von losen Federn die Unterwangen der Nut abplatzten.
Die *Asphaltstäbe* werden nicht durch Nut und Feder zusammengehalten. Sie stoßen stumpf aneinander und wurden beim Verlegen in heißflüssigen Asphalt gedrückt. Der erkaltete Asphalt haftete am Holz und verband den Unterboden mit den Stäben.

Tabelle 32. Maße von Kurz- und Langriemen (Stabfußboden) nach DIN 280 in mm

		Stand 1935	Stand 1952
Dicke	Eiche, Buche	18; 24	(14); 18; 24
	Kiefer	26	26
Oberwange	Eiche, Buche	9; 12	(7,5); 9; 12
	Kiefer	14	14
Breiten		55; 60 bis 130	55; 60 bis 130
Längen	Kurzriemen	300; 350 bis 750	(200); (250); 300 bis 750
	Langriemen	800; 850 bis 2000	800; 850 bis 2000
Federdicke		3	(2,5); 3
Federbreite		18	18
Nuttiefe		9,5	9,5
Nuthöhe		3	(2,5); 3

Für spezielle Aufgaben und besondere Klebemassen wurden Holzstäbe mit besonderen Querschnitten angefertigt.
Langriemen im Schiffverband. Bei dieser Art der Verlegung wurden Riemen aus Buchenholz oder Nadelholz eingesetzt. Der Abstand der Balken sollte nicht größer als 600 mm sein. Der Stoß der Längsstäbe lag entweder auf einem Balken oder zwischen zwei Balken (Schwebender Stoß: Tafel 96; [5]). Die Stäbe wurden schräg in der Nut genagelt. Die Nut-Feder-Verbindung ist so fest, daß auch der schwebende Stoß ohne Nachteile angewendet werden konnte.
Friesboden (Leiterboden). Das Baulexikon von 1882 beschrieb diese Verlegeart wie folgt:
»Gewöhnlich Brettfußboden, durch an den Wänden entlang sowie nach einem den Boden in Felder teilenden Muster verlegte Friese abgeteilt, zwischen welche die Dielentafeln entweder stumpf oder mittels eines Spundes befestigt werden. Zu solchen Fußböden kann man nur ganz trockene Bretter verwenden.« [47]
Die Anordnung nach Tafel 96; [6] bis [8] hat sich nicht bewährt. Die einzelnen Riemen sind nicht genagelt. Wenn sich das Friesbrett verzieht, liegen die Riemen lose in der Nut oder im Falz. Außerdem liegen alle Riemen parallel nebeneinander, so daß sich die Schwindmaße quer zur Faser addieren und große Fugenbreiten unvermeidlich sind.
Stabfußboden auf Blindboden. Eine verbreitete Fußbodenkonstruktion (Tafel 96; [9]). Bei den verschiedenen Verlegemustern, Beispiele auf Tafel 97, finden die Stäbe kein Auflager auf den Balken. Sie liegen auf einem *Blindboden*.
Der Blindboden besteht aus mindestens 25 mm dicken, ungehobelten und unbesäumten Brettern. Die Breite sollte 200 mm [2] 1903 oder 150 mm [9] 1929 nicht übersteigen.
Beim Annageln des Blindbodens mußten zuvor die Höhenunterschiede der Balkenoberflächen beseitigt werden, damit die Oberfläche des Blindbodens eben war und genau in einer Höhe lag.
Zwischen den einzelnen Brettern des Blindbodens wurde eine Fuge von etwa 10 mm Breite belassen. An der Wand endete der Blindboden 20 mm vor der Wand.
Die Riemen wurden an einer Längs- und einer Hirnseite gefedert, in den bereits liegenden Stab gedrückt und dann auf den Blindboden genagelt.
GROSKOPF beschrieb die verwendete Nagelung [9, S. 54] 1929:
*»Die Nägel werden in den Seitennuten durch die untere Nutenwange schräg eingeschlagen und werden durch den angeschobenen nächsten Stab oder die nächste Tafel verdeckt.
Man verwendet für ca. 24 mm starkes Parkett 45 mm lange und 2,2 mm starke Stifte, für ca. 18 mm starkes Parkett 40 mm lange und 2 mm starke Stifte.*

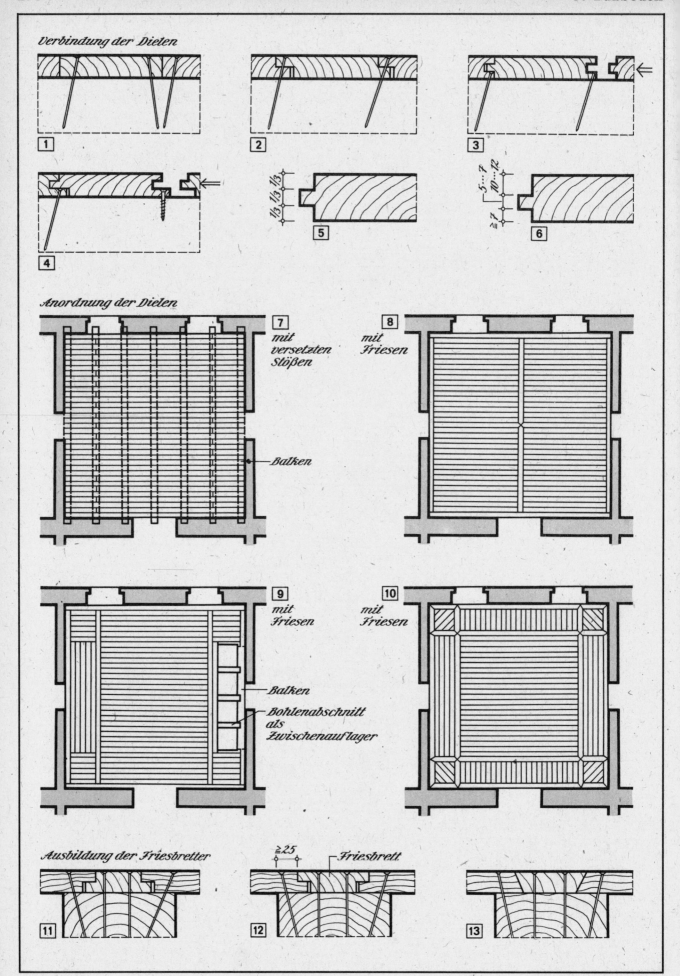

Tafel 95 — Dielenfußböden

5.1. Holzfußböden

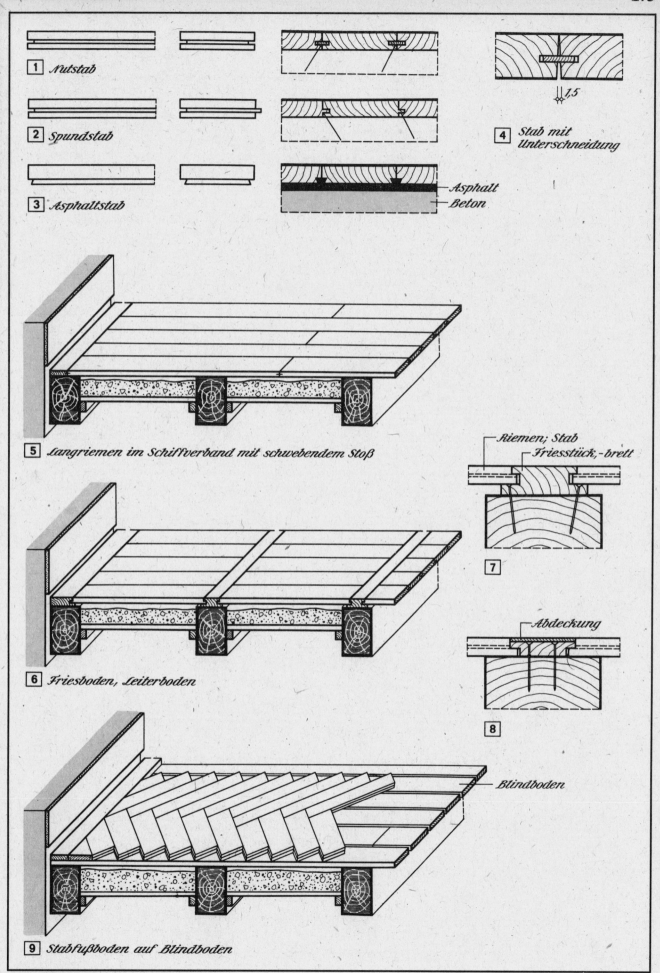

1 Nutstab
2 Spundstab
3 Asphaltstab
4 Stab mit Unterschneidung
5 Langriemen im Schiffverband mit schwebendem Stoß
6 Friesboden, Leiterboden
7 Riemen; Stab / Friesstück,-brett
8 Abdeckung
9 Stabfußboden auf Blindboden

Stabfußböden I — Tafel 96

176   5. Fußböden

1 Riemen im Verband
2 Doppelstab, gerad verlegt
3 Fischgratmuster
4 Doppelstab, schräg verlegt
5 Würfelboden
6 Würfelboden, schräg verlegt
7 Flechtboden
8 Flechtboden, schräg verlegt

Tafel 97   **Stabfußböden II**

5.1. Holzfußböden

Nagelung: Sämtliche Parkettstäbe müssen an der Längsseite und an der Stirnkante, den Dimensionen entsprechend, genügend genagelt werden, mindestens:
bei Stablängen bis 35 cm: 1 Stift an der Längsseite
bei Stablängen über 35 bis 50 cm: 2 Stifte an der Längsseite
bei Stablängen über 50 cm: 3 Stifte an der Längsseite
bei Stabbreiten über 12 cm: 2 Stifte über Hirn
bei geringeren Stabbreiten: 1 Stift über Hirn.«

Hamburger Verlegung. Eine Sonderform stellt die Hamburger Verlegung dar. Der Blindboden besteht nur noch aus einzelnen Brettern, die im Stoß der Riemen liegen.

Stabfußboden in Asphalt. Diese Art der Verlegung fand vor allem auf Massivdecken Anwendung. Auf den Estrich wurde heißflüssiger Asphalt aufgetragen, und in eine etwa 10mm dicke Asphaltschicht wurden die Asphaltstäbe so eingedrückt, daß sich die schwalbenschwanzförmige Nut an der Unterseite vollständig füllte und die Fugen geschlossen wurden, jedoch kein Asphalt aus den Fugen quoll (Tafel 96; [3]).
Es war eine hohe Geschicklichkeit erforderlich, um die Stäbe so zu verlegen, daß ein Fußboden mit einer ebenen, gleich hohen Oberfläche entstand.
GROSKOPF [9, S. 62] 1929 bewertete die Verlegung in Asphalt wie folgt:

»Besonders für Erdgeschosse, in nicht unterkellerten Räumen, in Wartesälen, Warenhäusern usw. wird die Verlegung in Teer-Heißasphalt vorgezogen... Der Asphalt schützt gegen Holzparasiten und Schwammbildung. Vorweg soll aber gleich gesagt werden, daß es keine Fußbodensorte gibt, welche soviel Streitigkeiten, Ärger und Schäden verursacht, wie gerade die Verlegung der Stabfußböden in Teerasphalt.«

Die Verlegung in Gußasphalt wurde nach und nach durch kaltflüssige Klebemassen und Klebstoffe verdrängt, die nur noch in geringen Dicken aufgetragen wurden.
Frühe Formen zur Verlegung von Stabfußböden in Asphalt siehe [39] 1875.

5.1.3. Tafelparkett

Diese Fußböden wurden aus furnierten oder massiven Parkett-Tafeln zusammengesetzt.
Die furnierten *Parketttafeln* bestehen jeweils aus einer quadratischen Blindtafel (Bild 29) aus miteinander verleimten Brettern aus Kiefernholz und aus aufgeleimten Furnierplatten. Die Parketttafeln wurden auf Blindboden verlegt und durch Nut und Feder und schräg eingetriebene Nägel befestigt (Bild 30).
Maße der Blindtafeln:
KOCH [2] 1903: Dicke 25 bis 35 mm
Seitenlänge 600 bis 800 mm
GROSKOPF [9] 1929: Dicke 24 mm
Seitenlänge 400 bis 600 mm

EBINGHAUS [13] 1954: Dicke 24 bis 30 mm
Dicke der Furnierplatten:
KOCH [2] 1903: 5 mm
GROSKOPF [9] 1929: 8 mm
EBINGHAUS [13] 1954: 10 mm

Häufig wurden 4 quadratische Furnierplatten aus Eichenholz auf eine Blindtafel aufgeleimt. Die Richtung der Maserung der einzelnen Platten wurde jeweils geändert (Bild 31), so daß reizvolle Farbkontraste entstanden.
Durch Anwendung verschiedenfarbiger Hölzer und ausgeschnittener Furnierplatten wurden Muster (Intarsien) gebildet (Bild 31, rechts).

Es kamen folgende Hölzer zur Anwendung:

Holz	Farbe
Ahorn	weiß, grau
Birnbaum	rötlich bis braun
Nußbaum	braun
Kirschbaum	rotbraun
Ulme	dunkelbraun
Mooreiche	dunkelgrün bis schwarz
Ebenholz	schwarz
Mahagoni	rot bis rotbraun
Palisander	schokoladenbraun bis violett
Rosenholz	verschiedene Farben, starke Aderung
Zitronenholz	gelb
Jasminholz	gelb

Da die Hölzer von verschiedener Härte sind, wurden die einzelnen Stellen des Intarsienfußbodens unterschiedlich stark abgenutzt.
Eine zweite Form des Tafelparketts besteht aus massiven Tafeln. Mehrere Bretter mit Nut und Feder und einer Dicke von 25 bis 35 mm wurden miteinander verleimt. Es entstanden quadratische Platten mit einer Seitenlänge von 400 mm. Auch diese Platten wurden auf Blindboden verlegt und wie Tafelparkett befestigt (Bild 30). Eine Sonderform des Parketts stellt das *Musterparkett* dar.
Parkettstäbe und dreieckige, rechteckige oder quadratische Formstücke wurden nicht miteinander verleimt, sondern auf der Decke mit Nut und Feder zusammengefügt und auf den Blindboden genagelt (Tafel 97; [7], [8]).
Während das Verleimen das Schwinden des Holzes einschränkt und dadurch nur kleine Fugen entstehen, neigt das Musterparkett zur Ausbildung breiter Fugen.

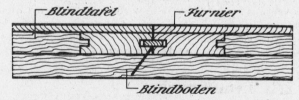

Bild 30. Nagelung von Tafelparkett

Bild 29. Blindtafeln für Tafelparkett

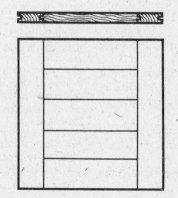

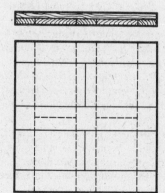

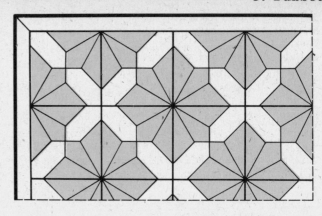

Bild 31. Furniertes Tafelparkett

5.2. Estriche

5.2.0. Formen

Estriche bilden entweder die Oberfläche des Fußbodens, oder sie sind der Unterboden für andere Fußbodenbeläge, z. B. für Linoleum oder für Stabfußboden.
Es können drei Grundformen unterschieden werden:
Verbundestrich
Der Estrich ist mit der Unterlage (Unterbeton, Massivdecke) kraftschlüssig verbunden.
Estrich auf Trennschichten
Zwischen dem Estrich und der tragenden Unterkonstruktion (Unterbeton, Massivdecke, Holzdielen) liegt eine Trennschicht, die eine kraftschlüssige Verbindung von Estrich und Unterkonstruktion verhindert. Als Trennschichten wirken vor allem Papier, Pappe, aber auch Sandschichten.
Schwimmender Estrich
Schwimmende Estriche bestehen aus zumeist monolithisch hergestellten Estrichplatten, die auf biegeweichen Dämmschichten liegen.
1941 wurde der schwimmende Estrich wie folgt beschrieben [20, S. 834]:

»Estriche, die auf einer federnden, weichen Dämmschicht aufgelagert und gegen die Wände, Säulen usw. ringsum durch die weiche Dämmschicht abgetrennt sind. Je weichfedernder die Dämmschicht und je stärker der Estrich ist, um so größer ist die Verbesserung der Decke gegen die Übertragung von Trittschall. Bei Anwendung eines Leichtbetons oder einer Sandschüttung ohne weiche Dämmschicht kann nicht mehr von einem schwimmenden Estrich gesprochen werden.«

5.2.1. Lehmestrich

Dieser Estrich wurde im 19. Jahrhundert nur noch wenig angewendet. Er kann als Fußboden nicht unterkellerter Werkstätten, in Kellerräumen und in Gebäuden der Landwirtschaft (Tennen, Scheunen) angetroffen werden.
In nicht unterkellerten Räumen besteht der Lehmestrich immer aus mehreren Schichten.
Der Mutterboden wurde ausgehoben, und eine Kiesschicht und eine Schicht aus groben Steinen (Packlage) oder Schlacke wurde als kapillarbrechende Schicht eingebracht (Tafel 98; [2]).
Im Beispiel nach Tafel 98; [4] wurde als Abdichtung gegen aufsteigende Feuchtigkeit unter der Packlage noch eine Schicht aus fettem Lehm angeordnet.
Der Lehm wurde immer in Schichten eingebracht und durch kräftiges Stampfen verdichtet.

Bild 32. Holzbalkendecke mit Lehmestrich

Die eigentliche Estrichschicht – also die oberste Schicht des Fußbodens – wurde gestampft oder »mit Füßen getreten«, durch Abreiben geebnet und dann mit »Schlägeln (Pritschbäumen) oder Dreschflegeln« geschlagen, bis die Oberfläche dicht und blank wurde. Diese Arbeit dauerte mehrere Stunden.
Zur Verfestigung der Oberfläche wurden verschiedene Stoffe auf die Oberfläche des Lehmbodens gestrichen. Dann wurde die Estrichschicht erneut geschlagen. Zur Härtung der Oberfläche dienten Rinderblut, Teergalle, Tierurin, Hammerschlag (Metalloxide), Teer- und Bitumenemulsionen und auch Wasserglas (siehe [2] 1903; [19] 1912; [7] 1935; [15] 1955).
Auf Holzbalkendecken wurde Lehmestrich z. B. nach Bild 32 ausgeführt [15, S. 44] 1955.
Der Leichtlehm besteht aus Lehm mit Zuschlägen von Stroh.
Der Faserlehm enthält Spreu, Häcksel, Heidekraut oder Torf.

5.2.2. Gipsestrich

Zur Herstellung von Gipsestrich wurde vor allem reiner Estrichgips verwendet. Unter Umständen wurde 3 Teilen Gips 1 Teil Sand beigemischt.
Der Gipsestrich liegt fast immer auf einer 10 bis 20 mm dicken Sandschicht. Die Sandschicht überdeckt die Holzdielen, den Beton oder die Ziegel einer Massivdecke.
Der Gipsestrich wurde in Dicken von 20 bis 30 mm ausgeführt. KOCH gab 1903 50 mm Dicke als obere Grenze an [2].
Der Sand sollte dem Gipsestrich eine gleichmäßige Auflagerung schaffen und Risse und Bruchstellen im Gipsestrich verhindern. Zwischen Sand und Estrichgips wurde keine Trennschicht (Papier oder Pappe) eingelegt. Der Fußboden wurde fugenlos hergestellt. Im Jahre 1927 wurde die Aufgabe der Sandschicht wie folgt beschrieben [17, S. 787] 1927:

»Der Vorteil der Sandisolierung ist größere Elastizität, Wärmehaltung und vor allem größte Schallsicherheit. Die Schallsicherheit kann weiter erhöht werden durch Verlegen von Pappestreifen an den Wänden, welche die Weiterleitung der Vibration des Estrichs auf die Wandflächen unterbrechen.«

Mit dieser Einschätzung wurde die Dämmfähigkeit der Sandschicht weit überbewertet.
Um Holz einzusparen, wurde Gipsestrich als Ersatz für Holzdielen empfohlen, so z. B. [37] 1939:

5.2. Estriche

»Sofern bei Holzbalkendecken die Balkengefache bis Oberkante Balken gefüllt sind, genügt es, die ganze Bodenfläche mit Pappe zu überdecken, eine dünne Sandschüttung aufzubringen, um die Decke auszugleichen und eine hohe Schalldämmung zu erreichen und darüber Gispestrich auszubreiten.«

Der Estrich wurde auf folgende Weise hergestellt:
Der Sand wurde gestampft und planiert. Vor dem Aufbringen des Gipsbreis wurde der Sand angefeuchtet. Es wurde von ausgelegten Bohlen aus gearbeitet, damit die Sandoberfläche eben blieb. Der Gipsbrei wurde vorsichtig ausgeschüttet, um die Schichtdicke des Sandes nicht zu verändern, dann abgezogen, abgerieben und nach 24 Stunden geglättet. Nach 4 bis 5 Tagen konnte er betreten werden.
Oft bildete der Gipsestrich den Unterboden für Linoleum. Wenn der Estrich sichtbar bleiben sollte, wurde er mit Leinöl oder anderen Stoffen getränkt.
Gips greift Stahl an. Deshalb sollte über Stahlträgern eine Sandschicht von mindestens 20 mm vorhanden sein. Stahlrohre waren durch Anstriche oder Pappstreifen vor der Berührung mit Gips zu schützen.
Es wurde fast immer Estrichgips, der wesentlich härter als Stuckgips ist, verwendet. KOCH berichtete aber 1903 davon, daß auch Stuckgips zur Herstellung von Fußböden verarbeitet wurde und dieser nicht auf Sand, sondern auf einer bis zu 30 mm dicken Schicht aus Schlacke liegt [2].
Gipsestrich ist schwer wasserlöslich, aber nicht für Feuchträume geeignet.
Zur Herstellung von Estrichgips sind hohe Brenntemperaturen erforderlich (900 bis 1050°C), die einen hohen Energieaufwand benötigen. Deshalb wurde Estrichgips in den 50er Jahren in der DDR kaum verwendet [15, S. 145]1955.

5.2.3. Anhydritestrich

Anhydritestrich besteht aus Anhydrit (wasserfreiem Gipsstein) und verschiedenen Anregern. Dieser Estrich wurde verbreitet nach 1945 angewendet, da zu seiner Herstellung wenig Energie erforderlich ist. Die Anhydritbinder für Estriche trugen u. a. folgende Namen: Leukolith, Pyramit, Rowid, Leunafußboden.
Der Fußboden wurde zweischichtig (Unterschicht, Nutzschicht) auf Massivdecken oder Holzbalkendecken verlegt [46] 1954; [15] 1955. Er wurde fugenlos eingebracht.
Anhydritestriche haben unterschiedliche Eigenschaften. (Zusammenstellung in [41, S. 209] 1959).
Einige Anhydritestriche sind feuchtigkeitsempfindlich, und alle sollten durch »Bohnern und Wachsen« gepflegt werden.

5.2.4. Magnesiaestrich

Magnesiabinder wurden aus gebrannten Magnesiten ($MgCO_3$) und Magnesiumchloridlösung – kurz Magnesit und Lauge genannt – hergestellt.
In den Magnesiaestrichen sind organische und anorganische Füllstoffe enthalten: Sägemehl und Sägespäne, Papiermehl, Korkmehl und Korkschrot, Gummifasern, Quarzmehl, Quarzsand, Asbest, Talkum, Bimsmehl. Durch diese Zuschläge sollten die Dämmeigenschaften und die Verschleißfestigkeit verbessert werden. Außerdem wurden Farbstoffe zugegeben.
Als Sammelbegriff für viele Fußböden wurde die Bezeichnung *Steinholz* verwendet. Daneben gab es viele verschiedene Firmenbezeichnungen. So unterschied KOCH schon 1903 [2, S. 91] 30 verschiedene Bezeichnungen, z. B. Torgament, Linolith, Dresdament, Papyrolith.
Der erste Steinholzfußboden wurde bereits 1893 verlegt [29]. In Deutschland wurden 1934 1,8 Mill. m², 1936 3,6 Mill. m², 1938 5,5 Mill. m² Steinholz eingebaut [20, S. 910].
Dieser Estrich wurde als Verbundestrich, als Estrich auf einer Trennschicht und als schwimmender Estrich hergestellt.

Die Ausgangsstoffe beeinflussen maßgeblich die Qualität des fertigen Estrichs. Unter ungünstigen Umständen wölbten sich die Estriche beim Erhärten auf. Deshalb konnte nicht jeder Magnesiabinder zur Herstellung schwimmender Estriche verwendet werden, siehe EICHLER [15, S. 100 ff.] 1955.
Beim Verbundestrich muß der Untergrund rauh und fest sein, um den Estrich halten zu können.
Magnesiumchloridlauge greift Stahl an. Rohre und andere Stahlteile wurden durch Anstriche oder Pappe geschützt. Bei nicht ausreichender Betondeckung konnte die Magnesiumchloridlauge sogar Bewehrungsstähle angreifen, die in den Stahlbetonbauteilen der Decke liegen. Damit die Lauge nicht von der Wand aufgesogen wurde und dort die Qualität des Putzes beeinträchtigte, wurde die frische Estrichmasse vom Mauerwerk der Wand durch Streifen aus Zementputz, durch Ölfarbenanstriche auf vorhandenem Putz oder durch Pappstreifen getrennt [15], [18].
Der Estrich wurde in mehreren Schichten aufgetragen. Die unterste Schicht enthielt häufig Füllstoffe zur Verbesserung der Wärmedämmung. Die oberste Schicht war bis zu 10 mm dick. Magnesiaestrich wird durch Feuchtigkeit zerstört. Die richtige Pflege des Fußbodens bestimmt die mögliche Nutzungsdauer. Der Estrich muß trocken gehalten werden. Er kann kurzzeitig mit Wischwasser in Berührung kommen, muß aber regelmäßig geölt und gewachst werden [15], [18], da er sonst spröde wird. Zu weiteren Eigenschaften siehe z. B. [41, S. 207] 1959.

5.2.5. Zementestrich und Terrazzo

Estriche mit Zement als Bindemittel wurden als
– gewöhnliche Zementestriche
– Hartbetonestriche
– Terrazzo
eingebaut.
Der gewöhnliche abgeriebene, eventuell geglättete und geriffelte Zementestrich wurde wegen seines grauen Aussehens nur in untergeordneten Räumen oder als Unterboden für andere Beläge gewählt. Sein Mischungsverhältnis war häufig 1:3, seine Dicke 15 bis 25 mm [2] 1903.
Wenn der Unterbeton sehr mager war, wurde eine Ausgleichsschicht zwischen Unterbeton und Estrich angeordnet, um die Schwindspannungen abzubauen.
Durch besonders harte Zuschläge, z. B. besondere Schmelzen, wie Elektrokorund, Kupferschlacke; Metallsplitter und Körnungen aus harten Natursteinen (Basalt, Granit, Quarz), wurde die Verschleißfestigkeit erhöht [20] 1941.
Ein besonderer Estrich ist der Terrazzofußboden.
Terrazzo besteht aus Zement, Sand und schleiffähigen farbigen Gesteinskörnern bis zu einer Größe von etwa 14 mm. Es wurden vor allem Marmor und Serpentin verwendet. Durch Zusatz von Farbstoffen war es möglich, die Mörtelfarbe zu verändern. BOHNHAGEN beschrieb die Herstellung von Terrazzo wie folgt [4] 1929:
– Auf dem Unterbeton wurde eine über 30 mm dicke Ausgleichsschicht aufgetragen (1 Raumteil Zement: 4 Raumteile Sand).
– Die aufbereitete Terrazzomasse wurde mit der Kelle verteilt und durch Stampfen verdichtet, so daß eine etwa 15 mm dicke Schicht entstand.
Wenn beim Stampfen Löcher entstanden, wurden Gesteinskörner locker aufgestreut und eingearbeitet. Der Terrazzomörtel wurde abgezogen, abgerieben und geglättet.
– Der Boden wurde feucht gehalten und nach etwa 3 bis 5 Tagen mit einem groben Sandstein unter Wasserzugabe geschliffen, bis die einzelnen Steine sichtbar wurden. Danach wurde der Boden mit Zementmörtel gleicher Farbe abgespachtelt.

Der Boden wurde weiter feucht gehalten und nach 4 bis 5 Tagen mit einem feineren Stein geschliffen und erneut gespachtelt.
– Einige Böden wurden zum Schluß poliert.
Nach Abschluß aller Arbeiten wurde der Terrazzoboden gründlich gereinigt und eingeölt.
Um 1900 wurde zur Herstellung von Terrazzo auch noch hydraulischer Kalkmörtel verwendet [2, S. 37] 1903.

5.2.6. Asphaltestrich

Asphalt ist ein Gemisch aus mineralischen Stoffen und Bitumen. Es wurden natürlich vorkommende und künstliche Gemische verarbeitet. Der Gußasphalt bildet eine wasserbeständige, wasserdichte fugenlose Schicht, die vor allem auf Balkonen, in Feuchträumen und zur Herstellung von Fußböden in nicht unterkellerten Räumen eingesetzt wurde und als Unterboden für Linoleum, Stabfußboden und andere Beläge dienen konnte.
Der Gußasphalt wurde auf etwa 220°C erhitzt und mit Hilfe eines Holzspachtels auf den Untergrund aufgetragen. Die heiße Asphaltmasse wurde in ein oder zwei Schichten aufgebracht. Sie liegt direkt auf dem Unterbeton. Die fertige Estrichschicht ist zwischen 20 und 25 mm, mindestens aber 15 mm dick.
Es war möglich, Gußasphalt einzufärben.
Gußasphalt bleibt immer etwas elastisch. Nachteilig ist, daß der Estrich bei höheren Temperaturen erweicht und punktförmige Lasten (schwere Möbel) Eindrückungen hervorrufen können.

5.3. Plattenförmige Beläge

Es wurden vielfach auch plattenförmige Beläge in einem Mörtelbett verlegt.
Je nach der Art der Baustoffe wurden dabei Fußböden
– für repräsentative Räume, z. B. aus Marmor
– besonders verschleißfeste Fußböden, z. B. aus Granit
– für besondere hygienische Anforderungen, z. B. aus Steinzeugfliesen
– für untergeordnete Aufgabe, z. B. aus Sandstein, ausgeführt.
Im einzelnen kamen Fußböden aus folgenden Materialien zur Anwendung:
– Natursteinplatten (Marmor, Travertin, Sandstein)
– hartgebrannte Mauersteine oder Klinker
– Steinzeugfliesen oder Kleinmosaik aus Steinzeug
– Terrazzoplatten oder Betonwerksteinplatten
– Steinholzplatten
– Asphaltplatten
– Anhydritplatten.
Zur Ausführung dieser Fußböden siehe z. B. [2] 1903; [15] 1955; [21] 1955; [41] 1959.

5.4. Bahnenförmige Beläge

Die weiteste Verbreitung hat Linoleum gefunden. 1882 wurde die erste deutsche Linoleumfabrik gebaut [5] 1937. Linoleum wurde aus Leinöl, Kork und Holzmehl, Farben und Jute nach verschiedenen Verfahren hergestellt.
Die Dicke betrug 1,6 bis 10 mm, die Breite gewöhnlich bis zu 2 m.
An diesem Fußbodenbelag wurde besonders geschätzt: Linoleum wirkt fußwarm, ist verschleißfest, ist leicht zu reinigen und zu pflegen und ist wasserabweisend.
Zusammen mit Filzpappe hat Linoleum eine gute Schall- und Wärmedämmung.
Es wurde in mehreren Farben und in verschiedenen Mustern angewendet und konnte auf jedem trockenen Untergrund (Zementestrich, Gipsestrich, Anhydritestrich, Asphaltestrich, Steinholz oder Holzdielen) verlegt werden.
Linoleum wurde auf den Untergrund geklebt.
Wenn Linoleum auf feuchtem Untergrund verlegt wurde, kam es zu einem Feuchtigkeitsstau, der besonders bei noch nicht völlig ausgetrockneten Holzbalkendecken den Schwammbefall beförderte.
Zum Verlegen und zur Pflege siehe [15] 1955; [5] 1937.
Weitere bahnenförmige Beläge sind:
– bedruckte Wollfilzpappen oder Filzpappen
– Gummibeläge
– PVC-Beläge.
Eine Sonderform stellen die Spachtelbeläge dar, die in den 50er Jahren entwickelt wurden. Dabei wurden mehrere Schichten kunstharzgebundener Stoffe auf Estriche aufgespachtelt. Es entstanden fugenlose Fußbodenbeläge mit einer Dicke zwischen 1,5 und 3 mm.
Zur Herstellung siehe z. B. [15] 1955, [41] 1959.

5.5. Konstruktionsbeispiele

5.5.1. Fußböden in nicht unterkellerten Räumen

Bei vielen dieser Fußböden wurden besondere bauliche Maßnahmen vorgesehen, um zu verhindern, daß Feuchtigkeit aus dem Baugrund in den Fußboden eindringen kann. Dazu dienen
– Schichten aus fettem Lehm (Tafel 98; [4])
– Schichten aus Gußasphalt (Tafel 98; [1])
– Dichtungsschichten aus mehreren Lagen geklebter Pappe (Tafel 98; [3], [6], [10])
– einlagige Pappe ohne Klebemasse (Tafel 98; [9])
– Betonschichten mit Zusätzen von Dichtungsmitteln (Tafel 98; [5]).
Es wurde auch versucht, diese Fußböden zu entlüften. Die Fußleisten enthielten Öffnungen zur Be- und Entlüftung. Es wurden auch besondere Entlüftungsschächte im Mauerwerk angeordnet. Der Abluftschacht nach Tafel 98; [8], [9] ist mit dem Schornstein verbunden. Durch den Zug des Schornsteins sollte die Luft im Abluftschacht bewegt werden. Die Anschlüsse waren so geformt, daß im Schornstein herabfallende Teile nicht an den Fußboden gelangen konnten. Diese Konstruktion wird vermutlich nicht sehr wirksam gewesen sein, denn durch die Zuluft wird die Temperatur der Rauchgase im Schornstein gesenkt und dadurch der Zug im Schornstein verringert.

Tafel 98; [1]   nach [2, S. 52] 1903
Tafel 98; [2]   nach [19] 1912
Tafel 98; [3]   nach [6, S. 67] 1956
Tafel 98; [4]   nach [15, S. 36] 1955
Tafel 98; [5]   nach [15, S. 68] 1955
Tafel 98; [6]   nach [13] 1954
Tafel 98; [7], [10]   nach [17, S. 783] 1927
Tafel 98; [8], [9]   nach [2, S. 53] 1903

5.5.2. Fußböden auf Holzbalkendecken

Erst nach 1945 wurde die Holzbalkendecke fast völlig durch die Massivdecke verdrängt, und statt Holzfußböden wurden in erster Linie Estriche verlegt.
Im Altbau sind also viele Holzbalkendecken und Holzfußböden vorhanden. Die einfachste Ausführung besteht aus Holzbalken mit Zwischendecke und einer gespundeten, einseitig

5.5. Konstruktionsbeispiele

gehobelten Dielung (Tafel 96). Die Unterseite ist mit Schalung und Putz verkleidet.
Als Unterlage für Stabfußböden oder für Tafelparkett mußte ein Blindboden verlegt werden, der auf den Balken liegt (Tafel 99; 3, 6) oder eingeschoben wurde (Tafel 99; 1, 2). Durch den eingeschobenen Blindboden wurde vermieden, den Fußboden zusätzlich um die Dicke des Blindbodens zu erhöhen.
Eine besondere Bedeutung hatten bauliche Maßnahmen zur Verbesserung der Schalldämmung und Wärmedämmung.
Aus diesem Grunde wurden z. B. um 1900 die Balkengefache *restlos* gefüllt.
KOCH begründete diese Maßnahme [2, S. 54] 1903:

»Ein großer Übelstand bei allen Balkendecken ist die sogenannte Hellhörigkeit, d. h. jedes Geräusch im oberen Stockwerk, jeder Fußtritt wird unten deutlich vernommen. Diesem Übelstande läßt sich nur abhelfen einmal durch gründliches Unterstopfen der Dielen mit Füllmaterial, was meistens versäumt wird, so daß sie schließlich hohl liegen, und dann dadurch, daß man zunächst auf die Balken Filzstreifen legt, die eigens für diesen Zweck angefertigt werden, und darauf erst die Dielung festnagelt, so daß dieselbe nicht unmittelbar auf dem Balken aufliegt. Ob allerdings der Filz mit der Zeit hart und der Erfolg deshalb nach und nach ungünstiger wird, muß erst die Zeit lehren, da langjährige Erfahrungen hierüber noch nicht vorliegen. Die günstigen Ergebnisse, die man früher dadurch erzielt hat, daß man über die ganze zu dielende Fußbodenfläche Dachpappe legte, sind jedenfalls auf die auch hierdurch bewirkte Isolierung zwischen Balken und Dielung zurückzuführen.«

Später wurde zwischen dem Füllmaterial der Zwischendecke (Schlacke, Lehm, Sand) und der Dielung ein Zwischenraum belassen, damit eine Luftströmung möglich wurde und Balken und Dielung trocknen konnten. Zur Verbesserung der Schalldämmung dienen auch
- die Sandschüttung nach Tafel 99; 5
- die Holzwolleleichtbauplatten nach Tafel 99; 7.

Sehr arbeitsaufwendig waren die Konstruktionen nach Tafel 99; 8, 9.

Tafel 99; 1, 2   nach [2, S. 55] 1903
Tafel 99; 3, 4   nach [10, S. 54] 1939
Tafel 99; 5, 7   nach [10, S. 56] 1939
Tafel 99; 8   nach [10, S. 58] 1939
Tafel 99; 9   nach [10, S. 60] 1939

Auf Holzbalkendecken wurden auch Estriche aufgebracht. Die Terrastdecke (Tafel 100; 7) wurde um 1900 entwickelt. Ursprünglich hatte der Erfinder das Ziel, mit dieser Decke die Feuersicherheit der Dachböden zu erhöhen. Diese Konstruktion wurde aber auch genutzt, um massive Fußböden, z. B. Estriche in Feuchträumen, auf Holzbalkendecken aufbringen zu können. So empfahl FLÜGGE 1931 den Aufbau der Decke nach Tafel 100; 8 als Fußboden für hochgelegene Waschküchen.
Zur Herstellung der Terrastdecke wurde ein Drahtgewebe so auf die Balken genagelt, daß es etwa einen Durchhang von 1/10 des Balkenabstandes hatte. Dann wurde Papier oder Pappe auf das Drahtgewebe gelegt und der Beton aufgebracht.
Tafel 100; 6 zeigt die Ausführung eines Steinholzestriches auf vorhandenen (abgetretenen) Hobeldielen. Die verzinkten Nägel ragen etwas heraus und verankern sich im Steinholz. Sie bieten so dem Steinholz Halt und verhindern seine Aufwölbung.
Um dem Mangel an Bauholz zu begegnen und um gleichzeitig die Dämmeigenschaften zu verbessern, wurden auch Holzwolleleichtbauplatten unter Estrichen verlegt (Tafel 99; 7 und Tafel 100; 1 bis 5).
Mit der Konstruktion nach Tafel 100; 2 und 3 sollte eine Zweischaligkeit und mit der nach Tafel 100; 4 ein schwimmender Estrich erreicht werden.
Tafel 100; 5 zeigt einen wärmegedämmten und abgedichteten Fußboden für Feuchträume.

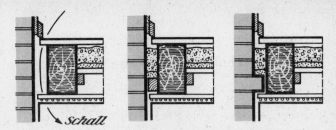

Bild 33. Maßnahmen zur Schalldämmung am Streichbalken nach THIENHAUS [32, S. 775] 1937

THIENHAUS hat darauf aufmerksam gemacht, daß der Raum zwischen Streichbalken und Wand oft nicht gefüllt ist und die Schalldämmung negativ beeinflußt. Deshalb wurde der Streichbalken in einigem Abstand zur Wand verlegt und dieser mit Lehm und Schlacke gefüllt (Bild 33).

Tafel 100; 1   nach [22, S. 79] 1952
Tafel 100; 2   nach [15, S. 112] 1955
Tafel 100; 3   nach [23, S. 117] 1952
Tafel 100; 4   nach [10, S. 58] 1939
Tafel 100; 5   nach [10, S. 128] 1939
Tafel 100; 6   nach [15] 1955
Tafel 100; 7   nach [21, S. 193] 1900
Tafel 100; 8   nach [14, S. 27] 1931

Die angegebenen statischen Werte dienen nur einem Vergleich. Bei erneutem Tragfähigkeitsnachweis ist von dem gegenwärtigen Bauzustand und den zur Zeit verbindlichen Vorschriften auszugehen.

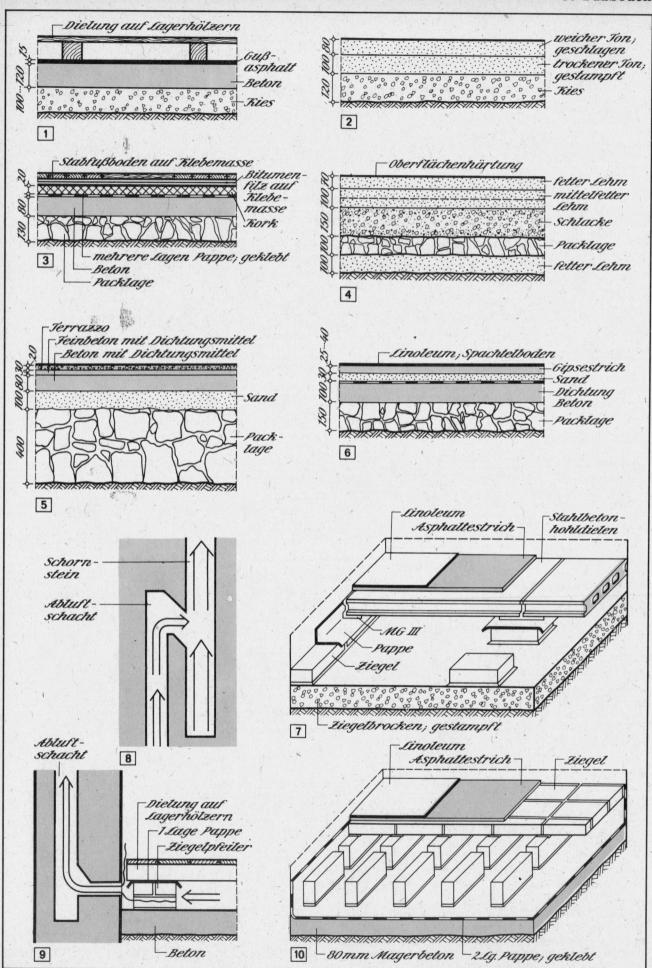

Tafel 98 — Fußböden in nicht unterkellerten Räumen

5.5. Konstruktionsbeispiele

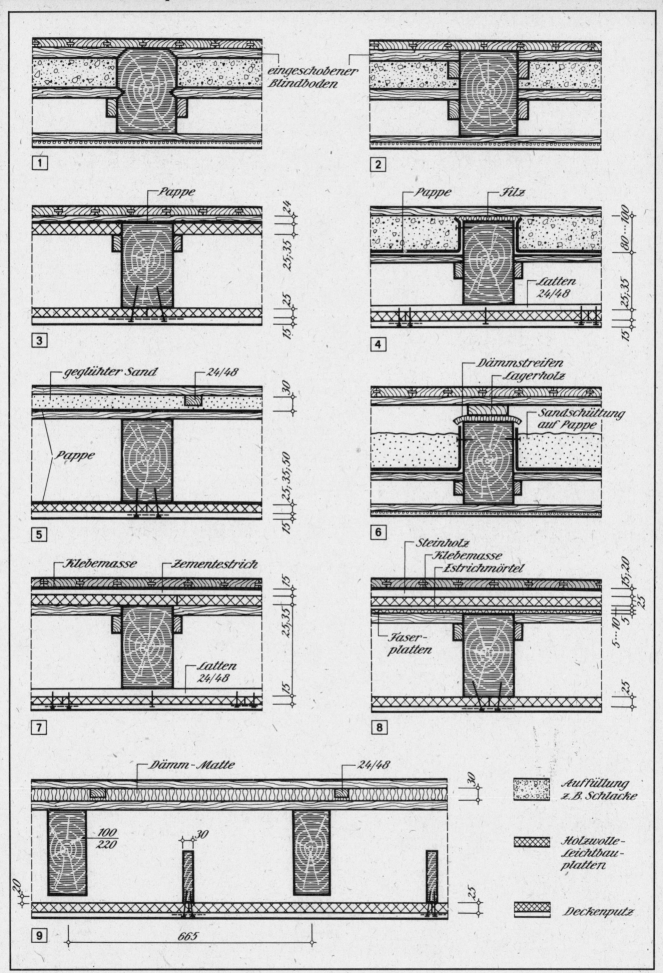

Fußböden auf Holzbalkendecken I — Tafel 99

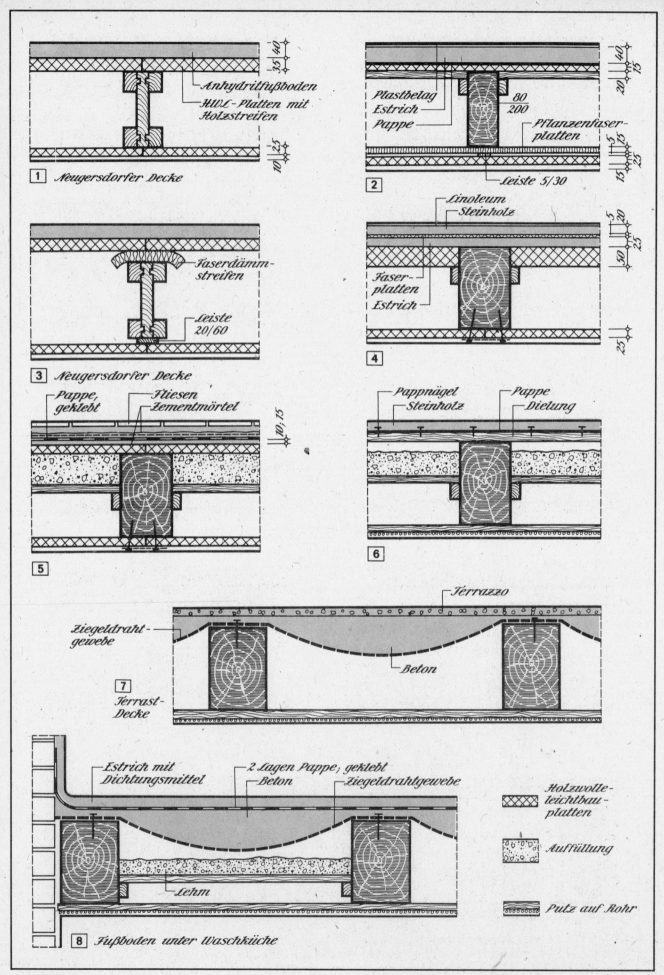

Tafel 100 — Fußböden auf Holzbalkendecken II

5.5. Konstruktionsbeispiele

5.5.3. Fußböden auf Stahlträgerdecken

Im ausgehenden 19. Jahrhundert waren Stahlträgerdecken die wichtigsten Vertreter der Massivdecken, denn die verbreitete Verwendung von Stahlbeton- oder Stahlsteindecken begann erst nach 1890, siehe Band I: Abschnitt 3.2. Massivdecken.
Holzdielen wurden entweder unmittelbar an den Stahlträgern befestigt (Tafel 101; [1], [16], [17], [18]) oder auf Lagerhölzer gelegt.
Es können 4 Anordnungen von Lagerhölzern unterschieden werden:
- Die Lagerhölzer liegen parallel zu den Stahlträgern, und zwar neben diesen in Schichten aus Schlacke oder Sand (Tafel 101; [3], [15]).
- Die Lagerhölzer ruhen unmittelbar auf den Stahlträgern und belasten die Konstruktion zwischen den Stahlträgern nicht (Tafel 101; [11]).
- Die Lagerhölzer verlaufen rechtwinklig zu den Trägern und belasten die Decke in der Nähe der Träger. So darf z. B. die in Tafel 101; [9] dargestellte dünne Kappe nicht unmittelbar belastet werden.
- Die Lagerhölzer wurden rechtwinklig zu den Stahlträgern eingebaut und belasten diese direkt. Die in Tafel 101; [13], [14] dargestellte Konstruktion stellt eigentlich eine Holzbalkendecke dar, die sich zwischen Stahlträgern befindet.

Stabfußboden in Asphalt wurde unmittelbar auf dem Beton der Massivdecke verlegt (Tafel 101; [5]).
Massive Fußböden (Estriche) liegen auch auf Schichten aus Sand oder Schlacke (Tafel 101; [7]).

Tafel 101; [1] bis [6], [9] bis [12]   nach [24, S. 73] 1888
Tafel 101; [7], [8]   nach [24, S. 75] 1888
Tafel 101; [13], [14]   nach [25, Tafel 34] 1890
Tafel 101; [15]   nach [26, S. 851] 1914
Tafel 101; [16] bis [18]   nach [25, S. 147] 1890

5.5.4. Fußböden auf Massivdecken

Die sehr große Anzahl verschiedener Massivdecken (siehe Band I: Abschnitt 3.2. Massivdecken) führte auch zu unterschiedlichen Fußbodenkonstruktionen.
In der einfachsten Form wurde der *Estrich* unmittelbar auf den Beton der Massivdecke aufgebracht (Tafel 102; [1], [3]), oder es wurde auf die aus dem 19. Jahrhundert bekannte Anordnung von Dielen auf Lagerhölzern in Sand- oder Schlackeschichten (Tafel 102; [4]) zurückgegriffen.
Die Lagerhölzer wurden auch in der Massivdecke verankert. Für Stabfußboden und Parkett empfahl z. B. GROSKOPF [9, S. 44] 1929:

»*Die Lagerhölzer sollen möglichst stark sein, doch ist hierfür meistens die verfügbare Konstruktionshöhe des Fußbodens maßgebend. Gewöhnlich werden Stärken 7 cm × 7 cm bis 10 cm × 12 cm gewählt. Im Notfalle genügt eine Mindesthöhe von 3 cm, doch muß die Mindestbreite 10 cm betragen.*

Die Lagerhölzer müssen von Wand zu Wand in gerader Flucht und gut unterstopft gelegt werden. Die Lagerhölzer dürfen nicht mit den Stirnseiten dicht an die Mauern gelegt werden (zur Verhütung des Stockigwerdens)...

Reichen die Lagerhölzer nicht für die ganze Zimmerlänge, so sind die Stöße der Lagerreihen gegeneinander zu versetzen und durch Annageln von Laschen bzw. durch Verblatten in ihrer Lage zu sichern. Die Entfernung der Lagerhölzer gegeneinander beträgt gewöhnlich 50 cm und keinesfalls mehr als 60 bis 65 cm von Mitte zu Mitte gemessen. Die Lagerhölzer müssen in Abständen von 2 bis 3 m durch Bankeisen mit dem Beton, Hohlstein oder Träger fest verankert werden...

Ein ordentlich vernagelter Parkettboden mit gut genageltem Blindboden auf solid verankerten Lagerhölzern geht selten hoch,...«

Es gab andere Auffassungen. So EBINGHAUS [13, S. 69] 1954:

»*Ob ein Blindboden oder, allgemein gesprochen, ein Holzfußboden mit einer Massivdecke verankert werden soll, ist umstritten.*«

Und EICHLER [15, S. 423] 1955:

»*Die Lagerhölzer sind waagerecht zu verlegen und gut zu unterstopfen. Falls nicht auf Dämmstoffen verlegt, sind sie zu verankern.*«

Sand- oder Schlackeschichten oder Schichten aus Holzwolleleichtbauplatten verbesserten die Dämmeigenschaften (Tafel 102; [8] bis [11]).
Die *schwimmenden Estriche* enthielten dann weiche, federnde Dämmschichten (Tafel 102; [12] bis [15]).
Auch die Holzfußböden wurden schwimmend verlegt (Tafel 102; [16]).
EICHLER beschrieb die Anordnung der Dämmstoffe bei Dielen auf Lagerhölzern [15, S. 222] 1955:

»*Dämmstoff als Unterlage für Lagerhölzer,*
a) bei punktförmiger Unterstützung, bestehend aus Holzwolleleichtbauplatten, 25 mm dick, 10 × 10 cm oder Holzfaserweichplatten, 20 mm dick, oder
b) bei voller Längslagerung, bestehend aus 30 mm dicken Fasermattenstreifen oder aus mindestens 10 mm dicken Plattenstreifen aus Faserstoffen, nur locker gebunden,
c) für Längslagerung werden ferner Wolfilzpappen u. ä. verwendet.
Loser Dämmstoff zwischen den Lagerhölzern, bestehend aus trockener Asche, Schlacke oder Mineralwolle.
Zwischen Oberkante des losen Dämmstoffs und Unterkante Dielung soll noch eine 4 cm hohe Luftschicht verbleiben.«

Tafel 102; [1]   nach [27, S. 70] 1930
Tafel 102; [2]   nach [28, S. 148] 1953
Tafel 102; [3]   nach [10, S. 64] 1939
Tafel 102; [4]   nach [28, S. 154] 1953
Tafel 102; [5]   nach [28, S. 148] 1953
Tafel 102; [6]   nach [27, S. 31] 1930
Tafel 102; [7]   nach [10, S. 34] 1939
Tafel 102; [9]   nach [10, S. 62] 1939
Tafel 102; [10]   nach [10, S. 52] 1939
Tafel 102; [11]   nach [10, S. 128] 1939
Tafel 102; [12], [13]   nach [10, S. 76] 1939
Tafel 102; [14]   nach [15, S. 194] 1955
Tafel 102; [15]   nach [15, S. 203] 1955
Tafel 102; [16]   nach [15, S. 221] 1955

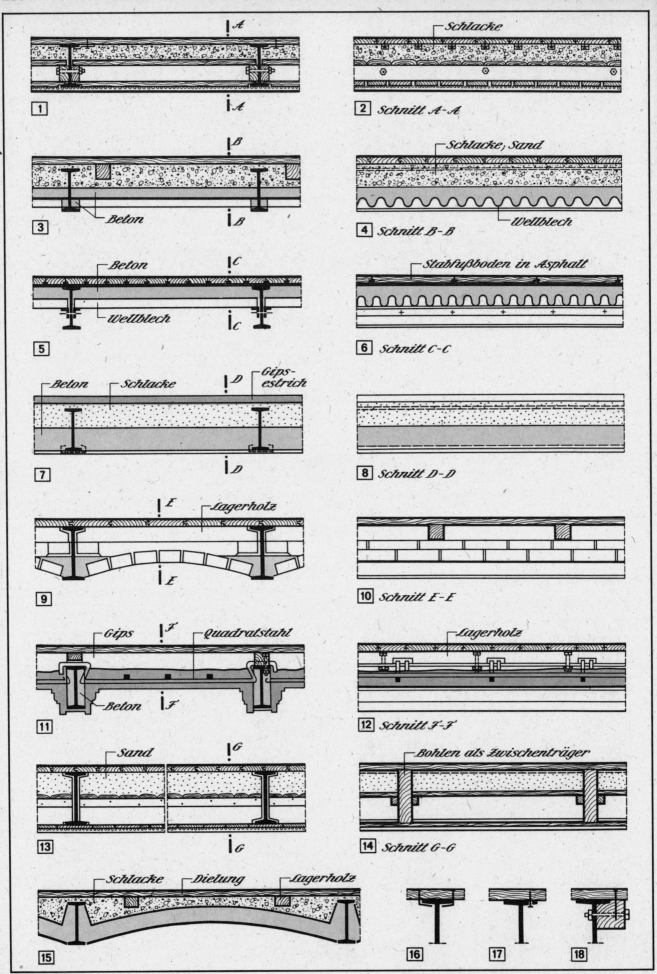

Tafel 101 — Fußböden auf Stahlträgerdecken

5.5. Konstruktionsbeispiele

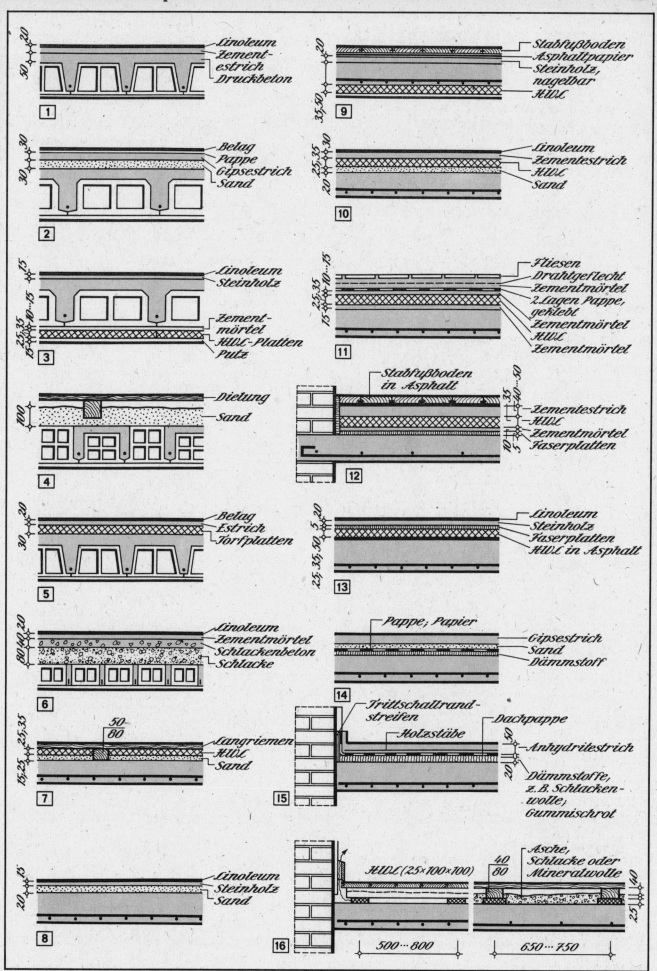

Fußböden auf Massivdecken — Tafel 102

6. Dachdeckungen

6.0. Anforderungen

Bauordnungen. Im 19. Jahrhundert erfolgte eine Abkehr von mehreren bis dahin verbreiteten Deckmaterialien, wie Holz, Stroh und Rohr. Schiefer und im steigenden Maß auch Dachziegel wurden zur Dacheindeckung verwendet. Hinzu kamen vielfältige neue Deckstoffe, wie Dachpappen und Wellbleche, neue Dachziegelformen und Dachsteine aus Beton und Glas. Für flache Dächer gab es im 19. Jahrhundert sehr verschiedenartige Konstruktionen, von denen das Holzzementdach am bekanntesten wurde.

In der erfindungsfreudigen Zeit nach 1880 wurden auch viele heute nicht mehr bekannte Deckmaterialien entwickelt, wie z. B. teergetränkte Leinwand [1].

Neben dem Preis, der Dauerhaftigkeit, dem Gewicht, dem örtlichen Vorkommen, den Traditionen und seit der Jahrhundertwende zunehmend auch der bewußten Pflege der »Dachlandschaft« bestimmte die Feuersicherheit die Wahl der Deckmaterialien. In den Bauordnungen steht der Gesichtspunkt der Feuersicherheit meist an erster Stelle. So legte die Baupolizeiordnung für Berlin von 1897 [39] fest:

»§ 12. Dachdeckung.
1. Die Dächer aller Baulichkeiten müssen mit einem gegen die Übertragung von Feuer hinreichenden Schutz bietenden Stoffe (Stein, Metall, Theerpappe, Holzcement, Glas usw.) gedeckt werden.«

Im Allgemeinen Baugesetz für das Königreich Sachsen von 1900 [34] heißt es:

»§ 112.
Alle Baulichkeiten sind mit einem Stoffe einzudecken, der gegen die Feuerübertragung von innen oder von außen hinreichenden Schutz gewährt.«

Das Thüringische Baurecht (Landesbaupolizeiverordnung von 1930) [41] bestimmte:

»§ 25. Dächer
Dächer und Dachteile müssen feuerhemmend eingedeckt sein. Mit Asphaltdachpappen versehene Dächer gelten nur dann als feuerhemmend, wenn die Oberfläche dauerhaft bekiest ist.«

Zur äußeren Gestaltung der baulichen Anlagen wird im Thüringischen Baurecht vermerkt:
»§ 41.
Das Äußere der baulichen Anlagen muß nach Bauart, Bauform, Baustoff und Farbe so beschaffen sein, daß es die einheitliche Gestaltung des Orts-, Straßen- oder Landschaftsbildes nicht stört; insbesondere sind Eindeckungen, die nach Farbe, Musterung und Stoff störend wirken, nicht zulässig.«

In den Bauordnungen stehen außer diesen Festlegungen meist noch Bestimmungen zur Größe und Anzahl von Öffnungen in Dächern sowie über die Schutzvorrichtungen an Dächern.

In der Deutschen Bauordnung von 1958 [42] wurden im §174 architektonische Gesichtspunkte sogar an erster Stelle genannt:

»Die Gestaltung, Farbe, Neigung und Deckungsart eines Daches müssen sich den umliegenden Bauwerken und dem Straßen-, Orts- und Landschaftsbild anpassen.«

Die häufig zu findende Unterscheidung in »Hart- und Weichdeckung« ist in den Bauordnungen oder anderen bindenden Festlegungen nicht definiert.

Zu den Brandwänden siehe Band I: Abschnitt 2.4.3. Brandwände.

Lastannahmen. Tabelle 33 enthält Beispiele zu den Lastannahmen. Die Lastannahme bezieht sich auf die geneigte Dachfläche. Sie erfaßte meistens die Dachdeckung einschließlich der Lattung bzw. Schalung, jedoch nicht die Sparren.

Zur Belastung der Dächer durch Wind und Schnee siehe Band I, Abschnitt 4. Dachtragwerke.

Dachneigung. Die Wahl der Dachneigung wurde von folgenden Faktoren beeinflußt: Ansprüche an die Nutzung des Dachraumes, Art der Dachhaut in bezug auf die Wasserableitung, Art der tragenden Konstruktion (Dachtragwerk), landschaftsgebundene Traditionen und architektonische Auffassungen der Zeit.

Tabelle 34 nennt Beispiele für Mindestdachneigungen in Abhängigkeit von der Art der Dachdeckung.

Zu den Dachformen und Dachtragwerken siehe Band I, Abschnitt 4. Dachtragwerke.

Nutzungsdauer. Werte zur Nutzungsdauer (Bestandsdauer, Lebensdauer) der einzelnen Dachdeckungen konnten nie allgemein verbindlich angegeben werden, da sie stark von der Qualität der Deckstoffe, der Sorgfalt bei ihrer Verlegung, der Pflege und der Umweltbelastung abhängen.

Ein Erfahrungsbericht von 1852 [40] nennt die folgenden Werte für die Nutzungsdauer: Strohdach 15 Jahre; Dächer mit Dach-

Tabelle 33. Lastannahmen für Dachdeckungen in kN je m² Dachfläche in der Neigung

Art der Dachdeckung	Quelle	[43] 1876	[32] o.j.	[34] 1900	[17] 1910[1])	[17] 1910[2])	[18] 1940	[4] 1948
Spließdach		–	–	–	0,49	0,75	0,75	0,70
Spließdach voll in Mörtel		1,02	–	0,85	0,59	0,85	0,75	–
Doppeldach		–	–	–	0,63	0,95	0,85	0,90
Doppeldach voll in Mörtel		1,27	1,20	1,15	0,73	1,15	1,05	–
Kronendach		–	–	–	0,77	1,05	0,95	1,00
Kronendach voll in Mörtel		1,27	1,30	1,30	0,87	1,30	1,20	–
Falzziegeldach		–	1,10	1,10	0,42	0,65	0,55	0,55
Mönch-Nonnen-Dach in Mörtel		1,27	–	1,20	0,76	1,15	1,05	1,00
Dachdeckung aus kleinen Pfannen		–	–	–	0,43	0,80	0,70	–
Dachdeckung aus großen Pfannen		–	0,90	0,95	0,50	0,85	–	0,55
Englisches Schieferdach auf Lattung		–	–	0,75	0,25	0,45	0,35	–
Deutsches Schieferdach auf Schalung		0,80	0,85	0,65...0,90	0,32	0,65	0,50	0,30
Zinkdach in Leistendeckung		0,41	0,40	0,45	0,07	0,40	0,30	–
Rohrdach		0,61	–	0,80	–	0,80	0,70	0,60
Holzzementdach		2,29	1,80	1,80	–	1,80	1,65	–
Wellblechdach		–	0,25	0,45	0,16	0,25	0,25	0,25

[1]) ohne Lattung bzw. Schalung und Sparren
[2]) mit Lattung bzw. Schalung und Sparren

6.1. Kies-, lehm- oder asphaltbeschichtete Flachdächer

Tabelle 34. Mindestdachneigung in Abhängigkeit von der Art der Dachdeckung

Art der Dachdeckung	Quelle	[46] 1854	[37] 1960	[4] 1948	[36] 1951	[22] 1953	[45] 1959
Spließdach		40°	40°	40°	40°	35°	45°
Doppeldach		–	30°	30°	30°	30°	30°
Kronendach		–	30°	25°	30°	30°	35°
Mönch-Nonnen-Dach		–	35°	20°	35°	–	–
Falzziegeldach		–	35°	35°	23°	35°	20°
Pfannendach		–	40°	40°	40°	–	–
Rohrdach		35°	–	45°	50°	–	45°
Schindeldach		35°	35°	30°	30°	25°	18°
Schieferdach, einfach		30°	27°	25°	30°	35°	30°
Wellblechdach		–	–	15°	18°	27°	18°

pfannen 40 Jahre; Spließdach 60 Jahre; Doppeldach und Kronendach 100 Jahre.
PIEPER [19] schätzte 1983 die mittlere Nutzungsdauer von Dachdeckungen wie folgt ab:
Doppeldächer 40 Jahre; Mönch-Nonnen-Dächer 40 Jahre; Rohrdächer 30 Jahre; Spließdächer 40 Jahre; Dächer mit S-Pfannen-Deckung 40 Jahre; Altdeutsche Schieferdächer 30 Jahre; Dächer aus Falzziegeln oder Betondachsteinen 50 Jahre; Dächer aus 0,7 mm dickem Kupferblech auf Schalung 100 Jahre; Dächer aus 2 mm dickem Blei auf Schalung 300 Jahre; Holzschindeldächer 40 Jahre; Dächer aus Asbestzementwellplatten 30 Jahre.
In den folgenden Abschnitten wird bei der Behandlung der einzelnen Deckarten jeweils auf die Dauerhaftigkeit eingegangen.

6.1. Kies-, lehm- oder asphaltbeschichtete Flachdächer

Für die Eindeckung flacher Dächer, die zugleich wärmedämmend, dauerhaft und feuersicher wirken sollte, wurden Lehm- und Kiesschichten in Verbindung mit dichtenden Stoffen genutzt. Sehr alt ist das »Rasendach« [2], bei dem die Sparren mit einem Geflecht aus Zweigwerk bedeckt wurden, welches dann mit Lehm und Erde überzogen und mit Gras bepflanzt wurde. Eine Variante des Rasendaches wurde vor 1880 bei Bahnwärterhäuschen der Odenwaldbahn [2] mit Erfolg angewendet (Tafel 103; [1]). Auf eine glatte und ebene Schalung wurde ein Steinkohlenteeranstrich aufgetragen und mit feingesiebter Holz-, Torf- oder Steinkohlenasche bestreut. Darauf folgten drei Lagen Papier, die mit Teer oder einer Masse aus Tischlerleim, Stärke und Alaun getränkt und geklebt wurden. Auf die letzte, noch heiße Tränkschicht wurden 8 mm mehlfeiner Sand oder feine Holz- oder Steinkohleasche gestreut und darauf eine Schicht von 180 bis 240 mm Mutterboden oder Rasensoden von ungefähr 900 cm² Abmessung aufgelegt. An der Traufe gab ein genageltes Brett mit Öffnungen für den Wasserablauf dem Belag Halt.
Das Dornsche oder Lehmdach [2], [5] (Tafel 103; [2]) wurde bereits vor 1840 entwickelt. Auf eine eingelattete Dachfläche mit einer Neigung von höchstens 1:4, meist 1:24, wurde eine Deckmasse aus einem Gemenge von Lehm, Gerberlohe, Teer, Harz und Sand aufgetragen und glatt abgezogen. Nach vollständigem Abtrocknen wurde ein Heißteeranstrich aufgebracht und mit Sand abgestreut. Um der Sonneneinstrahlung entgegenzuwirken, wurde oft noch eine Schutzschicht darübergelegt. Aus dem Dornschen Dach entwickelten sich viele ähnliche Varianten. So wurde beim Harzplattendach [2] die Deckmasse mit Platten, die aus mit Teer geklebten Papierbahnen bestanden, abgedeckt. Bei Asphaltdächern [2] wurde anstelle derartiger Platten Asphalt aufgebracht, verstrichen und abgesandet. 1839 benutzte RUNGE in Oranienburg ein Teer-Sand-Gemenge, das mit Kalkwasser durchgearbeitet wurde, als Auftrag auf die Lattung [4]. Die abgeglichene Fläche wurde mit Teerfirnis gestrichen und mit einem Sand-Torf-Aschen-Gemisch überstreut. Bis zum heutigen Tage trifft man auf älteren Flachdächern das sogenannte »Holzzementdach« an. SAMUEL HÄUSLER aus Hirschberg war 1839 sein Erfinder [1], [10], [11]. Holzzementdächer zeichnen sich durch gute Widerstandsfähigkeit gegenüber Witterungseinflüssen sowie durch gute Wärmedämmung aus. Eine gespundete Schalung von 25 bis 35 mm Dicke diente als Unterlage. Sie mußte vollkommen eben, frei von Waldkanten und Nagelköpfen sein. Die Spundung sollte das Durchbiegen einzelner Bretter verhindern. Dies konnte auch durch zwei Lagen von 18 bis 20 mm dicken Brettern mit Fugenüberdeckung erreicht werden [7].
Auf die Bretterunterlage wurde zum Ausgleich aller etwaiger Unebenheiten eine 2 bis 5 mm dicke Schicht aus gesiebtem, feinem, trockenem Sand oder aus Asche aufgebracht. Bei Winterdeckung wurde anstelle von Sand auch Dachpappe als Ausgleichsschicht verwendet [1]. Auf die Feinschicht folgten 3 bis 4 Lagen Papier, vom First zur Traufe ausgerollt. Dieses Papier wurde in Rollen von 1000 bis 1500 mm Breite geliefert, es mußte lochfrei, faserig und schwach geleimt bei einer Masse von 0,12 kg/m² [1], nach [3] von mindestens 0,14 kg/m² sein. Mit 150 mm Überdeckung wurden die Papierlagen mit »Holzzement« geklebt und eingestrichen. Holzzement besteht aus 60 Gewichtsteilen Steinkohlenteer, der wasserfrei und ammoniakhaltig sein muß, 15 Gewichtsteilen Asphalt und 25 Gewichtsteilen Schwefel.
Dieses Gemenge ist sehr haltbar und bleibt auf Dauer etwas elastisch. Auf die Papierlagen folgen 10 bis 15 mm feiner Sand und eine Kiesschicht von 60 bis 100 mm Dicke, deren oberste Lage mit Lehm oder Straßenschlick vermischt wurde [1] (Tafel 103; [3], [4]). Bei entsprechend tragfähigem Unterbau ist die Begrünung mit Rasen und die Verwendung als Dachgarten möglich [1]. Auch als Abdeckung massiver Unterlagen wurde das Holzzementdach benutzt [6] (Tafel 103; [5]).
Besonders sorgfältig wurde der Traufenschutz ausgebildet. Um ein Abspülen der Kieslagen zu verhindern, wurden Kiesleisten aus Holz oder Zinkblech angebracht [1], [2], [8], [12], [9]. Beispiele für Kiesleisten und Traufausbildungen zeigt Tafel 105; [1] nach [12], [2] nach [9], [3] nach [2], [4] nach [1] und [12]. Häufig wurden Zinkblechleisten und -abdeckungen verwendet, die so befestigt waren, daß durch eine mögliche Beweglichkeit Spannungsrisse vermieden wurden.
Etwas einfacher ist der Ortgang ausgebildet (Tafel 104; [5]) [4], [1].
Am Traufbereich werden bei bis heute noch funktionsfähigen Holzzementdächern die meisten Schäden gefunden.
Es ist erforderlich, die Schalung des Holzzementdaches unter

6. Dachdeckungen

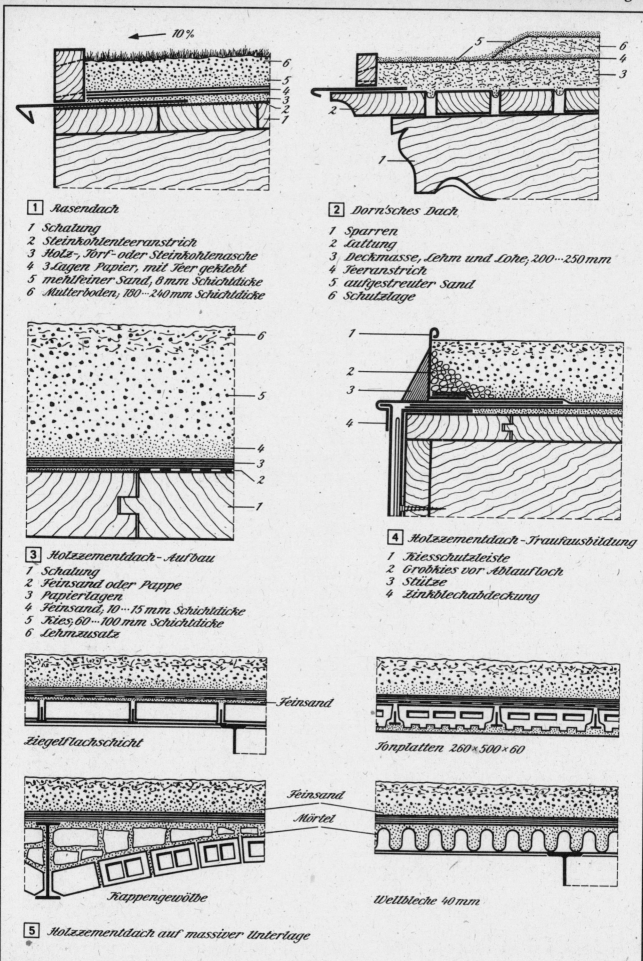

1 Rasendach
1 Schalung
2 Steinkohlenteeranstrich
3 Holz-, Torf- oder Steinkohlenasche
4 3 Lagen Papier, mit Teer geklebt
5 mehlfeiner Sand, 8 mm Schichtdicke
6 Mutterboden; 180···240 mm Schichtdicke

2 Dorn'sches Dach
1 Sparren
2 Lattung
3 Deckmasse, Lehm und Lohe; 200···250 mm
4 Teeranstrich
5 aufgestreuter Sand
6 Schutzlage

3 Holzzementdach - Aufbau
1 Schalung
2 Feinsand oder Pappe
3 Papierlagen
4 Feinsand; 10···15 mm Schichtdicke
5 Kies; 60···100 mm Schichtdicke
6 Lehmzusatz

4 Holzzementdach - Traufausbildung
1 Kiesschutzleiste
2 Grobkies vor Ablaufloch
3 Stütze
4 Zinkblechabdeckung

Ziegelflachschicht
Tonplatten 260×500×60
Kappengewölbe
Wellbleche 40 mm

5 Holzzementdach auf massiver Unterlage

Tafel 103 — Flachdächer I

6.1. Kies-, lehm- oder asphaltbeschichtete Flachdächer

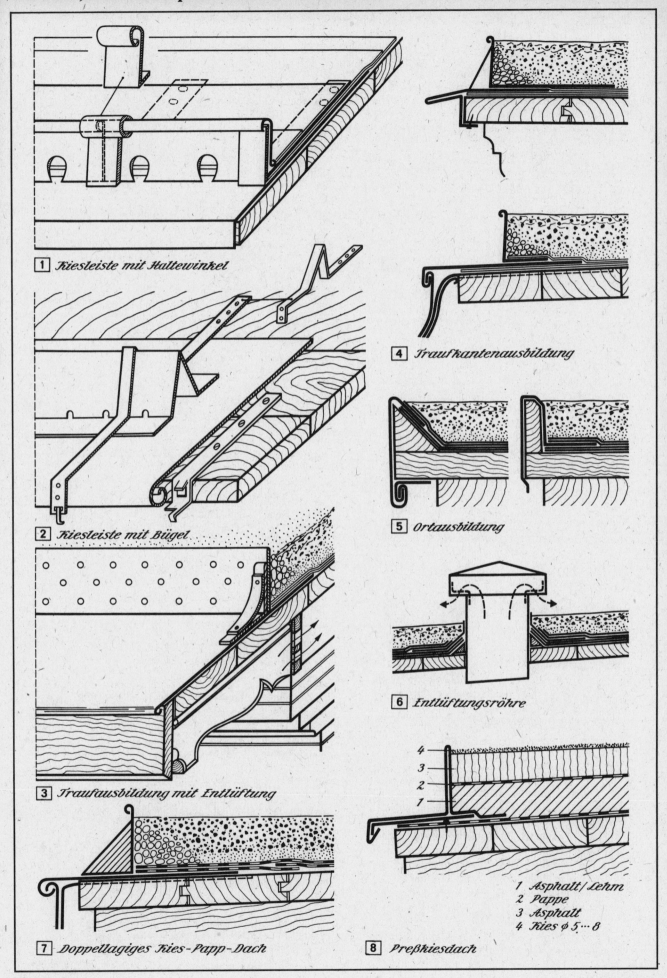

1 Kiesleiste mit Haltewinkel
2 Kiesleiste mit Bügel
3 Traufausbildung mit Entlüftung
4 Traufkantenausbildung
5 Ortausbildung
6 Entlüftungsröhre
7 Doppellagiges Kies-Papp-Dach
8 Preßkiesdach

1 Asphalt/Lehm
2 Pappe
3 Asphalt
4 Kies ⌀ 5…8

dem Dach unbedingt zu entlüften. Dazu dienen Zinkentlüftungsrohre in der Nähe des Dachfirstes (Tafel 104; [6]) [1], Luftlöcher in der Unterdecke oder in den Drempelwänden bzw. zwischen den Balkenköpfen oder Sparren (Tafel 104; [3]) [2]. Die Lüftungsöffnungen wurden zum Schutz vor Vögeln und anderen Tieren mit Gitterblechen verschlossen.
Als Sparrenweite wurden 700 bis 800 mm bei Sparrenquerschnitten von 120 mm × 150 mm bis 130 mm × 180 mm gewählt. Die Dachneigung beträgt mindestens 1:24, [1] gibt 1:20 bis 1:60, [3] 1:10 bis 1:30 als zulässig an.
Um 1905 wurden zur Verringerung der Eigenlast Kohlenschlacken, Bims oder Hochofenschlacken anstelle von Kies benutzt [7]. Neben dem Holzzementdach kamen zur Anwendung: Pappdächer mit Kieslagen wie das doppellagige Kies-Papp-Dach [1] mit 10 mm Sand und 60 mm Kiesüberschüttung (Tafel 104; [7]) oder die sogenannten Preßkiesdächer, von denen eine Sonderform in Tafel 104; [8]) dargestellt ist [12].

6.2. Schindeldeckung

Holz wurde jahrhundertelang neben Stroh und Rohr als Deckmaterial benutzt. Besonders in den waldreichen Mittelgebirgen und den Voralpenländern wurden Schindeldeckungen und -verkleidungen bis zum Beginn dieses Jahrhunderts häufig ausgeführt. Die großen Brände des neunzehnten Jahrhunderts, von denen kaum eine Stadt verschont blieb, veranlaßten die Baupolizei fast überall, feuersicheres Deckmaterial zu fordern. Dadurch wurde in oft ungerechtfertigter Weise die Weichdeckung mit Holz, Stroh und Rohr verdrängt. So wurde nach [21] um 1899 in Sachsen weiches Material nur in ganz beschränktem Maße für Neu- und Umdeckungen gestattet, Ausnahmen wurden für Orte im Gebirge zugelassen. In Bayern war die Deckung mit Holzschindeln nur bei einem Abstand zu anderen Gebäuden von mindestens 30 m statthaft. In Hessen war weiches Deckmaterial ganz verboten.
Hinzu kam, daß dieses Deckmaterial als »ärmlich, unsolid und bäurisch« galt. Heimatschutzgedanken und Denkmalpflege bewirkten später einen Umschwung der Meinungen, so daß bis zum heutigen Tag die Dächer ganzer Ortschaften, wie beispielsweise im sächsischen Osterzgebirge und hier und da auch die Dächer einzelner denkmalgeschützter Gebäude mit Schindeln gedeckt sind.
Form, Größe und Deckungsart waren landschaftlich unterschiedlich.
Ursprünglich wurden alle Schindeln von Hand gespalten. Damit wurde vermieden, daß die Holzfasern zerrissen wurden. Derartige Schindeln waren wesentlich dauerhafter als gesägte.
– Thüringer Schindeln (Tafel 105; [1])
Diese Nutschindeln wurden im Thüringer Wald hergestellt und mit 120 mm Überdeckung verlegt. Sie sind heute in diesem Gebiet nicht mehr in Gebrauch.
– Schlesische Schindeln (Tafel 105; [2])
Im Gebirge wurden diese Schindeln auf Lattung verlegt. Der Lattenabstand schwankte je nach Dachneigung zwischen 310 und 470 mm, nach [23] konnten die Sparren bis 1 800 mm auseinanderliegen.
Buchenholzschindeln ähnlicher Form wurden im Gebiet von Fulda und auf der Rhön als Wandbekleidung verwendet. Derartige »Wettbretter« hatten ohne Anstrich eine Lebensdauer von 30 bis 40 Jahren. Ihre Länge betrug 1 000 mm, ihre Breite 150 mm. Zur Einrahmung der Fenster und Türen fanden Eichenholzschindeln von 300 mm Breite Anwendung.
– Schindeln aus Hessen-Kassel, Marburg (Tafel 105; [3])
Die hier üblichen Schindeln in der Form von Biberschwänzen waren aus Eichenholz. Mit einem silbergrauen Ölanstrich versehen, hatten sie eine Lebensdauer bis zu 80 Jahren.
– Schweizer Schindeln (Tafel 105; [4])
Die als Wandverkleidung (Schindelschirm) genutzten Schindeln hatten Biberschwanzform und relativ kleine Abmessungen.
Sehr ähnlich in Form und Abmessung waren die Schindeln, die im Allgäu für die Wandverkleidung benutzt wurden [26]. Dort nagelte man die Schindeln aus Weißtannen- oder Lärchenholz auf eine Schalung aus 25 mm dicken Brettern, die ihrerseits auf senkrechten Latten von 60 mm × 60 mm Querschnitt (Rähmlinge) befestigt waren.
– Schindeln aus dem Schwarzwald (Tafel 105; [11]) [25]
Die großen Dachschindeln und die mit unterschiedlicher unterer Abschlußformung versehenen kleineren Wandverkleidungsschindeln wurden sehr dünn gespalten.
– Schwedische Schindeln (Tafel 105; [5]) [14]
Diese Form wurde aus Schweden nach Stralsund eingeführt und meist zur Verkleidung landwirtschaftlicher Gebäude benutzt. Die Schindeln bestanden aus Nadelholz und erhielten einen Anstrich aus Teer, der mit Sand bestreut wurde.
– Weitere Schindelarten
Um 1950 gab WERNER [22] als Schindelarten Spund-, Rücken- und Scharschindeln an (Tafel 105; [8]).
Dachdeckung und Giebelverkleidung mit Schindeln sind im Osterzgebirge bis zum heutigen Tag in Gebrauch. Um 1920 waren nach [15] zwei Längen üblich (Tafel 105; [7]), die die alten »Ellenschindeln« von 570 mm Länge und 80 bis 90 mm Breite ablösten. Als Material wurde nur Fichtenholz benutzt. Die Schindeln wurden auf dem Dach stets in einförmiger Reihung verlegt. Die Giebelverkleidung wurde dagegen »mit Sinn« in Mustern, in einfachster Form im Fischgrätenmuster, gestaltet.
Im Allgäu, der Schweiz und Österreich sowie im Voralpenland wurden Legschindeln als Deckung verwendet (Tafel 105; [9]), und zwar nach [3] auf Dächern von 18° bis 21° Neigung, nach [22] von 22° bis 27°. Als Schindellängen wurden angegeben: 1500 bis 1700 mm [22]; 800 bis 1000 mm [3], [24]. Die Legschindeln wurden durch Beschwersteine von 10 kg bis 20 kg Masse und Strecklatten gehalten. Grundsätzlich haben diese Dächer einen sehr großen Dachüberstand (1000 mm bis 2000 mm [24]). Die Dachrinne besteht, wie bei allen Schindeldeckungen, zweckmäßigerweise aus Holz (gehöhlte Halbstämme), da das Holz dauerhafter ist als Metall, das von den aus dem Holz herausgelösten Stoffen angegriffen werden kann.
Die mögliche Nutzungsdauer von Legschindeln gibt [3] mit 90 bis 100 Jahren für Eichenholz, 70 bis 80 Jahren für Lärchenholz und 35 bis 40 Jahren für Fichtenholz an.
Brettdächer (Tafel 105; [10]) [4], [22] wurden für landwirtschaftliche Nebengebäude verwendet. Bretter aus astfreiem Tannen- und Fichtenholz mit Längen bis 2500 mm wurden auf Bretter genagelt, die in 1000 mm Abstand parallel zum First auf den Sparren liegen. Die Nutzungsdauer derartiger Deckungen konnte bis zu 40 Jahren betragen.
Zur Erhöhung der Lebensdauer und Feuersicherheit von Schindeldeckungen wurden sie imprägniert. Nach [16] fanden folgende Stoffe Anwendung: mit Schwefelmilch gekochter Teer, Leinöl, Karbonileum oder Teeröle, Anstriche mit Natronsilikat mit nachfolgendem Aufstrich von Borax, Natronphosphat, Ammonphosphat, Alaun, Kalium- oder Natriumsulfat, Natronsilikat oder deren Gemenge.
Nach [20] wurde auch Englischrot (rotgebrannter Ocker) mit gut gekochtem Leinöl vermischt und auf die ganz trockenen Schindeln aufgetragen.

Die angegebenen statischen Werte dienen nur einem Vergleich. Bei erneutem Tragfähigkeitsnachweis ist von dem gegenwärtigen Bauzustand und den zur Zeit verbindlichen Vorschriften auszugehen.

6.2. Schindeldeckung

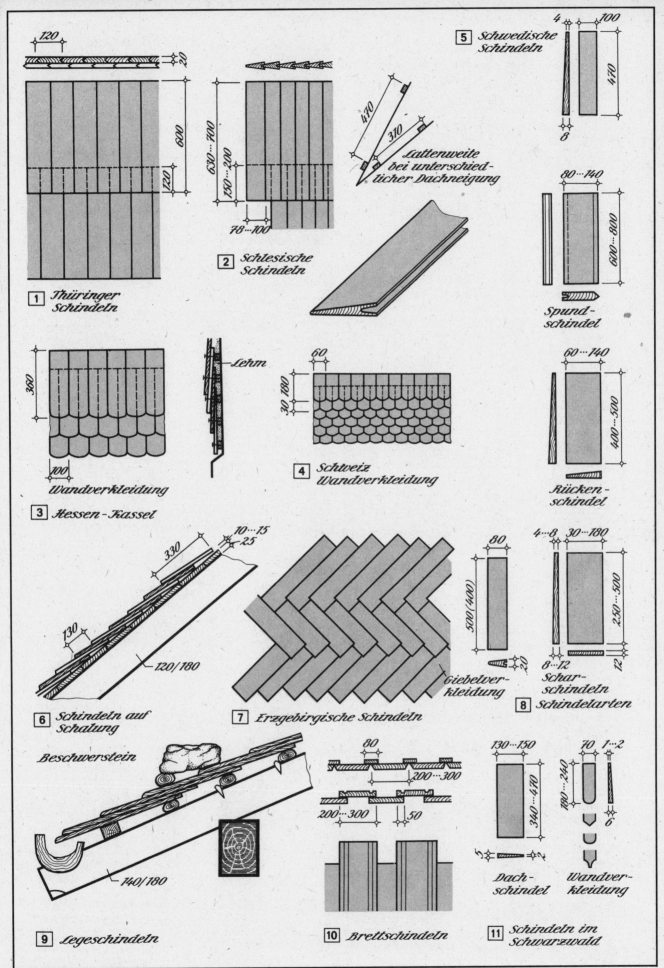

Tafel 105 — Schindeldeckung

6.3. Schieferdeckung

Die Dachdeckung mit Schiefer ist nach BREYMANN [2] in Frankreich seit dem 12. Jahrhundert, in Deutschland etwas später nachzuweisen. Die »Altdeutsche Deckung« wurde in ihren Grundzügen überall ähnlich, in einzelnen Methoden und Bezeichnungen jedoch landschaftsgebunden recht unterschiedlich angewendet. In der Mitte des neunzehnten Jahrhunderts wurden nach Deutschland viele englische und französische Schiefer importiert. Englischer Schiefer war besonders in Norddeutschland verbreitet [27], im Erzgebirge, Vogtland, Thüringen sowie im Rheinland nutzte man dagegen die Produkte der einheimischen Lagerstätten. Da trotz guter und billiger deutscher Schiefer Importware »in Mode« war, wurde 1893 für Staatsbauten erlassen, daß bei:

»... Vergebung der Lieferungen zu fiskalischen Bauausführungen im Interesse der Entwicklung nationalen Wohlstandes den einheimischen Erzeugnissen unter sonst gleichen Voraussetzungen stets der Vorzug vor den ausländischen zu geben ist.« [30]

Die englischen und französischen Schiefer waren oft farbig, so waren z. B. die Chloritschiefer aus Rimogue grünlich. Des weiteren spalteten sie besser als die deutschen, so daß sehr große und dabei ebene und dünne Platten gewonnen werden konnten, die sich gut für Schablonen eigneten.
Deutsche Schiefer wurden hauptsächlich aus dem Rheinland (Nuttlar, Caub) und aus Thüringen geliefert. In den Brüchen in Lehesten in Thüringen, die seit 1804 teilweise in staatlichem Besitz waren, wurde ein besonders guter Schiefer mit sehr geringem Gehalt an Schwefelkies und Kalkspat seit Jahrhunderten abgebaut.
Dachschiefer sollen folgenden Ansprüchen genügen [27], [1]:
Die Oberfläche hat fleckenlos und glatt zu sein. Der Stein soll möglichst gleichmäßige Dicke besitzen, wenig Wasser aufnehmen und im Feuer nicht springen. Beim Anschlagen soll er hell klingen, er soll leicht spaltbar und gut zu lochen sein. Die Farbe kann dunkelblau bis dunkelgrau sein, andere Farben zeigen Beimischungen an. Schwarze Schiefer ziehen leicht Feuchtigkeit und lassen Nägel schneller rosten. Zu vermeiden sind Steine mit Einschlüssen von Schwefelkies (durch eine Glühprobe zu ermitteln), von Kalk und Kohleteilchen. Poröse Schiefer führen leicht zu Frostschäden.
Kleinere Schiefer ergeben ein schwereres Dach, das gegenüber Wetter und Wind aber widerstandsfähiger ist. Sie sind deshalb für höhere Gebäude günstiger.
Als Voraussetzungen für eine dauerhafte Schieferdeckung sahen [27] und [1]:
– Wahl der richtigen Dachneigung
– Herstellen einer glatten und nicht »arbeitenden« Schalung
– Auswahl des geeigneten Materials
– sorgfältige handwerkliche Verarbeitung, wenn nötig unter strenger Aufsicht.

Altdeutsche Deckung. Für das Deutsche Schieferdach erfolgte der Verkauf der Steine nach »Zentnern« (unbearbeitet) oder »Ries« (eine 2½ m lange Reihe unbearbeiteter Schieferplatten).
Vor der Verlegung mußte die Ware in 20 bis 30 Abteilungen gleich großer Tafeln sortiert werden [23]. Tabelle 35 gibt einige übliche Decksteingrößen an.
Ein »Zentner« deckt bei einfacher Überdeckung ungefähr 1,8 m² Dachfläche [18], [39].
Eine Reihe Decksteine wird als Gebinde bezeichnet.
Die Gebindeneigung kann auf einfache Weise nach [18], [22] zeichnerisch ermittelt werden (Tafel 106; 1).
VOLLRATH [18] gibt als Vorzugsneigung für die Reißlinie 28,5° bei einer Dachneigung von 27°, 22° bei einem Dach von 37° und 14° bei 48° Dachneigung an. Die Reißlinie ist um so steiler, je flacher das Dach ist.

Die Decksteine für die Altdeutsche Deckung sind mit ihren Bezeichnungen in (Tafel 106; 2) dargestellt. Bei einfacher Deckung beträgt die Überdeckung nach [4] mindestens 40 mm bei kleinen, 80 mm bei großen Steinen. Bei der Doppeldeckung muß das erste Gebinde stets noch das dritte überdecken. Weitere Maße für die Mindestüberdeckung sind in Tabelle 36 enthalten. Die Bezeichnungen und die Formen für Fuß-, Ort- und Firststeine sind sehr vielfältig, in (Tafel 106; 3, 4) werden einige übliche Beispiele dargestellt.
Die Deckung nur auf Latten ist für schneereiche Gebiete nicht zu empfehlen, in Hannover war diese Art nach [27] jedoch verbreitet. Als Dachschalung sollen gut getrocknete Bretter, die sich nicht mehr werfen, Anwendung finden. Als größte Brettbreite wird die von 200 mm [27], [1] genannt, die Dicke soll mindestens 25 mm betragen. Die Stoßfugen sind zu verschieben.
Die Nagelung der Schiefer soll stets nur im gleichen Brett erfolgen, um Brüche durch Spannung zu vermeiden. Das Nagelloch (Tafel 106; 2) ist nach oben ausgesplittert, nur für Schlußsteine am First (Tafel 106; 4) wird es nach unten gehauen (Bußloch). Nach [4] sollen Bußnagellöcher für runde Drahtstifte, nach oben geschlagene Löcher dagegen für geschmiedete kantige Nägel günstiger sein. Als Nägel werden verzinkte, verbleite oder verkupferte geschmiedete Nägel [1] oder in Ölfirnis gelegte [27] von 40 bis 50 mm Länge verwendet. Sehr dauerhaft sind Kupfernägel oder aus einer Legierung von Cu, Zn und Sn gepreßte Nägel [1]. Meist haben die Nägel eine geringere Lebensdauer als die Steine, die Schiefer werden »nagelfaul« und müssen dann nachgenagelt werden.
Dachpappe als Unterlage für Schieferdächer war nach [29] seit 1895 sehr häufig. Als Regelfall wird diese Ausführung von [1] und [23] angenommen.
Als Vorteile werden genannt:
– Schneller Baufortschritt ist in jeder Jahreszeit möglich.
– Pappe erhöht die Dichtigkeit gegen Treibschnee und Ruß.
Als Nachteile galten:
– Durch die Pappe wird das Einschätzen der Qualität der Schalung und das Auffinden undichter Stellen erschwert.

Tabelle 35. Sortierung der Decksteine beim Altdeutschen Schieferdach [36], [39]

Bezeichnung	Größe in mm	
	von	bis
Ganze	500 × 400	400 × 300
Halbe	420 × 380	380 × 300
Viertel	360 × 280	320 × 250
Achtel	300 × 280	280 × 230
Zwölftel	260 × 230	240 × 210
Sechzehntel	240 × 190	220 × 170
Zweiunddreißigstel	200 × 150	160 × 130

Tabelle 36. Mindestüberdeckung in mm bei Schieferdächern [1], [27]

Dachneigung	Altdeutsche einfach	Deckung doppelt	Schablonenschiefer
1:6	–	95	–
1:5	–	88	–
1:4	–	80	Fußschicht: 110 Deckschichten: 70
1:3	–	70	Fußschicht: 82 Deckschichten: 70
1:2	Fußschicht: 82 Deckschichten: 70 First: 53	60	70

6.3. Schieferdeckung

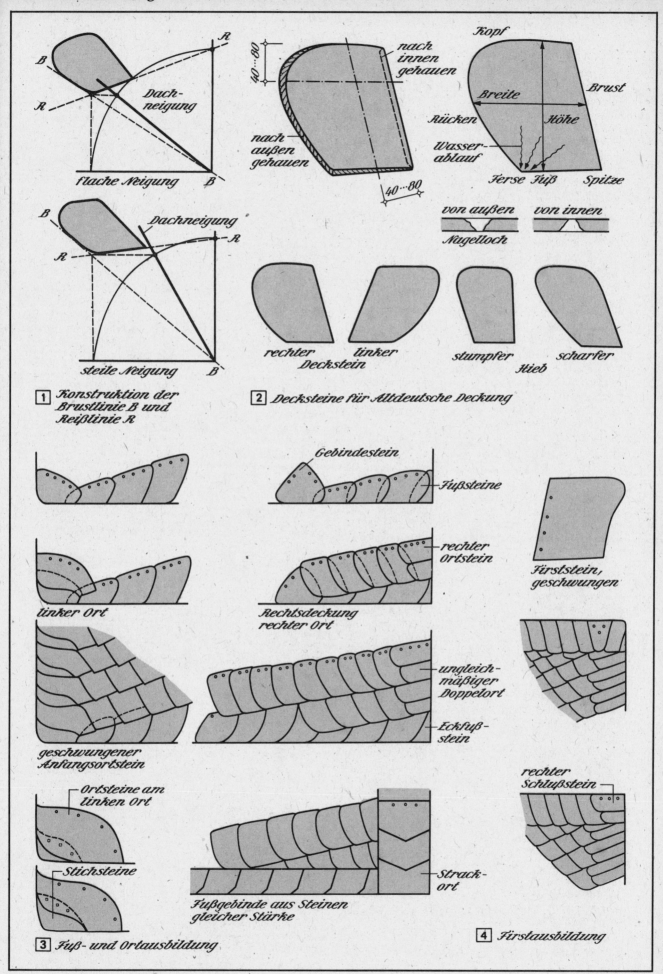

Altdeutsche Schieferdeckung — Tafel 106

6. Dachdeckungen

Tabelle 37. Formen der Schablonenschiefer, zu Tafel 107; [1]

Nr.	Bezeichnung	Anwendung	Quelle
1	Rechteckschablone	Englische Doppeldeckung	[28], [38]
2	Rechteckschablone, einfach gestutzt	„ „	[28], [38]
3	Rechteckschablone, doppelt gestutzt	„ „	[28], [38]
4	Achteckschablone	Französische Doppeldeckung	[28], [38]
5	Halbkreisschablone	„ „	[28], [38]
6	Halbkreisschablone, Coquettes	„ „	[4], [28], [38]
7	Sechseckschablone, spitzwinklig	„ „	[28], [38]
8	Sechseckschablone, rechtwinklig	„ „	[28], [38]
9	Sechseckschablone, stumpfwinklig	„ „	[28], [38]
10	Gotische Schablone	„ „	[28], [38]
11	Normalschablone		[4]
12	Fischschuppenschablone		[4], [18]
13	Schuppenschablone	Französische Deckung	[1]
14	Schuppenschablone	„ „	[1]
15	Literaschablone	Deutsche Deckung	[28], [38]
16	Literaschablone	„ „	[28], [38]
17	Deutsche Schuppenschablone	„ „	[36]

– Bei Verrotten der Pappe lockern sich die Schiefer [38]. Neben Tonschiefern wurden örtlich auch andere plattige Gesteine zur Dachdeckung verwendet, so z. B. Sandsteinplatten aus Solingen (Hessen) [31].

Schablonendeckung. Diese Art der Deckung war um die Jahrhundertwende stark verbreitet. Die häufigsten Schablonenformen nennt Tabelle 37.

Die »Englische Deckung« konnte auf Lattung oder Schalung erfolgen (Tabelle 38). Gebräuchlich waren Platten von mindestens 630 mm × 360 mm [23]. In Tafel 107; [2]) sind Beispiele für die Englische Deckart nach [1], [23] und [27] dargestellt. Bei einfacher Deckung wurden die Fugen nach [1] mit Kitt oder Kalkmörtel gedichtet, dies wird in der gleichen Quelle jedoch als unsolide abgelehnt. Üblich war die doppelte Überdeckung. Dabei war die Lattenweite geringer als die Hälfte der Tafellänge, so daß der erste Stein den dritten überdeckte. Die Nagelung erfolgte bei der Englischen Deckung in der Mitte des Steines [1], [28] oder auch 15 mm von der oberen Kante entfernt [1]. Die Französische Eindeckung (Tafel 107; [5]), war der Englischen ähnlich. Ihre stärker profilierten Schablonen wurden aber meist auf keilförmige Bretterleisten verlegt [1]. Die Nagelung wurde nach Art und Möglichkeit der Schablonen eingerichtet.

Auch die Deutsche Deckung mit Schablonenschiefern verschiedener Arten wurde ausgeführt [28] (Tafel 107; [3]). Eine Sonderanordnung der Nagelung, die das »Drehen« der Schiefer verhindern sollte, zeigt Tafel 107; [6] nach [1].

In Tafel 107; [4] sind Möglichkeiten der Firstausbildung dargestellt. Der First wurde grundsätzlich, auch bei Lattung, 300 bis 400 mm breit verschalt. An der Wetterseite wurden die Schiefer mit einem Überstand bis zu 80 mm hochgezogen und mit Schieferkitt aus Asphalt und Kreide [1] oder Haarkalkmörtel verstrichen. Firstkappen und Firstleisten aus Blechen (Tafel 107; [7]) waren meist nicht sehr dauerhaft.

Eindeckungen mit Metallplatten und »Kunstschiefer«. Als »Schieferersatz« wurden nach [1] (Tafel 108; [1]) sechseckige Platten aus den Eisenwerken Gröditz und Tangerhütte zur Eindeckung in diagonalen Reihen mit 60 bis 70 mm Überdeckung auf Lattung verwendet. Für Walm, First und Grat gab es besondere Formen. Die Platten (340 mm × 420 mm) hatten eine Masse von 28,5 kg/m². Andere Blechplatten, vor allem bei der Außenwandverkleidung angewendet, zeigt Tafel 108; [2].

Als Schieferersatz fanden jedoch hauptsächlich Asbestzementtafeln, 1899 von HALTSCHEK in Österreich erfunden [4], Anwendung.

Die vielfältigen Schablonenformen (Tafel 108; [3]) sollten Schieferformen nachahmen. Meist wurden sie auf Lattung ver-

Tabelle 38. Rechtwinklige Schablonen, Größen und Unterlagen [23]

Unterlage	Schablonengröße in mm	
	Länge	Breite
Lattung	680	400
	630	360
	630	320
	570	320
	570	280
Schalung	570	320
	570	280
	520	260
Schalung auf Türmen	520	260
	470	240
	420	200
	370	180
	290	130

legt. In Tafel 108; [4] bis [7] sind häufig angewandte Eindeckungsarten dargestellt [51], [38].

Asbestzementtafeln erhielten verschiedene Firmenbezeichnungen. Es gab Asbestzementtafeln in den Farben Dunkelbraun, Rot, Rostbraun, Altschwarz und Grün und in den Abmessungen zwischen 150 mm × 150 mm bis 400 mm × 600 mm. Die Platten waren 3,5 bis 4 mm dick und hatten eine Masse von 10 bis 14 kg/m².

Die angegebenen statischen Werte dienen nur einem Vergleich. Bei erneutem Tragfähigkeitsnachweis ist von dem gegenwärtigen Bauzustand und den zur Zeit verbindlichen Vorschriften auszugehen.

6.3. Schieferdeckung

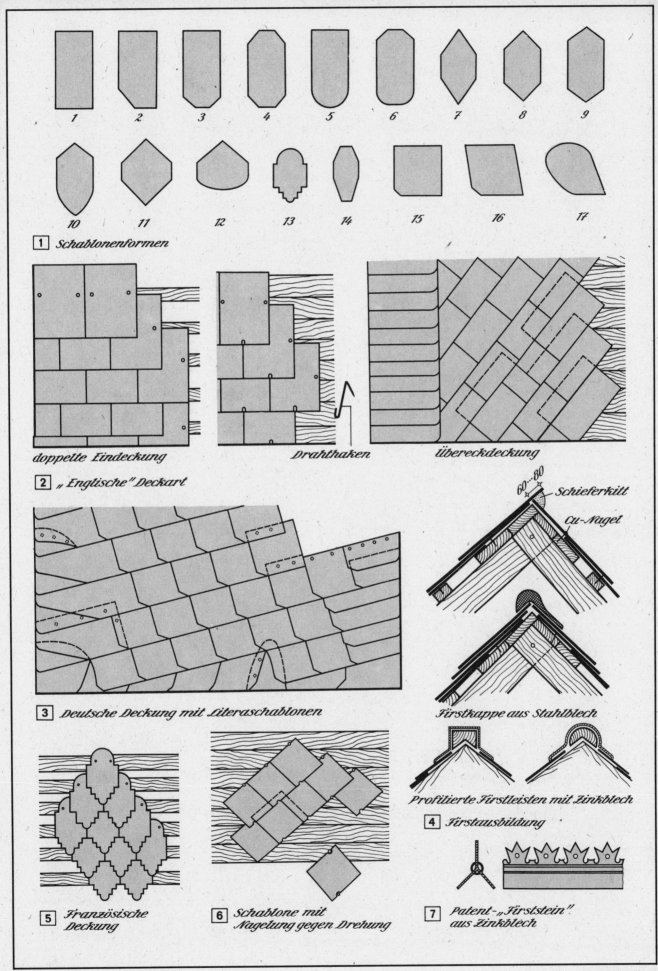

Schablonendeckung — Tafel 107

6. Dachdeckungen

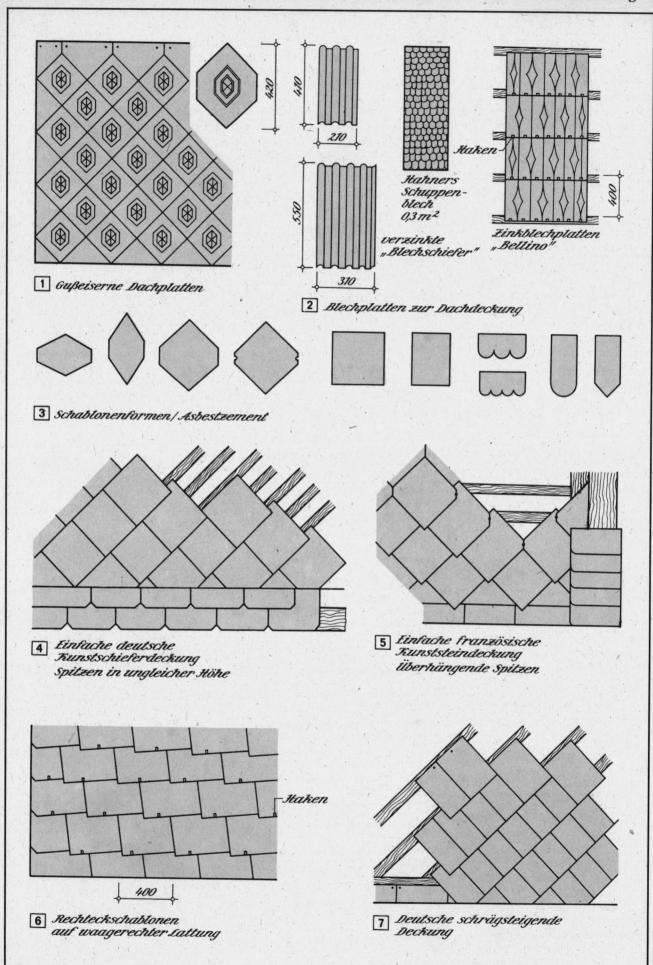

Tafel 108 — Blechplatten und »Kunstschiefer«

6.4. Ziegeldeckung

Deckung mit Flachziegeln.
Flachziegel wurden meist Biberschwänze, aber auch Ochsenzungen [4], Zungenziegel [4], Brettziegel [4], Dachplatten [4], [2], Dachtaschen oder Taschenziegel [4], [2] genannt. Für glatte Dachsteine (Biberschwänze) wurde 1888 ein Normalformat mit einer Länge von 365 ± 5 mm, einer Breite von 155 ± 5 mm und einer Stärke von 12 ± 3 mm eingeführt [53]. Danach waren für das »einfache Dach« bei einer Lattung von 200 mm Abstand 35 Stück/m^2, für das Doppeldach bei einer Lattung von 140 mm Abstand 50 Stück/m^2 und für das Kronendach bei einer Lattung von 250 mm Abstand 55 Stück/m^2 notwendig. Dieses Normalformat, auch Reichsformat genannt, wurde ab 1. Juli 1891 für alle Staatsbauten verbindlich. Süddeutsche Formate zeigen davon abweichende Abmessungen, z.B. 380 mm Länge, 180 mm Breite und 10 mm Dicke. Weitere Formen und Abmessungen der Biberschwänze zeigt Tafel 109; [6]. Für runde Turmdächer wurden konische und gebogene Ziegel hergestellt. Sonderformen sind Biberschwänze mit Rippen zur Wasserableitung [55] oder Wabenziegel, die wärmedämmend wirken sollten [56].

Die *Spließdeckung* (Tafel 109; [1]) ist eine einfache Deckung mit Spließen unter der Stoßfuge. Sie wurde mit einer Lattenweite von 189 bis 227 mm [18], 180 bis 210 mm [22], 180 bis 200 mm [3], 245 mm [28] aus möglichst schweren Steinen mit hoher Nase [22] ausgeführt. Die oberste und unterste Reihe (First und Traufe) wurden doppelt gelegt [1], die Trauflatte erhielt eine größere Dicke als andere Latten, um für die Traufreihe die gleiche Neigung zu erreichen.

Die Spließe sind dünne, aus Kiefernholz gespaltene Späne von ungefähr 50 mm Breite, 250 bis 330 mm Länge und 3 bis 5 mm Dicke [1], nach [3] 60 bis 80 mm Breite, 300 mm Länge und 3 bis 4 mm Dicke). Anstelle der Holzspließe wurden auch Dachpappen- und Zinkstreifen [1], oft lang durchgehend, Moos [2] oder PVC-Streifen [22] verwendet. Eine Sonderform stellten Metallspließe mit Querhaupt [52] (Tafel 109; [2]) dar, bei denen die Ziegel leicht auswechselbar waren.

Die *Doppeldeckung* zeigt Tafel 109; [3]. Bei einer Lattenweite von 140 mm [1] ergibt sich mit dieser Deckmethode eine gute Überdeckung der Fugen. Auch hier wurden an First und Traufe Doppelschichten verlegt.

Die *Kronendeckung* (Tafel 109; [4]) ergibt das schwere, aber dichte und leicht auszubessernde Ritter- oder Kronendach. Seine Lattenweite beträgt 250 mm.

Alle drei Deckarten können auch »böhmisch« verlegt werden. Darunter verstand man das Decken der Ziegel in einen Mörtelstreifen, den Querschlag, und das Anstreichen eines Längsschlages nach Tafel 109; [5]. Wenn ein Verstrich von innen vorgeschrieben war, wurde Haarkalkmörtel dazu verwendet.

Für alle drei Deckarten wurden Hohlziegel zur First- und Grateindeckung verwendet. Um die Jahrhundertwende wurden häufig verzierte Firstziegel verlegt. Tafel 110; [1] zeigt Beispiele, wie sie heute noch in größerer Anzahl in oberlausitzer Kleinstädten zu finden sind. Bei landwirtschaftlich genutzten Bauten, aber auch bei Dächern mit glasierten Ziegeln dienten Firstentlüfter zur Belüftung des Daches (Tafel 110; [2]). Für die Anfallspunkte First–Grat wurden Abdecklappen oder »Glocken« gebrannt (Tafel 110; [3]), die auch mit keramischen Zieraufsätzen versehen waren (Tafel 110; [5]).

Die Gratanfänger wurden an ihrer großen Öffnung mit Ziegelbrocken zugesetzt und mit Kalkmörtel verstrichen. Oft wurden auch Sondersteine mit geschlossener Öffnungsfläche verwendet. Beliebt waren verzierte Gratanfänger, die um die Jahrhundertwende in vielfältigen Formen, von denen (Tafel 110; [4]) eine kleine Auswahl zeigt, hergestellt.

Die einfachen konischen First- und Gratziegel wurden in ein Mörtelbett verlegt und mit Ziegelbrocken in Kalkmörtel ausgefüllt [1], um durch das hohe Gewicht ein Abheben bei Sturm zu verhindern. Die breitere Seite der Firstziegel sollte stets der Wetterseite abgekehrt sein, die der Gratziegel nach unten liegen. First- und Gratziegel wurden bei steilen Dächern festgenagelt oder festgedrahtet, ein Loch dafür wurde bei Gratziegeln bereits beim Brennen angebracht. Nach [2] wurde der erste, der letzte und dazwischen jeder vierte Gratziegel zweckmäßigerweise genagelt. Die Länge der First- und Gratziegel war unterschiedlich (380 bis 400 mm [1]; 420 mm [2]; 400 bis 420 mm [23]; 360 bis 400 mm [12]). MERINSKY gibt als größte Form Wienerberger Firstziegel mit 520 mm Länge an, als kleinste solche von 210 mm Länge [4]. Der Öffnungsdurchmesser beträgt an der größeren Seite zwischen 150 und 200 mm, an der kleineren Seite zwischen 120 und 160 mm. Als Überdeckung werden 80 bis 100 mm [1], 90 bis 120 mm [2] und 100 mm [23] angegeben. Eine Normung für diese Arten der Dachziegel wurde durch die DIN 454 vom Oktober 1922 (Dachziegel, kleine Pfannen, Gratziegel) eingeleitet (Tafel 110; [6], [7]).

Beim Umdecken der Dächer wurden die alten Dachsteine, die sich gut bewährt hatten, stets wieder verwendet. Sie wurden auf die gleiche Dachseite gedeckt, auf der sie auch bisher gelegen hatten und nicht mit neuen Steinen gemischt [23].

Hohlziegeldeckung. Deckungen mit Hohlziegeln waren bei den Steildächern von Kirchen, Bürgerhäusern und ähnlichen Bauten im Mittelalter beliebt. Die Ziegel wurden als Mönch und Nonne bezeichnet. Meist waren sie 400 mm lang und 240 mm breit. Bei einer Lattungsweite von 320 mm überdeckten sich die Reihen um etwa 80 mm [1], [48]; 90 bis 120 mm [2] (Tafel 112; [2]).

Da viel Mörtel für einen Querschlag über die Nonnen und zwei Längsschläge für die Mönche benötigt wurde, ergab sich eine hohe Dachlast.

Als »Rinnendächer« werden Hohlziegeldächer bezeichnet [2], bei denen die Fugen zwischen den nach oben offenen Hohlziegeln (Nonnen) nicht überdeckt, sondern mit lehmgetränkten Strohseilen verdämmt und mit Kalkmörtelleisten verstrichen wurden. Die Haltbarkeit dieser Ausführung ist begrenzt, sie ist heute noch in Quedlinburg zu sehen (Tafel 112; [1]).

Um 1900 wurden Hohlziegeldeckungen als »Klosterdächer« aus architektonischen Gründen auch für Neubauten ausgeführt. Hohlziegel dieser Zeit zeigt nach [13] (Tafel 112; [4]). Ein Klosterdach um 1915 [62] ist in (Tafel 112; [5]) dargestellt. Um die Mörtelpackungen am First zu ersparen, entwickelte MARTINI in Sömmerda [61] First-Mönch-Nonnen-Verbundziegel (Tafel 112; [3]). Bei dem Wienerberger Klosterdach [4] (Tafel 112; [6]) erfüllte ein Spezialfirststein die gleiche Aufgabe.

Pfannendeckung. Pfannen sind Dachziegel mit S-förmig gekrümmtem Querschnitt. Im Nord- und Ostseegebiet und am Unterrhein wurden Pfannendächer seit Jahrhunderten ausgeführt.

Als Hauptvorteil des Pfannendaches wurde die schnelle Wasserableitung durch die Längsrillen, die noch durch das Quergefälle der einzelnen Pfannen unterstützt wurde, genannt [64], [1]. Dadurch trockneten die Dachflächen schneller als bei anderen Deckungen ab, wodurch den Einwirkungen von Wasser und Frost weniger Angriffsmöglichkeiten gegeben wurden.

Außerdem tropft das Wasser nicht in eine Fuge. Diesen Vorteilen standen als Nachteile gegenüber, daß die Pfannen oft zu flach angefertigt wurden oder, besonders bei großen Formaten, windschief gebrannt waren. Dadurch wurde das Dach leicht undicht [63]. Oft wurde auch das »Krempen«, das Schärfen der Anlegeseitenkante mit dem Hammer, nicht mit der nötigen Sorgfalt ausgeführt [2]. Die Pfannen wurden mit Querschlag verlegt, verstrichen wurden sämtliche Fugen von unten [1], [2]. Bei landwirtschaftlichen Gebäuden wurde diese Dichtung oft auch mit Strohwischen vorgenommen.

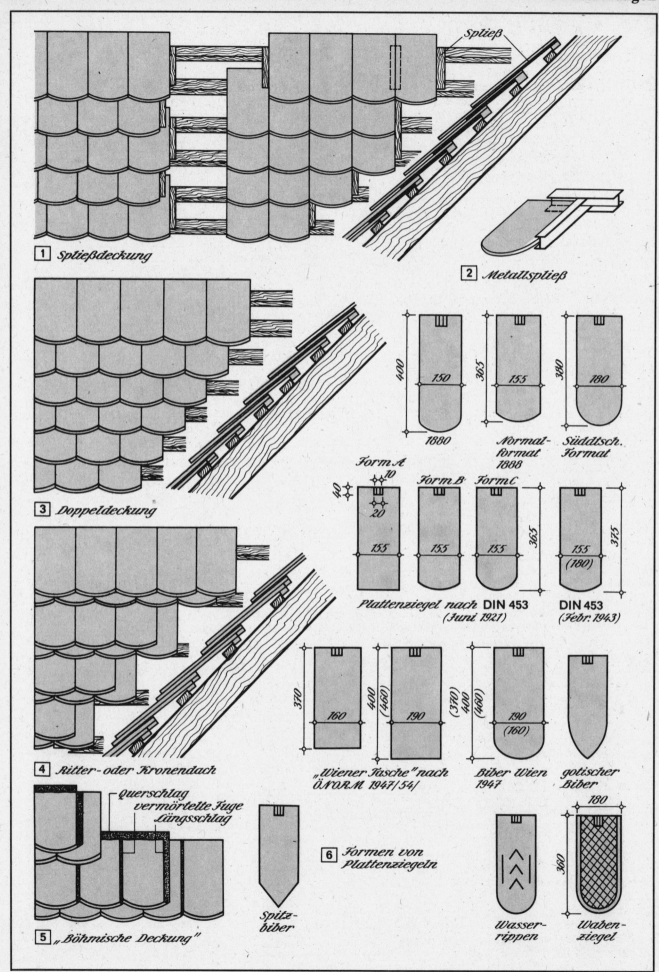

Tafel 109 — Flachziegeldeckungen

6.4. Ziegeldeckung

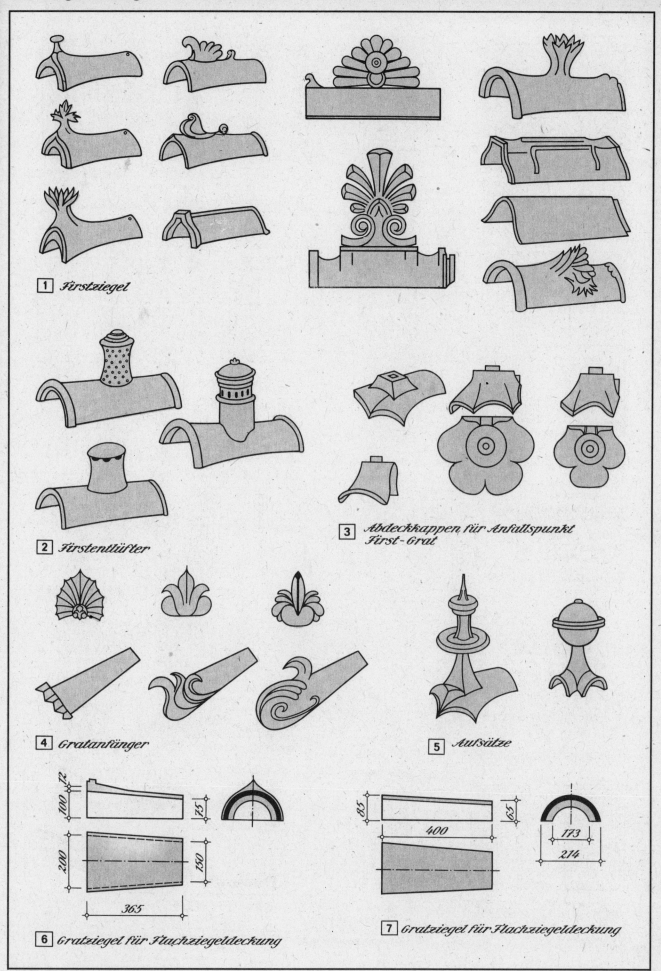

1 Firstziegel
2 Firstentlüfter
3 Abdeckkappen für Anfallspunkt First-Grat
4 Gratanfänger
5 Aufsätze
6 Gratziegel für Flachziegeldeckung
7 Gratziegel für Flachziegeldeckung

First- und Gratziegel   Tafel 110

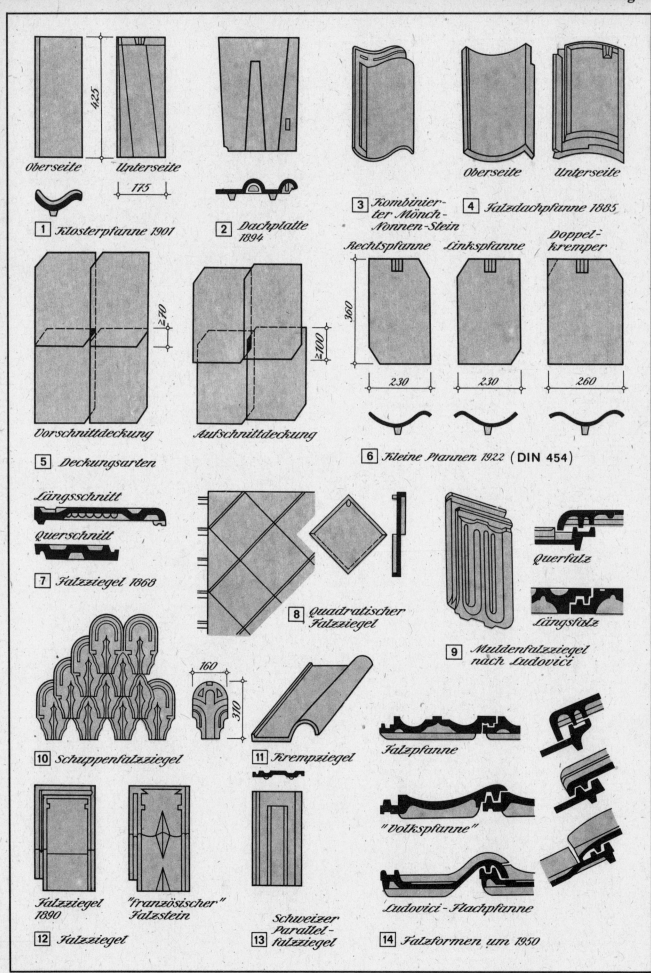

Tafel 111 — Pfannen- und Falzziegel

6.4. Ziegeldeckung

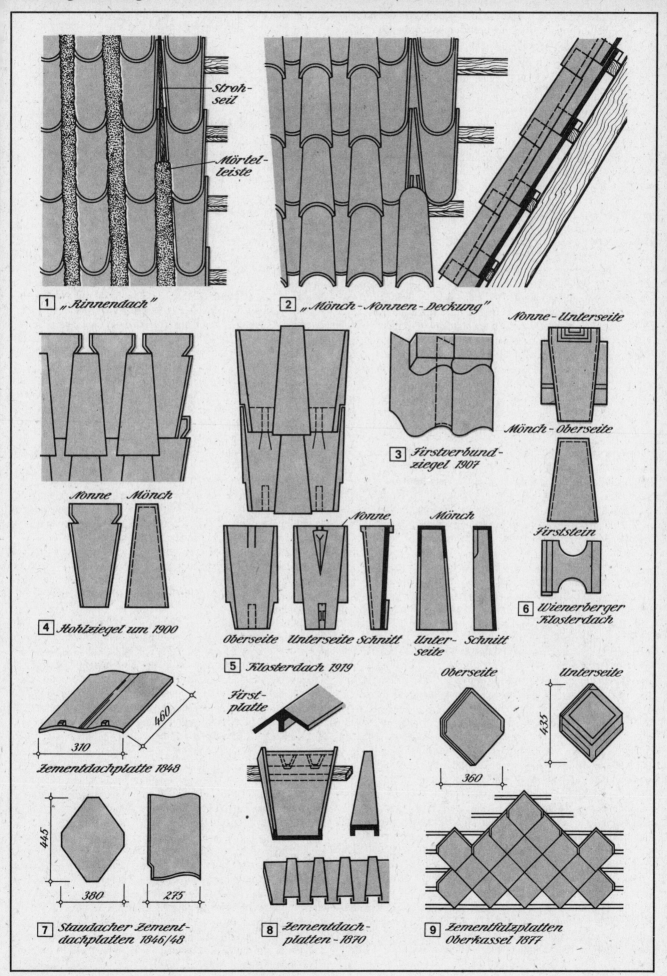

1 „Rinnendach"
2 „Mönch-Nonnen-Deckung"
3 Firstverbundziegel 1907
4 Hohlziegel um 1900
5 Klosterdach 1919
6 Wienerberger Klosterdach
7 Staudacher Zementdachplatten 1846/48
8 Zementdachplatten 1870
9 Zementfalzplatten Oberkassel 1877

Hohlziegel- und Zementsteindeckungen Tafel 112

Firste und Grate wurden meist mit Zinkblech eingedeckt, da andere Ausführungsarten viele Umstände machten. Die Pfannen können in Vorschnitt- und Aufschnittdeckung gedeckt sein, wie Tafel 111; [5] zeigt. Mit Pfannen wurde das Klosterdach nachgeahmt, so mit der Klosterpfanne [65] (Tafel 111; [1]), der Dachplatte von CHRISTEN in Rostock [66] (Tafel 111; [2]) oder mit den kombinierten Mönch-Nonnen-Steinen von GILLARDONI [32] (Tafel 112; [3]). Dieser Stein und die Falzdachpfanne nach [64] stellen Übergangsformen zu den Falzziegeln dar (Tafel 111; [4]). Die »kleine holländische Pfanne« besaß um die Jahrhundertwende die Abmessung von 340 mm × 240 mm [32], die große Pfanne 390 mm × 260 mm. Nach [1] können Pfannen die Abmessungen von 390 bis 420 mm Länge und 260 mm Breite besitzen. Die Normung der Pfannen wurde 1922 durchgeführt (Tafel 111; [6]), daneben wurden jedoch auch viele Sonderformen hergestellt.

Falzziegeldeckung. Falzziegel sollten grundsätzlich ohne Mörtel verlegt werden [1], [2]. SCHWATLO [23] empfahl jedoch im Gegensatz dazu eine Vermörtelung. Die Deckung mit Falzziegeln erlaubte ein billiges, schnelles und leichtes Eindecken bei guter Reparaturmöglichkeit. Falzziegel wurden seit der Mitte des 19. Jahrhunderts hergestellt, so wurden sie z. B. bei der pfälzischen Eisenbahn seit 1860 verlegt [66]. GILLARDONI in Altkirch stellte bereits 1841 Falzziegel her (Tafel 111; [7]). In Berlin wurden die ersten Falzziegel 1873 von den Siegersdorfer Werken bezogen [67]. Die Formen der Falzziegel waren sehr vielfältig, ihre Oberfläche wurde mit Profilen (Rippen) versehen, um die Widerstandsfähigkeit gegen mechanische Beanspruchungen zu erhöhen. Rinnen und Falze mußten so ausgebildet sein, daß das Wasser von den Stoßfugen abgeleitet wurde [67].

Falzziegel wurden auf Latten gedeckt. Eine frühe Form der Falzziegel nach [2] stellt Tafel 111; [8] dar; diese Ziegel fanden bei der badischen Eisenbahn Anwendung. Verschiedene Formen der Falzziegel um 1900 nach [1] zeigt Tafel 111; [9], [10], [12]. Der Muldenfalzziegel nach LUDOWICI (Tafel 111; [9]) ist der Vorläufer und das Vorbild ähnlicher Formen bis nach 1950. Nach [18] hatte er 1955 die Abmessungen 225 mm × 410 mm. Nach ihrer Herstellung werden unterschieden: Strangfalzziegel, die nur in der Längsrichtung einfache oder doppelte Falze besitzen, und Preßfalzziegel, die auf allen vier Seiten mit Falzen übereinandergreifen. Die Parallelfalzziegel (Tafel 111; [13]) stellen die erste Form der Strangfalzziegel dar. Falzformen um 1950 zeigt Tafel 111; [14]. Eine Normung der Falzdachsteine erfolgte 1951 mit DIN 1117.

Krempziegel (Tafel 111; [11]) stehen zwischen den Pfannen und den Falzziegeln. Diese Ziegel wurden in Mörtel verlegt.

Betondachsteine. »Zementdachplatten« wurden bereits um 1840 in Staudach (Oberbayern) angewendet. Vorhandene Dachziegelformen wurden dabei nachgeahmt. Im Jahr 1890 waren Dächer, die bereits 1846 mit »Staudacher Zementdachplatten« gedeckt worden waren, noch gut erhalten [60], [58] (Tafel 112; [7]).

Eine Plattendeckung, die um 1870 in Stahlformen angefertigt wurde, zeigt Tafel 112; [8] nach [2]. Die »Zementdachplatten« nach Tafel 112; [9] aus Oberkassel [57] hatten eine Masse von 40 kg/m² und ergaben ein dichtes, leicht deckbares Dach. Als besonderer Vorteil wurde um die Jahrhundertwende die Feuersicherheit der Betondachsteine hervorgehoben. Nachdem viele Sonderformen auftraten, wobei die Oberfläche hell- und dunkelgrau, rot, gelb, weiß, grün oder blau [60] eingefärbt wurde, kamen nach der Jahrhundertwende verstärkt Nachahmungen der herkömmlichen Ziegelformen zum Einsatz. In der Normung der Betondachsteine (DIN 1115: Betondachsteine, Ausgabe 1950; DIN 1116: Betondachsteine, Biberschwänze, Ausgabe 1951; DIN 1118: Betondachsteine, Pfannen, Ausgabe 1954) fand diese Entwicklung ihren Niederschlag.

6.5. Wetterfahnen

Auf Turmspitzen, Dachreitern, Laternen und anderen hervorragenden Punkten der Dächer wurden um 1900 bei öffentlichen Gebäuden, Schlössern und Villen, aber auch auf einfachen Wohnhäusern Wetterfahnen als Blickfang angebracht. Bei der Abschätzung des Winddruckes auf derartige Bauteile wurde als Windangriffsfläche für runde Stangen das Zweifache der Abwicklungsfläche angesetzt [1]. Als Winddruck sollte, wenn genauere Messungen zu den örtlichen Verhältnissen nicht vorlagen, das Dreifache der für geringere Höhen üblichen Werte verwendet werden.

Wetterfahnen müssen unter allen Klimaverhältnissen dem Wind leicht nachgeben. Ihre Beweglichkeit darf nicht durch Rost, andere Korrosionsrückstände oder Vereisung eingeschränkt werden. Die Lager für die sich drehenden Teile bestehen aus Kupfer, Bronze, Stahl, Hartguß-Messing und aus Glas. Die Zierteile der Fahnen sind aus Stahl, Kupfer, Bronze oder Zink.

Kleinere Wetterfahnen liefen meist »auf Korn«, indem die Fahne an einer Außenröhre befestigt wurde, das als »Stulp« über ein festes, inneres Rohr bzw. eine Stange oder »Spille« gehängt wurde [1]. In Tafel 113; [1] ist eine derartige Konstruktion dargestellt, bei der der Stulp eine Glasplatte enthält, die als Lager dient und auf einer Stahlspitze läuft [68].

Nach [70] konnten aus abgesprengten Böden von Weinflaschen derartige Lager leicht hergestellt werden.

Schwerere Wetterfahnen wurden auf Ringen oder Kugeln gelagert. Eine Wetterfahne mit 1500 mm Ausladung zeigt Tafel 113; [5] [1]. Hier wurde die Spitze als Blitzableiter ausgebildet, dementsprechend läuft die übergestülpte Fahne mit einer Stahlfläche auf einer Eisenstange bei b und mit Messingspitzen auf einem Messingringlager bei a. Bei der kleineren, nur 450 mm hohen und 250 mm ausladenden kupfernen Wetterfahne auf Schloß Arnim [1] (Tafel 114; [5]) läuft eine Glasplatte auf der abgerundeten Spitze eines Eisenrohres, das im Kaiserstiel, der in der Systemachse durch den First verlaufenden Holzsäule, befestigt ist. Der Anschluß eines Blitzableiters war hier nicht vorgesehen. Die Befestigungsmöglichkeit des Versteifungsrohres zeigt nach [68] (Tafel 113; [4]). Eine andere Form der Befestigung gibt MERINSKY [4] in Tafel 113; [3] für kleine Wetterfahnen an.

Leichte Drehbarkeit von größeren Wetterfahnen erlangte man durch Kugellagerung. Die vom Turmknauf aus etwa 2500 mm hohe kupferne Wetterfahne von Schloß Putlitz [1] (Tafel 113; [2]) läuft auf Glaskugeln in einem Bronzelager. Die eiserne Stange, auf der die Wetterfahne hier angebracht ist, wurde als Pendelstange ausgebildet. Sie reicht noch 3000 mm unter ihren Auflagerungspunkt in der steinernen Turmspitze hinab.

Weitere Beispiele für kugelgelagerte Wetterfahnen zeigen Tafel 114; [1] und [3] [68] und Tafel 114; [2] [28].

Besonders sorgfältig wurde bei allen dargestellten Beispielen darauf geachtet, daß kein Wasser in die Drehvorrichtungen eindringen kann, das zur Korrosion oder bei Frost zur Vereisung führt. In Tafel 114; [4] ist ein Turmknauf (Kugel) mit Dokumentenbüchsen nach [1] dargestellt. Die Kugel besteht aus Kupfer- oder Bronzeblech von 1,5 bis 2 mm Dicke mit Aussteifungen durch Ringe. Die Dokumentenbüchse wurde von oben eingeschoben. Sie besteht aus Blei und wurde mit einem doppelten Deckel versehen, um Beschädigungen durch Hitze an den eingelegten Dokumenten beim Verlöten zu vermeiden.

Die Kappe des Hülsenrohres wurde nicht aufgeschraubt, sondern mit Mennigekitt aufgesetzt. Eine unten am Hülsenrohr angebrachte Öffnung dient zur Ableitung von Kondenswasser. Bei sehr großen Turmkugeln wurden auch »Zwischenböden« eingebaut, in die Dokumente eingelegt werden konnten und die gleichzeitig zur Aussteifung dienten.

6.5. Wetterfahnen

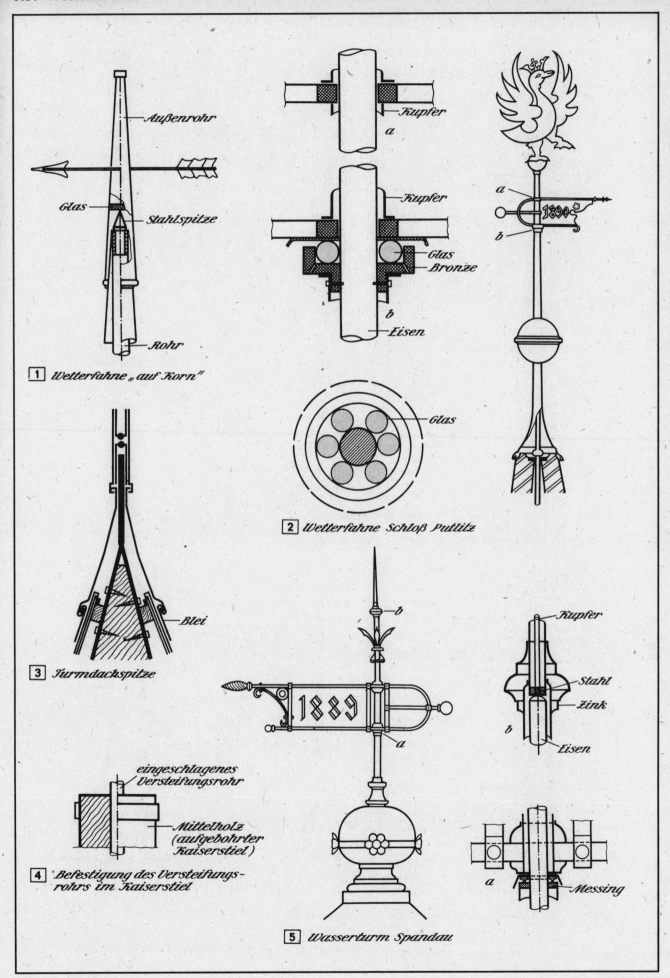

Wetterfahnen I — Tafel 113

206   6. Dachdeckungen

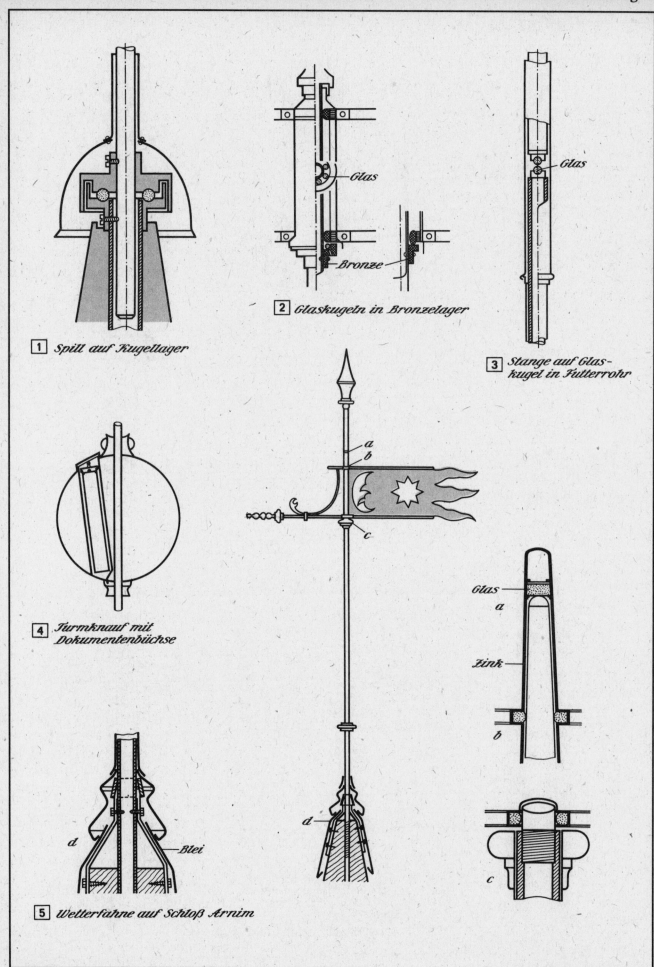

Tafel 114   Wetterfahnen II

7. Quellen-verzeichnis

1. Stützen

[1] BARKHAUSEN, G.: Constructionselemente in Eisen. In: Handbuch für Architektur, III. Teil, Bd. 1, Darmstadt: J. Ph. Diehls Verlag 1886
[2] JORDAN, H. und MICHEL, E.: Die künstlerische Gestaltung von Eisenkonstruktionen, Bd. I und II. Carl Heymanns Verlag 1913
[3] Zentralblatt der Bauverwaltung (15.3.1937) S. 337
[4] BREYMANN, G. A.: Allgemeine Baukonstruktionslehre, III. Teil: Konstruktionen in Eisen. 5. Auflage, bearbeitet von O. KÖNIGER, Leipzig: J. M. Gebhardts Verlag 1890
[5] Stahlwerks-Verband A.-G.: Eisen im Hochbau. Berlin: Verlag von Julius Springer 1911
[6] SCHAROWSKY, C. und KOHNKE, R.: Musterbuch für Eisenkonstruktionen. Herausgegeben im Auftrag des Vereins deutscher Eisen- und Stahlindustrieller. 4. Auflage. Leipzig: Verlag von Otto Spamer 1908
[7] Polizei-Präsident von Berlin: Bestimmungen über Eigengewicht, Belastung und Beanspruchung von Baustoffen und Bauteilen, 21.2.1887. Zitiert nach Centralblatt der Bauverwaltung (26.2.1887), S. 89
[8] DIN 1051: Berechnungsgrundlagen für Gußeisen im Hochbau, Ausgabe 1934. Abgedruckt in [32]
[9] Minister für Volkswohlfahrt: Erlaß vom 25. Febr. 1925, betr. Bestimmungen über die Zulässige Beanspruchung und Berechnung von Konstruktionsteilen aus Flußstahl und hochwertigem Baustahl sowie aus Gußeisen, Stahlguß (Stahlformguß) und geschmiedetem Stahl in Hochbauten. In: Zentralblatt der Bauverwaltung (1925), S. 344
[10] Verein Deutscher Eisenhüttenleute: Eisen im Hochbau. Verlag Julius Springer 1928
[11] VIANELLO, L. und STUMPF, C.: Der Eisenbau. Verlag von R. Oldenbourg 1912
[12] Minister für öffentliche Arbeiten: Bestimmungen über die bei Hochbauten anzunehmenden Belastungen und die Beanspruchungen der Baustoffe, 31.1.1910. In: Centralblatt der Bauverwaltung (1910), S. 101
[13] FOERSTER, M.: Taschenbuch für Bauingenieure. Verlag von Julius Springer 1914
[14] Verein Deutscher Eisenhüttenleute: Stahl im Hochbau. Düsseldorf: Verlag Stahleisen 1953
[15] Atlas zur Zeitschrift für Bauwesen 1853. Verlag von Ernst & Korn 1853
[16] Bauordnung für die Stadt Berlin, 2. Juni 1871. In: Deutsche Bauzeitung (1871), S. 297 ff.
[17] LAUNHARDT: Über die Beanspruchung des Eisens in den Konstruktionen. In: Deutsche Bauzeitung (1873), S. 59
[18] HEINZERLING, F.: Druckäquivalente auf Ausbiegung (Knicken) beanspruchter Stäbe. In: Deutsche Bauzeitung (1874), S. 138 u. 395
[19] LUCAE, R.: Über die ästhetische Ausbildung der Eisenkonstruktionen, besonders bei ihrer Anwendung bei Räumen von bedeutender Spannweite. In: Deutsche Bauzeitung (1870), S. 9
[20] SCHAROWSKY, C.: Musterbuch für Eisenkonstruktionen. Herausgegeben im Auftrag des Vereins Deutscher Eisen- und Stahlindustrieller. Leipzig und Berlin: Verlag Otto Spamer 1888
[21] SPIEGEL, H.: Der Stahlhausbau. Bd. 1 Wohnbauten aus Stahl. Leipzig: Alwin Fröhlich Verlag 1928
[22] SCHULZE, K. W.: Der Stahl-Skelettbau. Stuttgart: Wissenschaftlicher Verlag Zaugg 1928
[23] Der Brand des Lagerhauses in der Kaiserstraße in Berlin. In: Centralblatt der Bauverwaltung (1887), S. 417
[24] LÖSER, B.: Hilfsbuch für die statischen Berechnungen des Hochbaus. Leipzig: Gilbertsche Verlagsbuchhandlung 1910
[25] Preußischer Minister für öffentliche Arbeiten: Bestimmungen über die bei Hochbauten anzunehmenden Belastungen und über die zulässige Beanspruchung der Baustoffe, 24. Dez. 1919. In: Zentralblatt der Bauverwaltung (1920), S. 45
[26] JOHANNSEN, O.: Geschichte des Eisens. Herausgegeben im Auftrag des Vereins Deutscher Eisenhüttenleute. Düsseldorf: Verlag Stahleisen 1925
[27] FOERSTER, M.: Die Eisenkonstruktionen der Ingenieur-Hochbauten. Leipzig: Verlag von W. Engelmann 1902
[28] FOERSTER, M.: Die Eisenkonstruktionen der Ingenieur-Hochbauten. Leipzig: Verlag von W. Engelmann 1909
[29] FOERSTER, M.: Die Eisenkonstruktionen der Ingenieur-Hochbauten. Leipzig: Verlag von W. Engelmann 1924
[30] Minister für öffentliche Arbeiten: Circular-Erlaß, die deutschen Normalprofile für Walzeisen betreffend, 14. April 1881. In: Centralblatt der Bauverwaltung (30.4.1881)
[31] HENKEL, O.: Grundzüge des Stahlbaus. Leipzig: Verlag von B. G. Teubner 1933
[32] WEDLER, B.: Berechnungsgrundlagen für Bauten. Berlin: Verlag Wilhelm Ernst & Sohn 1948
[33] Preußischer Finanzminister: Berechnungsgrundlagen für Stahl im Hochbau, 19. Sept. 1934. Zitiert nach [34]
[34] Belastungen und Beanspruchungen. Berlin: Verlag Wilhelm Ernst & Sohn 1936
[35] Stahl im Hochbau. Mit Einführungserlaß vom 3.2.1942: Stahl im Hochbau – Berechnungsgrundlagen; mit DIN 1050, Bl. 1: Berechnungsgrundlagen von Stahl im Hochbau, Ausgabe 1937; mit DIN 1050, Bl. 2: Altstahl im Hochbau, Ausgabe 1947; mit DIN 1051: Berechnungsgrundlagen für Gußeisen im Hochbau, Ausgabe 1934. Berlin: Verlag Wilhelm Ernst & Sohn 1947
[36] BERLITZ, K.: Belastungen und Beanspruchungen. Berlin: Verlag Wilhelm Ernst & Sohn 1941
[37] Deutsche Normalprofile für Walzeisen. In: Deutsche Bauzeitung (1880), S. 1, 11 und 23
[38] DIN 4114: Stahlbau, Stabilitätsfälle (Knickung, Kippung, Beulung); Berechnungsgrundlagen und Vorschriften. Ausgabe 1952. Zitiert nach [14]
[39] Minister für Volkswohlfahrt: Vorschriften für die Ausführung geschweißter Stahlhochbauten, 10. Juli 1930. Zitiert nach [40, S. 761 und 121]
[40] Verein Deutscher Eisenhüttenleute: Stahl im Hochbau. Verlag Julius Springer 1930
[41] Bestimmung der Berliner Baupolizei. In Centralblatt der Bauverwaltung 1884, S. 152
[42] Baupolizeiliche Bestimmungen über Feuerschutz, 12. März 1925. Zitiert nach [40, S. 90]
[43] Preußischer Finanzminister: Baupolizeiliche Bestimmungen über Feuerschutz, 30.8.1934. Zitiert nach [34]
[44] DIN 4102: Widerstandsfähigkeit von Baustoffen und Bauteilen gegen Feuer und Wärme, Bl. 1 u. 2. Ausgabe 1940. Zitiert nach [82, S. 192]
[45] Preußischer Minister für öffentliche Arbeiten: Bestimmungen für die Ausführung von Konstruktionen aus Eisenbeton bei Hochbauten, 1904
[46] Preußischer Minister für öffentliche Arbeiten: Bestim-

mungen für die Ausführung von Konstruktionen aus Eisenbeton bei Hochbauten, 1907

[47] Deutscher Ausschuß für Eisenbeton: Bestimmungen für die Ausführung von Bauwerken aus Eisenbeton, 1915. In: Deutsche Bauzeitung – Mitteilungen über Zement, Beton- und Eisenbetonbau (1915), S. 167

[48] Deutscher Ausschuß für Eisenbeton: Bestimmungen für die Ausführung von Bauwerken aus Eisenbeton, 1925. In [49, S. 511]

[49] Deutscher Beton-Verein: Eisenbetonbau – Entwurf und Berechnung. Bd. I. Stuttgart: Verlag von Konrad Wittwer 1926

[50] EMPERGER, F. v. (Herausgeber): Handbuch für Eisenbetonbau. Bd. 4, II. Teil: Bauausführungen aus dem Hochbau und Baugesetze. Berlin: Verlag Wilhelm Ernst & Sohn 1909

[51] DIN 1045: Bestimmungen für Ausführung von Bauwerken aus Stahlbeton. Ausgabe 1943. In [52]

[52] Bestimmungen des Deutschen Ausschusses für Stahlbeton. Berlin: Verlag Wilhelm Ernst & Sohn 1948

[53] Deutscher Ausschuß für Eisenbeton: Bestimmungen für die Ausführung von Bauwerken aus Eisenbeton, 1932. In [54]

[54] Sammlung technischer Baupolizeibestimmungen. Heft 1: Bestimmungen des Deutschen Ausschusses für Eisenbeton, Stand 1936. Eberswalde: Verlagsgesellschaft R. Müller 1937

[55] EMPERGER, F. v. (Herausgeber): Handbuch für Eisenbetonbau – Ergänzungsband I: Die künstlerische Gestaltung der Eisenbetonbauten. Berlin: Verlag Wilhelm Ernst & Sohn 1911

[56] EMPERGER, F. v. (Herausgeber): Handbuch für Eisenbetonbau. Bd. 4, I. Teil: Bauausführungen aus dem Hochbau und Baugesetze. Berlin: Verlag Wilhelm Ernst & Sohn 1909

[57] EMPERGER, F. v. (Herausgeber): Handbuch für Eisenbetonbau. Bd. 9, I. Teil: Hochbau. Berlin: Verlag Wilhelm Ernst & Sohn 1913

[58] Deutscher Ausschuß für Eisenbeton: Bestimmungen für die Ausführung von Bauwerken aus Beton, 1932. In [54]

[59] DIN 1047: Bestimmung für die Ausführung von Bauwerken aus Beton, 1943. In [52]

[60] LUPESCU, E.: Wände, Pfeiler und Säulen im Hochbau. In: Betonkalender 1927. Berlin: Verlag Wilhelm Ernst & Sohn 1926

[61] LÖSER, B.: Die Bauausführung. In: Betonkalender 1926. Berlin: Verlag Wilhelm Ernst & Sohn 1925

[62] Eisenbetonkonstruktionen beim Bau der Deutschen Bücherei in Leipzig. In: Deutsche Bauzeitung – Mitteilungen über Zement, Beton- und Eisenbetonbau (1917), S. 27

[63] MARCUS, H.: Die Eisenbetonarbeiten des neuen Verwaltungsgebäudes der Ortskrankenkasse zu Dresden. In: Deutsche Bauzeitung – Mitteilungen über Zement, Beton und Eisenbetonbau (1915), S. 49

[64] MÖRSCH, E.: Die Berechnung der Eisenbetonsäulen und die neuesten Versuche. In: Deutsche Bauzeitung – Mitteilungen über Zement, Beton- und Eisenbetonbau (1905), S. 73

[65] DIN 1053: Berechnungsgrundlagen für Bauteile aus künstlichen und natürlichen Steinen, Ausgabe 1937

[66] BREYMANN, G. A.: Allgemeine Bau-Constructions-Lehre. I. Theil: Constructionen in Stein. Leipzig: J. M. Gebhardts Verlag 1881

[67] Bestimmungen über die Aufstellung von statischen Berechnungen zu Hochbaukonstruktionen, sowie über die hierbei anzuwendenden Belastungen bzw. Beanspruchungen, 16. 5. 1890. In [68]

[68] Der praktische Baugewerksmeister. Berlin: Reinhold Schwarz Verlag, o. J.

[69] entfällt

[70] DIN 1053: Mauerwerk, Berechnung und Ausführung, Ausgabe 1952

[71] MARX, E.: Handbuch der Architektur. Bd. 2, Heft 1: Raumbegrenzende Konstruktionen – Wände und Wandöffnungen. Stuttgart: A. Bergsträßer Verlagsbuchhandlung 1900

[72] DAUB, H.: Hochbaukunde. Bd. 1. Leipzig und Wien: Verlag Franz Deuticke 1920

[73] THIELE, R.: Steinmetzarbeiten in der Architektur. Leipzig: Fachbuchverlag 1957

[74] Normalmaße für Sandsteinwaren. In: Deutsche Bauzeitung (1873), S. 168

[75] Baukunde des Architekten. Bd. I, Teil 1: Aufbau der Gebäude. Berlin: Verlag Deutsche Bauzeitung 1903

[76] PECHWITZ, F.: Der Steinschnitt, I. Teil. Leipzig: Verlag B. F. Voigt 1942

[77] Deutscher Ausschuß für Eisenbeton: Bestimmungen für Ausführung von Bauwerken aus Beton, 1925. In [49, S. 539]

[78] Deutsche Bauzeitung (1885) Nr. 57

[79] Deutsche Bauzeitung (1886) Nr. 42

[80] Preußischer Finanzminister: Baupolizeiliche Bestimmungen über Feuerschutz vom 30. 8. 1934. Zitiert nach [81]

[81] Sammlung technischer Baupolizeibestimmungen, Heft 7: – Zulassung neuer Baustoffe und Bauarten – Bestimmungen über Feuerschutz. Eberswalde: Verlagsgesellschaft R. Müller 1938

[82] BERLITZ, K.: Belastungen und Beanspruchungen im Hochbau. Berlin: Verlag Wilhelm Ernst & Sohn 1941

[83] Deutscher Ausschuß für Eisenbeton: Vorschriften für die Ausführung von Bauwerken aus Beton 1915. In: Deutsche Bauzeitung – Mitteilungen über Zement, Beton- und Eisenbetonbau (1915), S. 181

[84] Preußischer Minister für öffentliche Arbeiten: Runderlaß, betreffend Berechnung von Säulen aus eisenumschnürtem Beton vom 18. Sept. 1909. In: Zentralblatt der Bauverwaltung (1909), S. 529

2. Treppen

[1] Deutsches Bauhandbuch. Band II: Baukunde des Architekten, 2. Halbband. Berlin: Verlag von E. Toeche 1884

[2] OPDERBECKE, A.; WITTENBECHER, H.: Der Steinmetz. Leipzig: Verlag von B. F. Voigt 1912

[3] SCHRADER, F.: Haus- und Wohnungsbau. Leipzig: Fachbuchverlag 1950

[4] BERLITZ, K.: Belastungen und Beanspruchungen im Hochbau. Berlin: Verlag Wilhelm Ernst & Sohn 1943

[5] ESSELBORN, K.: Lehrbuch des Hochbaus. 2. Aufl. 1. Band. Leipzig: Verlag W. Engelmann 1922

[6] WIENKE, F.: Das große Baubuch – Steinbau. Braunschweig: G. Westermann Verlag 1953

[7] DIN 1135: Vorlegestufen für Kleinhäuser/Naturstein. Ausgabe Juli 1923

[8] Bauordnung für die Stadt Berlin vom 9. November 1929. Berlin: Verlag Wilhelm Ernst & Sohn 1936

[9] BREYMANN, G. A.: Allgemeine Bau-Constructions-Lehre. I. Theil: Constructionen in Stein. Leipzig: J. M. Gebhardts Verlag 1881

[10] Baukunde des Architekten. 1. Band, 1. Teil: Der Aufbau der Gebäude. Berlin: Verlag Deutsche Bauzeitung 1903

7. Quellenverzeichnis

[11] OPDERBECKE, A.: Das Handbuch des Bautechnikers. IV. Band: Der innere Ausbau. Leipzig: Verlag von B. F. Voigt 1911

[12] SCHUSTER, F.: Treppen aus Stein, Holz und Metall. Stuttgart: Julius Hoffmann Verlag 1951

[13] SCHULZE, W.: Die Treppe im Wohnungsbau. Leipzig: Fachbuchverlag 1953

[14] BOERNER, F.: Statische Tabellen. 10. Auflage. Berlin: Verlag Wilhelm Ernst & Sohn 1934

[15] MÜNCHGESANG: Öffentliches Baurecht und Baupolizei. In: Centralblatt der Bauverwaltung (1899), S. 494

[16] WITTMANN, W.: Die Standfestigkeit der freitragenden Steintreppen. In: Centralblatt der Bauverwaltung (1891), S. 288

[17] KÖNIGER: Zur Berechnung freitragender Steintreppen. In: Centralblatt der Bauverwaltung (1891), S. 380

[18] BREYMANN, G. A.: Allgemeine-Baukonstruktions-Lehre. III. Teil: Konstruktionen in Eisen. Leipzig: J. M. Gebhardts Verlag 1890

[19] LEWANDOWSKY: Die Standfestigkeit einer freitragenden Treppe. In: Zentralblatt der Bauverwaltung (1914), S. 618

[20] EGGENSCHWYLER, A.: Über die Tragfähigkeit einseitig unterstützter Treppen. In: Zentralblatt der Bauverwaltung (1914), S. 517

[21] DURCHHOLZ, A.: Vereinfachte Berechnung des freitragenden geraden Werkstein-Treppenlaufes mit Berücksichtigung der elastischen Formänderungen. Dissertation, TH Danzig 1926

[22] MATTHIES, K.: Eisenbetontreppen und Kunststeinstufen. Tonindustrie-Zeitung, Berlin (1913)

[23] ELWITZ, E.: Die Treppen. In: Handbuch für den Eisenbetonbau, herausgegeben von F. v. EMPERGER. Band 9: Hochbau, Teil I. Berlin: Verlag Wilhelm Ernst & Sohn 1913

[24] LANG, F.; WEBER, F.: Handbuch des Hochbaus. Wien: Globus-Verlag 1952

[25] Der praktische Baugewerksmeister. Berlin: Reinhold Schwarz Verlag, o. J.

[26] LINKE, G.: Vorträge über Baukonstruktionslehre. Berlin 1848

[27] ORTNER, R.: Baukonstruktion und Ausbau. 1. Halbband. Gotha: Engelhard Reyher Verlag 1951

[28] THIELE, R.: Steinmetzarbeiten in der Architektur. Leipzig: Fachbuchverlag 1957

[29] MERINSKY, J. K.: Hochbau – Raumbaukonstruktionslehre. Wien: Verlag Franz Deuticke 1948

[30] Deutscher Baukalender. Herausgeber Deutsche Bauzeitung. Berlin (1924)

[31] SCHWATLO, C.: Kosten – Berechnungen für Hochbauten. Leipzig: J. J. Arnd Verlagsbuchhandlung 1898

[32] Bauordnung der Stadt Frankfurt/Main vom 23. März 1931

[33] Bauordnung für Anhalt vom 18. Oktober 1916, Stand vom 1. März 1935. Zerbst: Verlag Friedrich Gast 1935

[34] Bauordnung für die Stadt Hamburg vom 19. Juli 1918. Hamburg: Verlag von Boysen und Maasch 1918

[35] Bauordnung für die Stadt Barmen vom 16. Mai 1911 mit Nachtrag vom 24. Januar 1914

[36] Bestimmungen über die Bauart der von der Staats-Bauverwaltung auszuführenden Gebäude vom 1. November 1892. In: Centralblatt der Bauverwaltung (1892), S. 549

[37] Bauordnung für Wien 1929, zitiert nach [24]

[38] Bauordnung für die Stadt Dresden vom 17. März 1906

[39] Bayrische Bauordnung vom 17. Februar 1901 in der Fassung vom 11. 2. 1943. München: Biederstein Verlag 1949

[40] Württembergische Bauordnung vom 28. Juli 1910, Stand vom Juli 1952. Stuttgart: Verlag W. Kohlhammer 1952

[41] Bauordnung für die Stadt Potsdam vom 16. Juni 1923. Berlin und Potsdam: Verlag A. W. Hayns Erben 1923

[42] Runderlaß, betreffend Förderung von Kleinhaussiedlungen und Kleinhausbauten vom 26. März 1917. In: Zentralblatt der Bauverwaltung (1917), S. 201

[43] Runderlaß, betreffend Bestimmungen für die Feuersicherheit von Warenhäusern, Geschäftshäusern usw. vom 6. Mai 1901. In: Zentralblatt der Bauverwaltung (1901), S. 253

[44] Thüringisches Baurecht. Jena: G. Neuenhahn Verlag 1931

[45] Frankfurter Bauordnung vom 27. März 1896. In: Centralblatt der Bauverwaltung (1896), S. 203

[46] Ministerium für Bauwesen der DDR: Deutsche Bauordnung vom 2. Oktober 1958. Teil III: Allgemeine bautechnische Bestimmungen. Berlin

[47] Bestimmungen über die bei Hochbauten anzunehmenden Belastungen und die Beanspruchung der Baustoffe. In: Zentralblatt der Bauverwaltung (1910), S. 101

[48] DIN 1134: Treppenstufen für Kleinhäuser, Ausgabe 1923

[49] DIN 18064 (E): Treppen – Begriffe, Ausgabe Dezember 1952, zitiert nach [50]

[50] Bautechnische Berechnungstafeln für den Hochbau. Teil 2: Fachgebiete. Herausgegeben von H. PÖRSCHMANN. Leipzig: B. G. Teubner Verlagsgesellschaft 1959

[51] GUTSCHOW, K.; ZIPPEL, H.: Umbau – 86 Beispiele zur Fassadenveränderung, Ladeneinbau, Wohnhausumbau, Wohnhausteilung ... Stuttgart: Verlag von J. Hoffmann 1934

[52] SCHMIDT, O.; SCHMITT, E.: Treppen und Rampen. In: Handbuch der Architektur. Band 3, Heft 2. Darmstadt: Verlag A. Bergsträsser 1892

[53] MIELKE, F.: Die Geschichte der deutschen Treppe. Berlin: Verlag Wilhelm Ernst & Sohn 1966

[54] Deutsche Normalprofile für Walzeisen. In: Deutsche Bauzeitung (1880), S. 1, S. 11, S. 23

[55] entfällt

[56] ELWITZ, E.: Die Treppen. In: Handbuch für den Eisenbetonbau. Herausgegeben von F. v. EMPERGER, Band 9: Hochbau, Teil I. Berlin: Verlag Wilhelm Ernst & Sohn 1913

[57] THURNHERR, G.: Die Treppen. In: Handbuch für den Eisenbetonbau. Herausgegeben von F. v. EMPERGER, Band 4: Bauausführungen aus dem Hochbau und Baugesetze. Berlin: Verlag Wilhelm Ernst & Sohn 1909

[58] FRICK, O.; KNÖLL, K.: Baukonstruktionslehre. Teil 1. Leipzig: Verlag B. G. Teubner 1936

[59] FRICK, O.; KNÖLL, K.: Baukonstruktionslehre. Teil 2. Leipzig: Verlag B. G. Teubner 1930

[60] Bautechnische Berechnungstafeln für Architekten. Teil 1: Grundlagen. Herausgegeben von H. PÖRSCHMANN. Leipzig: Verlag B. G. Teubner 1959

[61] FRICK, O.; KNÖLL, K.: Baukonstruktionslehre. Teil 1: Steinbau. Mit einem Anhang von H. RETTIG und L. WIEL. Leipzig: Verlag B. G. Teubner 1954

[62] HEINICKE, G.; HEMPEL, H.; TRAUZETTEL, H.: Entwicklung einer Massivtreppe aus Stahlbetonfertigteilen. Berlin: VEB Verlag Technik 1954

[63] SCHAROWSKY, C.: Musterbuch für Eisenkonstruktionen. Herausgegeben im Auftrage des Vereins Deutscher Eisen- und Stahlindustrieller. Leipzig und Berlin: Verlag O. Spamer 1888

[64] SCHAROWSKY, C.; KOHNKE, R.: Musterbuch für Eisenkonstruktionen. Herausgegeben im Auftrag des Vereins Deutscher Eisen- und Stahlindustrieller. 4. Auflage. Leipzig: Verlag O. Spamer 1908

[65] FOERSTER: Die Eisenkonstruktionen der Ingenieurhochbauten. Leipzig: Verlag W. Engelmann 1902

[66] FOERSTER, M.: Die Eisenkonstruktionen der Ingenieurhochbauten. Leipzig: Verlag W. Engelmann 1924
[67] BERLITZ, K.: Belastungen und Beanspruchungen im Hochbau. Berlin: Verlag Wilhelm Ernst & Sohn 1941
[68] Bautechnische Berechnungstafeln für Architekten. Teil 1: Grundlagen. Herausgegeben von H. PÖRSCHMANN. Leipzig: Verlag B. G. Teubner 1954
[69] KRESS, F.: Der Treppen- und Geländerbauer. Ravensburg: Otto Maier Verlag 1952
[70] REITMAYER, U.: Holztreppen in handwerklicher Konstruktion. Stuttgart: Verlag Julius Hoffmann 1953
[71] BREYMANN, G. A.: Allgemeine Baukonstruktionslehre. Teil II: Konstruktionen in Holz. Bearbeitet von H. LANG. Leipzig: J. M. Gebhardts Verlag 1890
[72] EBINGHAUS, H.: Der Hochbau. Gießen: Fachbuchverlag Pfanneberg 1951
[73] FRICK, O; KNÖLL, K.: Baukonstruktionslehre. Teil II: Holzbau. Leipzig: Verlag B. G. Teubner 1952
[74] MITTAG, M.: Baukonstruktionslehre. Gütersloh: C. Bertelsmann Verlag 1956
[75] MACHALS, P.: Der Holztreppenbau. In: Bauzeitung (1952), S. 212
[76] DÜMMLER; OEHME: Baufibel für das Zimmererhandwerk. Heft 5: Treppen. Berlin: Verlag Wilhelm Ernst & Sohn 1949
[77] HENKEL, O.: Grundzüge des Stahlbaus. Leipzig: Verlag B. G. Teubner 1933
[78] KERSTEN, C. neubearbeitet durch H. KUHNERT: Der Stahlbetonbau. Teil III: Entwurfsbeispiele im Hoch- und Industriebau. Berlin: Verlag Wilhelm Ernst & Sohn 1957
[79] PROBST, E.: Handbuch der Zementwaren und Kunststeinindustrie. Halle: Carl Marhold Verlagsbuchhandlung 1922
[80] PROBST, E.: Handbuch der Betonsteinindustrie. Halle: Carl Marhold Verlagsbuchhandlung 1951
[81] BURCHARDT, H.: Betonfertigteile im Wohnungsbau. Berlin: Zementverlag 1941
[82] SKALL, O.: Treppen. In: Betonkalender 1930. Berlin: Verlag Wilhelm Ernst & Sohn 1930
[83] BEYER, H.: Statik und Konstruktion des Hochhauses an der Weberwiese. In: Bauplanung-Bautechnik (1952), S. 221
[84] KIEHNE, S.; BONATZ, P.: Bauten aus Beton- und Stahlbetonfertigteilen. Berlin: Julius Springer Verlag 1951
[85] KERSTEN, C.: Der Stahlbetonbau. Teil II: Anwendungen im Hoch-, Ingenieur- und Industriebau. Berlin: Verlag Wilhelm Ernst & Sohn 1954
[86] KLEINLOGEL, A.: Der Stahlbeton in Beispielen. Heft 1: Einfeldplatten. Berlin: Verlag Wilhelm Ernst & Sohn 1949
[87] KLEINLOGEL, A.: Der Stahlbeton in Beispielen. Heft 2: Durchlaufende Platten. Berlin: Verlag Wilhelm Ernst & Sohn 1951
[88] KLEINLOGEL, A.: Fertigkonstruktionen im Beton- und Stahlbetonbau. Berlin: Verlag Wilhelm Ernst & Sohn 1949
[89] NEUFERT, E.: Bauordnungslehre. Berlin: Verlag Volk und Reich 1943
[90] WIEL, L.: Baukonstruktionen unter Anwendung der Maßordnung im Hochbau. Leipzig: Verlag B. G. Teubner 1955
[91] MATTKE, P.: Montagetreppe aus Stahlbetonfertigteilen. In: Bauzeitung (1953), S. 334, S. 429
[92] Bestimmungen des Deutschen Ausschusses für Eisenbeton vom September 1925: B. Bestimmungen für Ausführung ebener Steindecken, zitiert nach [93]
[93] Deutscher Betonverein: Eisenbetonbau – Entwurf und Berechnung. Stuttgart: Verlag von Konrad Wittwer 1926
[94] SCHLÜTER, G.: Treppen aus Stahlbeton. In: Bauzeitung (1952), S. 747
[95] RITGEN, O. v.: Über die Feuersicherheit der Bauten. In: Centralblatt der Bauverwaltung (1901), S. 83
[96] Polizei-Verordnung über die bauliche Anlage und die innere Einrichtung von Theatern, Circusgebäuden und öffentlichen Versammlungsräumen. In: Centralblatt der Bauverwaltung (1889), S. 457
[97] Über Feuerschutz- und Feuerlöscheinrichtungen in Staatsgebäuden. In: Zentralblatt der Bauverwaltung (1910), S. 110
[98] Runderlaß, betreffend die Bauart der von der Staatsbauverwaltung auszuführenden Gebäude mit Rücksicht auf Feuersicherheit und Verkehrssicherheit. In: Zentralblatt der Bauverwaltung (1910), S. 545
[99] Runderlaß, betreffend Förderung von Kleinhaussiedlungen und Kleinhausbauten vom 26. März 1917. In: Zentralblatt der Bauverwaltung (1917), S. 201
[100] DIN 4102, Ausgabe 1940: Widerstandsfähigkeit von Baustoffen und Bauteilen gegen Feuer und Wärme
[101] Runderlaß, betreffend Bestimmung für die Feuersicherheit von Warenhäusern, Geschäftshäusern usw. vom 6. Mai 1901. In: Centralblatt der Bauverwaltung (1901), S. 253
[102] DIESENER, H: Die Festigkeitslehre und die Statik im Hochbau. Halle: Verlag L. Hofstetter 1898

3. Balkone und Erker

[1] THIELE, R.: Steinmetzarbeiten in der Architektur. Leipzig: Fachbuchverlag 1957
[2] Neues Realgymnasium in Köln-Nippes. In: Zentralblatt der Bauverwaltung (1909), S. 118
[3] OPDERBECKE, A.; WITTENBECHER, H.: Der Steinmetz. Leipzig: Verlag von B. F. Voigt 1912
[4] ESSELBORN, K.: Lehrbuch des Hochbaus, Bd. 1. Leipzig: Verlag W. Engelmann 1922
[5] Bayrische Bauordnung vom 17. Februar 1901 in der Fassung vom 12. 2. 1943. München: Biederstein Verlag 1949
[6] Bauordnung für die Stadt Berlin vom 9. November 1929. Berlin: Verlag W. Ernst & Sohn 1936
[7] DAUB, H.: Hochbaukunde, Bd. 2. Leipzig und Wien: Verlag F. Deuticke 1920
[8] Baukunde des Architekten, 1. Band, 1. Theil: Der Aufbau der Gebäude. Berlin: Verlag Deutsche Bauzeitung 1903
[9] MERINSKY, J. K.: Hochbau – Raumbaukonstruktionslehre. Wien: Verlag F. Deuticke 1948
[10] SCHINDLER, R.: Handbuch des Hochbaus. Wien: Verlag J. Springer 1932
[11] HOSSFELD, O.: Kirchenausstattungen. In: Zentralblatt der Bauverwaltung (1903), S. 581 und (1906), S. 644
[12] BECKER: Ausführung von Flurumgängen in Strafgefängnissen. In: Centralblatt der Bauverwaltung (1885), S. 372
[13] Details vom inneren Ausbau des Kaufhauses Gürzenich in Cöln. In: Atlas zur Zeitschrift für Bauwesen (1863), Blatt 62
[14] SEIPP: Über Befestigung von Freiträgern. In: Centralblatt der Bauverwaltung (1889), S. 159
[15] HART, F.: Baukonstruktion für Architekten, Bd. I. Stuttgart: J. Hoffmann Verlag 1951

7. Quellenverzeichnis

[16] DIEZ; SOMMER: Thüringisches Baurecht. Jena: G. Neuenhahn Universitäts-Buchdruckerei 1931
[17] ORTNER, R.: Baukonstruktion und Ausbau, zweiter Halbband. Gotha: Engelhard-Reyher-Verlag 1951
[18] Deutsche Bauordnung. Teil II: Städtebauliche Einordnung von Einzelbauwerken. Deutsche Bauenzyklopädie 1958
[19] Baupolizeiordnung für Berlin vom 15. August 1897. In: Centralblatt der Bauverwaltung (1897), S. 369
[20] Polizei-Verordnung vom 2. August 1864, Altane, Balcone und Erker betreffend, Berlin. In: Zeitschrift für Bauwesen (1865), S. 295
[21] Bauordnung für die Stadt Dresden, in Kraft getreten: 17. März 1906
[22] DIN 1055 (Ausgabe 1934): Lastannahmen für Bauten, Blatt 3 Verkehrslasten, zitiert nach [23]
[23] BERLITZ, K.: Belastungen und Beanspruchungen im Hochbau. Berlin: Verlag W. Ernst & Sohn 1943
[24] ISSEL, H.: Die Wohnungsbaukunde (Bürgerliche Baukunde). Leipzig: Verlag F. Voigt 1910
[25] EWERBECK, F.; SCHMITT, E.: Einfriedungen, Brüstungen, Geländer, Balcons, Altane und Erker. In: Handbuch der Architektur, Bd. 2, Heft 2, Darmstadt: Verlag A. Bergstrasser 1891
[26] CLOUTH, P.: Kommentar zur Bauordnung von Berlin. Berlin: Bauwelt-Verlag 1931
[27] PETRY, W.: Belastungsannahmen. In: [28] S. 118
[28] Deutscher Betonverein: Entwurf und Berechnung von Eisenbetonbauten. Stuttgart: Verlag K. Wittwer 1926
[29] LIEBOLD, B.: Die Construction der Balkone. In: F. L. Haarmanns Zeitschrift für Bauhandwerker (1869)
[30] HEMPEL, H.: Vermeidet Mängel im Wohnungsbau. Berlin: Verlag F. Eisemann 1935
[31] MITTAG, M.: Baukonstruktionslehre. Gütersloh: Bertelsmann Verlag 1956
[32] LUFSKY, K.: Bituminöse Bauwerksabdichtung. Leipzig: B. G. Teubner Verlagsgesellschaft 1952
[33] FLÜGGE, R.: Die Feuchtigkeit im Hochbau. Halle: C. Marhold Verlagsbuchhandlung 1931
[34] DAMM: Balkonschäden. In: Bauwelt 1940, H. 49, S. 786
[35] LANGE, W.: Richtige Abdichtung von Balkonen. In: Bauwelt 1941, H. 15, S. 243
[36] SCHAROWSKY, C.: Musterbuch für Eisen-Constructionen. Leipzig und Berlin: Verlag O. Spamer 1888
[37] SCHAROWSKY, C.; KOHNKE, R.: Musterbuch für Eisenkonstruktionen. Leipzig: Verlag O. Spamer 1908
[38] Deutsche Normalprofile für Walzeisen. In: Deutsche Bauzeitung (1880), S. 1, S. 11 und S. 23
[39] Marktbericht des Berliner Baumarktes. In: Baugewerkszeitung (1883), S. 576
[40] entfällt
[41] KOENEN, M.: Theorie gekrümmter Erker- und Balkonträger. In: Deutsche Bauzeitung (1885), S. 607
[42] Deutscher Baukalender der Deutschen Bauzeitung, Jahrgang 1924
[43] MÜLLER: Einiges über Erker- und Balkonanlagen. In: Baugewerkszeitung (1883)
[44] FOERSTER, M.: Die Eisenkonstruktionen der Ingenieurhochbauten. Leipzig: Verlag W. Engelmann 1924
[45] FOERSTER, M.: Die Eisenkonstruktionen der Ingenieurhochbauten. Leipzig: Verlag W. Engelmann 1909
[46] GREGOR, A.: Der praktische Stahlbau – Trägerbau. Berlin: VEB Verlag Technik 1960
[47] BREYMANN, G. A.: Allgemeine Baukonstruktionslehre. Teil III – Konstruktionen in Eisen. Bearbeitet von O. KÖNIGER. Leipzig: J. M. Gebhardts Verlag 1890
[48] LANDSBERG, Th.: Die Statik der Hochbau-Constructionen. In: Handbuch der Architektur, I. Theil, Bd. 1, 2. Hälfte. Darmstadt: Verlag A. Bergsträsser 1889
[49] JOHN, R.: Hochbaukonstruktionen – Rechnungsbeispiele aus der Praxis. Wien: J. Springer Verlag 1952
[50] DIESENER, H.: Die Festigkeitslehre und Statik im Hochbau. Halle: Verlag L. Hofstetter 1898
[51] LÖSER, B.: Hilfsbuch für die statischen Berechnungen des Hochbaus. Leipzig: Gilbertsche Verlagsbuchhandlung 1910
[52] Preußischer Minister für Volkswohlfahrt: Erlaß vom 24. Dez. 1919, betreffend Bestimmungen über die bei Hochbauten anzunehmenden Belastungen und über die zulässige Beanspruchung der Baustoffe, zitiert nach [53]
[53] Verein Deutscher Eisenhüttenleute: Eisen im Hochbau. Berlin: Springer Verlag 1928
[54] FALIAN, C. im Auftrage der Vereinigten Dachpappen Fabriken: VEDAG Buch 1933
[55] FALIAN, C. im Auftrage der Vereinigten Dachpappen Fabriken: VEDAG Buch 1932
[56] Architektonische Details/Skizzenblätter. In: Deutsche Bauhütte 1906
[57] HARBERS, G.: Das Holzhausbuch. München: G. Callwey-Verlag 1938
[58] HENKEL, O.: Grundzüge des Stahlbaus. Leipzig: Verlag B. G. Teubner 1933
[59] BUCHENAU, H.: Stahlbau, Teil 2. Leipzig: B. G. Teubner Verlagsgesellschaft 1953
[60] RÜTH, G.: Konstruktionsgrundsätze, in [28]
[61] ZÄHRINGER, E.: Konstruktive Durchbildung der Stahlbetonbauteile. In: Betonkalender 1953/1955/1959. Berlin: Verlag W. Ernst & Sohn
[62] KERSTEN, G.: Der Stahlbetonbau. Teil III – Entwurfsbeispiele, bearbeitet von H. KUHNERT. Berlin: Verlag W. Ernst & Sohn 1957
[63] Forschungsgemeinschaft Bauen und Wohnen, H. 35: Balkone im Wohnungsbau. Stuttgart 1955
[64] HEIM, R.: Kragbauten. In: Handbuch für den Eisenbetonbau, herausgegeben von F. v. EMPERGER. Teil 1, Bd. 4: Bauausführungen aus dem Hochbau und Baugesetze. Berlin: Verlag W. Ernst & Sohn 1909
[65] HEIM, R.: Kragbauten. In: Handbuch für den Eisenbetonbau, herausgegeben von F. v. EMPERGER. Bd. 9: Hochbau Teil 1. Berlin: Verlag W. Ernst & Sohn 1913

4. Gemauerte Bogen

[1] ESSELBORN, K.: Lehrbuch des Hochbaues. Leipzig: Verlag Wilhelm Engelmann 1922
[2] LANG, F.; WEBER, F.: Handbuch des Hochbaues. Wien: Globus-Verlag 1952
[3] OPDERBECKE, A.: Der Maurer. Leipzig: Verlag von B. F. Voigt 1906
[4] LINKE, G.: Vorträge über Baukonstruktionslehre. Berlin 1848
[5] DIN 1053 (Ausgabe 12/1952): Mauerwerk, Berechnung und Ausführung
[6] FRICK; KNÖLL: Baukonstruktionslehre. Teil 1 Steinbau. Leipzig: B. G. Teubner Verlagsgesellschaft 1954
[7] STIER, W.: Architrav und Bogen. In: Allgemeine Bauzeitung von C. F. L. Förster, Wien (1843), S. 309
[8] BREYMANN, G. A.: Allgemeine-Bau-Constructions-Lehre. I. Theil Constructionen in Stein. Leipzig: J. M. Gebhardts Verlag 1881
[9] Baukunde des Architekten, 1. Band, 1. Theil: Der Aufbau der Gebäude. Berlin: Verlag Deutsche Bauzeitung 1903

[10] ENGESSER, F.: Über die Lage der Stützlinie in Gewölben. In: Deutsche Bauzeitung (1880), S. 184
[11] MERINSKY, J. K.: Hochbau – Raumkonstruktionslehre. Wien: Verlag Franz Deuticke 1948
[12] WERNER, E.: Bauen in Holz und Stein. Berlin: VEB Verlag Technik 1953
[13] HART, F.: Baukonstruktion. Stuttgart: Julius Hoffmann Verlag 1951
[14] SIEDLER, E. J.: Die Lehre vom neuen Bauen. Berlin: Bauwelt-Verlag 1932
[15] BRÄULER: Ziegelsteingewölbe aus verzahnten Ringen. In: Centralblatt der Bauverwaltung (1890), S. 263
[16] MEYDENBAUER, A.: Die Einzeichnung der Stützlinie im Gewölbebau – Projecte. In: Zeitschrift für Bauwesen (1878), S. 394
[17] HOUSELLE: Über die Ausführung von Gewölben. In: Deutsche Bauzeitung (1878), S. 510
[18] RAVE, W.: Über die Statik mittelalterlicher Gewölbe. In: Deutsche Kunst und Denkmalpflege (1939) 40, Heft 7/8
[19] ELWITZ, E.: Zur Berechnung schwach gekrümmter elastischer Bögen. In: Zentralblatt der Bauverwaltung (1905), S. 410
[20] SCHUSTER: Standfestigkeitsuntersuchungen gewölbter Bauwerke. In: Centralblatt der Bauverwaltung (1900), S. 108
[21] KOENEN, M.: Das Verhältnis der Stärken zwischen gemauerten und Monier-Gewölben. In: Centralblatt der Bauverwaltung (1895), S. 9
[22] DIESENER, H.: Die Festigkeitslehre und die Statik im Hochbau. Halle: Verlag von Ludwig Hofstetter 1898
[23] HÜTTE: Des Ingenieurs Taschenbuch. Berlin: Verlag von W. Ernst u. Sohn 1899
[24] HÜTTE: Des Ingenieurs Taschenbuch. Berlin: Verlag von W. Ernst und Sohn 1951
[25] WINKLER, E.: Lage der Stützlinie im Gewölbe. In: Deutsche Bauzeitung (1879), S. 117; (1880), S. 58
[26] SCHWEDLER, J. W.: Die Stabilität des tonnenförmigen Kappengewölbes. In: Deutsche Bauzeitung (1868), S. 153
[27] ORTNER, R.: Baukonstruktion und Ausbau. Gotha: Engelhard-Reyher-Verlag 1951
[28] Das neue chemische Laboratorium zu Berlin. In: Atlas zur Zeitschrift für Bauwesen, (Berlin) 1867, Blatt 7
[29] KOENEN, M.: Über Form und Stärke umgekehrter Fundamentbögen. In: Centralblatt der Bauverwaltung (1885), S. 11
[30] ZIMMERMANN, H.: Stein und Eisen. In: Zentralblatt der Bauverwaltung (1917), S. 364
[31] STADE, F.: Die Steinkonstruktionen. Leipzig: Verlag von Moritz Schäfer 1907
[32] STAUFENBIEL, G.: Bautabellen. Braunschweig: Georg Westermann Verlag 1959
[33] SCHWEDLER, J. W.: Theorie der Stützlinie. In: Zeitschrift für Bauwesen (1859), S. 110
[34] PIEPER, K.: Sicherung historischer Bauten. Berlin, München: Verlag von W. Ernst und Sohn 1983
[35] BÜNING, W.: Die neue Bauanatomie. Berlin: Gebr. Mann Verlag 1948
[36] WIEJA, K.; HEDRICH, B.: Wiedereinbau der Gewölbe in der Berliner Nikolaikirche. In: Bauzeitung (1987), S. 121
[37] Bestimmungen über die Aufstellung von statischen Berechnungen zu Hochbau-Konstruktionen, sowie über die hierbei anzunehmenden Belastungen bzw. Beanspruchungen. (Ministerielle Bestimmungen in Preußen vom 16. Mai 1890). In: SCHWATLO, C.: Kosten-Berechnungen für Hochbauten. Leipzig: J. J. Arnd Verlagsbuchhandlung 1898
[38] Taschenbuch für Bauingenieure. Berlin: Verlag von Julius Springer 1921
[39] HARTWIG, H.; RÖVER, W.: Baukonstruktionen. 1. Band: Stein. Düsseldorf: Werner Verlag 1950
[40] EBINGHAUS, H.: Die Baustellen-Praxis. Gießen: Fachbuchverlag Dr. Pfannenberg u. Co 1958
[41] SCHUSTER: Standfestigkeitsuntersuchung gewölbter Bauwerke. In: Centralblatt der Bauverwaltung (1900), S. 108
[42] KOENEN, M.: Das Verhältnis der Stärken zwischen gemauerten und Monier-Gewölben. In: Centralblatt der Bauverwaltung (1895), S. 9
[43] Haustüre des neuen Gebärhauses in München. In: Atlas zur Zeitschrift für Bauwesen, Berlin (1858), Blatt 7
[44] SALIGER, R.: Praktische Statik. Wien: Verlag Franz Deuticke 1944

5. Fußböden

[1] ESSELBORN: Lehrbuch des Hochbaus. Leipzig: Verlag W. Engelmann 1922
[2] KOCH, H.: Ausbildung der Fußboden-, Wand- und Deckenflächen. In: Handbuch der Architektur, 3. Teil, 3. Band, Heft 3. Stuttgart: Verlag A. Bergstrasser 1903
[3] Institut für Bauforschung Hannover: Der Fußboden. Wiesbaden: Bauverlag um 1953
[4] BOHNAGEN, A.: Der Terrazzo und das Terrazzomosaik. Stuttgart: Verlag K. Wittwer 1929
[5] PLOCK, H.: Der Linoleumfachmann. Stuttgart: Verlagsanstalt A. Koch 1937
[6] Verband der deutschen Parkettindustrie: Parkett und seine Verlegung. Stuttgart: Konradin-Verlag 1956
[7] Württembergische Staatliche Beratungsstelle für das Baugewerbe: Baukunde für die Praxis, Band 2: Ausbauarbeiten. Stuttgart: Württembergisches Landesgewerbeamt 1935
[8] FICHTNER, K.: Die Geschichte des Fußbodenbelages in Deutschland und in seinen Grenzgebieten. Dissertation an der TH Dresden 1929
[9] GROSKOPF, M.: Parkettboden – seine Herstellung, Behandlung und Eigenschaften. Herausgegeben im Auftrage des Vereins für das Parkettgewerbe. Langendreer: Buchdruckerei H. Pöppinghaus 1929
[10] Deutsche Heraklith-Aktiengesellschaft: Heraklith – Technische Anleitungen. München: ohne Verlag 1939
[11] Fachvereinigung Betonwaren für das Land Hessen: Betonwerkstein. Wiesbaden: ohne Verlag 1955
[12] EICHLER, F.: Schallschutz im Bauwesen. Berlin: VEB Verlag Technik 1959
[13] EBINGHAUS, H.: Fußböden und Wandverkleidungen. Gießen: Fachbuchverlag Pfanneberg 1954
[14] FLÜGGE, R.: Die Feuchtigkeit im Hochbau. Halle: C. Marhold Verlagsbuchhandlung 1931
[15] EICHLER, F.: Estriche und Bodenbeläge im Hochbau. Berlin: VEB Verlag Technik 1955
[16] ORTNER, R.: Baukonstruktion und Ausbau. Gotha: Engelhard-Reyher Verlag 1952
[17] GLASS, O.; KLINKE, G.; JOBST, S.: Baujahrbuch – Jahrbuch für Wohnungs-, Siedlungs- und Bauwesen. Jahrgang 1926/27. Berlin: Verlag O. Stollberg 1927
[18] HEIMBERGER, W.: Steinholz. Wiesbaden: Bauverlag 1955
[19] Deutsche Bauzeitung (1912), S. 176, Beilage
[20] Das Große Baustofflexikon. Herausgegeben von R. STEGEMANN. Berlin: Deutsche Verlagsanstalt 1941

7. Quellenverzeichnis

[21] Terrast – armierter Estrich. In: Deutsche Bauzeitung vom 18.4.1900, S. 193
[22] Zulassung der Neugersdorfer Decke. In: Bauzeitung (1952), Heft 3, S. 79
[23] EICHLER, F.: Noch einmal Neugersdorfer Decke. In: Bauzeitung (1952), Heft 4, S. 117
[24] SCHAROWSKY, C.: Musterbuch für Eisen-Constructionen. Leipzig und Berlin: Verlag O. Spamer 1888
[25] BREYMANN, G. A.: Allgemeine Baukonstruktionslehre, III. Teil: Konstruktionen in Eisen. Bearbeitet von O. KÖNIGER. Leipzig: Gebhardts Verlag 1890
[26] FOERSTER, M.: Taschenbuch für Bauingenieure. Berlin: Verlag J. Springer 1914
[27] FRICK, O.; KNÖLL, K.: Baukonstruktionslehre, Teil II. Leipzig und Berlin: Verlag B. G. Teubner 1930
[28] FLÜGGE, R.: Das warme Wohnhaus. Halle: Verlag C. Marhold 1953
[29] Deutsche Bauzeitung (1893), S. 20
[30] HETZER: Deutscher Fußboden. In: Deutsche Bauzeitung vom 29. Aug. 1894, S. 421
[31] Richtlinie zur Einsparung von Bauholz. In: Deutsche Bauzeitung (1937)
[32] THIENHAUS, R.: Die Schalldämmung von Decken. In: Deutsche Bauzeitung (1937), S. 775
[33] Einheitsbauordnung, § 13, § 15: Schallschutz von Decken und Wänden. In: Baugilde (1939), Heft 18, S. 612
[34] THIENHAUS, R.: Lärmabwehr im Bauwesen – Decken. In: Baugilde (1937), S. 941
[35] THIENHAUS, R.: Schallschutzforderungen und ihre praktische Anwendung bei Holzbalkendecken. In: Baugilde (1938), S. 411
[36] THIENHAUS, R.: Vergleichende Betrachtung der Prüfergebnisse über den Schallschutz von Decken und Wänden. In: Baugilde (1939), S. 858
[37] Gips als Austauschstoff für Holz. In: Baugilde (1939), Heft 17, S. 581
[38] REIHER, H.: Über den Schallschutz durch Baukonstruktionsteile. Beiheft zum Gesundheitsingenieur, Reihe 2, Heft 11. München und Berlin: Verlag von R. Oldenbourg 1932
[39] Deutsche Bauzeitung (1875), S. 88 und S. 149
[40] Bautechnische Berechnungstafeln für Architekten. Herausgegeben von H. PÖRSCHMANN. Leipzig: Verlag B. G. Teubner 1959
[41] Bautechnische Berechnungstafeln für den Hochbau. Teil 2 – Fachgebiete. Herausgegeben von H. PÖRSCHMANN. Leipzig: Verlag B. G. Teubner 1959
[42] WIEL, L.: Baukonstruktionen unter Anwendung der Maßordnung im Hochbau. Leipzig: B. G. Teubner Verlagsgesellschaft 1955
[43] ROTHE, H.: Schwimmende Estriche – aber wie? In: Bauzeitung (1955), Heft 2, S. 34
[44] EICHLER, F.: Schwimmende Estriche im Wohnungsbau. In: Bauzeitung (1955), Heft 17, S. 336
[45] SAUTTER, L.: Wärme- und Feuchtigkeitsschutz im Hochbau. Berlin: Verlagsgesellschaft M. Lipfert 1948
[46] GELMROTH, W.: Leunit, Leuna-Estrichmasse spezial, Leunafußboden. In: Bauzeitung (1954), Heft 4, S. 103 und Heft 5, S. 143
[47] Illustriertes Baulexikon. Berlin und Leipzig: Verlag O. Mothes 1882
[48] Fugendichte Fußböden. In: Deutsche Bauzeitung (1900), S. 99
[49] Ungespundete Fußböden. In: Centralblatt der Bauverwaltung (1892), S. 476
[50] TECHOW, R.: Fußboden aus Rotbuchenholz. In: Centralblatt der Bauverwaltung (1892), S. 476

6. Dachdeckung

[1] Baukunde des Architekten, 1. Band, 1. Theil: Der Aufbau der Gebäude. Berlin: Verlag Deutsche Bauzeitung 1903
[2] BREYMANN, G. A.: Allgemeine Bau-Constructions-Lehre. I. Theil Constructionen in Stein. Leipzig: J. M. Gebhardts Verlag 1881
[3] Baukunde für die Praxis, Band I. Die Rohbauarbeiten. Stuttgart: Julius Hoffmann Verlag 1950
[4] MERINSKY, J. K.: Hochbau – Raumkonstruktionslehre. Wien: Verlag Franz Deuticke 1948
[5] SALZENBERG, W.: Bemerkungen über die Dornschen Dächer und die Rungenschen Theerkalkverbindungen. In: Notiz-Blatt des Architekten-Vereins zu Berlin, II. Bd., Jahrgang 1839 bis 1843, S. 15
[6] KLUTMANN: Massive Unterlagen für Holzcementbedachung. In: Centralblatt der Bauverwaltung (1882), S. 448
[7] HAAS, B.: Zur Eindeckung flacher Dächer. In: Deutsche Bauhütte (1909), S. 30
[8] Verbesserte Kiesschutzleiste für Holzcementdächer. In: Centralblatt der Bauverwaltung (1896), S. 548
[9] SCHWERIN, G.: Güterschuppen mit Holzcementdächern. In: Centralblatt der Bauverwaltung (1886), S. 487
[10] Die Häuslersche Holz-Zement-Bedachung. In: Deutsche Bauzeitung (1869), S. 309
[11] MANGER, J.: Anwendung des Holz-Zements zur Bedachung. In: Deutsche Bauzeitung (1869), S. 421
[12] OPDERBECKE, A.: Der Dachdecker und Bauklempner. Leipzig: Verlag von B. F. Voigt 1907
[13] Über Holzschindeln. In: Deutsche Bauzeitung (1876) S. 335
[14] Schwedische Schindeln. In: Deutsche Bauzeitung (1876), S. 351
[15] EICHHORN, A.: Schindelgiebel, Schindel- und Strohdach im östlichen Erzgebirge. In: Landesverein Sächsischer Heimatschutz, Bd. XIII, Heft 3/4, Dresden (1924), S. 129
[16] Schindeldach, feuersichere Imprägnierung. In: Deutsche Bauzeitung (1912), Beilage 27, S. 108
[17] Runderlaß, betreffend die Bestimmungen über die bei Hochbauten anzunehmenden Belastungen und die Beanspruchungen der Baustoffe sowie die Berechnungsgrundlagen für die statische Untersuchung von Hochbauten. Berlin, den 31. Januar 1910. In: Zentralblatt der Bauverwaltung (1910), S. 101
[18] VOLLRATH, W.: Tabellen für das Bauwesen, Abschn. Bedachung. Berlin: Volk und Wissen Volkseigener Verlag, 1955
[19] PIEPER, K.: Sicherung historischer Bauten. Berlin/München: Verlag von W. Ernst und Sohn 1983
[20] Der rote Anstrich von Schindeldächern. In: Zentralblatt der Bauverwaltung (1908), S. 412
[21] MÜNCHGESANG: Öffentliches Baurecht und Baupolizei. In: Centralblatt der Bauverwaltung (1899), S. 494
[22] WERNER, E.: Bauen in Holz und Stein. Berlin: VEB Verlag Technik 1953
[23] SCHWATLO, C.: Kosten-Berechnungen für Hochbauten. Leipzig: J. J. Arnd Verlagsbuchhandlung 1898
[24] HARBERS, G.: Das Holzhausbuch. München: Verlag Georg D. W. Callwey 1938
[25] KOSSMANN, B.: Die Bauernhäuser im badischen Schwarzwald. In: Zeitschrift für Bauwesen (1894), S. 177
[26] Herstellung von Schindelpanzer im Allgäu. In: Deutsche Bauzeitung (1898), S. 204
[27] WANCKEL, O.: Über Schieferbedachung. In: Deutsche Bauzeitung (1868), S. 161

[28] SEITLER, C. G.: Ausbauarbeiten. Lehrheft für den Unterricht der Sächsischen Staatsbauschulen. Ohne Verlag und Ort 1935

[29] Die Verwendung von Dachpappe als Unterlage bei Schieferbedeckungen. In: Centralblatt der Bauverwaltung (1906), S. 241

[30] Runderlaß, betreffend die Vergebung von Dachschieferlieferungen. Berlin, den 1. Oktober 1905. In: Zentralblatt der Bauverwaltung (1905), S. 525

[31] Das Landschulheim am Solling bei Holzminden. In: Zentralblatt der Bauverwaltung (1910), S. 182

[32] Der praktische Baugewerksmeister. Herausgegeben von Emanuel Siebdraht. 4. Auflage. Berlin: Reinhold Schwarz Verlag o. J.

[33] Bergische Schiefereinkleidungs-Formen. In: Deutsche Bauhütte (1906), S. 67

[34] TROITZSCH, W.: Allgemeines Baugesetz für das Königreich Sachsen vom 1. Juli 1900/20. Mai 1904. Leipzig: Roßberg'sche Verlagsbuchhandlung 1913

[35] BÜNING, W.: Die neue Bauanatomie. Berlin: Gebr. Mann Verlag 1948

[36] HART, F.: Baukonstruktion. Stuttgart: Julius Hoffmann Verlag 1951

[37] Baukonstruktionslehre – Lehrbriefe für das Fernstudium. Herausgegeben von der TH Dresden. Berlin: VEB Verlag Technik 1960

[38] Baukunde für die Praxis. Bd. I: Die Rohbauarbeiten. Stuttgart: Julius Hoffmann Verlag 1950

[39] Baupolizeiordnung für Berlin vom 15. August 1897. In: Centralblatt der Bauverwaltung (1897), S. 369

[40] Erfahrungen über die verschiedenen Dachdeckungsarten, welche in der Provinz Preußen angewendet worden sind. In: Zeitschrift für Bauwesen (1852), S. 520

[41] Thüringisches Baurecht. Jena: G. Neuenhahn G. m. b. H. 1931

[42] Deutsche Bauordnung vom 2. Oktober 1958. Deutsche Bauenzyklopädie. Berlin: VEB Verlag Technik 1958

[43] SCHMÖLCKE, J.: Handbuch für Hochbautechniker. Holzminden, 1876. In: Der praktische Baugewerksmeister. Herausgegeben von Emanuel Siebdraht. 4. Auflage. Berlin: Reinhold Schwarz Verlag o. J.

[44] MOORMANN: Wirkung des Windes auf flache Dächer. In: Zentralblatt der Bauverwaltung (1904), S. 306

[45] NEUFERT, E.: Bauentwurfslehre. Berlin: Ullstein Fachverlag 1959

[46] GABRIELY, A. VON: Grundzüge der Baukunst. Brünn: Verlag von Buschak und Irrgang 1854

[47] DIN 1055, Lastannahmen für Bauten, Blatt 1: Lagerstoffe, Baustoffe und Bauteile, Ausgabe 3/1963

[48] HOFMANN, G. und ZIPF, E.: Das Ziegeldach. Herausgegeben vom Bundesverband der Deutschen Ziegelindustrie 1966

[49] Taschenbuch für Bauingenieure. I. Teil. Berlin: Verlag von Julius Springer 1921

[50] Bauwelt-Katalog, 7. Jahrgang. Berlin: Bauwelt-Verlag 1938

[51] ORTNER, R.: Baukonstruktion und Ausbau. Zweiter Halbband. Gotha: Engelhard-Reyher-Verlag 1951

[52] Metallspließe, D. R.-P. 221279. In: Deutsche Bauzeitung (1911), Beilage o. S.

[53] Circular-Erlaß, betreffend Feststellung eines Normalformats für glatte Dachsteine. Berlin, 4. December 1888. In: Centralblatt der Bauverwaltung (1888), S. 521

[54] LANG/WEBER: Handbuch des Hochbaus. Wien: Globus-Verlag Wien 1952

[55] Biberschwänze mit tropfenabweisenden Rippen. In: Centralblatt der Bauverwaltung (1883), S. 88

[56] Wabenziegel. In: Deutsche Bauzeitung (1902), S. 248

[57] Neue Art von Dachplatten aus Zementguß. In: Deutsche Bauzeitung (1877), S. 63

[58] Zement-Dachplatten. In: Deutsche Bauzeitung (1868), S. 510

[59] Deutsche Bauzeitung (1870), S. 96

[60] KOCH: Concret-Dachziegel. In: Centralblatt der Bauverwaltung (1890), S. 326

[61] Firstmönchnonnenverbundziegel. In: Zentralblatt der Bauverwaltung (1907), S. 480

[62] Klosterdach. In: Zentralblatt der Bauverwaltung (1915), S. 404

[63] HOSZFELD, O.: Pfannendächer. In: Zentralblatt der Bauverwaltung (1904), S. 370

[64] v. TIEDEMANN: Eine neue Art der Dachdeckung. In: Centralblatt der Bauverwaltung (1885), S. 49

[65] Klosterpfanne. In: Centralblatt der Bauverwaltung (1901), S. 248

[66] Dachplatte. In: Centralblatt der Bauverwaltung (1894), S. 544

[67] Über Falz-Ziegeldächer. In: Deutsche Bauzeitung (1876), S. 33

[68] STEFFEN, A.: Großes Handbuch für Installateure, Heizungsbauer, Klempner. Gießen: Fachbuchverlag Dr. Pfannenberg u. Co 1963

[69] GOTTLOB, F.: Turmhelme und Dachreiterkonstruktionen. In: Deutsche Bauzeitung (1913), S. 7

[70] Der Klempner- und Installateur-Lehrling bei seiner Vorbereitung zur Gesellenprüfung. Leipzig: Kommissionsverlag F. Stoll jr. 1927

8. Sachwörterverzeichnis

Altan 125
Anhydritestrich 179
Antrittsstufe 61
Asphaltestrich 180
Asphaltstab 175
Auftritt 63
Auftrittsbreite 54
Außenwange 70

Balkone 125 bis 156
Balkone aus Stahlbeton 151 bis 156
Balkone aus Holz 133 bis 137
Balkone aus Naturstein 129 bis 132
Balkone aus Stahl oder Gußeisen 137 bis 150
Bankeisen 71; 72
Basis 46
Bauordnungen 52; 54; 125; 188
Baustahl St 48, hochwertiger 23
Bemessung 12; 13; 18; 22; 30; 32; 39; 56; 64; 73; 88; 118; 137; 159
Betondachsteine 204
Bewehrung von Balkonen 151; 154; 155
Biberschwanz 199
Bimsbeton in Treppen 98
Binderplatten 43
Blechplatten als Dachdeckung 198
Blendbogen 157
Blindbogen 173; 175
Blockstufe 54; 55; 56; 72; 78; 101
Böhmische Deckung 200
Bogen, gemauerte 157 bis 170
Bogen, scheitrechte 161; 166
Bogen, steigende 158
Bügel 36; 37
Bügelabstände 30; 32; 33; 34; 35
Bündelsäulen 44; 45

Diagonalbügel 37; 39
Dielenfußboden 172; 174
Differdinger Träger 18; 25
Doppeldach 188; 189
Doppeldeckung 199; 200
Doppelpfeiler 9
Doppelstützen 12
Dornsches Dach 189; 190
Dreiecksstufe 100; 101
Durchgangshöhe 54

Eckerker 149
Eckpodest 75; 76
Einspannung im Mauerwerk 138; 139; 140; 141
Eisenbahnschienen 137; 146; 147

Ellipsenbogen 158
Empore 134
Entlastungsbogen 62; 63; 157
Erdbogen 157
Erker 125 bis 156
Erker aus Naturstein 129 bis 132
Erker aus Stahl oder Gußeisen 137 bis 150
Erker aus Stahlbeton 151 bis 156
Eselsrückenbogen 158
Estrich 178; 181
Estrich auf Trennschichten 178
Estrich, schwimmender 171; 178; 185
Euler-Gleichungen 12

Fachwerktreppen 95; 97
Falzziegel 202
Falzziegeldach 188; 189
Falzziegeldeckung 204
Fenster- und Türpfeiler 41
Feuerbeständigkeit 48; 51; 123
Firstziegel 201
Flachbogen 158; 160
Flachdach 189; 190; 191
Flachstahlbügel 155
Flachziegeldeckung 200
Fluchtweg 123
Flügelsäulen 9
Flußeisen 18; 21; 23
Flußstahl 23
Freitreppen 118 bis 124
Freiwange 69; 70; 71; 74; 78; 79; 84
Friesboden 175
Friese 173; 174
Frontstützen 9; 17; 18; 25; 37; 48
Fußböden 171 bis 187
Futterbrett 69; 70
Futterstufe 69; 70

Galerie 125; 133 bis 137
Gebrauchsformeln 14; 21; 33
Gegenbalken 156
Gegenlast am Balkonträger 139
Gegenträger 149
Geländerbefestigung 62
Gewölbeschub 89
Gipsestrich 178
Gratbogen 163; 164; 170
Gratziegel 201
Grundbogen 157; 170
Gurtbogen 64; 66; 67; 68; 157; 158; 163; 164; 170
Gußeisen 9; 12; 49; 51; 86; 137

Hängepfosten 70; 76; 80; 81
Hängestange 143

Halbkreisbogen 160
Handelsbaustahl 23
Handelseisen 34
Handelszement 33; 34
Haupttreppen 53
Hohlsäulen 25
Hohlstützen 9; 12; 14; 15
Hohlziegeldeckung 199; 203
Holzbalkone 135; 136
Holzfußböden 172
Holzgalerien 133 bis 137
Holztreppen 51; 54; 69; 70; 71 bis 85; 124
Holzzementdach 188; 189; 190
Horizontalschub 64

Jolysche Treppe 95; 97

Kapitell 46
Kappen, steigende 63; 64; 68
Kastenstufe 70; 72; 78
Kehlstufe 55; 56
Keilstufe 54; 55; 63
Kellertreppe 65
Kielbogen 158
Klappstiel 135; 137
Klebepfosten 137
Kleinesche Decke 116; 117
Klosterdach 204
Knarrleiste 72
Knicklängen 12; 13; 14; 23
Knickzahl 14; 23
Koenensche Voutenplatte 98; 100; 103; 107
Konsole aus Gußeisen 142; 144
Konsole aus Stahl 142; 144; 145; 146
Korbbogen 158
Kragplatte 151
Kreuzpfeiler 40
Kronendach 188; 189; 200
Kronendeckung 199
Kropfstück 72
Krümmling 69; 72; 79
Kunstschiefer 196; 198
Kurzriemen 173

Längsbewehrung 30; 32; 33; 34; 35; 39
Lagerhölzer 171; 185
Lamellentreppe 98; 103
Langriemen 173; 175
Lastannahmen 52; 54; 125; 188
Laufbreite 54
Laufgang 125
Lehmestrich 178
Leiterboden 175
Leitertreppe 69; 77
Lichtwange 70
Linoleum 171; 180
Lisenen 39

Mäkler 57
Magnesiaestrich 179
Mauervorlage 40
Mindestdachneigung 189
Mönch 57
Mönch und Nonne 204
Mönch-Nonnen-Dach 188; 189

Mönch-Nonnen-Deckung 203
Moniergewölbe 102; 106

Natursteinstufen 65; 92; 118
Natursteintreppen 51; 54 bis 62
Nebentreppen 53; 54
Nischenbogen 157
Normalmaß für Sandsteinsäulen 44
Normalprofile 9; 18; 51
Normung der Stufenprofile 54
Nutstab 175
Nutzungsdauer 188

Oberbesteck 70; 74
Omega-Verfahren 21; 23; 25; 32; 33; 34; 35
Ortbetonstützen 30

Pfannendach 189
Pfannendeckung 199
Pfannenziegel 202
Pfeiler aus Natursteinmauerwerk 41; 42; 43; 44; 50
Pfeiler aus Ziegelmauerwerk 39 bis 47
Pilaster 39
Platte, eingespannte 151; 152
Podest 57; 58; 61; 73; 76; 90
Podestbalken 51; 70; 73; 76; 84
Podestbalken, verdeckter 109
Podestbohle 84
Podestplatte 108; 109; 110; 111
Podestträger 66; 88; 89
Preßkiesdach 191
Preußische Kappe 145

Quadranteisen 18; 21; 25; 27
Quadratsäuleneisen 21

Rasendach 189; 190
Regelverband 40; 45; 157; 162
Regenstufe 118; 119; 123
Riemchenverband 40
Ringbewehrung 35; 39
Ringbügel 37; 39
Rinnendach 203; 204
Rinneneisen 18; 21
Ritterdach 200
Rohrdach 188; 189
Rundbogen 158; 160

Säulen mit Formstahlbewehrung 36
Säulen, umschnürte 30; 32; 33; 34; 35; 37
Säulen, verbügelte 37
Säulentrommeln 44
Schablonendeckung 196; 197
Schablonenschiefer 196
Scheinkonsole 145
Schieferdach 188; 189; 194
Schieferdeckung 194
Schieferdeckung, altdeutsche 195
Schildbogen 157; 158

8. Sachwörterverzeichnis

Schindeldach 189
Schindeldeckung 192; 193
Schlankheit 12; 13; 14; 22; 23; 39; 41; 42; 43; 46
Schleifenbügel 37; 39
Schmiedeeisen 9; 19; 20; 22
Schmuckelemente aus Gußeisen 12
Schweißeisen 9; 18; 21
Segmentbogen 158
Setzstufe 69; 70; 71; 74; 86
Sicherheit 57
Sicherheitsfaktor 12; 152
Spannung, zulässige von Beton 32; 33; 34; 35; 36
Spannung, zulässige von Gußeisen 12; 13
Spannung, zulässige von Mauerwerk 41; 42; 43
Spannung, zulässige von Stahl 22; 23; 24
Spill 204
Spille 59
Spillenmauer 56; 59
Spindel 57; 60
Spiralbewehrung 35
Spitzbogen 158; 159; 163; 169
Splißdach 188; 189
Splißdeckung 199; 200
Spornmauer 118
Spundstab 175
Stabfußboden 173; 175; 176
Stabfußboden in Asphalt 177
Stahl, hochwertiger 34
Stahlbetonfertigteile 103; 112; 113; 114
Stahlbetonstützen 30 bis 39; 50
Stahlbetonstufen, eingespannte 98; 101; 102
Stahlsteintreppen 116 bis 118

Stahlstützen 18 bis 29
Steigung 54
Steigungsverhältnisse 51; 52
Steinbalken 129
Steindecke, ansteigende 118
Steinholz 179; 181
Stoß von Treppenwangen 75; 81
Stoßbrett 69
Stoßstufe 69
Strebebogen 157; 158
Strebepfeiler 39; 40
Stützen 9 bis 50
Stützen aus Gußeisen 9 bis 18; 48; 49
Stützen aus Quadranteisen 27
Stützen aus Stahl 18 bis 29; 48; 49
Stützen aus Stahlrohren 26
Stützen aus unbewehrtem Beton 35; 36
Stützen mit Formstahlbewehrung 36
Stützen, bügelbewehrte 30; 32; 33; 34; 35
Stützlinienverfahren 64
Stützung von Balkonen und Erkern 126
Stützung von Massivtreppen 68
Stützung von Stahlbetontreppen 99
Stufen, eingespannte 56; 57; 100
Stufen, gußeiserne 87; 91
Stufenquerschnitte 54; 55
Stulp 204

Tafelparkett 177
Terrastdecke 181

Terrazzo 179
Träger, eingespannte 148
Trägerlage 143; 149; 150
Trapezeisen 18; 21
Treppen 51 bis 124
Treppen, aufgesattelte 69; 70; 72; 74; 75; 84; 85; 90; 92; 93
Treppen, aufgesetzte 70
Treppen aus Beton und Stahlbeton 97 bis 117
Treppen aus Gußeisen 86 bis 97
Treppen aus Holz 69 bis 85; 124
Treppen aus Mauerwerk 63 bis 68
Treppen aus Stahl 86 bis 97
Treppen, eingeschnittene 70
Treppen, eingeschobene 69; 70; 74; 75; 77
Treppen, eingestemmte 69; 70; 72; 74; 75; 78; 79; 80 bis 83
Treppen, freitragende 56; 57; 61; 62
Treppen, notwendige 123
Tritthäkchen 71; 73
Trittstufe 69; 70; 71; 72; 73; 74; 86
Tudorbogen 158

Übergangspfosten 85
Umgang 125; 134
Umschließungsbügel 37
Unterbesteck 70; 74
Unterschneidung 52

Verbandsregeln 39
Verbundestrich 178
Verkehrslasten 54
Verkleidung von Betonstufen 115

Verstärkungsrippen 66
Vorlagen 39
Vorlegestufe 119

Wände, gußeiserne 9
Wandsäule 137
Wandwange 70; 71; 74
Wange 64; 69; 70; 72; 85; 104; 105
Wangenbesteck 70
Wangenbolzen 71
Wasserableitung von Balkonen 127; 128
Wellblechdach 188; 189
Wendeltreppe 57; 60
Werksteinwange 57; 60
Wetterfahne 204; 205; 206
Widerlager 157; 158; 159; 160; 161; 165
Winkelstufe 101
Wölbscheit 64; 65

Zement, hochwertiger 33; 34
Zentrierleiste 25
Ziegeldeckung 199
Ziegelstufe 119
Zugstange 143
Zungenmauer 56; 57; 58; 59; 68

Der preußische Minister der öffentlichen Arbeiten: Runderlaß vom 11. Oktober 1909, betreffend Baupolizeiverordnungen für das platte Land.

...

6. Hinsichtlich der Konstruktion, der Standsicherheit, der zu verwendenden Baustoffe, der Herstellung von Brandmauern, der Mauerstärke, der Treppen ist nur das unbedingt Notwendige vorzuschreiben und jedenfalls darauf Bedacht zu nehmen, daß jede unnötige Verteuerung des Baues verhütet wird.
Besonders ist zu beachten, daß die baupolizeilichen Bestimmungen für Kleinsiedlungen in dieser Hinsicht weniger scharfe Anforderungen stellen müssen, als sie umfangreichen Bauausführungen gegenüber am Platze sind. Als zulässige Erleichterungen kommen hier z. B. die folgenden in Betracht:
a) Von der Forderung massiver Treppenhauswände kann abgesehen werden.
b) Die für die Treppenbreite zu fordernden Maße können geringer sein, als solche für größere Wohnhausbauten vorgeschrieben werden.
c) Hölzerne Treppen sind auch ohne Verputz zulässig.

...

Die Bayerische Bauordnung vom 17. 2. 1901 Ausgabe 1929

...

§ 54
Treppen

Die Räume, in welche hölzerne Haupttreppen in Wohngebäuden zu stehen kommen, müssen mit massiven Mauern von mindestens 0,25 m Stärke umgeben ..., die Treppen aber von unten mit einer verputzten Decke versehen werden.

Auch die vom obersten Stockwerk zu dem Dachraume führenden Treppen müssen zwischen massiven Mauern von vorbezeichneter Stärke liegen.

Bei Kleinhausbauten ... kann für Treppenraummauern, an die sich hölzerne Stockwerkstreppen bzw. deren Wangen anlehnen, eine Ziegelmauerstärke von 0,12 m zugelassen werden. Beim Einzelhaus können massive Treppenmauern ... erlassen werden; die Herstellung einer verputzten Treppenuntersicht ist nur insoweit notwendig, als die Treppe den Abschluß gegen den Keller bildet.

Haupttreppen müssen in jedem Stockwerk mit mindestens einem leicht zu öffnenden Fenster von gehöriger Größe versehen sein, welches direkt ins Freie geht. Diese Vorschriften sind auf bestehende Gebäude, wo es möglich ist, dann anzuwenden, wenn wenigstens ein ganzes Stockwerk eine wesentliche Umgestaltung erhält.

Die Baupolizeibehörde kann bei Einfamilienhäusern, die mit Einschluß des Dachgeschosses nicht mehr als zwei bewohnbare Obergeschosse haben, dann bei Miethäusern, die mit Einschluß des Dachgeschosses nur ein bewohnbares Obergeschoß haben, die nach den gegebenen Verhältnissen und mit Rücksicht auf die Sicherheit der Personen tunlichen Erleichterungen gewähren.

...

Bauordnung für die kreisangehörigen Städte des Regierungsbezirkes Hannover und die Vororte der Hauptstadt Hannover vom 5. September 1932

...

§ 17.
Treppen.

1. Jede Treppe einschließlich der Treppenabsätze muß sicher gangbar sein. Treppen müssen mit Handläufen versehen sein. Bei Wendelstufen darf der Auftritt in einer Entfernung von 15 cm von der schmalsten Stelle nicht geringer als 10 cm sein. Treppen müssen überall mindestens 1,80 m Kopfhöhe aufweisen.

2. Jedes nicht zu ebener Erde liegende Wohngeschoß muß durch eine oder mehrere Treppen zugänglich sein, von denen der Ausgang ins Freie jederzeit gesichert ist (notwendige Treppen). Ausnahmen bezüglich des Dachgeschosses können mit Rücksicht auf die besondere Benutzungsart zugelassen werden. Von jedem zum dauernden Aufenthalt von Menschen bestimmten Raume muß eine Treppe auf höchstens 25 m Entfernung erreichbar sein, wobei der Abstand von der Mitte des betreffenden Raumes bis zur Treppenhaustür gemessen wird.

3. Alle notwendigen Treppen müssen feuerhemmend sein, vom Tageslicht genügend erhellt werden und in unmittelbarer Verbindung durch alle Vollgeschosse führen. Die Treppenräume notwendiger Treppen müssen feuerhemmende Decken, feuerbeständige – in Einfamilien- und Kleinhäusern ... feuerhemmende – Wände und unmittelbaren Ausgang ins Freie haben und in Wohngebäuden mit mehr als 6 Wohnungen außerdem gegen Verqualmung aus dem Kellergeschoß in ausreichender Weise gesichert sein.